作者简介

　　向同明，男，侗族，贵州锦屏人，硕士研究生，副研究馆员，毕业于贵州民族大学。黔东南州非物质文化遗产专家库专家、黔东南州国土空间规划委员会办公室专家委员会专家、黔东南州历史文化和传统村落保护发展专家库专家，主编《苗侗文坛非遗选集》《黔东南传统戏剧剧本选集》等书，参与完成多项省级科研课题，发表学术论文十余篇。

　　黄嫱，女，侗族，贵州锦屏人，硕士研究生，黔东南州文化研究所馆员。2014年毕业于贵州民族大学，主编《苗侗文坛》等书，数篇论文发表于《艺文论丛》《黔东南社会科学》等学术刊物。

苗侗文坛选集

向同明　黄嫱　主编

群言出版社
QUNYAN PRESS

· 北 京 ·

图书在版编目（CIP）数据

苗侗文坛选集 / 向同明，黄嫱主编. -- 北京：群言出版社，2024.12. -- ISBN 978-7-5193-0980-0

Ⅰ. G127.732-53

中国国家版本馆 CIP 数据核字第 2024L8P264 号

责任编辑：李　群　张　程
封面设计：李士勇
出版发行：群言出版社
地　　址：北京市东城区东厂胡同北巷 1 号（100006）
网　　址：www.qypublish.com（官网书城）
电子信箱：qunyancbs@126.com
联系电话：010-65267783　65263836
法律顾问：北京法政安邦律师事务所
经　　销：全国新华书店

印　　刷：北京九天万卷文化科技有限公司
版　　次：2024 年 12 月第 1 版
印　　次：2024 年 12 月第 1 次印刷
开　　本：880mm×1230mm　1/32
印　　张：16.25
字　　数：351 千字
书　　号：ISBN 978-7-5193-0980-0
定　　价：98.00 元

编 委 会

目　录

001　　侗族大歌保护与发展刍议
　　　　杨正权

015　　符号互动论视角下侗族大歌的传承与保护研究
　　　　韦妍妍

027　　文化视野下侗族大歌完整性保护的实现途径
　　　　陆锦宏

039　　黔东南民族文化生态保护区2023年侗族大歌保护传承
　　　　交流会会议综述
　　　　潘璐璐

050　　新形势下苗族姊妹节发展研究
　　　　郐　磊

058　　苗族姊妹节的开发利用与保护传承
　　　　熊克武

070　　苗族姊妹节的起源和分布
　　　　张少华

082　　2023年苗族姊妹节保护传承交流会会议综述
　　　　潘璐璐

091　2023年国家级非物质文化遗产项目仰阿莎传承人培训暨仰阿莎保护传承交流会会议综述

　　　邹　茂

098　《苗族贾理》的传承与保护

　　　黄　嫱

116　黔东南侗族大戏调查报告

　　　吴伩新　周　兴

133　錾刻万千次铸就民族文化艺术之美

　　　——贵州省丹寨县国家级非物质文化遗产项目苗族银饰锻造技艺传承人专访

　　　周　兴

139　侗戏：与时代同步，与人民同行

　　　——评侗戏《侗寨琴声》的时代意义

　　　吴定国

144　唱腔婉转悠扬，唱词感天动地

　　　——化敖侗戏《情寄岩》观后感

　　　蒋国波

149　摒弃古风陋习，力争婚姻自由

　　　——谈《情寄岩》的魅力

　　　杨泽柱

155　黔东南侗族山歌剧调查报告

　　　吴伩新　周　兴

161　侗族情歌剧《情寄岩》

　　　黄均明

217 丹寨"卡拉鸟笼"非遗与铸牢中华民族共同体意识
潘明荣

231 滇东北次方言苗族口传诗歌搜集整理札记
张 杰 梁佳雪

241 侗歌的文化生态与艺术特征
敖家辉

259 侗族刺绣文化浅析
——以锦屏平秋为例
黄 嫱

269 洪坛祭祀的本土化及其多元文化建构轨迹
——以天柱县五府洪坛崇拜为例
秦秀强 秦一欢

290 简析清水江流域苗族"Hxak Bad Ghet"文化内涵与艺术
特征
杨 斌

308 锦屏县亮江流域明代军屯初考
吴锡镇 吴庆云

320 浅谈侗族琵琶歌在黔东南州的传承与保护
陈锡忠

327 "七百深山苗"款苗年调查报告
吴佺新 周 兴 陈锡忠

339 《仰阿莎》的传承与保护
黄 嫱

343 黔东南州民宿产业发展情况调研报告
向同明

358 浅析乡村振兴战略下的黔东南州少数民族村寨文化建设

陈锡忠

365 苗族理辞的审美文化研究

唐元祯

386 浅析"新乡贤"在少数民族村寨乡村振兴中的作用

——以黔东南州天柱县地良村为例

陈锡忠

397 黔东南州少数民族特色村寨旅游融合发展调查报告

向同明

410 清代清水江中下游乡村社会秩序建构的逻辑与路径

——以制度为视角的历史考察

龙昭宝　闵婷

436 思州石砚简述

杨　红　吴佺新

445 西苗古今分布述略

文　海

460 宰柳村侗族文化调查报告

周　兴　李南川

470 锦屏文书所见清代清水江地区瘟疫史料述略

张继渊

489 中国传统村落——榕江县怎东瑶寨考察小记

盘祖湘

498 "中国灰食品"世界遗忘的记忆

——中国灰食品概念及应用探究

田进明　田松明

侗族大歌保护与发展刍议

杨正权*

2014年，贵州出台《多彩贵州·侗族大歌传承保护发展行动计划》，根据这项计划，2014—2018年，贵州省财政每年将投入约1000万元专项资金，开展侗族大歌的保护传承工作，通过校园传承、社会传承等方式，让更多的人传唱侗族大歌。

侗族大歌在1986年唱响巴黎金秋艺术节后，备受世界关注。2002年由黎平县发起，在第二届鼓楼文化艺术节举办期间，成立侗族大歌申报世界文化遗产领导小组，2009年9月30日，侗族大歌入选"联合国人类非物质文化遗产代表作名录"，宣告申遗成功，正式成为世界非物质文化遗产，标志着侗族大歌保护与发展进入一个崭新的历史阶段。

侗族大歌被誉为"清泉闪亮的音乐"，作为一种民间艺术形式，侗族大歌是植根于侗族传统文化的生态环境中生存和发

* 杨正权，男，侗族，研究方向：民族学，文物博物馆学。曾任黔东南州文化局党组副局长、贵州省文物局博物馆处处长。出版有《珠郎娘美》《黔东南非物质文化遗产集锦》等专著，发表论文数篇。

展的，随着侗族文化生态环境的改变，侗族大歌也在远离侗族社区的现实生活，侗族大歌还能唱多久？应当采取什么样的措施对其进行有效的保护？笔者从侗族大歌的自然生态与人文生态及对侗族大歌的保护角度，就侗族大歌传统价值的发展与变迁，阐述侗族大歌的保护与发展。

一、侗族大歌的生态环境

为更好地了解侗族大歌保护与发展策略，我们先回顾侗族大歌的生态环境，以便分析侗族大歌的生存发展情况，从而有助于理解和把握其规律。理论上可将侗族大歌的生态环境分为自然环境和人文环境两部分。

（一）自然环境

侗族是百越的后裔，因战争和人口增加，被迫迁徙，沿都柳江逆流而上，定居在云贵高原东南地区和南岭山区，主要分布在湘黔桂三省交界处，这里多为山地丘陵，水系发达、林木葱翠、气候宜人。侗族村落大多依山傍水，风景秀丽，寨前碧水长流，潺潺有声；古榕耸立，柳暗花明，鸟语花香。侗家人勤劳朴实，生活环境清新，优美的田园生活环境，悠闲的生活状态，使侗族的音乐天才们对周围那富有音乐感和节奏感的百鸟叠鸣、流水潺潺、林涛声声等丰富多彩的大自然和声产生浓厚的兴趣和丰富的联想，如赵媛在《侗族大歌生态》中所说："这种自然的和声必然会形成他们本能的无意识的模拟对象。"

（二）人文环境

云贵高原东南和南岭地区雨水丰富，气候潮湿，侗族人为了防潮避雨建起了吊脚楼、风雨桥、鼓楼等建筑。鼓楼建成后，人们在农闲时便云集楼中摆古聊天，议事休闲，传唱和练习侗族大歌。为了联络感情，增进友谊，加强团结，人们开展了村寨间的集体做客活动，侗族叫"月也""外顶"，在"月也"全程中，侗族大歌表演、比赛穿插其中，这对传承侗族大歌起到了积极的作用。

侗族青年男女谈情说爱是以在女方家的月堂里对唱情歌的方式进行的，这种恋爱形式叫"行歌坐月"，入夜，有婚姻关系的村寨，男方相约到女方所在的寨子对歌，所对的歌除情歌外，也有集体对唱的大歌和孝敬老人的歌。

侗族地区有丰富多彩的传统节日，一年中，大大小小的节日有30多个，几乎月月都有节，尤其集中在每年农闲时的10月到次年3月。从准备过节开始，到节日期间，总要以歌表达感情。进寨门，进鼓楼，离开寨子，甚至在唱侗戏时午间休息，晚间收场都要唱大歌谢主。在客人离开时，主寨也必须以歌送客，然后全寨青年男女相送出村很远，这些活动总是以歌为主线将全过程贯穿起来，这样歌师在侗族民间就有了很高的地位，受到村民的敬仰。一个合格的歌师必须是一个优秀的歌手，掌握大量的歌曲，长期教歌，能编会写。而一个优秀的歌师不仅是歌班里的骄傲，也是全村人的骄傲。歌师在侗族地区代表着一种身份，虽然没有报酬，但却因教歌而赢得大家的喜爱和尊重。"谁掌握了歌，谁就掌握了先祖传下的生存原则与生活经验，侗歌里，蕴含着丰富的文化精华，并因其包罗万象被誉为'侗族文化的百科全书'，能忆歌、传歌、教歌、编歌也由此成为侗寨里最有学问、最聪明的人。"①侗族地区，好的歌手往往能得到美丽的侗族姑娘的垂青，成为她如意郎君和终身伴侣。

侗族的对歌，唱得好坏代表的是一个村寨的荣誉，唱得好，被人尊重，唱得差，被人耻笑。因此，一年四季，侗家人都会利用业余时间为将来的对歌做准备，从而形成了传歌学歌的人文生态环境。

二、侗族大歌的价值体现及影响

（一）侗族大歌的价值体现

1.社会历史价值与思想文化价值

"汉家有字传书本，侗家无字传歌声"，侗族是一个没有文字的民族，只能靠口头文学来传承历史记忆和历史知识，侗族大歌在侗族口头文学中影响最大，参加人数最多，记录的信息量也是最大的。它的主要内容有歌唱自然、劳动、爱情、知识、历史、伦理、英雄人物，歌功颂德、叙古论今、人世起源、祖宗迁徙、创家立业、祭祀崇拜、婚姻爱情、生产劳作、赞美自然等。侗家人通过演唱侗族大歌来叙述历史，传播文化，表达思想感情，规范伦理道德，从中得到善有善报、恶有

---

① 杨晓.南侗"歌师"述论——以小黄侗寨为个案的民族音乐学考察与研究 [J].中央音乐学院学报，2003（1）：121.

恶报，安分守己、恪守礼法的教育，侗族大歌反对逾礼违规、悖逆伦常等种种贪得无厌、利欲熏心的恶习，崇尚明礼诚信、乐于助人的良好风尚。例如，有这样一首儿歌唱道："小时吃饭妈妈喂，上坡下地妈妈背，我们幸福妈妈苦，长大定要把情赔。"而类似这种让儿童从小知道感激父母养育之恩的歌有很多。

2.艺术价值

侗族大歌是多声部、无指挥、无伴奏的民间艺术，侗族大歌的演唱一般由高音和低音两部分组成，也有高、中、低音三个音部的，由众人齐唱，形成多声部，被称为人与自然的和声，演唱起来如行云流水，百鸟争鸣，把人带入一个依山傍水、百花盛开、鸟语花香的意境。

3.娱乐价值

侗族大歌具有愉悦身心、愉悦大众的文化价值，每当众人欢聚在鼓楼花桥，进行月贺、多耶集会时，都要演唱侗族大歌，进寨前要在寨门开展比赛性的对唱，在鼓楼里唱侗歌、跳多耶。侗族的男女老少都可以在鼓楼里一起唱侗族大歌，其场面宏大，无论观唱均收获快乐。

4.社会和谐价值

侗族大歌中含有大量的传统伦理道德思想，在保护、传承的同时，撷取、展示、宣扬其中的美好向善的伦理道德思想，有助于社会安定团结，友好互助，和蔼相处，对维护社会稳定与人民安居乐业有深远的现实意义，侗族大歌是社会交往的润滑剂，是侗族村寨的精神食粮。

5.经济实用价值

随着侗族大歌知名度的不断提高，侗族大歌受到社会各界的普遍欢迎，侗乡的游客也越来越多，贵州的侗寨有很多，如肇兴、地扪、堂安、小黄、黄岗、四寨等，肇兴侗寨完善旅游基础设施后，每年接待游客达到10多万人，小黄在2007年春节期间就有旅客4000多人。2000年，黎平鼓楼节，侗族大歌专场晚会每张门票售价60元，表演3场，场场爆满。侗族大歌在广西桂林成为"鼓楼大乐"的主打节目，深受世界各国游客的欢迎。

（二）侗族大歌的影响

20世纪50年代，侗族大歌被外界发现后一路走向辉煌，从山沟沟走向省城，走向北京，走进人民大会堂，走出国门。

进入20世纪80年代后，侗族大歌艺术团多次出访国外，两次入选中央电视台春节联欢晚会，参加世界大学生运动会开幕式，参加奥运会非物质文化遗产展示，被列为首批国家级非物质文化遗产，后又成为世界非物质文化遗产。1986年在巴黎夏乐宫的那场表演，轰动世界，从此世界音乐界对侗族大歌刮目相看，之后侗族大歌被东欧十几个国家连续邀请，所到之处座无虚席，掌声雷动。两年过后，侗族大歌又到东欧、西欧、南美、中亚等20多个国家演出都获得极好的评价，侗族大歌成为举世瞩目的"艺术瑰宝"。

三、侗族大歌的生存环境与价值体现的六大变化

快节奏的步伐把侗族地区封闭半封闭的生活状态彻底打

乱，社会已经快速步入网络信息化时代，电视、手机、网络在乡村原野得到普及，随着时代的飞速发展，流动化成为当今代名词，人流、物流、信息流，农村人口进行了一次全面的洗牌，从20世纪90年代开始的打工，到2015年城市务工潮，乡村人口中的劳动力几乎全部进城，他们每月3000—5000元的收入，足够一家大小丰衣足食，再没有谁会坐在那里闭目养神，传习侗族大歌。由于大环境的改变，侗族文化自然环境与人文环境已经不复存在。[1]

1.自然环境的变化

公路网、电线网、光缆网布满村庄，封闭的山村通了公路、电话、电视，砖瓦房也进了山村，村寨的自然环境在发生着变化。

2.人文环境的改变

物质生活条件的改变导致人文环境的改变，侗族居民的生活条件随着社会发展而得到改善，侗族地区生产生活水平的提高带来了侗族人民生活习俗的变迁，原来的娱乐方式、生活方式发生了本质的改变。

现代教育使侗族社区的语言环境也在发生变化，很多城镇的年轻人已经不再讲民族语言，穿民族服饰的也越来越少。外出打工的年轻人已远离侗歌，在谈情说爱时也不再以歌传情。邓敏文教授这样描述："20世纪50年代以前，竹坪村拥有十多个男女大歌班，每天晚上都可以听到人们练习或演唱大歌的声

① 龚荆忆.高增侗歌传承的文化变迁[J].中国音乐，2001（2）：56；
张中笑，杨方刚.侗族大歌研究五十年[M].贵阳：贵州民族出版社，1995:130.

音，每逢节日，鼓楼里都有男女青年对唱大歌的活动，十岁以上的青年男女或中老年人，几乎都会演唱大歌，如今，会唱大歌的青年男女已经为数极少，尤其是男青年能唱大歌的已经十分罕见。"①

人们的价值观也发生着变化，商业意识、利益驱动代替了好客热情、不计得失的习俗，现代文化冲击，使文化出现趋同性，而传统文化却被遗忘，年青一代接受现代主流文化教育，离开学校后大多数青年人外出打工更加速了对传统文化的遗忘和排斥。

3.传承方式的改变

活态文化是靠人一代一代传承下来的，由于歌班在不断减少，歌师出现了断层现象。之前，侗族村寨一般都有少年歌队、青年歌队、壮年歌队和老年歌队及侗戏班，随着客观环境的变化，歌队在慢慢消失，很多侗族村寨的歌队锐减甚至不复存在。即使是地处侗歌核心区域的一些侗寨，也是如此。"高增歌师年龄都集中在50—70岁之间，这个年龄的歌师占歌师总人数的75%。30—50岁之间的壮年歌师严重缺乏，35岁以下的歌师只有2人，占歌师总人数的7%。"②

由于唱歌环境的改变，侗族地区唱歌的人越来越少，父亲教子女唱歌的也随之减少。20世纪80年代，榕江文化馆的张勇老师在车民小学创办了金禅侗歌队，开始了侗族大歌进课堂

---

① 邓敏文.略论侗族大歌生态保护 [M].南京：广西人民出版社，1995:140.

② 龚荆忆.高增侗歌传承的文化变迁 [J].中国音乐，2001（2）：57；张中笑，杨方刚.侗族大歌研究五十年 [M].贵阳：贵州民族出版社，1995:130.

的实验，实践证明，将侗歌引进学校，是实现侗歌继续传承下去的有效办法。但是学校传承毕竟只是为了教歌而教歌，完全是一种保护的措施。

4. 价值体现的改变

侗族历史、伦理道德、习俗、教育都是以歌为载体，素有"饭养身，歌养心"之说，侗族人视唱歌与吃饭一样重要，这种价值观促使人们从小对唱歌产生强烈的求知欲望，也渴望成为被人尊重的歌手，成为歌师，因而形成敬歌、爱歌、学歌、唱歌、编歌的习俗。而这种观念，随着侗族大歌生态环境的改变而改变。

5. 展示方式的改变

由于时代的变化发展，侗族大歌在鼓楼、月堂、对歌、月也、戏台展示的机会越来越少，现代节日活动取代了传统节日活动，使侗族大歌的展演方式和场所都发生了变化。

6. 文化认同感的减弱

在走访三龙歌师吴培仙时得知，三龙被称为大歌的发源地，目前成年男子能唱大歌的也只有二三十人，妇女也只有五六十人。从江巨洞村，在改革开放前，35岁以上有95%的人会唱大歌，20—35岁的有60%，20岁以下的有15%。可以说在侗族大歌流行的区域，村村寨寨人人都能唱侗族大歌，歌队招之即来，来之能唱，所以有"歌的海洋"之称。20世纪90年代后，这些侗寨，会唱侗歌的成年人已经不足30%，而且大多会唱歌的人都外出打工了。由于唱歌的人少了，歌师应有的社会地位也出现变化，很多歌师加入了打工行列。洪州琵琶歌歌师杨昌奇就是一个典型，他多次代表侗族参加大型的表演，甚至参加过奥运会鸟巢外的非物质文化遗产展演，但现在也成为一名打工者，笔者问其原因，他的回答很简单："唱歌只是一种爱好，靠唱歌肯定养活不了家。"

四、侗族大歌的发展态势

1.申遗成功使侗族大歌在社会上产生文化认同并引起极大的关注

申遗成功使侗族大歌的知名度大大提高，珍贵的文化遗产价值大大增强了其社会地位。只要能招来游客，能得到效益，歌师、歌队、歌手也会随之而产生。一些典型侗族村寨，只要能吸引大批游客，侗族大歌作为一种文化产品必将以一种新的方式重新登上历史的舞台。

2.节日活动与大歌展演以另一种形式出现新高潮

以展示侗族大歌为主的"黎平鼓楼节""小黄传歌节""地扪千三节"等，通过政府主导，结合民间的积极性实现侗族大歌在民间的传承和保护。在筹备大型活动过程中，村民、学校学生，包括侗族干部都利用业余时间练习侗族大歌，歌师也在这种文化环境中再次体现自身的价值，2006年，黎平在县直机关组织了一次侗族大歌比赛活动，各单位都到村寨里去请歌师进城教歌，报酬也很丰厚。

3.政府的扶持对侗族大歌的影响

2003年以来，黎平、从江、榕江等县在申报侗族大歌世界文化遗产、举办侗族大歌节日、展演侗族大歌、扶持各级开展侗族大歌活动等经费超过千万元。在财政极其困难的情况下加大侗族大歌保护的经费投入力度，使侗族大歌进入了学校、社区，受保护的民族村寨侗族大歌开始复苏。民间歌师因为被国家、省、州、县命名为"文化传承人"而采取不同的方式传歌教歌，比如歌师吴品先除了收徒弟，还在三龙学校任教，实现歌师角色的转换。

4.学校传承与变异

民族文化进课堂工程是民族地区传承文化的重要手段，学校传承侗族大歌不仅是一个十分重要的措施，还是传承侗族大歌的重要形式。笔者曾到岩洞中学考察民族文化进课堂的情况，从初一到初三，每个班级都开设有侗歌课程，学生大都能唱5—10首侗歌，学校为了表演和外出演出，组建了侗歌队，拉出来就能唱，而且很专业。2004年，在昆明举办的第二届世界童声合唱节上，岩洞中学合唱团荣获六项国际金奖。

五、构建侗族大歌保护体系

1.建立原生态民族文化博物馆

生态博物馆是将某一社区或某一区域整体作为博物馆，对其自然环境、人文环境、有形遗产、无形遗产进行整体保护、原地保护和居民自己保护，从而使人与物及环境处于固有的生态关系中，并使之和谐向前发展的一种博物馆新理念。

以生态博物馆的理念来保护侗族大歌文化遗产，应强调社区居民是文化的主人，是文化的创造者和继承者，他们有权对自己的文化做出解释；当旅游业的发展与文化保护发生冲突时，旅游业应该服从文化，短期的伤害文化的经济行为应该被制止；生态博物馆的一个重要任务是，促进社区经济发展，提高社区居民的生活质量。

生态保护、活态保护，是一种以社区自然生态与人文生态保护为核心的保护。贵州的隆里、堂安、梭戛、镇山生态博物馆，以及广西三江侗族自治县的由座龙、八协、岜团、高定等侗族村寨建成的生态博物馆，就是一种最好的尝试。

六洞、九洞侗族村寨被列入世界文化遗产预备名录。这是一片最好的生态博物馆的规划场所，也是侗族大歌生息发展的重要场所。

在社区整体保护的基础上，可重点考虑以政府扶持办节鼓励的形式拉动民间节日的复活，以节日唤起民族群体对民族文化的记忆；鼓励传承人的办法多种多样，侗族地区的歌师原来是以其社会地位而不是以经济收入来衡量价值，在思想价值观念变化了的今天，完全以社会地位的形式体现歌师的价值肯定是行不通的，还必须有稳定的收入才能使歌师队伍壮大。侗族的建筑文化应该成为生态环境不可缺少的硬件，对具有历史艺术价值的民居要重点保护，对新建筑要求保存侗族建筑风格，特别要保护侗族建筑的原始工艺特点。对体现侗族文化脉络的民风民俗，要特别加以保护，以鼓励、提倡、支持的态度保护良风益俗；对体现侗族文化之形的民族语言服饰，要研究民族服饰的改进和发展，在材质布料工艺上进行研究，使其既具有民族风格又为大众所接受。保护区内要营造民族语言的使用氛围，提倡和鼓励在广播、学校教学、日常交流中使用本民族语言。

2.在博物馆、展演厅、展览馆以现代传媒的手段进行静态保护

以静态的形式将侗族大歌长久保存起来的方式值得我们去研究。首先，可以对侗族大歌进行全面系统的调查，通过摄像、录音、照相、音乐整理的方式，全面准确地记录侗族大歌的各歌种、传承人及生存环境情况，其次，按原生态的存在形式进行静态的复制，建立侗族大歌博物馆，展演厅、展览馆。最后，在展览馆内以影视、幻灯、图片等形式加以保存和展示，再组织专业团体现场表演。

3.建设民族风情文化园，在园区内再现侗族大歌的生态环境

深圳锦绣中华浓缩实景有很多值得我们借鉴的经验。中华民族园、民族风情园、中华民族大观园等以展示民族风情为主的旅游景点，虽然是人造的景观，但客观上却为保护民族文化提供了一个平台。那么我们是否可以考虑将典型的民族村寨加以复制搬迁，对村寨居民进行移民，然后综合建设，扶持民族歌舞文化，再现真实的民族文化环境，开发旅游业，以旅游业和民族文化产业支撑其经济发展。这种以复制活态文化的保护形式，以民族村寨非物质文化遗产为主要保护对象，要求原住居民进入新建设的民族村寨时，以自觉原则进行文化传承，进行文化保护，当区内出现的一些文化现象与保护准则出现偏差时，就应该及时进行调整和引导。

为了使新移民快速与周围文化环境融合，可以采取积极的态度，让新区成为强势文化的亮点和特色，让生活在特色文化环境中的群体对民族文化的形式和内容产生自豪感，从而产生

文化自觉。

4.建立高品质的原生态侗歌队伍

建立侗族大歌队伍，是保护侗族大歌的必要措施。侗族大歌表演队伍可以融表演传承为一体，这种歌队与歌舞团性质完全不一样，侗族民间歌队的格局和传承模式一致，以歌师为核心，以表演侗族大歌为主要形式，演员就是本村寨的村民，农闲时传歌、教歌、学歌，农忙时进行生产和劳动，演出收入，按劳取酬，嫁到本村的其他民族媳妇也可以通过学习成为歌队成员。歌队可以按老、中、青三代结合的布局组建，政府可以适当给予支持和扶持，在旅游的带动下，增加村民的收入，使村民对付出时间和劳动得到应有的补偿。政府要有意识地安排歌队参加政府的大型活动和外出表演，增加其收入和提高知名度。

歌队的原汁原味是体现文化传承与发展的最大亮点，应避免破坏民间歌队的原生态组织形式。这样作为国家和省命名的民间歌师也就有了用武之地，只是在现代人文生态环境下，歌师与歌队的队员一样要收取演出报酬。

符号互动论视角下侗族大歌的传承与保护研究

韦妍妍*

侗族大歌是国家级非物质文化遗产、侗族文化的象征符号。侗族大歌的传承与保护研究，不仅在保护侗族传统文化上具有重要意义，对于维护民族文化的多样性也有着重要影响。近年来，越来越多的外界主体参与到侗族大歌的传承与保护工作上来，为侗族大歌的传承与保护提出了富有启发性的意见和建议。本文在符号互动论的视角下，分析侗族大歌的传承与保护现状，以及传承与保护所面临的困境，并结合侗族大歌在传承与保护过程中存在的问题提出相应的建议。

一、侗族大歌与符号互动论的概述

（一）侗族大歌

侗族是一个没有自己本民族文字的少数民族，所以侗族人民在日常生活中通常用"歌唱"来表达情绪、联络情感，可以说"唱歌"贯穿生产、生活的方方面面。侗族大歌产生于2500

---

* 韦妍妍，侗族，贵州省榕江县，贵州民族大学硕士研究生在读，研究方向：民俗学。

多年前，历史悠久。侗族大歌用侗语表达为"嘎老"，"嘎老"的"嘎"在侗语中是歌的意思，而"老"是大的意思。侗族大歌是侗族人民在侗族传统社会中通过辛勤劳动，在具体的生活实践中创造出来的少数民族文化。如今，一提到侗族文化，我们就不得不想起侗族大歌，侗族大歌已经成为侗族文化的象征性符号。侗族大歌流传至今，其著名的代表作有《蝉之歌》《耶老歌》《嘎高胜》等曲目。进入21世纪以来，侗族大歌在国内外的影响力正逐步扩大。目前，侗族大歌已经入选国家级非物质文化遗产名录，并且在国内外获得了较大的反响。

（二）符号互动论

"符号"从广泛的层面上看，指的是人把某种意义给予社会中事物。符号互动论产生于20世纪的美国，主要的代表人物有米德、布鲁默等。符号互动论认为"社会是一个符号的总和，可以通过人来创造和使用"，并且认为"人通过符号来进行对外界的反应，人具备使用符号的能力"。在符号互动论看来，人能够在运用符号的同时对符号反应，具有创造力[1]。

侗族大歌是侗族文化的象征符号，对于侗族人民来说有着交流情感、传递思想等作用[2]。在侗族人民看来，"歌"和生活粮食"饭"一样，在日常生活中占据着重要位置。随着时间的推移，侗族大歌早已融入侗族生产、生活中，成为侗族文化的

---

① 胡荣.符号互动论的方法论意义［J］.社会学研究，1989（3）：78-84.
② 吴运美，杨毅.论侗族大歌的文化传承功能 [J].贵州民族研究，2020（8）：59-64.

标识。根据符号互动论，我们可以了解到，侗族大歌所具有的重要意义是由侗族人民所赋予的。

二、侗族大歌的传承与保护现状

（一）非遗助力，侗族大歌焕发生机

近年来，我国越来越重视对传统文化的保护和传承，这是文化自信的体现。而作为第一批国家级非物质文化遗产（以下简称非遗）的侗族大歌，其传承与保护工作在一定程度上富有成效。目前，主要通过以下几个方面了解政府对侗族大歌等非遗的保护。

在政府政策方面，政府针对侗族大歌的传承与保护颁布了相关政策，指出要对侗族大歌等在内的非遗进行合理的保护、有效的传承。此外，在国家对非遗总体工作的规划中，作出了宏远的规划。国家从宏观层面提出了保护非遗的方法及路径，对实施非遗工作的流程进行了具体化指示，特别是地方政府针对某一非遗的保护工作提出了相应的政策。贵州省先后印发开展了专项行动计划——《侗族大歌五年保护规划2011—2015年》《多彩贵州·侗族大歌传承保护发展行动计划》；与此同时，地方政府针对非遗也制定了相应的政策制度，如贵州省黎平县人大常委会在2010年颁布了《黎平县侗族大歌保护办法》。在资金投入方面，中央财政加大对非遗保护的财政支出力度，据《中国文化报》称，截至2022年，国家对非遗保护的资金投入已经达到96.5亿元。在具体实践方面，各地方设有专门的非遗保护中心针对当地的非遗进行专业化的有针对性的保护。

（二）信息技术变革，侗族大歌影响扩大

在电子信息技术发达的今天，我们可以把电子信息技术运用到非遗保护与传承的工作中。过去，搜集的非遗资料，以纸质资料为主，十分不利于非遗保护中资料整理、记录、建档等相关工作的开展，导致非遗保护的工作进度遭到了阻碍[①]。但是在科学信息技术发展迅速的今天，可以在电脑中建立起方便快捷的电子数据库，能够有效地防止纸质资料在储存过程中出现损坏、丢失等现象，延长资料存储的时间、扩大存储空间等。目前，贵州省黔东南州为了推进侗族大歌档案数据库的建设，采取了多种途径开展具体操作。例如，贵州省黔东南州黎平、从江、榕江三县通过拍摄图片、视频，录音，刻录光碟等手段收集到了大量有关侗族大歌的资料，为侗族大歌后续的传承起到了重要的作用。

此外，信息技术的变革促进了侗族大歌传播方式的多样化，使得侗族大歌的传播不再局限于单一的形式。过去，侗族大歌的传播方式通常是面对面的传播，但是随着电视、自媒体等新型传播方式的兴起，侗族大歌的传播形式逐渐变得多样化。而传播形式的多样化，必然使更多的人了解到侗族大歌，从而扩大侗族大歌的影响力。

（三）培育传承人，侗族大歌进校园

对传承人的保护是非遗能够永久焕发生命力的前提。当

---

① 薛英华，杨传红，任芳.人类学视域下侗族大歌的数字化传承与保护策略研究 [J].贵州民族研究，2018（1）：103-107.

前，许多非遗项目的传承人普遍出现人数少、年龄大，后继无人的尴尬局面。所以，为了使非遗能够产生深远、持久的影响，加强非遗传承人的队伍建设是非常有必要的。据中华人民共和国文化和旅游部官网，自2015年起，我国为促进非遗传承人文化素养的提升，联动高校、企业等多方主体，组织非遗传承人进行深造，了解有关非遗的知识文化，每年都举行"非物质文化遗产传承人群研修研习培训"。从非遗中的传统工艺项目的传承人着手，逐渐拓宽到非遗保护的各项领域。此外，为了向非遗注入新鲜力量，教育部正式将"非物质文化遗产保护"列入普通高等学校本科专业目录。目前，黔东南州侗族大歌代表性传承人的数量如表1所示。

表1　黔东南州侗族大歌代表性传承人数量

国家级	省级（贵州省）	州级（黔东南州）	县级
4人	5人	11人	220人

为发挥代表性传承人的引领作用，黔东南州积极推进传承人"进校园""进课堂"。例如，2009年，贵州省黎平县、从江县、榕江县先后建设了传承基地用以传承侗族大歌，并且命名县城附近的100所学校为县级侗族大歌传承基地，让侗族大歌"进校园"。当地政府每年下发一定的补贴来供侗族大歌传承基地外聘当地著名侗族歌师进入校园教授侗族大歌，黔东南州到2015年共有20多所学校被列入州级非遗保护传承教育示范基地[①]。通过把非遗引入校园，不仅能够拥有丰富的

① 张欣.乡村振兴背景下侗族非物质文化遗产的传承保护研究：以黔东南州芭扒侗族大歌为例[J].产业与科技论坛，2021（17）：195-197.

人才资源，也能让非遗传承人的总体素养得以提升。与此同时，非遗的魅力能够充分展示出来，非遗的影响力将进一步扩大。

三、侗族大歌传承与保护所面临的困境

（一）侗族大歌的文化生态环境遭到破坏

非遗后期阶段的保护工作，要求我们对非遗的保护不能停留在保护单一的"文化"上，应该注重对非遗整体的保护[①]。虽说目前对侗族大歌的保护取得了初步成效，但是从整体性保护的角度出发，由于文化生态环境遭到破坏等因素，没有较好地做到对侗族大歌在内的非遗全方位的保护。侗族大歌是在特定的文化环境和地域环境中产生的，其生存依赖于传统的生活方式和生活环境，侗族大歌赖以生存的文化生态环境遭到破坏会导致侗族大歌的生存空间变得狭小，使得侗族大歌的传承与发展变得岌岌可危。

侗族大歌产生于侗族传统社会中，随着城市化进程的加快，侗族大歌赖以生存的侗族传统村落、传统社会的模样早已不复从前。传统村落的木制房屋早已被楼房取代，人们情感联系的手段也发生了变化。村寨间的人际关系随着城市化、现代化的到来而变得淡薄。侗族人民在交往时以"歌"代替"说"和"写"进行情感的联络，精神的交流。侗族大歌在侗族人民

---

① 喻洁. 符号互动论视野下舞台民间舞的文化本质探析 [J]. 北京舞蹈学院学报，2018（1）：36-40.

的社会交往、节日庆典、婚姻习俗上都有着重要意义，是侗族人民文化价值的体现。侗族大歌的表演在传统侗族社会中是需要在特定时间、空间中举行的一项民俗文化活动。随着侗族人民生产、生活方式的转变，侗族大歌最初的文化内涵和意义也随之发生了改变。目前，侗族大歌的表演已不拘泥于其原本特定的时间、地点，使侗族大歌在传统社会中固定化的表演形式得到了弱化，重新赋予了侗族大歌新的表演方式和内涵，使侗族大歌相较于以前更具规模化。

（二）侗族大歌受众群体的局限性

受众群体，简言之就是接收信息的主体。对于侗族大歌来说，我们可以把侗族大歌的受众群体理解为侗族大歌的听众。侗族大歌的受众群体由于受到侗族语言、演出时间、演出地点等因素的影响，所以具有一定的局限性。随着我国交通、信息技术的发达，以及侗族大歌作为非物质文化遗产影响力的提升，侗族大歌的演出时间、演出地点也不拘泥于特定的空间、地域。这让越来越多的人了解到侗族大歌，感受到侗族大歌的魅力。虽然侗族大歌的影响力扩大，使得侗族大歌的受众群体不仅仅是本村寨的侗族人民，在一定程度上扩大了侗族大歌的受众群体，但是由于侗族大歌受到民族文化特殊性的影响，所以侗族大歌目前仍然处于"小众"的状态，侗族大歌的受众群体相较之前没有太大的变化。

（三）侗族大歌表演形式的单一性

侗族大歌在以前只在侗族村寨有节日、盛会时才会举行，但随着侗族社会生产、生活方式的转变，侗族大歌在本寨演出的机会越来越少。虽然侗族大歌在有一定影响力后也受邀参加国内外的演出，但是这种受邀演出的机会有限，所以这一表演方式并不常见。随着人民生活水平的提高，旅游业的发展势如破竹，侗族村寨作为景区接待外来游客，所以现阶段侗族大歌的发展主要依托在侗族村寨旅游区表演这一方式进行。例如，贵州省黎平县肇兴侗寨为贵州省内著名的侗族村寨旅游景区，侗族大歌与当地旅游业的发展相融合，将侗族大歌作为旅游区的一个旅游项目来吸引游客。但只依托景区表演这一形式，远远不能够表达侗族大歌的内涵。

此外，侗族大歌由于其单一的形式受到市场的限制，导致生产空间本就狭小的侗族大歌在创造、创新侗族大歌曲目时的活力不足，使得侗族大歌的曲库越来越贫乏。而且侗族大歌表演形式受市场化、商业化的影响，在此过程中容易模糊自身的价值，导致侗族大歌脱离原本的"轨道"，成为迎合大众市场的"俗物"[①]。所以说，表演形式单一、依托景区表演的侗族大歌，始终处于一个不稳定的、漂浮的状态，难以找到归属与明确自身的定位。

---

① 马栋梁. 文化旅游资源开发视域下的侗族大歌传播危机研究 [J]. 艺术探索，2022（2）：69-77.

四、符号互动论视角下侗族大歌的传承与保护

（一）注重对侗族大歌整体性的保护，保护其文化生态环境

符号互动论的创始人米德认为："个体行为不是单方面机械化的运动，而是在与社会生活互动交流中符号化过程；生活实践其实是一种文化互动，让人们实现符号传递可以通过语言、文字、手势等象征符号展开行动。"[①]从这个观点我们可以了解到个体行为需要与社会生活进行交流融合，生活实践对于个体来说具有重要的作用。在此基础上，我们可以把侗族大歌作为个体，只有依托社会生活不断进行交流互动才具有意义。所以在非物质文化遗产的保护工作中，对于侗族大歌的保护不能够局限于侗族大歌"本身"，而是要注重侗族大歌的整体性保护，保护侗族大歌赖以生存的文化生态环境，使侗族大歌能够在社会实践的过程中得到传承和保护，保留其原有的文化特色。[②]目前，在国家层面上对非物质文化遗产的文化生态保护作出了相关的指示，印发了有关文件要求非物质文化遗产的保护工作应当注重对非物质文化遗产的整体性保护，保护好非物质文化遗产的地域环境、生存空间。此外，国家着手建立了非物质文化遗产生态保护区。截至2023年，我国文化生态保护区的数量如表2所示。

---

① 〔美〕米德.心灵、自我和社会 [M].霍桂桓，译.南京：译林出版社，2012：4-7.
② 孙雨晨，孙伟.基于文化生态思考的非物质文化遗产保护研究 [J].环境工程，2022（1）：247.

表2　2023年我国文化生态保护区的数量

国家级文化生态保护区（个）	国家级文化生态保护实验区（个）	涉及省份（个）
12	14	17

　　例如，黔东南民族文化生态保护实验区在2023年被正式公布为黔东南民族文化生态保护区，应有规划地、集中地对黔东南文化生态保护区内的非物质文化遗产进行保护。侗族大歌作为黔东南文化生态保护区内的非物质文化遗产，侗族大歌的文化生态环境应该得到保护。此外，在2021年生态文明贵阳国际论坛的开幕式上，贵州省黎平县的6个少数民族村寨的120名原住村民展示了富有原生态民族文化的侗族大歌——《生态家园歌为伴》，赢得了观众的掌声。由此可见，只有留住"青山绿水"，保留非物质文化遗产原本的文化生态环境，才能使其在与社会的互动中赢得"掌声"。

（二）加强与大众的互动，拓宽侗族大歌的受众群体

　　社会是由不同的群体构成的，社会互动应该包含社会中不同的群体。虽然目前主要关注的群体是非物质文化遗产的传承人，但非遗的受众群体也对非遗的保护与传承起到了非常大的作用。日常生活中，不同的受众群体之间存在着明显的差异。但是要想实现传承人与受众群体的双向互动，需要从实际出发，使受众群体在了解非遗的同时能够获得参与感，不仅使非物质文化遗产能够与受众群体进行互动，其传承人也要与受众群体进行互动。这样不仅能让非物质文化遗产传承人了解大众的需求变化，也能让受众群体或者他人了解非物质文化遗产，使之产生文化归属感，有利于扩展侗族大歌的受众群体。目前，组织的非物质文化遗产传承人研修研习计划、培训计划，其目的就是让传承人与其他社会群体进行互动，提升传承人的综合素养。有许多非物质文化遗产工作者积极开展非物质文化遗产进校园或者非物质文化遗产进家门活动，让大众参与其中，达到与非物质文化遗产的"互动"。另外，还有很多非物质文化遗产传承人也参与到互动中。贵州省民族博物馆不局限于展示非物质文化遗产的"样品"，还注重让参观的群众亲自参与到体验非物质文化遗产的活动中。

例如，贵州省民族博物馆邀请了贵州省省级非遗思南剪纸技艺的传承人张著权到馆内传授思南剪纸技艺、展示与传统剪纸技艺有关的内容。并且，在讲解的同时教授参与活动的人员传统剪纸的技艺及手法，让在场的参与人员创造出属于自己的剪纸作品。

（三）转变表演形式，激发侗族大歌的活力

从符号互动论来看，转变侗族大歌的表演形式，其实也是要加强侗族大歌与公众的交流互动。大多数非物质文化遗产沉寂在自己的世界中，导致其缺乏创新性，不能吸引年轻人。在科学技术发展飞快的今天，新媒体技术的广泛使用拓宽了侗族大歌的传播渠道，侗族大歌可以转变思路，关注当下热点，利用新媒体技术将非物质文化遗产融入"潮流"之中，吸引年青一代甚至更多人群的关注。

目前，也有许多例子可以说明非遗在融入新的表演形式中得到了稳固的发展。例如，我国国家级非物质文化遗产——华阴老腔。华阴老腔历史悠久，距今已有两千多年历史，它由黄河码头船工的号子发展演变形成了现在的表演方式。光明网报道，华阴老腔表演所用的表演乐器源自劳动群众的劳作工具。华阴老腔以其奔放激昂的艺术表现形式被誉为中国大地上"最古老的摇滚乐"，该节目在春晚的舞台上收获了无数的掌声。这种"传统"与"流行"结合的表演方式赢得了大众的赞赏，华阴老腔也为年青一代的观众所知。春晚舞台后，华阴老腔收获了社会上更多人的关注和喜爱。

五、结语

在侗族大歌传承与保护的过程中，不仅要保护"片面"的侗族大歌，更要保护其原有的文化生态环境。在符号互动论语境下，具有鲜明特色的象征性符号是在文化的交往、多元互动中所产生的。[①]侗族大歌作为侗族文化中具有象征意义的文化符号，它是在交流互动的过程中产生的，所以对于侗族大歌的传承与保护最终也要落脚到互动中。传统文化能够源远流长的一个重要原因是在不同文明交流互动、碰撞中稳固发展的同时，仍然保留着鲜明的特点，与其他文化形成了独特的互动模式。

---

① 李修远. 非物质文化遗产保护与传承的符号互动论阐释 [J]. 沈阳大学学报（社会科学版），2021（2）：217-222.

文化视野下侗族大歌完整性保护的实现途径

陆锦宏*

侗族大歌流行于贵州省的黎平县、从江县、榕江县以及广西壮族自治区三江侗族自治县的溶江河一带及毗连的部分村寨。侗族大歌自20世纪80年代唱响法国巴黎金秋艺术节后，这个原本只有当地人熟悉的歌种，逐渐被更多的人群认识。2009年10月30日，侗族大歌成功入选联合国教科文组织命名的人类非物质文化遗产代表作名录，联合国教科文组织保护非物质文化遗产政府间委员会评委说："侗族大歌是'一个民族的声音，一种人类的文化'，确认了侗族大歌既是音乐又是文化的双重属性。侗族大歌已然成为侗族的一张文化名片。然而，综观当下侗族大歌的保护传承传播的实践，仍存在一些问题。正确认识侗族大歌所具有的双重属性，理性地对侗族大歌的双重属性提出保护措施，才能使侗族大歌的'形象和灵魂'

* 陆锦宏，侗族，贵州黎平人。在黎平县文体广电旅游局工作，黔东南州非物质文化遗产专家库专家。《黔东南州民族文化生态保护区规划纲要》主要执笔者之一。

得到全面的保护、传承。”

一、侗族大歌的文化本真性认识

第一，侗族大歌是侗族"嘎老"（al laox）、"嘎玛"（al mags）的专有名称。侗族大歌在不同的流行区域虽然称谓不完全一样，在"六洞"一带多称"嘎老"（al laox），"九洞"一带多称"嘎玛"（al mags）。"嘎"就是"歌"，"老""玛"均为"大"或"古老"之意。"侗族大歌"是根据"嘎玛""嘎老"的意译而得。大歌之所以"大"，不仅是因为参与演唱的人数众多（歌队），还因为这种歌演唱时至少有两个以上的声部呈现，更因为有众多的听众（在鼓楼或其他公共场所演唱）以及海量的曲目。20世纪50年代初开始，音乐工作者本着名从主人的原则，把流行于侗族地区的"嘎老"译作"侗族大歌"，并一直沿用至今。侗族民间有很多歌种，除一领众和、多声部的侗族大歌外，还有迎接客人进寨时唱的"嘎伤坤"（al saengl kenl，拦路歌），给客人敬酒时唱的"嘎靠"（al kuaos，敬酒歌），用大琵琶伴奏自唱自白的"嘎锦"（al jenh，叙事歌），用笛子伴奏的"嘎滴"（al digx，笛子歌），行歌坐夜时用小琵琶伴奏的"嘎琵琶"（al bic bac，琵琶歌），诉说情肠清唱的"嘎孖"（al nyal，河歌），祭萨踩堂时唱的"嘎耶"（al yeeh，踩堂歌）等。上述这些侗族民歌要么是单声歌，要么不是一领众和、多声部歌，要么是要用器乐伴奏的歌。由此可知，一领众和、多声部合唱是侗族大歌有别于侗族其他民歌的显著特征。

第二，侗族大歌是侗族的核心文化。众所周知，历史上侗族没有自己本民族的文字，于是侗族人为自己的文化选择了另外一种有效的传递方式——歌唱，以此作为传承文化的工具，成功地把大歌塑造成集实用功能、审美功能、教育功能于一体的文化载体，并通过歌唱，建立起了一套严格、有序且完整的社会教育系统。歌师编歌教唱、歌班学歌练歌、全民唱歌赛歌是侗族大歌的传统传承方式。在侗族社会，歌师把本民族历史、生产技能、科学知识、社交礼仪、伦理道德、风土人情等社会百科的文化内涵，编织成风格多样、意蕴清新、特色鲜明的侗族大歌，艺术性地叙述民族历史，讴歌"天人合一"理念，传播自然科学知识；描述男女纯真爱情，倡导尊老睦邻、正直勤劳的社会风尚。歌师教歌的传统传承方式中，把承载着侗族"百科文化"的侗族大歌歌词一句一句地传授给学歌者，然后教歌唱旋律、和声配合技巧等。在这一传统教歌学歌体系中，歌师既传授了有关侗族的文化信息，又传授了侗族大歌的编歌技艺、合唱技艺。侗族大歌诗意的语言、极富感染力的内容陶冶了学歌者的情操，掌握了编歌技艺和合唱技艺的他们又期望通过歌唱能使自己尽快进入社区参与生活从而对学歌更加富有兴趣。这一良性的传承体系使侗族大歌在特定的历史时期长盛不衰，侗族文化也得到世代相传。实践证明，以歌传文的侗族大歌是一部极其珍贵的"社会百科全书"，在侗族社会有着与文字相媲美的记录侗族社会信息以传之久远的功能，在养心育人、匡正风尚、塑造与人为善、团结和睦的民族性格方面起到了不可替代的作用。"汉家有字传书本，侗家无字传歌声，祖辈传唱父辈，父辈传唱到儿孙"，这句侗族歌谣也说明侗族人把自己的文化以歌唱的方式传给下一代。

第三，"对歌"是侗族大歌的歌俗，是侗族大歌得以传承的文化土壤。在侗族大歌流行的南侗地区，农闲时节，各种群体性交往的"月也"活动尤为普遍。在欢庆的日子里，他们相聚在鼓楼坪，用对唱侗族大歌的方式，尽情倾诉对生活的热爱和对真挚情爱的向往、追求，表明结交之诚，抒发友爱之情，倾诉爱恋之意。因此，"对歌"是侗族大歌传统传承体系中极为重要的一环，也是男孩对喜欢的姑娘最好的邀请方式。唱得好、长得好、性格好的姑娘歌队是男歌队争相邀请的对象。为了得到更多异性歌队的邀请和青睐，年轻的歌队平时必须刻苦学歌。"对歌"是侗族大歌的传统歌俗，这种"歌俗"，既是对侗族大歌音乐张力完美表现的赞赏，又是对能唱更多侗族大歌曲目、能灵活应对侗族大歌对歌技巧的歌者的认可与折服。侗族有句古话说："'月也'不唱歌，脸面无处挪。"在传统观念下，老人怕自己给子女丢面子而经常唱歌，还怕自己子女在别人面前因不会唱歌或不懂礼节而没面子，于是他们便要求自己的子女从小学唱侗歌、教他们待人接物的礼仪，教导为人要忠厚、善良、热情等处世之道。在这种良性竞争机制和生生不息的歌俗中，侗族人唱歌兴趣不减、歌班不散、歌声不断。侗族人在平日传唱传习侗族大歌中，获得了侗族文化，陶冶了个人情操，认同了侗族大歌价值，侗族大歌传统曲目、曲调、歌词也因此得到有效的保存、传承；侗族大歌传承人队伍也因此不断壮大，侗族传统文化得以保留和延续。

第四，侗语是侗族文化传承发展的最有效载体。侗族虽然没有文字，但有自己的语言。侗语属汉藏语系壮侗语族侗水语支，是侗民族的母语。千百年来，侗族人把本民族文化都保存在自己的语言里，依赖语言口头传递、代代相传，并得以超越时间和空间加以传播，因此，侗语蕴藏着的不是简单的文化现象，而是侗族人一切知识传承的载体。侗语语音结构和汉语一样，由"声母＋韵母＋声调"组成，这使得侗语的词汇更加丰富，语调更加多姿，语意更加深刻。用侗语表达的侗族大歌歌词，用词准确、语言精粹、灵动有趣、意境高远，具有准确的表达力和很强的感染力，只有懂得侗语的人，才能体会到其中的韵味。

二、遵循文化规律，延续文化大歌

研究侗族大歌文化内涵是侗族大歌得以传承的重要手段，是为传播侗族大歌文化提供智慧的资源。文化为大众所接受并被广为传诵，首先是因为大众懂得这种文化、理解它的内容，并为文化的内容所感染，从而将学习这种文化成为一种自觉行动。反过来理解，一种文化想感染别人，想被别人接受和喜爱，首先要让别人知道这种文化的"优点"是什么。这就需要有人对这种文化包括语言、结构、特点等进行研究，摸清弄懂其内涵、意义等，然后才能让别人能够看清看懂。在这个前提下，这种的文化优秀才会吸引越来越多的人学习它。

1.深入开展侗族大歌文化内涵研究是侗族大歌推广的重要途径

侗族大歌记录着侗族的历史，承载着侗族文化的精华。让侗族大歌记录现代文明，成为记录当代文明多元方式之一，应成为当下侗族大歌保护的重要任务。侗族大歌需要一大批既能唱能编，又真正懂得侗族大歌文化，能开展侗族大歌的研究、传播、传承的人才队伍。只有让侗族大歌成为现代民众一看便懂的文化，能学易唱的音乐，侗族大歌才能更容易地被大众接受和推广。

任何事物都有其规律性，找规律、守正道、求创新，在守正创新中推动侗族大歌成为讴歌时代文明的重要载体。因此，研究侗族大歌，一是要研究侗族大歌歌词的构造规律。要研究歌词的构造规律，实现年轻人能使用侗族大歌记录当代生活、讴歌当代文明，继而推动侗族大歌传承发展。比如"果"（gobx组）、"枚"（meix首）、"僧"（sengh段）、"角"（jogx句）的结构规律，"内韵""勾韵""尾韵"等构词押韵规律等，对于用侗族大歌来记录新时代至关重要，能为各方开展侗族大歌培训教育提供全面的材料，更能为侗族大歌发展奠定坚实的基础。二是要研究侗族大歌的文化内涵。文化需要纵深的研究发掘，才能具有传播力和渗透力。我们只有把每一首侗族大歌中或记录的民族历史事件，或讴歌的"天人合一"理念，或传播的自然科学知识，或描述的男女纯真的爱情动人故事，或倡导的尊老睦邻、正直勤劳社会风尚等文化内涵研究透彻，才能将侗族大歌完整地传递给后代，使其继续发展和绽放。三是要研究侗族大歌的音乐演唱规律，推动侗族大歌合唱音乐与时代同步。只有研究透彻，形成体系理论，才能指导创作，推动传承发展。

2.加强传统歌俗保护是侗族大歌保护发展的基础

歌俗是民间歌唱的传统习俗。它源于一个民族群体生活的需要，在特定的时间和地点中垒叠、扩大和演变，为民众相对固定的歌唱载体。

传统歌俗包含的内容十分广泛，涉及侗民族社会生活中的方方面面。如岁时节庆、"月也"习俗、诞生礼仪、成年礼仪、婚姻礼仪等各种礼仪，各种喜事，都是侗族大歌的歌俗。在传统歌俗中，歌队是通过"对歌"的方式给各方呈现侗族大歌：一方唱完一首（或组）歌，另一方的歌词内容要对得上，不能答非所问，对不上的一方，心服口服。人们回家后，大都努力学歌，期望在下次活动中打败对方。就这样，侗族人从小养成了学歌为上，唱歌为荣的良好习俗。这些传统的歌俗使侗族大歌文化得以传递。因此我们说，民俗活动是侗族大歌的生存土壤。这样的土壤，让侗族大歌生生不息。

3.系统地开展侗族大歌文化教育是侗族大歌人才全面发展的有效方法

各级学校教育应根据侗族大歌的文化属性和音乐属性开设相应课程，使侗族大歌的文化得以传承。一是加强侗语语言的普及教育。侗语是侗族的母语，是侗族大歌音乐艺术演唱和文化演绎的唯一语言。用侗语表达和记载的侗族大歌，是侗族思维方式的直接体现，是侗族对世界观、人生观的认知体系。1958年，国家为侗族建立了《侗文方案》，从此，侗族结束了无文字的历史。侗文的创立，为侗语的保护发展奠定了坚实的基石。但是，截至目前，侗文并没有在侗族地区得到有效推广，特别是侗族小孩几乎没有接受到侗文的系统教育。一方面，现在侗族家庭中，大人以小孩会说普通话为骄傲，小孩平时以能用普通话交流为光荣，因而很多小孩失去了用侗语表达的能力；另一方面，学校没有开设侗族文化课程。正是由于侗语受到发展、普及的限制，包括侗族大歌在内的侗族民歌现在大都只有中老年人喜欢和传唱，因为只有他们能听懂并能感受到用侗族语言表达的侗歌的艺术熏陶力和文化感染力。二是学校系统地开展侗族大歌教育是侗族大歌得以全面保护的保障。侗族大歌进学校已成为当下侗族大歌传承的另一种方式，期望通过学校教育，让侗族大歌这一人类非物质文化遗产得到有效传承。目前，侗族大歌流行的区域，大部分中小学校先后都实施过侗族大歌进课堂。不可否认的是，这一举措在侗族大歌的合唱音乐方面取得了一些成效，诸如小孩掌握了一些侗族大歌的曲目和演唱技巧，促进了他们对侗族大歌的认知，培养了他们对侗族大歌的兴趣等。但实施包括侗族大歌在内的民族文化进中小学校课堂，在以升学率为评价中小学学校成绩的现代教育评价机制面前，显得十分脆弱，很难成为学校主要教学内容，也很难像传统歌班那样深入地进行侗族大歌的文化传习。纵观当下一些高校也开设了侗族大歌音乐专业，但是从培养目标来看，也只是培养学生音乐方向的能力，对于侗族大歌的具体文化内涵、承载侗族大歌的侗族语言、歌词韵律、编歌技能等方面并没有相应的课程设置。因此，学校特别是高校的专业设置应从侗族大歌的音乐和文化双重属性设置课程，为培育侗族大歌的人才发挥作用。

4.准确地认识侗族大歌的表现形式是侗族大歌得以全面普及的前提

侗族大歌作为民间合唱艺术，与侗族其他民歌相比，侗族大歌有其独特的艺术特征：首先，侗族大歌是一领众和、多声部、无指挥、无伴奏的合唱艺术。无指挥、无伴奏是大多数侗族村寨歌队在演唱侗族大歌时的特征，但也有些村寨如黄岗、小黄、邑扒等地区的侗族村寨在演唱侗族大歌时常用大琵琶来定调、伴奏，但这并非一定要用大琵琶来伴奏，也可以不用器乐来伴奏。侗族大歌是合唱艺术。按照《中华大字典》注解："合唱，指集体演唱多声部声乐作品的艺术门类，常有指挥，可有伴奏或无伴奏。"因此，我们可以认定，侗族大歌明显区别于侗族其他民歌的特征是无指挥、无伴奏、多声部。侗族大歌演唱时，由一人"气顿"（qis daens），就是领唱，然后众人才合唱。

其次侗族大歌的演唱方式十分独特。从整首大歌来看，每一枚（首）大歌的结构是基本固定的。开始有一个独立性段落，侗语称"干赛久"（gans seil juh），这是整首大歌的"序歌部分"。"中间部分"由结构相同的若干"角"构成，形成一个类似分节歌性质的多端连缀体。"尾声部分"一般要在最后一角的"拉所"部分使用比较固定的虚词"干咧宁久"（ans liees nyenc juh），使人们一听到就知道歌队的本轮演唱将要结束，它与"干赛久"形成首尾呼应。大歌横向结构中角与角、枚与枚之间固定的虚词提示，角与角之间的"诶久"和枚与枚之间的"干咧宁久"都是对异性歌队的含有敬意的招呼，意味着一角或一枚歌就要结束，提醒对方开始准备还歌。侗族大歌的这种独特结构，使其演唱技艺和音律与一般合唱不同。它是一种一领众和、分高低音多声部谐唱的合唱音乐，属于民间支声复调音乐歌曲范畴。其声部组合原则为"众低独高"（众人唱中、低声部，领唱在高声部），和声多为4度、5度结构，部分为3度、大2度结构。侗族大歌高声部一般由2—3位歌手轮流领唱，进出自如，委婉动听，音色音质高度统一；低声部和中声部由众人合唱，采用娴熟的轮流换气，使低音持续绵延不断。整个大歌声部协调默契，张弛有度，如行云流水，表现出侗族人"天人合一"的精神境界。这种独特的演唱方式，是区别其他侗族民歌的显著特征。

我们可以这样理解，但凡不具备上述特征的侗族民歌，均可认定不是侗族大歌。比如，侗族琵琶歌，演唱时必须用琵琶来伴奏，离开了琵琶伴奏，琵琶歌也就不是琵琶歌了，而且其声部也是单声部；又如，侗族拦路歌，虽然也不需要指挥，没有伴奏，但其声部为单声部；再如，耶歌，虽然演唱时为一领众和，不需要指挥、不需要伴奏，但只是单声部，因此也就不能称其为侗族大歌了。

5.扩大文化传承人保护是侗族大歌全面保护的关键

文化遗产的保护与传承，主要靠传承人来实现，外部条件只是一种平台，有了平台，文化遗产在保护与传承的程度上、效果上就可能更加显著。传承人积极主动带徒传艺，成为一项文化遗产能够得到保护和延续的关键。正因如此，我们国家也建立了文化遗产传承人国家级、省级、州级和县级四级保护体系，并从资金上给予补助，一定程度上提高了广大非物质文化遗产传承人带徒传艺的积极性，推动着各项文化遗产的保护、传承工作深入开展，效果较为明显。

但是，国家级、省级、州级非物质文化遗产传承人规定了各地的名额，一个县、一个地区甚至一个省的传承人，能评上国家级非物质文化遗产传承人的少之又少。就侗族大歌来说，一个村寨里就有众多的歌师。然而，受评审名额限制，加之申报过程中的各种因素，众多的歌师中，有些被命名为了各级传承人，享受到财政补助，但更多的是同样在当地享有盛誉，同样掌握技艺，并积极带徒传艺的歌师没有评上政府部门命名的歌师。甚至出现师傅评不上，而徒弟评得上的现象。于是，部分村寨的歌师、歌手出现了消极传承的思想。

因此，健全传承人评价机制，完善命名机制，尽可能让每一位符合条件的歌师、歌手被评为传承人，并使每一位真正的歌师、歌手得到同等的待遇，才能充分发挥传承人的集体作用，形成集体带徒传艺的良好氛围，避免出现一人传艺众人看的尴尬局面，突破村民侗族大歌学习中普遍存在的"要我学"瓶颈。一是要通过出台资金奖励侗族大歌学习办法、实施惠农政策优先安排给侗族大歌积极学习者等措施，恢复侗族大歌歌俗；二是搭建侗族大歌常态比赛平台，并按照传统习俗开展侗族大歌比赛活动，使学习者争得名誉，重拾文化自信，同时，传统比赛逐步通过市场化运作，使文化资源转化成经济资源。在展示环节上，可以通过现行的政府购买公共文化服务方式，以奖代补形式，让各村寨的歌队在节庆期间为村民展演，实现文化遗产回归根本。

6. 落实依法保护，是侗族大歌得以规范健康保护的重要保障

从国家到地方的各个层面，针对非物质文化遗产而制定颁布的法律法规逐步得到完善。先后颁布了《中华人民共和国非物质文化遗产法》《贵州省非物质文化遗产保护条例》《黎平县侗族大歌保护办法》等。国务院也先后下发了《关于加强文化遗产保护的通知》《关于加强我国非物质文化遗产保护工作的意见》，同时，我国也加入了联合国教科文组织的《保护非物质文化遗产公约》。关键是要认真贯彻落实这些法律、条例，使侗族大歌得到全面、规范、持续的保护。

黔东南民族文化生态保护区2023年侗族大歌保护传承交流会会议综述

潘璐璐*

由黔东南州文体广电旅游局、从江县人民政府指导，黔东南州文化研究所、从江县文体广电旅游局主办的"黔东南民族文化生态保护区2023年侗族大歌保护传承交流会"，于2023年11月25日至26日在从江县占里村举行。本次交流会的与会人员都是侗族大歌挖掘、保护、传承的亲历者、实践者和研究者，在交流上各抒己见。每个人的经验和建议对今后开展侗族大歌保护、传承工作具有十分宝贵的价值。在本次交流会上，专家学者和侗族大歌的传承人们围绕以下几个问题展开了交流和讨论。

一、侗族大歌保护、传承面临的问题与反思

（一）对侗族大歌保护、传承措施的审视

非物质文化遗产的保护与传承是民族繁衍生息的需要，是

---

* 潘璐璐，黔东南州文化研究所，博士，馆员，研究方向：民族文化遗产。

乡村文化振兴、文化复兴的需要，也是不断增长的人民物质文化生活和精神生活需要的迫切要求。但如何真正实现非物质文化遗产的有效保护和赓续传承？如何从对非物质文化遗产的"博物馆式"静态保护中走出来，在非物质文化遗产生成发展的现实环境中进行保护？如何在人民群众日常生活场景中进行保护与传承？这是我们不得不重视的。非物质文化遗产产生于人民群众日常生活，然而，人民群众的日常生活在无时无刻地发生变化，保护传承非物质文化遗产的方式方法、内容、手段、目的也不是一成不变的，需要随着时代的变化而随时作出反思和调整。

黔东南州文化研究所吴佺新副研究馆员是一名土生土长的侗族人，长期从事侗族文化的保护和传承工作，对侗族大歌的保护传承工作深有体会，他认为侗族大歌目前面临的问题在于："一方面是由于开发严重不足，歌手们唱来唱去还是那几首歌，外界就认为侗族大歌就那一首或几首歌。另一方面是过度开发，让大家对侗族大歌产生误解。""舞台上呈现的侗族大歌是要表现出声音好听，用于欣赏，而经典的东西，更重要的意义在于文化和歌词的含义。正因为过度开发后出现这种现状，我们对侗族大歌的保护，整体性保护、系统性保护包括文化习俗、歌词含义等都应该纳入保护范畴。"因此，"作为保护主体和客体，我们都不能把最重要的东西遗忘，不然我们保护的传统、根基就会丢失。系统性的保护应该是沉下心来保护不同区域、村寨的歌、大歌，声音歌的种类。"

从江县民族宗教事务局的敖家辉同志将当下侗族大歌保护、传承的问题归纳为以下几点："一是重开发，轻保护；二是校园传承困难重重；三是民族语言消失，侗歌载体慢慢消失；四是民间传承难以延续；五是保护经费投入严重不足；六是民族文化基础设施项目列入负面清单。"来自贵州民族大学的龙昭宝教授认为，首先要摸清楚传统侗族大歌的传承方式。他指出："当下歌队是传承侗族大歌的基石。现在贵州省内、省外还有多少歌队我们是没有摸清底数的。"还有学者提出"侗族大歌号称'中华文化瑰宝'，千百年来代代相传，为什么面对现代文化的冲击却变得如此脆弱无助、濒临灭绝？"这一系列的反思和探求，是对侗族大歌在内的所有民族传统文化和精神瑰宝的深刻检讨和寻医问诊。

（二）对保护和传承侗族大歌内容的反思

保护和传承侗族大歌是一项系统性工程，是由侗族大歌本身的结构所决定的。侗族大歌是一个结构复杂的完整音乐体系，其不是一首简单的侗歌曲目，而是侗族民间音乐一种独特的音乐艺术形式，属于支声复调音乐歌曲，具有独特的音律结构、演唱方式和演唱技巧以及独特的文化内涵和文化价值。因此，对侗族大歌保护和传承内容的反思，对于厘清侗族大歌本身的概念、内涵和外延，采取何种适宜的保护措施便显得尤为重要。

作为贵州省北部侗族方言区的一名侗族人，贵州民族大学的龙耀宏教授在交流会上对当下侗族大歌保护和传承的内容做了深刻的反思。回忆其20多年前在榕江县宰荡村侗族大歌项目国家级传承人胡官美老师家里听侗族大歌的场景，龙耀宏教授说道："以前唱侗族大歌的氛围比现在好很多。时间再晚，村里的人都要拿电筒去胡老师家听歌、传歌。我看到那个场景几乎感动得流泪。"如今再传唱、聆听侗族大歌时，龙耀宏教授不禁发出感叹："现在听侗族大歌的感觉已经不一样了，难道我们的侗族大歌只有一种声音了吗？"龙耀宏教授认为，侗族大歌不应该只有舞台化的表现形式，其丰富的文化内涵和多样化的表现形式逐渐被社会遗忘，而最核心的精神内核如果没有保护和传承下来，社会各界所做的工作价值和出路何在？鉴于此，他指出："我们保护和传承侗族大歌的内容是什么？过去我们唱歌都是唱给懂歌的人听，今天我们唱给不懂的人听，唱错了也不知道。年轻人会唱10首歌就可以挣钱了。而侗族最受尊敬的歌师以及侗族大歌国家级传承人潘萨银花和胡官美却不能挣钱，这是为什么？当今社会什么最重要？所以要怎么传？我们要传什么？是传声音还是文化和精神？当然，不能怪新生一代，因为社会就是这样发展的，回不到过去了。"因此，"保护和传承侗族大歌要'两条腿'走路：一条腿是源头活水，离不开历史，这条腿是内生动力；另一条腿是外生动力。在今天我们不仅要保留住源头的传统侗族大歌，将传统侗族大歌的原生性保护好。另外，还需要加强代表新时代价值观和审美的侗族大歌的创作。"

侗族文化专家陆锦宏同志认为："侗族大歌作为合唱音乐的艺术形式，既有艺术属性也有文化属性，而文化属性比艺术属性更有意义。文化属性才是侗族人内在的东西。是把我们生产生活、爱情故事、价值取向通过编歌的形式来唱的""目前我们做了很多的工作，我们的传承人、文化各级部门、高校从文化研究、记录都做了很多工作。还存在现实缺点，重在曲目的收集整理。黎平180多集的曲目，轻于文化的挖掘研究。没有谁去研究文化内涵，偏于艺术传播，包括舞台传播，是偏于艺术传播。但是文化传承这块是艰难的。"

贵州民族大学的谭厚锋教授认为，"当下谈侗族大歌的保护是保护什么？保护的是侗族大歌赖以生存的生态环境，有自然环境和人文环境。要保护好自然环境和人文环境，至少需要侗寨村民的大力支持，古树保寨，寨老保树。要保护好自然环境并不难，但还是至少需要各个寨子的村委和村民大力保护。90年代的打工浪潮席卷村寨。施农家肥、糯稻、放养稻花鱼。让村民心甘情愿饲养土鸡土猪，赚到钱，留住人。乡村振兴主要是留住人，光是靠传承人传承很艰难。大的环境没有了。鼓励全体村民自觉留在村里，在村里也能赚钱，也能买车子、房子"。

高增乡文化站站长吴文贤认为："首先，声音是歌面上的东西，它是载体，好比村落是个房屋的载体，里面的歌是灵魂，喜欢美丽的载体是好的，但是内在的东西更需要去学。外界认为侗族大歌旋律好听，但是内在的内容要深挖。"

（三）对侗族大歌文化生态环境变迁的担忧

一切文化事项的存续都离不开其赖以生存的文化生态环境。侗族大歌也不例外，社会结构的变迁，生态环境的改变，人们价值观、生活方式的转变，方方面面都对侗族大歌的形态、功能、价值产生深刻的影响。一旦侗族大歌赖以生存的土壤发生改变，侗族大歌的传承和发展必然会面临新的挑战。

黔东南州非物质文化遗产中心原主任粟周榕认为："受社会变革影响，侗族大歌赖以存续的文化空间受到前所未有的冲击。加上自媒体宣传内容的丰富与趣味性，使得传统的传歌习俗和事事用歌的形式也发生了改变。加上大量的年轻人外出务工，成年人和孩子沉迷手机，演唱侗族大歌的人越来越少，一些歌队也随之解散。随着现在社区生活娱乐方式的多元化，特别是广场舞的兴起，对侗族大歌的传唱生态环境冲击更是巨大。歌师是侗族大歌传承的核心灵魂人物，在侗族大歌传承过程中发挥着举足轻重的作用。近年来，随着歌师的老龄化，大量优秀歌师不断谢世，导致很多村寨的歌师寥寥无几。如今，一些在世的歌师大多年事已高，一旦逝去，所教的歌队也将面临解散的危机。因此，以保护侗族大歌为核心，对整个侗族文化生态进行整体性保护已迫在眉睫。"吴文贤站长认为："如果侗寨不存在了，还有什么歌呢？所以文化环境很重要。守望乡土，以人为本。我们这群人有孤军奋战的感觉，所以我们如何来面对未来？"

　　敖家辉同志也有同样的担忧："传统的侗族大歌根植于传统的农耕文明。随着目前城镇化、城市化的发展，原本生活于侗族村寨的村民纷纷外出务工和谋生，并接受了新的生活方式和价值观念，侗族大歌当下的社会功能已不能满足于现当代青年人群的需要，出现传承断代的危机。"侗歌与现实社会相脱节，侗歌的娱乐功能日趋减弱，而依赖于农耕文化特定生存环境的侗族大歌，因原有生存环境的破坏而失去了依托的土壤，侗歌的生存已经岌岌可危。尽管我们也在积极倡导保护侗族大歌，但从当前形势来看，侗歌的消失也是"无可奈何花落去"。现在大多数"90后""00后"基本不参与节日文化活动，因为这些青年人不会唱歌，只能在边上围观当看客，老人们唱什么歌他们也听不懂。目前，各村寨依然是靠"60后""70后"的歌队勉强维系着侗歌的生存。

近年来，侗族大歌进校园，营造青少年积极学习侗族文化的校园环境。但有的学者却对其效果产生了质疑，侗族大歌的保护和传承依旧缺乏良好的文化生态环境。如王安邦认为："目前很多村级小学只有三年级，有的乡镇都没有高年级。高年级的小孩读书需要全部到县城，唱歌的人更少。因此，侗族大歌进校园也不能解决长久问题。"来自榕江县栽麻镇的杨秀壕也同意这个观点，"一是因为学生学科压力大，高年级学生的参与度不高；二是因为现在学生成绩直接和老师工作绩效挂钩，我们有时候想带学生练歌，学校也给孩子学歌的课时，但是这个时间是不够的，要找课外时间专门做这件事；三是学校的经费非常有限，学校没有资金去组织活动统一服装，只能去其他村寨借服装参加活动。"

二、侗族大歌保护、传承工作的回顾

作为一名长期从事非物质文化遗产工作的专家，粟周榕将全州侗族大歌保护、传承的工作归纳为以下几点："一是抓机构和人才队伍建设，完善侗族大歌保护工作机制。二是抓整体性保护，实施侗族大歌集中连片保护工程，保护侗族大歌赖以存续的文化生态环境。三是抓传承性保护，加强传承人队伍建设，推动侗族大歌进校园。四是抓抢救性保护，实施侗族大歌档案数据库建设工程。五是抓宣传与推广，提高侗族大歌的知名度和影响力。六是探索侗族大歌合理利用，促进文旅融合，乡村文化振兴是侗族大歌传承发展的必由之路。"

另外，黎平县和榕江县梳理了近年来在保护侗族大歌中所做的工作和努力。黎平县保护侗族大歌的工作归纳为：一是立法加强保护传承。针对黎平县保护的职责和侗族地区的生态和人文全部列入保护范围，提供法律依据。二是加强侗族大歌村寨歌曲的收录工作。2020年，将东西部协作资金用于出版侗族大歌集成等系列丛书，册数在3000册。三是培育工作。黎平县小学、初中有30多所学校都已纳入侗族大歌进校园行动，还有建立传习所的。全县的侗族大歌传承人有国家级、省级、州级等236名。多方面传习活动的阵营为群众浓厚兴趣的培养打下了基础。四是推动非物质文化遗产和旅游相融合，2022年培育肇兴村组建旅游合作社，由村级自主组建，去年收益90多万元。村里的县级传承人分红90多万元。五是开展侗年研讨会，以侗族大歌为主题，以肇兴侗寨为对外窗口，让世界真正听见侗族大歌。

榕江县在侗族大歌保护、传承工作上也作出了显著成绩。一是成立侗族大歌培训专业班。二是组织优秀歌师编歌，讴歌新时代党的好政策。三是以歌移风易俗、提倡勤俭节约。四是用侗族大歌宣传民主法治知识。五是以歌为介，加强交流合作。

三、新时代侗族大歌保护、传承路径和乡村文化振兴探讨

（一）侗族大歌保护、传承路径探讨

千百年来，侗族在与自然和生态适应的过程中创造出了侗

族大歌这一优秀的口传文化，并被联合国教科文组织列为人类非物质文化遗产。由于受城镇化、全球化的影响，侗族大歌的保护传承工作在新时代也面临新的挑战、新的生存困境，因此，对其独有的保护和传承方法、手段也应该开展新的规划和思考。

粟周榕同志认为，在新的背景和机遇下，侗族大歌的保护传承"一要继续推进黔东南国家级民族文化生态保护区建设，实施'黎从榕'片区侗族大歌重点保护工程；二要政府引导，继续以节日、赛事为平台，多措并举不断扩大侗族大歌国内外的影响力；三要扎实推进侗族大歌进校园工作，不断增强侗族大歌在青少年队伍中的影响力；四要建议继续实施'多彩贵州·侗族大歌传承保护发展行动计划'；五要利用社会团体参与侗族大歌保护与发展的管理工作；六要继续推进文旅融合，促进以保护侗族大歌为核心的相关习俗。"面对侗族大歌的文化内容挖掘不够，甚至失语的现状，侗族研究专家陆锦宏认为："一是保护侗话。侗族大歌是用侗族语言演唱的。我们的小孩在学校学汉语，回家来也讲普通话，我是一直反对的。现在不会说侗话的小孩很多，而侗族大歌里的经典故事、赞美人生的美德是通过侗族大歌传达，听得懂的人才喜欢。二是从高校入手，开设侗族大歌歌词、韵律结构、侗歌赏析等课程。车江小学从1988年开始实施侗族大歌进校园，用这种办法提升小孩对侗族大歌的兴趣。三是保护歌师。歌师对侗族大歌来说很重要，把歌师保护好就是保护侗族大歌的人文环境。从政府层面、法律层面、经济层面开展对歌师的保护是很有必要的。四是要把侗族大歌的灵魂传承下来。音乐表现是侗族大歌的形象，文化是侗族大歌的灵魂。"

　　与会学者都认为，青少年是新时期保护和传承侗族大歌的主力军，应该把重心放在培养青少年对侗族文化、语言和音乐的兴趣上，从而树立起青少年对侗族文化的自信心和自豪感，而让青少年对侗族文化的传承行动首先要从说侗语开始。从江县旅游局副局长粟爱平认为："首先，大力发展以侗族大歌为主题的研学活动。其次，加强教育领导，树立文化自信。民间歌队去引导民间学习，发扬文化爱好者的力量。最后，创新传播的方式，扩大影响，多样的方式展示，鼓励研学和原创歌曲，提高吸引力和感染力。"敖家辉同志对侗族大歌保护措施提出以下建议：一是守正创新，加大对侗族大歌的保护传承工作力度；二是积极推行各村寨民族文化传承活动；三是各学校要深入开展民族文化进校园活动；四是当前应重点抢救《侗族大歌》等口传古籍；五是建立传承人和继承人的奖励、鼓励机制；六是鼓励支持传统节日文化活动；七是多举办侗族大歌对唱赛事活动，有利于传统侗歌的保护传承。黔东南州侗学会会长王安邦认为"第一，侗族人民要增强文化自信，让侗族大歌走向世界。第二，探索传统文化与现代文化的时尚如何结合。用新的方式将侗族琵琶歌、情歌等文化与现代相结合。如侗族大歌和侗族多耶大团结舞。第三，加强三县合作组织，鼓励各地轮流办侗族大歌活动，把广西、湖南的侗族大歌队也请来贵州，为侗族大歌扩大影响。第四，要加强对侗族语言的研究，规范侗语传承，用汉语解说侗族大歌的歌词和内涵。"

　　歌队是侗族大歌的核心，传统上侗族大歌演唱和传习的方式都是由歌队组织和参与。通常，一个歌队可能来自同一个村，也可能是同一个鼓楼，歌队的歌手年龄结构多样化，不仅有经验丰富的老歌师，也有起到主力军作用的青壮年，还有起着承传作用的儿童群体。不同的群体在歌队中有不同的唱法，对侗族社会组织发挥的作用也不同，是维护侗族社会结构稳定的社会集团。因此，保护侗族大歌主体就是要保护侗族大歌歌队。对此，龙昭宝教授指出："第一，摸清侗族大歌歌队的数量和结构。传统侗族大歌歌队里青年歌队是核心力量，调查省内外侗族大歌歌队的人数、结构比例是首要工作。第二，摸清歌队会唱什么歌，是新歌还是传统歌曲，参加的活动，获得的奖是什么？第三，政府层面加大投入侗族大歌培养力度，加大经费评选出优秀的传承歌队，给予各歌队州级、县级的各种荣誉称号。营造一个传承大歌的环境，利用民族节日举办村寨之间的联谊对歌活动"。

（二）侗族大歌助力乡村文化振兴的讨论

侗族大歌作为人类非物质文化遗产，是居民抒发感情、记录历史、传承当地族群价值观念、习性、生活方式以及原始宗教文化的重要载体，也是振兴乡村文化，推进社会主义核心价值观，铸牢中华民族共同体意识的重要推手。乡村文化振兴是乡村振兴的灵魂，是乡村社会得以延伸的基础。而实现侗族乡村文化的传承和弘扬是侗族乡村文化振兴的基础。

新形势下苗族姊妹节发展研究

邰　磊*

一、苗族姊妹节发展溯源

苗族姊妹节是苗族民间世代盛传的一个重大节庆活动，起源于何时，因苗族没有文字记载而无籍可考。苗族民间盛传的《姊妹节歌》记载的金丹阿娇的故事，也未详细记述具体时间和地点，无籍可考。但是，从节日的文化空间以及节日组织举办形式来看，苗族姊妹节与爱情这个主题相关。当前，外界认知的苗族姊妹节活动，主要流布于清水江流域的剑河县革东、岑松一带和台江县良田、南哨一带的二月十五日左右的苗族姊妹节以及台江县施洞、施秉县马号一带的三月十五日左右的苗族姊妹节，还有苗语俗称为"方南"支系片区的村村寨寨。

苗族姊妹节，苗语称"浓嘎良"，这一称谓一直在苗族民间盛行。用汉语"苗族姊妹节"来称谓苗族的"浓嘎良"活

* 邰磊，笔名金旦九、金丹等，苗族，贵州台江人，发表文章约100万字，著有《走进苗疆腹地——台江》，搜集整理有《苗族多声部情歌》等。

动，大致源于1998年。当时，台江县人民政府因发展旅游需要，决定采取"政府引导、社会参与、民间举办"的形式组织"浓嘎良"活动，并在《黔东南日报》等报刊上大量宣传推广，"苗族姊妹节"这一词语逐渐为外界所知。1998年农历三月十五，台江县人民政府牵头组织举办的苗族姊妹节活动，以其盛大的游演队伍以及丰富多彩的节目形式而一炮走红，加之其后每年一届的组织举办和宣传推广，苗族姊妹节蜚声海内外。2006年，苗族姊妹节入选第一批国家级非物质文化遗产代表性项目名录。

　　苗族"浓嘎良"活动，也被称为"阿嘎良"活动。苗语中的"浓"即汉语中的"吃"，强调的是女方家的姊妹一起"吃"，或者前来游方的男青年和女方家姊妹一起吃；而苗语中的"阿"，在苗族姊妹节这一特定语境里，即相当于汉语中的"一起来做"，主要是指女方姊妹一起来组织举办，相当于姊妹的聚餐活动。"阿嘎良"，在苗族民间的很多地方、很多支系里都有这样的称谓，其组织表现形式和施洞、马号、革东地区的差异不大，都是女青年以朋友群、房族群、家族群甚至整村群的形式集资采购物资或者自筹食物，集中在某一家或者某一个场地举办的一种聚餐活动。现今台江境内的很多妇女群还经常组织举办"阿嘎良"活动。女子群"阿嘎良"，男子可以去参与，有男子参与吃姊妹饭的活动，才叫"浓嘎良"，亦即从女方角度来说，就是宴请前来游方的男青年，男青年可以去"闹嘎良"。"浓嘎良"还有另一种表现形式，即女青年"包饭菜"给男青年吃，即男青年到某一寨子游方，寨里女青年见面了解到男青年还没吃饭后，则回家集中朋友群、家族群等群体的女青年，共同打包饭菜到游方场（一般都在村外某一地点）给男青年吃。苗语叫"夸给衣养"（汉语直译就是聚饭喂男青年），反排片区叫"浓嘎林"（吃姊妹们留下来的饭）。这两种习俗，在20世纪90年代之前较为盛行。那时，各村寨、各家各户还较贫穷，加上大部分群众思想比较保守，从其他寨子过来女方寨子游方的男青年，不便到女方寨子的亲戚家去找饭吃，所以吃饭之事只能等女青年打包饭菜送过来吃。进入20世纪90年代后，打包饭菜喂男青年吃这一风俗逐渐消失，其原因一是大量男女青年外出打工；二是生活逐渐富裕，男青年到女方寨子游方时可直接串门找饭吃。

实际上，苗族"浓嘎良"只是"方南"苗族支系对这一活动的称谓，而其他苗族支系则叫"纪播""纪养白"等，即汉语译文中的"坡会""爬坡节"等，其内容、参与对象、组织形式大同小异，都是苗族姊妹节活动。现今，台江县方召镇、剑河县久仰镇、雷山县望丰乡、黄平县谷陇镇、凯里市炉山镇等苗族片区，每年都定期组织举办有"坡会""爬坡节"活动，都是以村寨男女老少为群体邀约、宴请周边村寨前来爬坡的人吃喝玩乐。若将时间推至20世纪90年代之前，活动则是以村寨的女青年为主体，邀约某个寨子或者周边村寨的男青年前去游方对歌，一起吃"姊妹餐"。这种组织方式，50岁以上的人基本上还能有所体验。因此，现在苗族社区组织举办的"坡会""爬坡节"，其实就是苗族姊妹节，只是叫法不同而已。

二、苗族姊妹节活动的举办意义

（一）提升了台江县的对外知名度和美誉度

1998年，台江县成功举办苗族姊妹节后，次年就被国家旅游局列为"1999中国华夏城乡游"活动项目来推广。此后，台江县通过连续20多年的不断打造，让"苗族姊妹节"这一节日形成了较强的品牌效应。在网络欠发达的年代，央视、凤凰卫视、贵州卫视及韩国、日本、法国等多家电视台全程参与报道，让苗族姊妹节蜚声海内外。新媒体、自媒体产生后，对苗族姊妹节的宣传报道信息更多，宣传角度更全面，苗族姊妹节的知名度和美誉度越来越高，台江县的对外知名度也随之提高。

（二）带动了民族民间文化保护和传承

在世界大同文化的浪潮席卷侵蚀下，台江县组织举办苗族姊妹节活动，既保护和传承了传统姊妹节的部分文化空间和文化表现形式，如游方、对歌、踩鼓、银饰刺绣服饰展示展演等，也让一些不属于传统姊妹节文化内涵的非物质文化遗产项目得到充分展示和展现，尤其是在台江县城举办的一些活动，如不同年度的姊妹节期间穿插的舞龙嘘花、鼓藏杀牛、芦笙展演等，进一步促进了民族民间文化的保护传承和发展利用。

（三）带动了黔东南节庆文化的发展壮大

1998年后，凯里、雷山、黎平、从江等周边县市相继到台江考察，学习办节经验，逐渐催生了凯里国际芦笙节、雷山苗年、黎平鼓楼文化艺术节、从江侗族大歌节、剑河仰阿莎文化艺术节（剑河六月六民歌节）等一批节庆活动，为黔东南州赢得"百节之乡"称谓打下了基础。

（四）带动了台江文化旅游产业的发展

组织举办苗族姊妹节活动，每年吸引了成千上万的外地游客前来台江旅游观光，不仅带动了区域内小景区发展，还带动了餐馆住宿业的发展，以及银饰、刺绣、服饰等相关文化旅游产业的发展，进而带动了地方经济的发展。

三、举办苗族姊妹节面临的问题和不足

一是组织形式较单一。首先，姊妹节活动举办20余年来，一般都是4天左右的时间，第一天在台江县城，第二天在老屯乡，第三、第四天在施洞镇，在时间安排上较单一。其次，在组织方式上，几乎全是"政府引导、社会参与、民间举办"的形式，市场参与度不高。

二是活动方式较传统，游客参与性项目较少。举办期间，展现的节庆项目变化较少。在县城展示的项目基本上都是开幕式演出、万人游演活动、文艺（篝火）晚会、歌舞比赛，加上近年兴起的"万人唱响翁你河"以及一些非遗展示活动。无论是在县城还是在老屯、施洞两地举办的活动，除了县城举办的斗牛项目有所收费获利，其他项目基本都是免费，而且大都是

本地人自娱自乐性项目，外地游客能参与的项目较少。

三是创意产品开发少。每年苗族姊妹节，展示展销的文化旅游产品基本上是银饰、刺绣、服饰、蜡染等几个传统项，而且产品研发设计较传统，产品结构单一，产品文化内涵没有得到充分展示，附加值不高，无法满足游客的多方面需求。特别是对旅游"吃住行游娱购研学商摄"等行业研究还不够，文化旅游创意产品开展项目少，针对性不强，无法满足广大游客的需求。

四是基础设施较落后。无论是县城还是老屯、施洞，都拥有接纳上万人以上的活动场地，但相应的旅游配套设施还不到位甚至较落后。比如，停车问题，每到苗族姊妹节期间，无论是县城还是老屯、施洞片区，都因为提供的车位不够，交通堵塞问题一直没得到有效解决。再如，酒店方面也较欠缺，总体数量少，档次不高，县城片区除台江大酒店档次稍高一些外，其他酒店规模小、设施差，施洞片区目前没有一家三星级以上的酒店，全县民宿总量少，每逢苗族姊妹节此类活动，外来游客找不到酒店住宿，造成大量游客外溢现象。

四、举办好苗族姊妹节的建议

一是积极组织申报人类非物质文化遗产代表性项目名录。自1998年苗族姊妹节成功举办后，一直得到省委、省政府的重视，尤其近年来贵州省人民政府出台的几个重要文件中，都明确要将苗族姊妹节申报为人类非物质文化遗产代表性项目名录。台江县应审时度势，成立苗族姊妹节申报人类非物质文化遗产委员会，尽早抽调人员启动项目并开展相关工作。

二是择地建设苗族姊妹节专题博物馆。博物馆是展示地方形象和文化特色的一个重要窗口，每到一个地方，参观博物馆是一个必不可少的旅游项目。苗族姊妹节期间，每年虽然吸引成千上万的游客前来旅游观光，但节庆过后，游客寥寥无几，有些专家学者、自驾游客想来台江调研姊妹节的文化内涵，都无迹可寻，无从下手。因此，在施洞地区建设一个苗族姊妹节专题博物馆显得非常有必要。苗族姊妹节在民间盛传已久，加上政府牵头组织举办了二十几届，博物馆所需的实物、图片、文字等基本资料比较多。博物馆建成后，既可以为广大游客了解苗族姊妹节文化内涵提供方便，增长游客见识，又可以作为施洞地区的一个低收费项目进行适当收费，还可以在条件成熟的情况下申报国家博物馆免费开放资金予以补助，保障博物馆日常运转。

三是开发苗族姊妹节系列文创产品。一般情况下，游客每到一个地方旅游，都会购置当地一些有特色的文创产品。台江县在姊妹节期间，经常组织展示展销银饰、刺绣、服饰、蜡染等非遗产品活动，这些商品虽然是纯手工制造，工艺精湛，但有一个共同点就是价格偏贵。鉴于此，台江县要高度重视产品研发工作，多渠道多形式组织研发设计、开发生产多种款式的苗族姊妹节系列文创产品，满足广大游客的购物需求。全国各地有比较多的经验借鉴，比如北京冬奥会期间设计的"冰墩墩""雪容融"等，非常值得借鉴。

四是创新组织举办方式，让更多游客参与收费项目。在继续办好游演、歌舞展演等传统活动项目，满足广大游客基本旅游观光需求的基础上，创新活动方式，引导市场主体参与节庆活动的组织举办，精心策划包装一些文化收费项目，吸引游客参与消费。比如，在继续做好"长桌宴"项目收费的基础上，可精心策划一些沉浸式的情景展示"浓嘎良"收费项目，"讨姊妹饭"收费项目等，既实现了收费又能使游客参与互动，增强节日的趣味性，满足游客的各方面需要。

五是策划一场与姊妹节相关的文艺演出活动。目前，苗族姊妹节是黔东南州乃至贵州境内最有文化内涵的重大民间节庆之一，可以说，将苗族姊妹节的每一个活动细节进行收集、组合、打磨，即可以创作一部非常精彩的戏剧或者文艺剧目，舞台形象十分突出。台江县应高度重视这一文化主题，集全县服饰、歌舞、婚恋习俗等文化资源于一体，借鉴大剧场《印象·刘三姐》《宋城千古情》或者小剧场《遇见·香格里拉》甚至《西江盛典》《天下西江》《锦秀丹寨》等成功经验和做法，以市场为导向，在县城或者施洞地区选择场地精心策划一场与苗族姊妹节相关的文艺演出活动，吸引游客参与，满足游客的精神文化需求。

六是完善广场设施设备，打造网红打卡点。台江县已先后建成了秀眉广场、苗疆姊妹广场、施洞姊妹广场等一些重要设施，为每年组织举办苗族姊妹节活动提供了重要阵地，但是这些广场阵地的文化氛围还不够浓厚，文化主题还不够突出。台江县应充分利用这些文化阵地设施资源，多渠道发掘苗族姊妹节文化内涵，诸如打造金丹阿娇雕塑、爱情门、婚姻门等，打造网红打卡点，不断宣传苗族姊妹节的文化内涵，进而提升苗族姊妹节的知名度和美誉度。

苗族姊妹节的开发利用与保护传承

熊克武*

"姊妹节"苗语称为"Nongx Gad Liangl"（弄嘎良，意译为吃了却心愿的饭）。"姊妹节"是现代意译。它有其特定对象及活动过程，它以青年女性为主体，是集苗族的婚姻文化、服饰文化、歌舞文化、饮食文化于一体的社交性节日。过程包括采摘姊妹花、蒸煮姊妹饭、捕鱼捞虾、游方、集体踩鼓等环节。

姊妹节具有浓郁的地方特色，主要流行于黔东南清水江流域的苗族村寨，具体时间因地而异，过法大同小异。以台江县老屯、施洞为中心的姊妹节于每年农历三月十五—十七举行，其规模最大、文化积淀最深厚、活动内容最丰富。

一、苗族姊妹节由来

关于姊妹节由来的传说有很多，其中，最被当地人推崇

---

* 熊克武，苗族，台江县人，中国民间文艺家协会会员，贵州省民协理事，黔东南州民协第二届副主席，台江县民协第二届主席。出版《台江非物质文化遗产》《台江风物志》等多部专著。

的是来自长达500多行的《姊妹节歌》。相传，有一对表兄妹，男的叫金丹，女的叫阿娇，他俩从小青梅竹马，长大后，慢慢产生了爱情，金丹一定要娶阿娇，阿娇也非金丹不嫁。但是，阿娇的父母要让她嫁回舅家（旧时苗家习俗称"还娘头"）。阿娇不愿意嫁给别人，一定要嫁给金丹；金丹也不愿娶别人，一直在等着阿娇。因怕父母和寨老发现，他俩相约在野外谈情说爱。每次，阿娇都用她装针线的竹篮偷偷地藏着饭带给金丹吃。年复一年，经过一番磨难和顽强不屈的抗争，他俩终于结成了夫妻。于是便有了"姊妹饭"的典故，苗语将带给情人吃的食物称为"藏饭"，汉语意译为"姊妹饭"。许多年后，传说台江县施洞地区有800个姑娘因找不到男友而嫁不出去；三丙大塘地方有800个青年男子，也因找不到媳妇而单身。老人们想到阿娇、金丹"姊妹饭"的故事，叫姑娘们把三丙大塘800个青年男子邀请来吃"姊妹饭"，以此认识，结交朋友，人人都找到了自己的意中人，一双双、一对对结成了眷属。从此以后，吃"姊妹饭"就演变成青年男女之间挑选情侣的节日活动。

二、苗族姊妹节开发现状

1998年以来，由于政府的积极推介，姊妹节逐渐演化为贵州最具代表性的苗族节日之一，在海内外的知名度迅速提高。随着时间的推移，姊妹节的活动主体、节日内容、节日功能、范围和影响都发生着巨大的变化。节日期间，老人、中年男女和小孩成为过姊妹节的主体。姊妹节的活动内容也更加丰富，在传统的基础上新增了很多项目，如民族盛装游演、开幕式大型歌舞表演、招商引资项目推介及签字仪式、民族民间商品展销、老庚捞鱼虾习俗演示、苗族婚俗演示等。当前的苗族姊妹节已延伸为一项旅游节目，是招商引资的平台和扩大区域竞争力的窗口。

（一）苗族群体成为开发和利用姊妹节的主体

从传统意义而言，相对固定的时间、场所和活动内容，是苗族人共享的一种地方性民间文化，也是区分苗族与其他民族边界的一个标志。姊妹节作为一种旅游产品，给当地老百姓带来实惠的同时，也让他们重新审视自己的传统文化。这在短期内带来了当地苗族群体的文化复兴热潮。许多早已不再穿的服饰重新被人们穿戴上，许多几乎失传了的歌舞、技能又被人们学习和传播，许多旧的习俗不断以新的面孔出现。民间群众主动要求当地政府规范姊妹节丰富多彩的活动内容。台江及周边地区如剑河、施秉、雷山、凯里等的群众积极报名，踊跃参加对歌比赛、踩芦笙比赛、踩鼓比赛等。当地居民经商意识也不断增强。

节日期间，虽然就地购买商品的游客不是很多，但是当地群众却结识了很多客商，并慢慢学会进行网络交易。姊妹节进一步唤醒了苗族同胞的文化自信，每年都会吸引一大批海内外游客。老屯乡、施洞镇等苗族农家乐的开展，帮一批苗族群众增加了收入，旅游扶贫效应已经凸现。因而，姊妹节在一定程度上是经济社会发展的内在要求。正是当地文化主体的客观需要和价值取向决定了姊妹节发展方向的变化。

（二）政府的双重作用

在苗族姊妹节文化的变化中，政府的介入无疑发挥着重要的推动作用。姊妹节作为当地民族文化旅游的载体，台江政府对姊妹节文化给予极大的重视。一是积极开展申报世界非物质文化遗产工作，深入搜集和整理民间各种苗族文化；二是组织、策划、宣传姊妹节，在每年举办姊妹节时都要事先做好一系列安排，包括人员、活动内容、招商引资方案等；三是利用活动平台，召开招商会议，把台江的资源，将要开发的项目以及优惠政策等向外商介绍，逐年引进外商对台江基础设施、景点开发等的投入和开发；四是出台相关政策鼓励广大人民群众和干部积极参与，带头示范，开发一些服务设施。在政府的管理和倡导下，加大宣传力度，引进市场资本、专家学者，参与当地的旅游开发和文化保护。

政府的介入，一方面促进了姊妹节的发展，另一方面也产生了一些消极影响，主要表现在：第一，当地文化主体围着政府转，缺乏自主性，一定程度上对政府的依赖性增强；第二，传统姊妹节的活动内容过度商业化。为了吸引游客，迎合旅游者的观看兴趣，政府财政拨款请周边县城群众参加游行、情歌对唱、吹芦笙、踩鼓舞等活动，不再按照传统规定的内容和方式举行，使得整个现场极具表演性质，在很大程度上失去了原生态的可持续性。

（三）民族工艺品产业初具规模

台江苗族工艺品，品类繁多，具有浓郁的民族特色。银饰和刺绣"艺术之乡"施洞镇，因银饰和刺绣而广受青睐，仅塘坝村就有几十家从事银饰锻造，其年销售几万元乃至十万元已不稀奇。在台江，银饰和刺绣，这些传统秀美的艺术品经过千千万万台江人的努力，已发展成文化产业并走向全国和世界。九摆村自古就有加工银饰品的传统，如今许多人都到州里或各地的旅游景点开店办厂，并根据顾客的式样要求进行加工，银饰也从本民族妇女自用，走向了世界。如今村里年收入达到五六万元的已不在少数。

三、苗族姊妹节的开发利用与保护传承

我国非物质文化遗产保护工作以"保护为主、抢救第一、合理利用、传承发展"为原则。自1998年以来，台江县每年都举办姊妹节活动，积极宣传姊妹节，取得了一定的经济效益与社会效益。苗族姊妹节的连续举办，提高了台江县的知名度，苗族文化也引起了人们的浓厚兴趣。每年姊妹节期间，大批海内外游客来到台江，旅游业带动了地方经济的发展。姊妹节作为一个旅游品牌的推出，进一步唤醒了苗族同胞的文化自信，体现了苗族传统文化新的价值与意义。

（一）申报世界人类非物质文化遗产

2003年，联合国教科文组织通过了《保护非物质文化遗产公约》，在全世界范围内掀起了一股非物质文化遗产保护热潮，我国也开始了非物质文化遗产保护和传承方面的尝试。"申遗"

既是我国非物质文化遗产保护的一项重要举措，也是一种自上而下的制度安排，目的是唤醒全面保护非物质文化遗产的实践与行动。政府在政策上为非物质文化遗产的申报、认定、评估等制定了相关准则，主导非物质文化遗产的论证、申报、管理等工作。2006年5月20日，国务院公布了首批国家级非物质文化遗产名录，台江申报的苗族姊妹节名列其中。

（二）姊妹节的传承与创新

传统节日是中华民族宝贵的文化遗产，承载了丰厚的历史文化内涵，然而在"遗产化"的过程中，经过多方力量的不断重构，其内涵与外在形式都发生了很大变化，其文化价值和社会功能也更加丰富，成为新时代语境下传统节日传承与创新发展的必然路径。

文化记忆需要通过特定的节日活动、仪式行为和舞蹈动作等相关的物质性或象征性的符号呈现或重现民众生活历史。姊妹节很显然也属于苗族民众强化文化记忆的重要方式，其主要通过每年重复不断地进行文化的再生产与传承来实现对文化记忆的强化。一般来说，农历十五至农历十七姊妹节活动达到高潮。"白天姑娘们都身穿华丽的盛装，从四面八方汇集到踩鼓场，参加传统的踩鼓活动，同与自己吃'姊妹饭'的男子一起踩鼓……除了这些活动，还要举行斗牛、斗鸟、赛马、老庚捞鱼、水上抢鸭、放陀螺等农家乐活动。""姊妹饭"既是苗族姊妹节的重要标志性文化符号，也是节俗文化展示的重要载体。在节日前两天，过"姊妹节"的村寨家家户户就开始制作姊妹饭。姊妹饭由几种植物染料浸泡糯米制作而成，不同的颜色有着不同的象征含义。届时，姑娘们身着盛装，载歌载舞，在游方场上开启了一场传统浪漫的苗家式相亲。对远道而来的小伙子，姑娘们总是热情邀请其到家里做客，备下鸡鸭鱼肉酒丰盛的佳肴，邀请中意的男青年同吃姊妹饭，一起游方……伶俐多情的姑娘各自在送给情人的饭篮里，悄悄地埋下松针、椿芽、辣椒等不同植物，它们都暗示不同的意思：或希望继续往来，或表示爱慕之心，或暗喻以身相许。男子则会根据女方放在竹篮中的物件猜出女方的心意，那些收到较好寓意物件的青年男子们，会通过筹钱购买绣花丝线、绸缎等礼物的方式回赠给姑娘们。正是在糯米饭的你送我往的过程中，青年男女建立好感、加深了解、培养感情、缔结姻缘，形成了独具特色的苗族婚恋方式。同时，"姊妹节"也是苗族儿女日常生活的仪式化展演，源于人们对于美好生活的集体诉求，通过节日的狂欢，起到加强族群认同的作用。

（三）新时代的传承与创新

"姊妹节"最初是苗族青年男女婚恋交友的节日，由民间自发组织，活动范围仅限于周围村寨之间，青年男女是节日的核心人群。现今，贵州黔东南州台江县苗族姊妹节举办时间被统一固定下来，活动空间由村寨转移到县城，活动人群从以青年男女为主转向所有苗族社区成员，组织形式也由民间自发转变为以"政府引导、民间参与"为主，政府承担组织策划、宣传推广、引导管理等工作。活动内容除了传统的吃姊妹饭、游方等，还加入了商贸、竞技、娱乐、展演等新兴活动。综上可以看出，新时代贵州黔东南州台江县苗族姊妹节被赋予更多的当代表达，原本约定俗成的活动流程如今完全按照日程表按部就班进行，一旦转换成"日程表"就意味着这一民俗活动的时间统一为"现代时间"。虽然现在当地人对于姊妹节的现代转换表现得游刃有余，但在具体的操作过程中仍然保留了很多传统的仪式物品和一些象征性的场景。现代内容的加入，在一定程度上使得新时代贵州黔东南州台江县苗族姊妹节的节日内涵和外延得到了扩展，更有利于吸引人们的关注，但这也使得很多传统习俗不免有流于形式之嫌，如吃姊妹饭中男女青年谈情说爱的传统意义变淡，游方对歌的热情也非出自最原始的感情冲动等。当黔东南州台江县苗族姊妹节的操办过程出现了政府的身影，那么其节日初衷就不再仅仅是苗族儿女谈情说爱的盛会，节日的社会功能和现代意义也在不断注入商业性质的过程中被强化，其释放出的文化价值和经济价值也更加凸显。

苗族姊妹节通过新时代下的文艺展演和文化展示活动，在传承发扬节俗文化的同时，被赋予更多的现代表达，使其在新时代焕发出新的生命力，开启了对非物质文化遗产生产性开发的保护模式。同时，以台江县苗族姊妹节为媒，将节日文化与旅游深度融合发展，推动招商引资、农产品展销以及产业洽谈等活动，对外构建文化交流与合作平台，对内推进文化产业的发展升级，内外联动将黔东南州台江县苗族姊妹节打造成贵州旅游发展的一张烫金名片，成为拉动当地经济发展的重要引擎。通过苗族姊妹节的举办，除能够传承地方民俗文化，带动区域经济发展外，还增强了苗族儿女的族群认同感，对于维系民族稳定具有重要意义。

（四）姊妹节的文化产品创新

"地方各级政府节庆建设主要包括如下两个步骤：首先通过对地方资源文化叙事的建构，将其提升为具备商业价值的文化产品；继而举办大型节庆包装并集中展演这一地方资源，实现地方资源的全方位开发。"苗族姊妹节的文化产品主要包括物质文化产品和精神文化产品两部分内容，物质文化产品主要是特色饮食、服饰、工艺品等节日仪式展演所需的物质产品，如刺绣、姊妹饭、银饰等产品；精神文化产品主要是节日仪式展演所需的舞蹈表演、音乐演奏、民间工艺以及各项比赛等，是满足人们听觉、视觉、情感需求的产品。从民俗学的角度来看，文化产品具有丰富的文化内涵，是苗族历史和文明的象征，是整个民族精神文化生活的集中展示。从经济学的范畴来看，文化产品属于商品，功能是满足人们的物质生活和精神生活需求，带动相关行业的发展，形成规模化的市场。

我们一再强调要加强对非物质文化遗产的传承与保护，产业化就是其中重要的方式之一。产业化视角下的非物质文化遗产是指把某些过去口传心授、零散学习的民间技艺形式，变成完全按照市场规律运作的经济形式，并达到相当规模、规格统一、资源整合、产生利润的过程。简言之，就是要将非物质文化遗产转化成文化产品的形式，通过市场化的运作，延伸产业链前向、后向关联，转化成文化生产力，挖掘潜在的经济价值。姊妹节作为苗族重要的非物质文化遗产，本身就具有很高的文化品牌价值，活动过程中涉及的苗族传统服饰、苗绣、苗银、苗族歌舞等传统艺术，可以进行艺术再加工或者创意开发，纵向上延伸产业链条，横向上加强与其他产业的融合互动，如在举办民族传统工艺商品展销、苗族艺术博览会、农产品展销会、摄影作品征集等活动中，将产品产业最大化，推动产生文创价值、商品价值等多重经济文化价值。尤其是 2018 年姊妹节与黔东南州第八届旅游产业发展大会"联姻"，在利用姊妹节招揽人气的同时，也通过举办节庆活动进行招商引资和商品展示售卖等，实现了文化传承与经济发展的双赢。

（五）姊妹节带动下的旅游消费

姊妹节作为贵州黔东南州政府重点打造的现代品牌节庆，历经多年发展积淀了深厚的人气，每年带来数以万计的游客量，节日期间的旅游消费也表现得非常明显，涵盖"吃、住、行、游、购、娱"产业。近几年来，外地游客来台江观看姊妹节的人数逐年增加，姊妹节也带动盘活了与之相关的周边资源，如文创、工艺品、美食、会展等商贸活动，最具典型意义的就是台江县姊妹街，囊括了多种现代旅游业态，光是与苗绣相关的文创店、加工坊、体验馆之类的店铺就有十多家，既是对苗绣艺术的发展传承，也是实现苗绣消费的重要空间，产生的经济效益不能简单地以金钱来衡量，但不可否认的是最火爆的消费时段主要集中在姊妹节期间。

苗族姊妹节的成功是文化与经济双重拉动作用的显现，这符合当下民众客观的文化需求和新时代语境下的价值取向。然而，回归到民族传统节日本身，姊妹节因其具有更多现代化特征，其文化内涵与外部发展发生了变化，在旅游化过程中不可避免地会失掉部分原来的味道，沾染一些商业化气息，未来如何找到其中的平衡点就显得尤为重要。

（六）建立姊妹节体验馆

苗族姊妹节一年才举办一次，因此，为了让游客能随时体验节日氛围。建议在施洞建一个姊妹节体验馆，把姊妹节的活动内容通过图片、相关实物，以及声、光、电的形式展示出来，让游客来到这里，即使不是姊妹节，也能体验到姊妹节的氛围。此外，成立一个婚庆公司，让外地游客能够体验到苗族婚庆特色，既能增加收入，又能使苗族的婚俗得以传承发展。

四、结语

苗族姊妹节作为苗族独有的传统节日，是当地苗族的民族记忆和文化生活表达的重要工具，因而从文化与社会的视野对一个地方性的节日习俗进行详细的调查、记录与分析，不仅有利于地方性民族文化的传承与保护，还可从中深挖民族资源的潜在价值，进而开展对这项非物质文化遗产的合理利用与开发工作。随着文化节日化在全世界范围内的流行，由它所带来的"遗产化""旅游化"进程，不可避免地对民族传统节日产生深刻的影响。这既是当下社会发展的趋势所在，也对民族文化节日的发展提出了更高的要求；将这种发展模式与田野调查个案相结合，不仅有助于地方行政部门、文旅企业发现并反思非遗化时代以来，社会各地节日文化发展中的共性与不足，尤其是经济因素对于节日文化的冲击与影响等，还为学界研究少数民族地区的文化习俗提供了个案。

苗族姊妹节的起源和分布

张少华*

一、苗族姊妹节之名由

苗族姊妹节，其名由何而来？在1994年贵州人民出版社出版的《台江县志》的第二篇第一章第五节《节日集会》中称为"姊妹节"；石朝江在2009年贵州大学出版社出版的《中国苗学》的第一节《苗族音乐》中的《节日曲》称"姐妹饭节"；施洞、老屯、良田等地苗族民间普遍称之为"娄嘎良"（Nongx Gad Liangl），意为"休恋饭"；施洞碓窝寨（农历三月十四姊妹节）称"建豹"（Jit Bok），意为"坡会饭"；革一方黎服饰称"阿嘎王南"（Ait Gad Wangl Nail），意为"捞鱼聚会饭"；方召、反排地区称"阿嘎我"（Ait Gad Ngux），意为"聚茅棚饭"。

苗族姊妹节的名称由来，从其活动分布、活动时间、活动内容来看，有广义和狭义之分。广义就是包括从新年伊始的方

* 张少华，笔名南山人，苗族，贵州省作家协会会员，贵州省民协会员。自1980年始潜心收集整理民间故事、谚语、苗歌，同时进行苗族文化研究。

黎服饰区域苗族的"正月初一、十五捞鱼节"到良田等地区的"二月十五娄嘎良"，到老屯、施洞地区的"三月十五娄嘎良"（三月十四碓窝寨的爬坡节）到方召、反排地区四月初的"阿嘎我"（现称爬坡节）。这些，都应通称姊妹节。狭义仅限于老屯、施洞地区和1998年后官办的"三月十五娄嘎良"的姊妹节。

苗族姊妹节的名称，是在1998年台江县举办首届姊妹节时确定的。

1998年，国家文化部成立了文化产业司。随后，贵州也制定了对民间开发与利用的相关政策。台江为大力打造文化产业品牌，县委、县政府多次组织有关专家召开会议讨论究竟选择哪个节日作为品牌大力打造？经过讨论，最后大家一致认为台江施洞地区的姊妹节，是黔东南苗族姊妹节活动规模最大、文化积淀最深厚、活动内容最丰富的节日活动，也是接受外来文化最多、文化融合程度最高、发展变化最大的节日活动。

1998年年初，台江县确定将流行于民间的"3·15"姊妹节作为政府主办的旅游节日。并通过申报，被国家旅游局列为"中国98华夏城乡游"23个重大少数民族旅游节日。

4月9日，台江县人民政府组织召开了"98华夏城乡游"贵州苗族姊妹节新闻记者座谈会。

4月11—12日，第一届苗族姊妹节——"98华夏城乡游·贵州苗族姊妹节"在台江县城隆重举行。前来观看节日活动的国内外游客、群众达11万人，其中新闻媒体300余人。国外游客来自美国、日本、英国、加拿大等，国内游客来自北京、广东、香港、澳门、台湾、浙江、四川、重庆、湖南等地。

4月11日上午，万人盛装游演会聚到县体育场举行开幕式活动，开展大型舞蹈表演。当日下午，参观游览台江民风、民情、建设成就展。晚上，在体育场开展篝火晚会和在县里举办招商引资座谈会。4月12日，在施洞分会场与当地农家分享姊妹饭、观看踩木鼓、唱飞歌活动。

至此，台江"苗族姊妹节"的名称，便正式确立了下来。

二、苗族姊妹节起源

苗族姊妹节最初源于何时？起于何地？虽然没有文字记载，但从《姊妹节歌》和许多苗族民间故事传说，也不难寻觅到它的踪迹。1994年版《台江县志》叙述："翁脚乡方白村的苗族先民从党固松计迁到方白定居已有57代，约1400多年，相当于南北朝时期……"据很多苗族村寨的老人摆古，当时苗族迁居黔东南时，认为方圆一二百里内的苗族均为同族兄弟姐妹，不能族内开亲，只能与几百里以外的"香肚毕凳"的苗族区域开亲。由于区域内有"族内不能开亲"的规矩，苦了域内的许多男女。于是，后来就出现了九将坡的"坡会"、金丹与阿娇等传说故事。最典型的算是方召地区放开族内开亲的故事。传说在500多年前，方召大寨田家有一个名叫"故伦"的老人，他看不惯"同族不能通婚"的旧俗，便宣布同族可以开亲。在宣布"同族可以通婚"的当天，方召大寨就有80对男女青年结为伴侣，让地区的青年男女们彻底结束了"同族不能开亲"的痛苦历史。

从以上传说故事可以推断，苗族姊妹节的诞生，大约在

500年前。

从以上起源故事看，姊妹节的核心内容，应该是"释放情怀、找到真爱"。其活动形式包括"下田捞鱼聚餐""对唱情歌、送姊妹饭""包酒饭爬坡聚会"，通过不同系列的活动，青年男女们在释放情怀的同时，最后找到自己的真爱。

在姊妹节诞生的众多传说中，唯有施洞镇杨家沟村的碓窝寨传说是独有的。传说在240余年前，有个由革一望坪苗寨迁居这里的"略"祖公，他是寨子的鼓头，每年泡谷种、育秧、起栽插秧，都由他家起头。一年春季久旱无雨，无法浸泡谷种、育秧、起栽插秧。在大家的建议下，"略"祖公就选了"子日"，准备酒肉及香纸，带大家到他家的"豹磨坡"去烧香纸，用酒肉祭天，求天下雨。当他们做完仪式正在吃肉喝酒时，天就下起了大雨。寨人很高兴，他们就一边喝酒一边舞蹈，庆祝下雨。这天，正是农历三月十四。此后，每年农历三月十四他们都到"豹磨坡"去举办爬坡活动。"略"祖公有两个姑娘，一个嫁到"豹毕尧"（Bok Bil Vol），一个嫁到"往赏匹乃"（Wangx Sangx Pik Naix），后来，她们都回寨子来用竹笆篓将"豹磨坡"的泥巴带到嫁去的地方做"爬坡节"。施洞镇芳寨村国家级古歌传承人刘永洪说，由于碓窝寨寨子小和偏僻，过去很多到那里参加活动的妇女都被土匪抢劫了银首饰等财物，后来大家也不敢到那里参加活动了，节日也就慢慢消失了。

碓窝寨的爬坡节尽管其初衷是祈雨，但随着时间的推移，最后仍然归为"释放情怀、找到真爱"的姊妹节。

三、节日的分布

正如上述，苗族姊妹节有广义和狭义之分。广义的姊妹节以县、市区域划分有台江、剑河、施秉、凯里等县市。以苗族服饰区域分布划分，有方南服饰、方翁服饰、方黎服饰、方秀服饰四个区域。以时间（农历）划分可分为正月初一、十五"捞鱼吃姊妹饭"；二月十五姊妹饭；三月十五姊妹饭；四月方召、反排"聚茅棚饭"。

（一）正月初一、十五"捞鱼吃姊妹饭"区域分布

正月初一、十五"捞鱼吃姊妹饭"的区域，主要分布在台江县境内的革一镇的大塘片区、革一片区（后哨村、屯上村除外）、排生片区；台盘乡的平水片区和棉花坪、箕簸；凯里市的凯棠镇和旁海镇的地午、板溪片区。

每年春节的正月初一、十五，以上地区方黎服饰苗族，都在举行"Haik Nail"活动，即捞鱼吃姊妹饭活动，苗语称"阿嘎旺纳"（Ait gad Wangl nail），是年轻女孩们释放情感的节日。

大年初一、十五这两天，各个苗寨中的"姑娘头"，都早早地通知大家吃了早饭，一方面开始穿着打扮，另一方面准备鱼筐、笆篓等捞鱼工具，组织到相邻苗寨的田野中去"捞鱼"。准备要去参加"捞鱼"活动的人员中，主要由三部分人组成：第一部分是年轻姑娘，这部分人全部穿盛装，戴银首饰。她们参加"捞鱼"的主要任务是走在田坎或路边陪伴"捞鱼"的中年妇女，并边走边唱飞歌以对"捞鱼"中年妇女的鼓劲，同时也是抒发她们一年中的情感，让邻寨的男孩们也知道女孩们来到

了他们寨子的田野中"捞鱼"。第二部分是中年妇女，这部分人一般只穿便装或普通绣花衣服。因为她们要下田"捞鱼"，穿新的和好的衣服，担心会把衣服弄脏了，所以才穿便装或普通绣花衣。第三部分是小姑娘，这部分人的主要任务是帮忙拿装鱼笆篓，以及下田捞鱼妇女的鞋和其他东西。

在这一天，不论是天晴或下雪，姑娘们都要组织下田捞鱼，就算田中结了冰层，姑娘们也要用木棒敲开冰层下田捞鱼。

男孩们成群结队到坡上去观看或帮妇女们捞鱼，或在一旁吹木叶，与妇女们对唱飞歌，或与妇女们撒稀泥、玩水仗，以表示友爱。捞鱼结束时，捞鱼妇女或被某寨的男孩邀到寨中吃"阿嘎旺纳"（"聚鱼堂饭"或"姊妹饭"），或自行回本寨做"阿嘎旺纳"。

大约在1993年春节正月初一，革一镇西南寨的年轻姑娘和桃树榜（Dlib Songd）的青年男孩，曾举办过一次规模涉及两个寨子的联谊活动。西南寨的年轻姑娘组织到桃树榜的嘎炸翁江（Ghab zat eb jiangb）等地捞鱼，当天受到桃树榜男青年的热情邀请，当晚到桃树榜"吃姊妹饭"（Nongx Gad Wangle Nail）。次日，西南寨宰杀了一头猪，回请桃树榜的年轻男子和全寨子里的其他人到西南寨吃饭、喝酒、唱歌。

方黎服饰苗族开展的正月初一、十五捞鱼吃姊妹饭的活动，传说源于大塘地区的望坪苗寨，寨里有99个姊妹嫁不出去，只好在家陪父母、哥弟做活路。一年，她们相约用围腰当撮箕垦田，垦成了一块70挑大田，并在田中种上糯稻和放养鲤鱼，到八月迎来鱼米丰收，于是她们腌制了99缸腌鱼、酿造了99坛糯米酒、蒸煮了99篮五色糯米饭，邀约了九方十八寨的男孩到她们的寨子去喝酒、踩鼓、唱歌、游方，一起玩了九天九夜，之后99个姊妹均找到了自己的心上人，当地800名男青年也找到了自己的伴侣。苗族青年的这些举动，彻底打破了本族不开亲的惯例。99个姊妹开垦的那块大田，现仍由望坪苗寨的村民耕种，并形成主人（哥弟）耕种一半，客人（姊妹）耕种一半的习俗。

（二）二月十五姊妹饭节的分布

这个节日主要分布区域有施洞镇的良田村（包括黄泡、翁登、屯朗、良田、棉花坪、仰方、贵寨、岑斗、岑孝、九寨、养兄）、革一镇茅坪村的高大山自然寨；施洞镇的井洞塘、井洞坳、猫鼻岭、芝麻寨和猫坡、新寨；老屯乡坝场村的阳屯、后荣自然寨。施秉县双井镇的双井、龙塘村等苗族村寨以及沿清水江马号乡的部分村寨，直到宾洞和廖洞等村寨。

以上过二月十五姊妹节的地区，其过节形式和活动形式都有所区别。

过节形式不同。如台江县的良田地区在过节时，节日氛围较隆重。上午蒸煮糯米饭，杀鸡鸭，老少一起来过节。而在施秉县的清江六河地区，所过的节日较清淡，即节日活动似乎仅限于青年男女。在二月十四那天，某寨的姑娘们先相约到田野去撮得细鱼虾米，到次日晚上大家再各凑两个鸡鸭蛋、一碗米集中到某家去"阿圣伙"，吃好夜饭后就去游方场游方。

节日活动形式和时间不同。如老屯坝场地区和平兆景洞坳地区，在节日那天，主要是开展"坡会"活动。老屯坝场地区的苗族群众在二月十五的节日傍晚，会聚到阳屯与猫坡之间的

"松嘎江"坡上举行踩鼓、唱歌"坡会"（斗黄牛）活动。

平兆景洞坳地区，是在二月十六傍晚会聚到景洞坳和景洞塘之间的"松屯略"举行踩鼓、唱歌"坡会"活动，同时施秉县的清江、六河等地的苗族群众也会来参加。

在良田地区，节日活动主要是捞鱼"阿圣伙"和讨糯米饭。即在每年农历二月来临之际，姑娘们通过在马郎场相邀约定后，从二月十二开始，女方寨子的姑娘、妇女们便穿着盛装，结伴到男方寨子举行摸鱼捞虾"阿圣伙"活动。妇女们到男方寨子去，不需要带礼品，只要穿着盛装去就行了。到了男方寨子后，妇女们就用歌声告诉男人们。男人们知道后，就穿着新衣、带着捕捞渔具出寨子来迎接妇女们，并带她们到山上的田坝去捞鱼。在天要黑时，男人们不管捞的鱼有多少，均送给女客们带回家"打平伙"。到了二月十五的晚上，男人们就邀约到女方寨子去对唱情歌、讨糯米饭。于是，女人们就将事先准备好的糯米饭送给男人们。男人们在得到糯米饭后，为试探他们的魅力，又另外到别的寨子去对唱情歌以及讨糯米饭。在节日的这天晚上，女人们也可同时接待多名来唱歌讨糯米饭的男客。在每年二月十五这天，只要有姑娘或少妇的家庭，都要蒸煮足够送客人的糯米饭。因为妇女们觉得送糯米饭是一件光彩的事情。那些能说会唱的男女，男人讨得的糯米饭越多，别人越会觉得他有魅力，有能耐。而那些姊妹饭送出去多的女人，别人也同样说她有魅力、有能耐，面子光彩。节日这天，无论是男人唱歌讨糯米饭还是女人唱歌送糯米饭，都没有别人干涉或争风吃醋的现象发生。

在革东地区，节日中的活动内容比以上地区更隆重、更丰富。除与良田地区苗族妇女到别的寨子找男人下田捞鱼，男人与苗族妇女讨糯米饭等活动相同外，女人们还要到"老庚"（情人或恋人）寨子去一家一家地"讨腊肉"，最后还要进行聚餐，参加对唱情歌和飞歌，踩木鼓等活动。

（三）三月十五姊妹节的分布

三月十五姊妹节（包括三月十四、十六、十七），其节日先后顺序为碓窝寨（Dlongs Veb Jel）三月十四姊妹节。这天的姊妹节，活动区域仅限于碓窝寨一个寨子。如前所述，这里地处偏僻，人口少，只在中华人民共和国成立初期开展了几年节日活动。到1997年至1998年，时任村组长的万里王曾来组织寨子的妇女们恢复这里的节日活动，但后来由于没经费买酒肉组织活动，只好中断了。

三月十五姊妹节，以老屯村（Ghad Denx）为中心进行，节日活动的区域包括老屯、榕山、长滩、白土等村寨。

三月十六杨家寨（Nangl Hlinb）姊妹节，以杨家寨为活动中心，活动区域包括杨家寨、石家寨、偏寨、塘龙塘坝、芳寨、天堂、八埂、小河、巴拉河和施秉县马号镇部分村寨。

三月十七（Vangl Dliab）姊妹节，以偏寨为活动中心，活动的区域仍然包括以上村寨。

三月十五姊妹节，到了1998年，由政府牵头在台江县城举办后，到如今其分布区域已遍及全县。活动中，全县9种不同服饰区域的苗族群众均参与活动。有些年还开展到红阳、阳芳、交宫、九摆、桃树榜等苗族特色旅游村寨去进行"乡村体验游"，给乡村振兴带去了更多的活力。

（四）四月初方召、反排地区的"聚茅棚饭"

"聚茅棚饭"又称"坡会"活动，也可称为"四月姊妹节"。苗语称"Jil bok"，或"At Gad Ngux"。这个节日，是方召、反排及剑河县久仰乡等地苗族村寨青年男女在每年农历四月初相约聚会的节日，亦是正月、二月、三月姊妹节日活动的延续演绎。

这个节日活动的时间，据说是在秧苗发出三匹嫩叶时举办。聚会地点选在当地一座最高的坡顶上。

聚会的主要内容是由某寨姑娘包酒肉、饭，带到约定的坡上给男孩们吃，大家一起在坡上喝酒、吹芦笙、唱情歌。聚会的这一天凌晨，某寨的姑娘们守更起夜，蒸煮糯米饭、煮腊肉、鸡、鸭、鱼及其他菜肴。待天刚亮，她们就抬着煮熟的糯米饭、腊肉、鸡、鸭、鱼以及泡糟酒，成群结队地向约定的坡顶走去。在约定聚会的某坡顶上，男孩们在那里吹奏着芦笙，以及吹木叶、打啊嘛、唱情歌，等待姑娘们的到来。

当姑娘们抬着食品赶到坡顶后，男青年们便高兴地一齐来迎接她们，与她们一同将饭菜摆开，大家一起进餐，相互劝酒。酒足饭饱后，男孩们又吹响芦笙，大家又和着芦笙围着圈圈跳起了芦笙舞，边跳舞边说笑、边唱歌。

傍晚时分，大家又重新一起来吃饭喝酒，直到太阳西沉，青年男女们才慢慢走下坡顶，男孩随女孩们到女孩的寨子去，继续由女孩们凑集菜肴、酒饭去带给男孩们吃。当夜，男孩们又继续与姑娘们进行游方唱歌，到半夜才依依惜别。

方召地区的爬坡节，是一个古老的情人节，一个经久不衰的传统节日。节日源于九将坡的传说，传说当时由于方圆几百里内的苗族不能开亲，苗族男女青年无法找到自己宣泄情感之处。一年，有70个穿盛装、长裙齐脚跟的方南（清水江畔）姑娘，有70个插70双锦鸡毛的"黎"小伙子，有70个插70双鸭羽绒的"方"小伙子，有70个插70双锦鸡羽毛的"柳"小伙子，聚集到"九将坡"（台江、剑河、榕江、雷山交界处的牛角坡）去踩鼓。这次聚会中，金丹和阿娇在捡粪老人故拢通（媒神）的帮助下，宰杀一头白水牯牛赔给了族人，成就了二人的婚姻。人们为纪念阿娇与金丹促成了"族内可以通婚"的功德，便组织在每年的春暖花开时节来过爬坡节。

苗族姊妹节，是苗族迁徙到台江定居后，由于广大青年男女受制于"族内不能开亲"并压抑多年的桎梏制约而喷发出来的"释情节日"！这些独具神秘色彩的节日，不仅是台江地区独有，更是全国、世界无双的传统节日！为满足旅游发展的需要，可把节日时间调整为正月十五前后，与"七十桃姊妹大田遗址"、五亿年前的古生物化石、大塘地区的溶洞群、排生"姊妹湖"等景区形成一个立体旅游圈。黄泡、良田地区的"二月十五姊妹节"，可结合黄泡"阿娥、阿娇"抗清英雄两姊妹和良田九寨苗族迁徙遗址进行打造，并结合大塘桃树榜的阳洞与九寨的阴洞溶洞风光和依靠平寨航电枢纽工程的投入使用打造旅游观光的线路。方召、反排地区四月初的"阿嘎我"，应通过与村寨共商，约定俗成一个相对固定的节日，如可约定为"四月十五阿嘎我节"或"四月十五聚茅棚饭节"。节日活动可结合反排木鼓舞以及打造方召覃高堡屯堡文化、巫脚交的"拥军文化"，还可结合交汪苗寨的"埋鬼田""祛鬼树"进行打造，形成研究苗族文化的经典旅游线路。总之，台江苗族人民创造了这些璀璨的节日文化，是今后台江县助力乡村振兴不可多得的"添加剂"，应充分把这些传统节日资源保护好、利用好，发挥它应有的潜力优势。

2023年苗族姊妹节保护传承交流会
会议综述

潘璐璐

一、会议背景

为全面贯彻落实习近平总书记关于非遗保护工作的重要指示精神，扎实做好国家级非遗项目苗族姊妹节的系统性保护，提升苗族姊妹节的理论研究水平，2023年11月21日至22日，"黔东南民族文化生态保护区2023年苗族姊妹节保护传承交流会"在台江县施洞镇岗党略村成功举办。本次交流会由黔东南州文体广电旅游局、台江县人民政府指导，黔东南州文化研究所、台江县文体广电旅游局主办。

本次交流会共有50余人参加。出席嘉宾有州文体广电旅游局党组成员、副局长潘金海，台江县委常委、副县长王元根，州非遗中心主任方大文等。此外，省、州、县相关专家，台江县、施秉县、剑河县文体广电旅游局分管领导和工作人员，州文化研究所全体工作人员，苗族多声部情歌、苗族飞歌、苗族古歌等非遗项目的传承人也参加了交流会。会议为期两天，共有开幕式、主题发言、专家对话、文化展演4个环节。在交流会上，台江县、剑河县、施秉县分别对苗族姊妹节的保护、传承和发展工作做经验分享，与会专家分别对苗族姊妹节内涵价值的挖掘、保护方法的研究、保护利用路径的探索等问题做了深入浅出的讨论。

二、苗族姊妹节的县域经验交流

苗族姊妹节是台江、施秉和剑河等县市苗族的共同传统节日，是三个县以及周边县市苗族民众共同享有的文化空间。作为国家级非物质文化遗产项目，台江、施秉和剑河县非物质文化遗产保护中心都是责任保护单位，各自承担着保护、挖掘和传承的重任，起到指导和监督的作用。实际上，在苗族姊妹节未申报为国家级非遗项目之前，几个县就已开始摸索将苗族姊妹节打造为文化品牌的路径。如1998年，台江县政府便将苗族姊妹节与台江苗族聚集地作为品牌捆绑进行宣传打造，并通过"政府指导、社会参与、民间举办"的方式，对保护主体和各自承担的角色进行划分，影响和带动了周边其他苗族聚集县市如施秉县、剑河县、镇远县、雷山县等旅游业的发展，苗族姊妹节逐步走入大众视野。

随着对传统民族文化保护与传承的呼声越来越高，苗族姊妹节于2006年被列入国家级非物质文化遗产项目。随之带来的旅游经济效益，也让苗族姊妹节的保护和传承、开发等内容成为全社会广泛关注的议题。由台江、剑河、施秉等苗族姊妹节仍然流布的县市各部门衍生出来的相关保护和开发实践及理论贡献有：一是将苗族姊妹节申报为人类非物质文化遗产名录作为今后工作方向，以申报促保护、发展，以保护发展推进申报工作；二是对苗族姊妹节的价值意义的认识得到提高，认为苗族姊妹节不仅在文化旅游、社会治理、民族团结等方面实现其实用价值，也是联结民族情感、铸牢民族团结的重要基础，更是建设中华民族共有精神家园的载体；三是探索苗族姊妹节常态性、实效性和规范化的保护机制，仍然坚持将苗族姊妹节等传统文化抑或是传统文化的优秀部分加以创造性转化，更加注重苗族姊妹节对当下所处时代的创新和实际运用。

三、对苗族姊妹节起源、内涵及内容的探讨

苗族姊妹节是全球最具影响力的民族节日之一，近二十年来为世人所瞩目，成为当前贵州省民族文化旅游的重要标签。当下，社会基本明确了苗族姊妹节的官方汉语名称，被列为全国23个重大少数民族旅游节日。然而，对苗族姊妹节起源、内涵及内容的分析还缺乏一致的论点，社会上也尚未形成对苗族姊妹节统一清晰的解读范式。此次会议，与会专家基本上明晰了苗族姊妹节的文化内涵和社会价值。第一，苗族姊妹节是与苗族婚姻制度相联系的文化现象。苗族姊妹节是苗族迁徙到台江定居后，由于广大青年男女受制于"族内不能开亲"并压抑多年的桎梏制约而生发出来的集体聚会活动，是苗族婚姻制度的修订。生动体现了历史上苗族妇女对旧有婚姻制度的抗争和摆脱而由此发展起来的男女青年爬坡相会、相识、相恋，逐渐演变成做姊妹饭、捞鱼、还姊妹饭等系列内容的节庆活动，具

有体系完整、历史悠久的特点。黔东南州文体广电旅游局邰磊认为，从苗语不同语境来理解，苗族姊妹节在民间又被称为"浓嘎良""爬坡节"。具体来说，台江方召、剑河久仰、雷山望丰乡等一带片区，举办的爬坡活动叫"坡会"或"爬坡节"，而清水江一带的"吃姊妹饭"节的"浓嘎良"时间有别，如革东、稿午、方家、施洞良田、南哨、白浪、川洞一带的时间是农历二月十五，施洞、马号一带是农历三月十五左右。另外，参与群体的活动不同，名称也有差异，女子群做姊妹饭的过程叫"阿嘎良"，有男子参与讨或吃的活动，才叫"浓嘎良"。尽管不同支系的苗族姊妹节的时间、名称、表现形式上有所差异，其核心内容都是"游方""男女青年相会和恋爱"。第二，苗族姊妹节是给地方带来经济效应、文化遗产保护效益的文化资源。20世纪90年代末，台江县便将苗族姊妹节作为台江县一个重要的文化品牌进行宣传和打造，对外展示了丰富多彩的苗族文化，促进了台江县和附近县市旅游经济的发展，也提高了地方知名度，吸引了国内外众多对苗族文化感兴趣的游客、学者。如邰磊指出，"不同年度的姊妹节期间穿插的舞龙嘘花、鼓藏活动、芦笙展演等也得到展现，进一步促进了民族民间文化的保护传承和发展利用……也带动了黔东南民族民间节庆活动的举办"。第三，苗族姊妹节更深层次的核心内涵和价值在于精神层面。而包括苗族姊妹节在内的苗族文化精神，贵州河湾苗学研究院副院长安红将其精练为"美、乐、合、礼"4个字。第四，苗族姊妹节作为国家级非物质文化遗产，既富有苗族文化内涵特色，又具备中华优秀传统文化的共性，对保护和传承中华民族文化，让中华文化渊源流传具有丰富的价值。吴磊认为：苗族姊妹节对社会治理、经济发展和国家非遗项目的保护、传承和挖掘具有不可替代的作用，如果没有苗族姊妹节，苗族服饰文化、歌舞文艺和传统技艺就成了"断线的风筝"，找不到发展平台，找不到展示载体。苗族姊妹节是一个囊括了苗族各方面文化的大容器，把这个容器保护好、传承好、利用好，里面所承载的歌舞、服饰、饮食、住宅、社会组织、婚姻制度、心理模式自然就会得到继承和发扬。

总体来说，学者们一致认为苗族姊妹节是台江、施秉、剑河等地活动规模最大、文化积淀最深厚、活动内容最丰富的节日活动，也是接受外来文化最多、发展变化最大的节日活动。把苗族姊妹节的作用和价值发挥好，对加强多民族地区民族团结，铸牢中华民族共同体意识具有重要意义。因此，将这些传统节日资源保护好、利用好，发挥它应有的潜力优势，是本次研讨会最重要的目标。

四、保护和传承苗族姊妹节的方法探寻

对苗族姊妹节开展合理性的保护是其蕴含的丰富思想内涵得以可持续延续的保障。安红副院长认为，"作为苗族姊妹节文化的持有者，保护的主体应该是老百姓，对外来的力量要进行评估"。长期从事旅游业的熊邦东认为，"政府主导下的民族节庆活动并没有给地方带来预期的经济价值，还会产生巨大的成本投入。而要增加文化事项的吸引力不仅仅是那几日的节庆，节庆后的日常生活才是需要大家去关注和保护的"。"具体来说，一个文化要素要在开发中得到保护，需要具备几个要

素：首先是景观上的'大'，其次是内容上的'特'，最后是政府导向和作用。为了达到以上效果，官方应该在鼓励和恢复年轻人唱苗歌、宣传台江苗族服饰、注重让游客真实体验和参与姊妹节环节、加强游客与村民的互动等方面下功夫。让苗族姊妹节游行观光活动转变为游客深刻体验苗族服饰、饮食、建筑、语言等文化习俗之旅，也让一两日的苗族姊妹节成为能留得住游客的常态化节日"。台江县文联的熊克武认为，"新时代背景下苗族姊妹节的保护是生产性的保护。作为苗族重要的非物质文化遗产，姊妹节本身就具有很高的文化品牌价值，活动过程中涉及的苗族传统服饰、苗绣、苗银、苗族歌舞等传统艺术，可以进行艺术再加工或者创意开发，纵向上延伸产业链条，横向上加强与其他产业的融合互动，如在举办民族传统工艺商品展销、苗族艺术博览会、农产品展销会、摄影作品征集等活动中，将产品产业最大化，推动产生文创价值、商品价值等多重经济文化价值"。台江县非物质文化保护中心龙金平认为，"保护苗族姊妹节要从根源上下功夫，尤其是要保护好苗族语言，将苗族姊妹节相关的文化要素带进校园，培养学生一代的文化自信"，让年轻人对苗族文化的保护成为一种主动行为。

因此，苗族姊妹节的保护和开发在文化遗产化和市场化的推动下，以一种新的发展方式呈现给世人，这不仅是时代的选择，也是社会大众的价值引导和消费取向的展现。实际上，保护和开发不是一对不可调和的矛盾。熊克武提出建立苗族姊妹节体验馆，把姊妹节的活动内容通过图片、相关实物以及声、光、电的方式展示出来，不仅能让非节庆期间的游客体验到姊妹节文化，也是数字化保护和展示国家级非遗事项的重要手段。同样，吴磊提出在台江县境内设立国家级非物质文化遗产项目的传承和保护基地，如银饰锻制技艺基地、苗绣技艺基地、古歌传承基地、多声部情歌基地、飞歌传承基地、嘎百福传承基地、剪纸技艺基地、蜡染技艺基地和反排木鼓舞传承基地等，将这些国家级非物质文化遗产项目传承基地进行定时对外开放，让游客无论何时来到台江都能亲身体验到台江国家级非物质文化遗产的魅力。在国家级、省级和州级非遗开放周期间，商人可以展销苗族服饰（包含盛装、春夏秋冬便装）和农特产品等。

五、文旅融合背景下开发苗族姊妹节的路径分析

随着社会的发展，苗族传统节庆文化，也在发生变迁。安红副院长长期扎根在台江苗族地区，在她看来，年复一年的苗族姊妹节的举办，政府投入了大量的人力和财力，是否要重复过去的状态是我们必须反思的关键，而旅游是经济发展的助推器，但发展旅游的根基是地方苗族人生活状态的延续，是苗族人生生不息生命力的持续。

活动项目增添了如民族盛装游演、开幕式大型歌舞表演、招商引资项目推介及签字仪式、民族民间商品展销、老庚捞鱼虾习俗演示、苗族婚俗演示等，将苗族姊妹节开发为一项集旅游、招商引资、扩大区域竞争力于一体的文化品牌，拉动了地方旅游业和文化产业的发展。在文旅融合的背景下，苗族姊妹节能否在传统的基础上丰富姊妹节业态，更加贴合

当下社会经济、时代发展、人民的需要，走出一条适宜自身发展的路子，长期深耕在苗族地区的专家们畅抒己见。

1. 继续加强对苗族姊妹节历史文化渊源和文化内涵的挖掘

苗族姊妹节是苗族人民历史上根据苗族业已生存的社会生态环境，在与其他民族交往融合中所创立、发展起来的多民族共建、共享的传统节庆，自身的演变也有其漫长的过程、丰富的内涵，值得每一个文化工作者探讨。苗族每一个文化事项都透露苗族最原始的心理机制，其生息发展与苗族人自身的心态观念及文化建构同步进行，是中华传统优秀文化的重要组成部分。另外，在中华优秀文化大家庭中，苗族姊妹节既具有完整特色的独立体系，又有与其他民族合作交流的渊源关系。为了避免出现缺乏对苗族文化事项中各民族交往交流交融存而不论的现象，将苗族多元复杂的文化体系完整呈现，展示苗族文化与各民族文化互相包容和吸收过程，加强对各文化现象历史渊源、表现形式、特征和共性的挖掘，建立对其文化内涵、价值，以及与时代联系的科学正确认知，是当下保护、传承和发扬苗族姊妹节在内各文化事项的牢固基石。

2. 开发苗族姊妹节相关的文化产品，丰富苗族姊妹节旅游业态

首先需要丰富旅游产品，提升外来游客对苗族姊妹节的参与度和体验感。黔东南州非物质文化遗产保护中心主任方大文指出，针对不同游客的需求差异，体现县与县之间的差异性，将非遗创造性转化为商品，挖掘和开发更多的旅游产品吸引游客。正如吴磊在文中建议："在台江县建立国家级非物质文化遗产项目传承、保护基地，为游客提供如银饰锻造技艺、苗族服饰、歌舞等，开展如情歌对唱表演，制作姊妹饭表演，苗族婚俗展演等一系列姊妹节国家级非物质文化遗产项目展演活动，让游客亲身体验姊妹节的传统活动。除了开展传统的活动，在姊妹节开办期间，还可以开发多种衍生文体活动，如情定苗疆超半程马拉松赛、舞龙嘘花狂欢夜、千人长桌宴等体育活动，努力在'文、旅、体'方面下功夫，让传统节日焕发现代活力"。吴磊还说："苗族深厚的文化底蕴在铸牢中华民族共同体意识中，用热情、友善、诚挚的民族情怀，让世人对台江少数民族不仅有了好感，而且有了更多的认同。"

3.加强力量整合

邰胜智指出："苗族姊妹节从来不是某一个地区或某一人群特有的文化，该节庆覆盖了该县清水江沿岸两个乡镇、14个行政村、45个自然寨，拥有过节人口近3万余人。"鉴于利用和开发苗族姊妹节的主体力量具有多维性和分散性的特点，涉及不同人群和不同地域。若要使得苗族姊妹节的开发利用得到最有力的支持，首先需要整合不同人群的力量，在整合当中将多方主体加以平衡。方大文主任指出，政府需要做好的工作是引导，苗族姊妹节生活化的各民众即传承人群才是保护、开发和利用苗族姊妹节的真正主体。不同地域的苗族姊妹节的时间、表现形式、价值、内涵和外延不尽相同，充分挖掘苗族姊妹节内涵、价值和分布地域是理解和认识苗族姊妹节的基础。邰胜智认为，"不同县市可以集中推广，但不能单一包装，而要根据不同地域、不同村寨的不同节日时间进行打造"。

2023年国家级非物质文化遗产项目仰阿莎传承人培训暨仰阿莎保护传承交流会会议综述

邹　茂*

2023年10月26日，国家级非物质文化遗产项目仰阿莎传承人培训暨仰阿莎保护传承交流会在黔东南州施秉县隆重召开，本次会议由黔东南州文体广电旅游局指导，黔东南州文化研究所与施秉县文体广电旅游局主办，施秉县非物质文化遗产保护中心与施秉县仰阿莎传习所联合承办。共有60余人参加了此次会议，包括非遗工作者、非遗传承人与黔东南州各县（市）仰阿莎传习所成员。

一、仰阿莎传习所经验分享与交流

该部分主要有3个传习所进行经验分享与交流，主要从各传习所的成立与发展展开，分享各传习所在开展传习活动过程

*　邹茂，硕士研究生，黔东南苗族侗族自治州文化研究所馆员，从事少数民族文化研究工作。

中的优势与不足、困难。

（一）施秉县仰阿莎传习所经验分享

施秉县仰阿莎传习所的龙再成在会上从苗族的迁徙史、苗族的分布展开，谈到几十年来的授徒传艺情况。自2010年开始以培训的方式展开授徒传艺，先后举办仰阿莎、苗族古歌培训班438期，累计10 900人次，较为优秀的徒弟有98人，其中，2人为州级传承人，33人为县级传承人。先后参加古歌、苗歌等活动共计138场。2020年施秉县仰阿莎传习所挂牌。

（二）黎平县纪德村仰阿莎传习所经验分享

黎平县纪德村仰阿莎传习所的姜忠富指出，关于仰阿莎的故事在苗族民间社会中传播广泛，是苗族人民心中美丽、善良、勤劳的女性代表。近几年，在相关文化部门的支持与推动下，仰阿莎文化得到重视与保护、传承，也正是这样的环境，黎平县纪德村仰阿莎传习所才能组织各种民族文化活动，多场合、多舞台、多方式、多渠道推广仰阿莎优秀传统文化。首先，黎平县纪德村仰阿莎传习所在自媒体平台上传播苗歌文化；其次，组织广大仰阿莎爱好者以多种形式举办文化活动；最后，积极响应相关文化部门号召，参加大型群众文化活动，并利用传统苗族节日传唱仰阿莎。他从黎平县纪德村仰阿莎传习所近年来总结的传承工作经验得出，要想更进一步保护传承好仰阿莎需要政府主导，群众参与，充分发挥传习所的基层作用，发挥好新媒体的传播与推广作用。

（三）凯里市新村村仰阿莎传习所经验分享

凯里市新村村仰阿莎传习所主要以聚集学员在课堂上讲授为主，不仅教如何唱仰阿莎，还教学员们读苗语，写苗文。对此，仰阿莎传习所王思明认为仰阿莎的保护与传承应该从小孩子开始抓起，要鼓励与培养下一代学习苗文，只有这样，才能从根源上保护、传承好仰阿莎。

二、仰阿莎保护、传承研讨交流

这一部分主要是关于仰阿莎保护、传承的研讨交流，会上主要有两位主题发言人。潘璐璐作题为《从神话仰阿莎看黔东南苗族女性美与生态环境的关系》发言，从仰阿莎的故事、流传区域、版本入手探讨了仰阿莎的形象塑造是来源于苗族对自然、生活的认识，通过仰阿莎的美体现苗族人眼中的社会美、生态美与女性美。

（一）关于参会的目的

凯里市新村村仰阿莎传习所、黄平县仰阿莎传习所、剑河县仰阿莎传习所认为，他们参加此次会议的目的是保护、传承仰阿莎，学习与经验交流。施秉县仰阿莎传习所吴光龙认为仰阿莎作为一种民族民间文化，要挖掘它的育人功能。

黔东南州文化研究所吴佺新副研究馆员归纳了参加此次会议的目的主要是学习、交流，交流包括文化交流和认识很多朋友，另一个就是挖掘仰阿莎的知识，文化的和更深的一些东西。

（二）关于仰阿莎是什么

施秉县仰阿莎传习所吴光龙对仰阿莎的认识主要有3方面，第一，它是一个民间文学作品。第二，单独就仰阿莎这个形象，她是苗族的女神，是一种明德思想的象征，相当于屈原笔下的芳草美人，仰阿莎这个女神形象代表的是一种民族精神。第三，它是"贾理"，通过仰阿莎这样一个"三角恋爱"的爱情纠葛来讲述一个道理，苗族的婚姻与价值观是什么样的？它的育人功能就在这里。

施秉县仰阿莎传习所龙再成认为仰阿莎是一个人物形象，她是从水井里出生的清水姑娘。

黎平县仰阿莎传习所姜忠富谈道，仰阿莎是一个神话的文学作品，是苗族人民心里的一个神，通过描写仰阿莎外表的漂亮和内心的美，来反映苗族社会有这么优秀的人，这么优秀的姑娘，反映了苗族文化的自信。

凯里市新村村仰阿莎传习所王光义从小跟着不同的歌师学习，他认为每个歌师所说的都不一样，所以，他认为仰阿莎就是一个多方面、多意义、多体裁的东西。

黄平县仰阿莎传习所杨淑美讲述了仰阿莎与太阳、月亮的感情纠葛，认为仰阿莎是苗族所崇拜的一个美神，仰阿莎用自己的智慧圆满地解除了自己与太阳的婚姻，最后与月亮幸福地在一起，她是美丽、智慧、勇敢的化身。

最后，吴佺新副研究馆员总结了与会人员关于仰阿莎是什么的观点，大致就是它既是用于处理民间纠纷的贾理案例，也是一首歌和嘎百福，还属于民间文学作品，另外，不管是清水姑娘还是苗族心中的女神，她还是一个人物形象，并且是多载体的、多体裁的，它还涉及价值、道德等方面，还能提升文化自信。

（三）关于如何保护、传承仰阿莎

关于如何保护、传承仰阿莎，各传习所与传承人意见不一。施秉县传习所吴光龙从语言保护、多样化的传承模式来阐释了自己的观点。第一，保护与传承的基础就是要保护语言的传承，如果不让我们的下一代学习苗族语言，那么，我们的传承就没有了基础。第二，今天，我们开这个交流会就是一种传承模式，首先，要有政府方面的主导。其次，民间要有作为，如果政府作为了，基层就好做。政府要提供资金的支持，我们在座的每一个人都是民族民间事迹的传承者，我们所做的这些没有资金支持，传承工作就很困难，所以，政府要主导，民间要作为。然后还有一个途径，就是除我们举办的这种培训活动之外，线上线下的培训，还有我们的着眼点要放在下一代，下一代在哪里？就在学校里，因为我们举办的这种只是在社会上，我们只是吸引一批爱好者，但是要传承下去，还是要放到下一代的身上，那如何培养下一代？首先，我们要从幼儿园开始，这也是政府主导的部分，在进幼儿园时讲普通话是可以的，但是不能要求家长在家不能说苗话，这种导向就是错误的，所以，我们要在日常生活中坚持用苗语交流，在学校里面说普通话可以，但是在家里，我们必须要用我们的民族语言进行交流。然后在初高中需要通过社团活动来把民间传承人引进校园中，这个尽管上面也有一些政策，但是落不到实处，学校以教学为主，学校在这方面根本没有实践，所以，这也是一个途径，就是把传承人引进到学校。

凯里市新村村仰阿莎传习所王思明认为仰阿莎的保护传承应从以下4个方面来展开。首先，是政府的支持与宣传力度。其次，是学校教育。再次，是苗文的记录与教授。最后，就是民间通过举办一些民间交流活动，可以进一步传承和保护我们的民族文化。

黎平县仰阿莎传习所姜忠富就如何保护传承仰阿莎也发表了不同的观点。他认为仰阿莎的文化要继续传承下去，政府要起引导作用，关键还是要把这个故事给下一代讲深讲透，要有文化自觉。首先，最主要的就是要从自己的小孩入手，通过耐心地以讲述的方式让孩子知道仰阿莎的故事与仰阿莎的美丽、善良、智慧、勇敢，要将仰阿莎最精华的内容给孩子讲深、讲透，才会提起孩子学习的兴趣。其次，无论是家庭、家族和村寨都要形成一种良好的文化氛围，这样大家才能有学习的环境，再加上政府助推，才能把仰阿莎文化继续传承下去。

黄平县仰阿莎传习所认为传承民族文化应从自己入手，热爱民族文化，积极参与民族文化活动，保护民族语言。

黔东南州文化馆梁芳认为应该从民族文化资料的保存、建立完备的数据库、加大资金支持与文化进校园等方式来保护传承仰阿莎。

台江县非遗中心龙金平认为施秉县仰阿莎传习所谈到的双语教学，从现在社会发展的状况来说是必需的，我们苗家不要仅仅局限于我们这个小圈子，我们还要融入这个大社会。双语交流在保护我们苗族文化的同时，还可以适应整个社会的发展，所以，双语交流是很有必要的，同时，我们做民族文化，要从小孩做起。

《苗族贾理》的传承与保护

黄　嫱*

2023 年 2 月 14 日，就《苗族贾理》的传承与保护问题，在黄平县新州镇东营社区潘世仁工作室对潘世仁展开访谈。

访 谈 人：黄　嫱

访谈对象：潘世仁（黄平苗族贾理传习所所长）

黄　嫱　潘老师，在民族文化的研究、宣传与推广中，您一直兢兢业业，取得了一定的成绩，并有较大的影响。请问，是什么原因让您一直从事民族文化的宣传与推广？您传承与保护《苗族贾理》的初衷又是什么呢？

潘世仁　促使我宣传、传承与保护《苗族贾理》等民族文化的初衷，一是源于热爱，二是出于担忧。

我热爱生我养我的故土，热爱给了我无穷智慧的民族民间文化。参加工作以来，尽管从事过多项工种，担任过不少职务，但却没有哪一项工作做的时间比民族民间文化工作长，没有哪一个职务担任的时间有民间文艺家协会主席这个职务久。虽然我的民族民间文化工作没有"大红大紫"的"高峰"，但

---

* 　黄嫱，侗族，黔东南州文化研究所馆员。

它却是我终生从事和喜爱的事业。

我出生在黔东南州黄平县的一个偏僻苗寨的农民家里。从小对苗乡的风土人情耳濡目染，苗族文化伴我健康成长。无论走到哪里，我都能讲本民族的语言，唱本民族的歌，传播本民族的文化。小时候，每到农闲的冬夜，村民们便聚集在一起谈古论今、练唱苗歌。整个冬天，苗乡处处，其乐融融。村里很多老人都是有名的歌师、理师、故事家，唱歌说理摆故事三天三夜不重复。每到这时，我也跟着大伙儿听故事、习贾理、唱苗歌。

1980年我高中毕业回家劳动，我试着把记忆中的故事记录下来，整理后向县文化馆投稿，不久稿子居然被《黄平民间文学集》采用了，后来我又陆续发表了一些民间故事、民间传说、民间歌谣等。从此，传承保护民族民间文化成了我一生的追求。

1982年参加工作伊始，我被派到仫佬族聚居的黄平县崇仁公社新华大队驻队。驻队3年，我走遍了那里的山山水水，了解了仫佬族的风土人情，并不停地向外宣传濒临失传的仫佬族文化，与仫佬族群众建立了深厚的友情。

1986年年初，我被调到县委宣传部担任黔东南报驻黄平记者站记者。由此，我接触到了许多民族民间文化工作者，开始系统地搜集整理相关资料，参加了《苗族开亲歌》等系列苗文读本的编审，从中知道了许多民族风俗和民间文艺，进一步丰富了我的民间文艺资料库和民族文化知识。

1987年，我被吸纳为黔东南州民间文艺研究会（后来的民间文艺家协会）会员，从中参与了民间文学三套集成的搜集整理，荣获贵州省民间文学三套集成办公室颁发的荣誉证书。2021年6月，我荣幸地被吸纳为中国民间文艺家协会会员，这是我一生中非常兴奋的时刻。因为中国民间文艺家协会藏龙卧虎、群星荟萃，历届主席都是令人崇敬的名家，从郭沫若先生、钟敬文先生到冯骥才先生、潘鲁生主席，无一不是地位崇高之大家。能够成为中国民间文艺家协会的一员，我感到非常的荣幸，无比的兴奋！

综观我四十余年民族民间文化工作的实践，大致可分为三个阶段。

第一阶段：1980—1990年，是民族民间文化搜集整理阶段。这一阶段的成果见诸《黄平县民间文学三套集成》及各类报刊和个人风情散文集《情系野洞河》。

第二阶段：1991—2002年，是既搜集整理，又进行理论研究的阶段。这一阶段，经过两年大学深造，民族知识、民族民间文艺理论得到了相应提升，有了自己独到的学术见解，在《中央民族大学学报》《人民日报》（海外版）《贵州文化遗产》等报刊发表了一系列民族民间文化研究文章，参加了一系列民族文化研讨会。学术成果于2014年汇编成个人专集《求索》出版。

第三阶段：2003年至今，在进行民族民间文化搜集整理和理论研究的同时，开始进行民族民间文化的传承和保护。主要是编辑出版一系列民族文化传承读物。于2004—2007年组建业余苗族芦笙歌舞表演队。为弄通芦笙吹奏技艺，我深入乡村拜师学艺，并对芦笙文化产生了浓厚的兴趣。

从我记事起，我的父亲就是村里的故事家。每到冬闲，乡亲们都喜欢聚拢到我家听我父亲摆龙门阵、教古理古词，我整理发表的民间故事一部分就是父亲摆过的。父亲之所以懂得许多古理古词，还得益于我爷爷铺平的道路。

爷爷虽不识字，但很有远见。别人家有钱了就起房造屋、购置土地，而他则用辛勤劳动所得从外乡请来一位秀才在我家开私塾，教我父亲三兄弟和寨上的小孩识字。这位秀才是一位理师，后来成了我父亲的岳父、我的外公。他在教授《三字经》《百家姓》《弟子规》等蒙学的同时，用《苗族贾理》规范学童的道德行为。后来父亲在担任教师的同时还兼任理师，算是寨上苗族贾理第四代传人。他一直为人们服务到2014年秋天93岁高龄去世，病重了才停息。临终前，他对理词的记忆仍然十分清晰。父亲去世后，族人们都寄希望于我承接父亲的事业。父亲的徒弟、我的堂兄已早于父亲两年过世。族人们感到了危机，寨上的人们也感到了危机。整个寨子百多户人家只有第五代传人杨胜尧理师一人能独当一面了，然而他已年逾古稀，耳力、记忆力严重下降。于是，我下定决心让寨上更多的年轻人都喜欢、都学会《苗族贾理》，不让《苗族贾理》在我们这一代失传，世世代代保持"贾理之乡"的盛誉。于是，我在2020年年初完成了家谱编纂，为父亲撰写并出版了十余万字传记后，就着手思考《苗族贾理》的传承与保护问题。

正当我冥思苦想，筹划《苗族贾理》传承方案时，黔东南州文化研究所吴佺新所长一行到黄平调研苗族贾理传承问题，与我不期而遇，不谋而合。就这样，《苗族贾理》传习、保护在有着"贾理之乡"美誉的我的家乡理家院循序渐进地开展起来了。

《苗族贾理》的传承与保护

黄　嬙　请您谈一谈《苗族贾理》在苗族社会中的主要作用是什么？黄平县的"贾理"与其他县市相比较，有什么不一样的地方？

　　潘世仁　苗族贾理中的贾和理是有所区别的。黄平苗族称吟诵贾理为"gas jaox diaot lil"，"gas"即拉、列之意；"jaox"即贾，是条、条款、条规，是约定俗成的法律体系，是必须执行的；"diaot"即播种、传播；"lil"即理、道理，讲的是事物的原理、由来，是让人们知会的，不强求执行。两个方面有时也不可能严格地区分开来。gas jaox diaot lil 的意思就是：把条规、制度列出来，把道理传播下去。黄平《苗族贾理》有一个比较完整的思想体系，由三部分组成，分别是序理、核心理词和埋理。

　　黄平苗族贾理的日常实践活动分为个体和群体两种形式。作为个体形式，常用于每年春节互访赞颂、嫁娶、新房落成、添丁进口、老人寿辰、祈求保家等民俗事项；作为群体形式，常用于每年春天一年一度的祭寨扫寨活动、为老人送葬及纠纷调处等活动。实践的主体是理师及其弟子。

　　黄平苗族贾理整个思想体系和实际应用，可归纳为三个方面的调节功能，即调节人与神灵、人与自然、人与人三方面的关系，是一部通俗易懂、给人智慧、教人为善的朴素的古老哲学教材。

　　调节人与神灵关系的理词，体现在《丧葬理词》及由理词分解出来的《神词》中，包括老人去世缘由理词、寻葬地理词、指路理词、送财宝理词。讲述人死是新陈代谢、自然法则，人死精神在，劝君莫悲伤。同时，指引亡灵回归祖先故地的路线：你的前面有三条路，上一条是神仙路你不要走，下一条是鬼怪路你莫要行，中间一条是人路，从这条走才能找到祖先，来世才能变成人返回人间。并嘱咐亡灵路上渴了要喝清水不要喝浊水，祈求亡灵给子孙造福送财，普天共享幸福。

调节人与自然关系的理词，主要体现在《季节理词》，教人顺应自然，不违农时，才有收成。告诉人们，正月做什么，二月做什么……十月做什么。

调节人与人关系的理词，体现在《贺年理词》《生活理词》和《纠纷理词》。《贺年理词》和《生活理词》分别是过年和日常生活中的赞颂理词，这是处理人际关系、为人处世中最常用的理词。如祝寿、起房立碑、结婚生娃等，都有专门的理词。是对他人的赞颂、祝愿，沟通人与人之间的情感，是主动的，人人可唱、家家可贺、事事可赞。《纠纷理词》用于调解纠纷，主要包括田土纠纷、偷盗纠纷、婚姻纠纷，是被动的，只有理师才能唱，且只有请到当事人，理师才能去唱。理师通过调解理词，采取折中的办法，规劝纠纷双方的一个人上去点、一个下来点，适可而止。最后以理词"ait gheb juf ed ngas hvib, ait diangs ax ed ngas hxangt"（活路才要做到心满，官司不可做到意足）来劝说双方平息纠纷。一般情况下，经过理师的劝解，矛盾双方大多会互相谅解。如果理师苦口婆心劝解后双方仍不依，只好进入下一个判决程序：烧油锅、捞斧头，烧开水、煮粽粑。由理师主持，在广场上当众烧一锅滚开的油，甲方丢一把斧头进去，乙方伸手进去把斧头捞出来。然后用白布把捞斧头的手包裹，双方回家。第二天理师召集双方来验证，若是被烫伤则是乙方有错，若是没被烫伤则是甲方有错。煮粽粑就是看谁的不熟谁就输。如婚姻关系破裂，理师调解多次也无法挽回，就由理师主持仪式，解除婚约。

记得我还在读小学时，堂哥和堂嫂离婚了，一家人围在火坑边，气氛沉重。寨上的一位理师一手拿柴刀，一手拿一节装有清水的竹节，面对堂哥堂嫂念了一番理词："地方没有官，拿我来做官。我劝你们要听，我讲你们要依。我劝你们不听，我讲你们不依。冷饭捏不起，剩饭团不成。绳捆不成夫妻，绳绑不成伴侣。要离你们各离，要分你们各分。"然后将竹节当众一破为二，清水洒出，堂哥堂嫂各执一半，象征覆水难收、破竹难合。接着理师又念一段理词："从今天开始，从今夜开始。水牛各下水，黄牛各上坡。要娶各去娶，该嫁各去嫁。不许成仇人，不许成冤家。今后碰寨头，将来遇寨边。远就笑脸迎，近就相问好。不准谁生气，不准谁脸红。谁要是生气，谁要是脸红。我听我不许，我知我不依"。堂嫂走的那天，伯妈很伤感，按风俗给堂嫂添了一碗冷饭吃了，然后让堂嫂从后门走出。

黄平苗族贾理内容丰富，涉及天文、历史、地理、生产生活等。通过不断地实践运用，人们发现，有些理词必须强制执行，有的理词只是要求大家知道，于是就把必须强制执行的用于规范人的行为的理词保留了下来，把那些只要求知道的常识性理词分解成了其他学科，理师也就有了故事家、歌师、祭师等称呼。一是分解成古歌，如其他地方苗族贾理中的《开天辟地》《洪水滔天》《仰阿桑》等叙事性理词，黄平已改编成酒歌、大歌，这一类贾理需要普及但并不是要强制执行。二是分解成寓言故事，如外地贾理中的《老虎与猪》《狗与强盗》《水獭与鱼》等理词，黄平已改编成寓言作为故事来讲，告诉人们，存在的就是合理的，不要随意纷争。三是分解成神词。与神灵打交道的理词其他地方还保留在贾理中，黄平已独立出来形成规制宏大的《神词》有66首，其中《保佑神》有26首，《作弄鬼》有40首，相当于是保留下来的理词的三四倍，是最实用的理词。过去每家每户在春节期间都请理师来有选择地祭《保佑神》，在病魔缠身时，是哪种鬼作弄就由理师念哪种《作弄鬼》神词来驱除。这就是黄平苗族贾理与其他地方苗族贾理的区别所在。

分解成其他学科的苗族贾理，虽然少了过去理词中排比、对偶、抑扬顿挫、古苗语的语法修饰，但却形成了相应独特的文学风格，有些把韵文改成了散文，有些把抑扬顿挫的韵脚改成了每句（段）同调，有些把叙述式改成了问答式。

保留至今的黄平苗族贾理具有哲理性等特点。如季节理词，指引人们什么季节该做什么农活，告诉人们不要乱过节（黄平有个叫fees hxangt的寨子因忘记天干地支，就过错了"卯节"，留下了fees hxangtnangx mol的笑话），教会人们对他人的赞美、尊重。唱诵丧葬理词的强制性体现在其特定的时间和场合，平时不能教，正月间才可以教，在丧家才可以教。后来，又有人把丧葬理词中的《寻找葬地》改编成古歌，但仅限于立碑时在主人家中唱，其他时间（除正月间）、其他场合都不能唱。

如果要说还有什么不同，那就是黄平苗族贾理辐射面广，人数众多。黄平苗族贾理以黄平苗族语音传播，流行于以黄平为中心，辐射施秉、镇远、凯里、台江、福泉及由黄平迁居黔西南地区部分县市的广大黄平方言苗语区，人口50余万，其中黄平20余万。

黄　嫱　能否给我们谈谈黄平县的"理家院"传承苗族贾理的情况？

潘世仁　大约在250年前，潘氏戬架家族（潘世仁的家族）的善你、拱你两兄弟就开始到理家院（当时还没寨名）兴起人烟，过了两三代才有杨氏和王氏家族陆续迁来。各家族的到来，带来了各地不同的风俗和多彩的文化。随着时间的推移，一些不适应时代发展的习俗逐渐被历史的烟尘湮没，一些优秀的传统文化得到不断的优化而留存至今，形成独具魅力的地方民族文化精华。《苗族贾理》便是这里最为优秀的民族传统文化之一。

据寨上各姓氏家谱推算，《苗族贾理》在这里流传至少已达150多年，以杨氏碧省家族贾理为核心。该家族迁居理家院的时间虽然晚于其他家族，但其贾理传承谱系从未断绝。第一代传人杨切翁于150多年前由本县翁坪乡白洗寨迁入，开始在寨中传授贾理。后经潘氏、王氏家族不同贾理文化派系的不断融合、充实，形成了比较规范的苗族贾理文化架构和文化派系，代表人物曾享誉一时，"理家院"由此传名，"贾理之乡"美名也由此传开。

理家院，苗语为Ghet Lil Vangl，"Ghet"即老人，"Lil"即理词、道理，"Vangl"即寨子，意思是"理老的寨子"，翻译成汉语就是"理老寨"，俗称"理家院"。因寨子上早期有一个汉族聚居的寨子叫"李家院"，后来这个寨子人烟消失了，因"理家"与"李家"同音，人们就把"理老寨""理家院"误写"李家院"。尽管现在各种文书和注册的地名都通用"李家院"，但"理老寨""理家院"的人们还是认为是"理家院"而非"李家院"。

之所以有"理家院""贾理之乡"之称，是因为这里有着一个世代不衰的贾理传承谱系和传习群体。其传承谱系代表人以杨氏家族为核心：第一代传人杨切翁，传承群体2人；第二代传人杨礼切，传承群体13人；第三代传人杨光荣，传承群体26人；第四代传人杨昌贵，传承群体15人；第五代传人杨胜尧，传承群体26人；第六代传人杨秀林，传承群体19人。另外，还有潘氏、王氏和其他杨氏传承谱系。在贾理鼎盛时期，寨子上每个家族都有一两个理师，小事不出家族，大事不出村寨。百余年来，苗族贾理代代相传，经久不衰。20世纪80年代初，民族文化复苏，县里通过调查，得知理家院的贾理比较有名，于是特意邀请寨上潘绍奎、潘光贤、杨昌贵三位理师到县里演唱几天几夜，赢得很高评价，"贾理之乡""理家院"名不虚传。

黄　嫱　2020年12月25日，由黔东南州文化研究所、黄平县非物质文化遗产保护中心授牌，国家级非物质文化遗产项目《苗族贾理》黄平传习所成立，2021年至2023年春节，分别举办了初级、中级、高级《苗族贾理》培训班，通过培训取得了哪些方面的成绩，又遇到了哪些困难呢？

潘世仁　通过周密考察，州文化研究所和县非遗中心在理家院成立苗族贾理黄平传习所，委任我为所长。于是，我们聘请杨氏贾理第五代传人杨胜尧理师为传习所授课理师。杨理师从小跟理师爷爷形影不离，二十几岁就协助爷爷开展祭祀活动。因为他脑子敏捷，能言善辩，爷爷去世后，他独立从事祭祀活动已有三十余年，成为新州地区为数不多的理师兼祭师。杨胜尧理师决心通过这个平台，毫不保留地把记忆中的理词和祭词全部传授给学员们。

召开成立大会并举行开理仪式后，我们精心设计，制订了三年培训计划（2021年初级培训，2022年中级培训，2023年高级培训）。

贾理中说：Diaot jax ax niaoxlaibdangxghed hvob, Vodlil mibdal laibdleel ghed hseid（练贾少不了个场所，学理还得有个场地）。在没有固定培训场所的初创阶段，我以我的住房为传习教室，为学员们提供一个安稳的学习场所。临近黄平解放时，寨上的保国民学校被撤销了，父亲失业后就变卖田产，招收失学儿童，重新在这间堂屋里办起私学，培养了中华人民共和国成立后本寨第一批知识分子。如今，为了苗族贾理的传承，我又用这间堂屋作为贾理传习基地。希望这间堂屋重新成为书声琅琅的课堂、歌声飞扬的金色大厅，希望能有更多优秀的理师从这里脱颖而出。精诚所至，金石为开。通过协调，2023年，在我们举办培训班时，村委会同意让出搁置多年的原村委会会议室给我们作为培训教室。

原计划只招收10名学员，但通知一发出，村民们报名踊跃，经过理师考察筛选，决定招收学员20名。入选参加培训的学员，很多都有一定基础，他们在民间的喜庆活动中，无论是对歌，还是辩理，都能出口成章。不少学员的父辈、祖辈或曾祖辈、高祖辈都是有名的理师、歌师、祭师，他们有信心、有决心把祖辈世代传承的贾理文化继续传承下去，因而学习非常刻苦、认真，从而也有了一定的收获。这些学员中，年龄大的将近60岁，小的三十几岁。有一定文化功底和苗文基础的学员，学习起来容易记牢。有的学员只有初中或小学文化，学习时理解词义比较困难，但学员都非常用功。

在三年的教学实践中，我们除按计划完成教学任务外，还做了以下几件事：一是举行黄平苗族贾理传习所成立大会，营造了贾理文化传承的浓厚氛围。二是加大贾理传承的宣传力度。录制并向县、州非遗中心推送黄平苗族贾理宣传片，比较系统地讲述了以理家院苗族贾理传承为主线的黄平苗族贾理传承谱系，使黄平苗族贾理文化得以向外彰显。同时，制作宣传展板、编写工作简报，适时向上级汇报工作，及时得到了指导。三是开展苗族贾理文化的传承交流。2021年3月，我们组织部分学员到丹寨县马寨村贾理传习班学习，实地感受了该村贾理文化传承的氛围，坚定了我们传承贾理文化的信心和决心。

三年的教学实践，我们也遇到了诸多困难：一是学员们文化层次参差不齐，学习能力不尽相同，给教学的推进带来困难；二是三年的传习培训，正赶上病毒的侵扰，许多计划的学习交流活动难以开展，学习的效果不尽如人意；三是许多学员为了家庭的生活不得不外出奔波，寻找生计以养家糊口，平时的集中传习活动基本终止；四是一些学员思想守旧，意志不坚定。如有一位学员，其父是理师，已出师多年，但50多岁就去世了，他想继承父亲的未竟事业而报名入学。其母认为他的父亲是学贾理才去世的，知道儿子报名参加贾理培训就极力反对，最后他只好服从母命退了学。有一些学员受古规的束缚，除正月间学习外，其他时间不敢学习，这对贾理传习很不利。这些问题和困难，我们将设法妥善解决，力求苗族贾理传承保护取得实质性成效。

黄　嫱　要想学习贾理，成为贾师，需要哪些条件？

潘世仁　要想成为理师，首先，要有良好的职业操守，爱岗敬业、勤学苦练、持之以恒。

过去，理师在接收学徒时，首先要考问准备投师的人几个问题：冰天雪地你去不去？路途遥远你去不去？半夜三更你去不去？穷人家（富人家）请你去不去？仇人家（有矛盾的人家）请你去不去？投师人当然都会表态：去！然后就举行拜师仪式。过去的拜师仪式很隆重，徒弟要给师傅买一件长衫，办几桌席，请师傅所有健在的徒弟一起来相认。

当学徒学有所成准备出师时，师傅仍然要问学徒投师时的那几个问题，将要出师的徒弟当然也都会一一回答："去"！于是师傅反赠徒弟一件长衫作为出师凭证，徒弟穿着这件长衫就成理师了，有人请他就可以出场了。一般情况下，只要师傅还健在，出师的徒弟仍然请师傅一同前往指导。前几次，师傅也跟着去观摩指导。经过几次观摩无误后，师傅借故说还有别的事，你自己去吧。这样，徒弟才正式独立工作。

小时候，经常看到寨上的理师、祭师们半夜三更在冰天雪地打着火把也要跟着来请的人走。我的父亲60岁左右才出师，一直做到93岁去世。他服务过的人家有富裕的也有困难的，有近处的也有远处的，有通车的也有交通不便的。有时候，只要有人打电话来请他就自己去了，有车接没车接他都去。后来年纪大了，我们就要求他，远的地方有人来接才能去。所以80多岁高龄后都是有人到家来接他才去。

其次，要头脑灵活，记忆力强，口齿伶俐，声音洪亮，善于表达。一般情况下，想成为理师的学徒都很勤奋，但光勤奋也不一定能成为理师。记得父亲经常谈到一个关于学习贾理的故事，也是一个笑话。说的是与父亲同龄的一个学徒，因为脑子不够灵敏，同伴们都背得滚瓜烂熟了，而他连怎么拿贾片、放贾片，手脚怎么配合都弄不清楚，动作也不协调。师傅就说他："光在我这里学怎么行，回到家睡觉也还得练才行哩"！这学徒回到家睡在床上，嘴巴也念，手脚也动，弄得妻孩无法睡觉。这个笑话说明，成为理师，不仅要勤奋，而且要先天聪颖。

最后，要学会一套娴熟的手工技艺。要学会识别贾片用竹，学会制作贾片，学会各种剪纸（祭祀图案、彩虹桥图案、窗花等），学会制作贾理活动用具。

如今学习贾理，成为理师，除具备以上条件外，还要懂苗文和现代科学技术，这是学习贾理的重要辅助手段，培训班里进步快的学员往往都会用苗文、微信来学习。

在当今社会各种法律法规、判决机构都健全的情况下，理师在调处民间纠纷中已很少有用武之地，于是大多数人在学习贾理中主攻《丧葬理词》和相邻学科《神词》及《风水学》，大多卓有成效。为取得更好的社会效益和经济效益，部分风水师也兼学《丧葬理词》和《神词》。

黄　嫱　在传统社会里，贾理是至高无上的行为准则，起到约束和规范民众行为的作用，维系着苗族个体、家族、社会结构的稳定。在当今法律法规都健全的社会里，您认为贾理与过去有什么不一样，它又如何发挥自己的作用呢？

潘世仁《苗族贾理》记述了苗族数千年来形成的古规古理、信仰习俗以及古代知识技艺的发明运用，是古代苗族社会生产经验的总结，是约束人们行为的共同法典，被誉为苗族的百科全书。集中体现了苗族的人生观、世界观、价值观，反映了苗族的民族意志，是苗族判别善恶是非的根本依据和为人处世的最高准则，具有至高无上的神圣权威。《苗族贾理》讲究表达效果，对仗工整、语词声调抑扬顿挫、跌宕起伏，极富韵律美。其语言严谨、词义深刻，是传授、研究古苗语的重要教材。

每年春节期间的拜年活动和春天一年一度的祭扫寨活动是理师及其弟子集中展示贾理文化的盛会，是春耕大忙来临之前必须举行的全体性的以调节人与人、人与神灵、人与自然关系，祈求风调雨顺、四季平安为目的的集体宣教活动和誓师大会。2022年理家院的祭扫寨活动，理师和学员们解放思想，突破了过去严禁妇女参与的禁锢，全寨男女老少一起参与贾理宣教，为贾理的传习找到了新的路径。

当今是法律法规健全的社会，如果说贾理与过去有什么不一样，那就是学的人少了，以之作法律依据调解纠纷的更少了。好在生活理词和丧葬理词还比较实用，且大多数生活理词和少部分丧葬理词还被改编成古歌来传唱，这又是一条新的贾理传承路径。

大家都觉得，现在过年没有"年味"了。过去一提到过年，孩子们都很兴奋。过年了，孩子们要守年、拜年。临近过年，孩子们要学会贺年理词。大年初一，鸡叫头遍，孩子们就起来了（有些甚至守在火塘边一夜不睡），大家成群结队挨家逐户去拜年。每到一家就齐声朗诵《贺年理词》，给主人家拜年，得到主人家的赏赐后开心极了。大人们春节期间相互拜年先在大门外念《踩财门理词》，进屋后再念《贺年理词》。现在，一问起孩子们会不会拜年，他们就念："bait nieex bait nieex, ax baib jod baib bis seix（拜年拜年，不送粑粑送钱）。"《贺年理词》变成向主人家讨钱的口诀了。大人们春节期间互相走访，除了唱《过年歌》《回春歌》，很少有人念贺年理词。为此，很有必要在春节期间举行贾理大赛，激发人们户与户、寨与寨，互相拜年的兴趣，互相念诵贺年理词，营造贾理学习浓厚氛围。同时，编创一批贾理戏剧，寓教于乐，在人们的头脑中深深地打下贾理的烙印，在建设宜居宜业和美乡村，推进乡村发展、乡村建设、乡村治理中，充分发挥苗族贾理滋润人心、德化人心、凝聚人心的作用，确保广大苗乡人心和善、稳定安宁。

黄　嫱　据悉，黔东南州丹寨县的某个村寨，在遵守法律法规的前提下，成立了一个"贾理调解室"，用来调解村寨的纠纷。黄平如今还用"贾理"调解纠纷吗？如有请举1—2个例子。

潘世仁　当今苗族社会是传统观念和现代观念交织、传统家庭和现代家族并存的时代，虽然法律制度已比较健全，但在传统家庭人们的传统观念里，许多人还固守着"家丑不可外扬"的古训，家庭矛盾、邻里纠纷非到不可调和的地步，大家都不愿诉诸法庭，都还信任寨老、理老给他们调解。因此，丹寨县某村成立"贾理调解室"的做法值得苗族聚居的村寨借鉴。

黄　嫱　现在的年轻人都外出务工，不愿意学习《苗族贾理》等传统民族文化，对于这样的困境您觉得该如何解决呢？

潘世仁　民族文化大多凭借口传心授，一旦没有了继承人，就如断线的风筝，即刻消失。苗族贾理有着许多令人自豪和骄傲的社会功能，但从目前的发展状况和趋势来看，如不有意识地给予保护和开发利用，苗族贾理将会迅速地被历史的尘埃湮没。

广大民族地区由农业文明转向工业文明，加速了包括苗族贾理在内的民族文化的蜕变和消失。由于民族的变异性，各民族文化之间相互冲击、吸纳、借鉴，特别是受不可抗拒的都市文化的冲击，受改革开放和市场经济的渗透，加之现代文明全球化的推进，一些本来就很脆弱的民族民间文化迅速消失。经济方式的改变使苗族社会的生活方式也在发生改变，很多年轻人远离故土外出打工，没有时间和心思学习民族文化，逐渐抛弃了传统文化。

因此，政府的文化部门应当认真地思考并采取相应措施加大传承保护力度。一是建立更多的贾理传习研究机构，做到有人传承、有钱传承、有场所传承，加强对贾理文化的搜集整理，编写出版一套苗族贾理教材，在全社会掀起传承、保护和弘扬贾理文化的热潮。二是加速对贾理传承人的培养，为贾理文化爱好者申报传承人提供方便并给予经济援助，培养一支热爱贾理、具备良好职业道德的贾理文化传承队伍。

黄　嫱　2022年4月，《苗族贾理》黄平传习所晋升为州级非遗传习所，您能谈一谈之前传承与保护中存在的问题以及今后传承与保护的未来计划吗?

潘世仁 《苗族贾理》黄平传习所于2022年4月被州文体广电旅游局批准为州级传习所,是州、县文化部门对本所工作的肯定和信任的体现,为今后我们更好地开展培训提供了更为宽阔的平台,传习工作也将得到更多部门的关注。

在经济困难的年代,在没有教材和经费的情况下,我们的先辈们,为了把《苗族贾理》这一优秀的传统文化传承下来,每年春节期间,大家都自发地筹集酒水食物、柴火灯油,聚集在一起,拜师学艺,相互传习,才保存下来这么厚重的《苗族贾理》。今天,苗族地区实现了小康,《苗族贾理》入选国家级非遗保护项目,贾理传承有了更为宽广的舞台,我们将弘扬老一辈贾理人的光荣传统,紧紧抓住传习所升级的契机,继续按照"教学与实践相结合"的传承方式,用心传习,将《苗族贾理》发扬光大。

黄　嫱 谢谢潘老师。我们也相信,有潘老师这样的热心人的执着追求和无私奉献,《苗族贾理》等民族文化的传承和保护一定会取得丰硕的成果!

黔东南侗族大戏调查报告

吴佺新　周　兴*

"大戏"是流传在黔东南侗族地区和一种用汉语表演的戏剧剧种，是侗族戏剧艺术的重要组成部分，是侗族三大剧种之一（另外两个是侗戏和彩调戏），也是黔东南四大剧种（侗戏、"大戏"、花灯戏和彩调戏）之一，是重要的非物质文化遗产。"大戏"是天柱县省级非物质文化遗产保护项目，是剑河县和锦屏县的县级非物质文化遗产保护项目。

黔东南州文化研究所主持并参加了2016年开展的第二次全国戏剧剧种普查工作，对全州传统戏剧有较为全面的了解。由于"大戏"不在普查目录中，在以汉语为主的地区划入京剧，在以侗语为主的地区列为侗戏。在2022年基本完成文研所对"大戏"进行的专题调查。据调查，"大戏"并不属于京剧，也不是真正意义上的侗戏。"大戏"可能是一种独立的（新发现的）剧种。

---

* 吴佺新，侗族，贵州从江人，黔东南州文化研究所副研究馆员。出版学术著作多部，发表学术论文数10篇、文艺作品10余篇（首）。周兴，苗族，贵州麻江人，黔东南州文化研究所馆员，从事民族文化研究。

侗族是一个戏剧艺术非常丰富的民族，黔东南所流传的 8 个剧种，侗族地区都有流传。据调查，侗戏产生于清嘉庆至道光年间，由黎平县腊洞村侗族戏剧家吴文彩创制，侗戏主要吸收了贵州的花灯戏、湖南的阳戏和花鼓戏、广西的桂戏和彩调戏，形成以侗语表演的独立剧种。侗族地区在侗戏产生之前就流传多种汉族剧种，这些剧种是侗戏产生的基础。黎平省级文物保护单位高近戏楼，修建于侗戏创始人吴文彩出生之前的乾隆年间，足以证明侗族地区有多种外来戏剧在此上演。

侗族按语言方言不同，分为南部方言和北部方言，由于受到外来文化影响特别是汉文化的影响程度不同，以及杂居的民族和文化不同，南部方言区和北部方言区形成了较大的差别。由于文化的差异，对于戏剧的形成和发展形成了不同的艺术特点。本文所说的侗族地区仅限于黔东南的侗族地区，所说的北部和南部即分别指北部方言区和南部方言区。

一、"大戏"的分布和现状

（一）分布

"大戏"主要分布于天柱和黎平两县，约占"大戏"全部演出队伍的60%。北部分布在三穗、剑河、天柱和锦屏4个县；南部分布于从江、黎平和榕江3个县。整个黔东南州现有"大戏"演出队伍30多支，还能正常演出的队伍大约有20支。

三穗"大戏"分布于款场和雪洞一带，有3支队伍，民国时期失传。剑河现有演出队伍1支，一直在正常演出。锦屏现有演出队伍3支，其中1支能正常演出。天柱现有演出队伍大约13支，其中能正常演出的队伍有10支。黎平现有8支演出队伍，其中能正常演出的队伍有5支。从江现有演出队伍4支，其中1支能正常演出。榕江现有3支演出队伍，其中1支能正常演出。

（二）服装道具

"大戏"有专门的演出服装（道具），款式、面料和色彩与京剧、越剧和黄梅戏等其他汉族剧种相似，服装面料以丝绸为主。还有长袍、铠甲、马褂、官帽、凤冠、翎毛和各种兵器等，属于中国戏曲传统服装体系。北部的演出服装，中华人民共和国成立前，基本到湖南购买；中华人民共和国成立后，演出服装通过邮购方式，从浙江或上海购买。

服装（道具）在"大戏"班子财产中属于"贵重物品"，一般由专人保管，存放在专门放置戏剧道具和舞台美术用品的房子里，用专门的箱子分类存放。剑河小广"大戏"班修建有专门的房子来存放服装和道具，房子与村子其他建筑有较远的距离（大约400米），一旦村子发生火灾以避免殃及。在南部修建有专门的戏台，服装道具存放在戏台的后台专门设置的房间里。每隔一定的时间，要把服装道具拿出来晾晒，以免发霉和腐烂。关系密切的几个戏班子，根据需要相互之间进行交换，或者作为珍贵的礼物相互赠送。

中华人民共和国成立前，服装损坏要进行手工修补，一些戏班还有专门修补戏服的师傅。经济困难时期，用土布根据服装色彩和图案按比例进行印染。改革开放以后，随着社会经济的发展和缝制技术的提高以及缝制机器的普及，戏服的面料价格下降了，部分戏班子的戏服由自己缝制，部分戏班子在所在地附近的集市或县城就地定制。

北部的传统"大戏"演出没有固定的舞台，但戏班子在本地演出有相对固定的地点，多为村寨中央的空平地，外出表演多为临时搭台或者在较大的坪子上。剑河小广是北部"大戏"分布区最早修建戏台的侗族村寨，近年来，锦屏的瑶白和隆里也修建了戏台。南部大部分村寨都修建有专门的戏台，有的村寨还修建规模比较大且装饰精美的戏楼。演出时间主要是较大的节日，过年是"大戏"主要演出时间之一。春耕之前的农闲时间也是"大戏"的重要演出时间，并以外出巡回演出为主。"大戏"在秋收季节的各种歌会等社交集会中演出，增添活动气氛，这是"大戏"结合当地文化形成的演出形式。渡马的"七月二十坪"侗族戏曲节，就是在此基础上形成的。时至今日，"大戏"班还参加文化部门组织的各种文化活动。传统"大戏"并不引入红白喜事中，虽然现代社会在不断发展变化，但大部分戏班仍然恪守不参加红白喜事演出的传统规矩。只有天柱杜马等部分戏班接受红白喜事家主的邀请演出各种"大戏"小品或片段，以增加红白喜事的人气。

（三）剧目

"大戏"都有自己的传统剧目，各地演出的剧目根据各自所擅长的和喜好选定剧目，以才传入时的剧目为主。北部以武戏为主，南部以文戏为主，各个戏班子都有自己保留的剧目。"大戏"题材主要集中于古典题材，北部以帝王将相和战争题材为多，比较集中于唐宋之前的题材（比如"杨家将"故事），南部多以才子佳人为主（比如《白蛇传》）。比较常演出的剧目有《穆桂英挂帅》《大战长坂坡》《五虎平西》《寒江关》《仙姬送子》《穆柯寨招亲》《吞丹斩狐》《大破天门阵》《黄袍怪》《花田错》《真假新娘》《饮酒盗草》《夺三关》《潇洒夜雨》《甘露寺》等。不同的戏班子经常演出的剧目虽然不同，但其他戏班子演出的剧目也能演出。不同的戏班子在交流过程中，还经常用戏书（剧本）作为礼物相互赠送，使不同的剧目能够在不同的戏班子间流传。

"大戏"新编剧目极少，而且新编的剧目多以汉族小说话本为蓝本进行创作。在开展具有比赛性质的戏剧汇演活动中，戏师随身携带《隋唐演义》《七仙女》等话本小说，临时选其中一段故事进行创编，以示戏师的功底。现有天柱汉寨戏班创作反映侗族英雄姜应芳的历史故事剧《九龙山》（清代天柱侗族农民起义领袖姜应芳的故事）和黎平朝坪江戏班新编历史剧《英雄救美》（明代黎平侗族农民起义领袖吴勉的故事），属于真正意义上的新编剧目。

（四）演出习俗

"大戏"演出之前，要举行"请师"和"扫台"仪式，但这些活动都在后台举行。南部地区汉戏班由侗戏班演出，一般是先演出侗戏，演出完侗戏后再演"大戏"。演出前，先焚香化纸请侗戏创始人到场保佑演出成功，然后再请"大戏"祖师爷来护驾。戏师在后台做仪式，全体演员到台面合唱闹台曲《哟嗬依》（一天演出结束也唱此曲表示演出活动结束）。演出结束后，全体演职人员聚餐庆祝，同时做"解百口"仪式。因为演出活动被众人即百口议论，恐怕对演职人员不利，要通过一定仪式解除其危害（又叫"骂百口""做嘴脸"）。聚餐结束后，还要把"大戏"祖师爷送出寨门，整个演出活动才算正式结束。

北部地区侗戏"扫台"仪式由掌管戏班的戏师主持，"请师"一是请戏剧的祖师爷到场"指导工作"，使演出成功和更加精彩，二是保护演职人员演出时的"人身安全"；"扫台"是扫除阴间的牛鬼蛇神，不让其破坏演出，使演出顺利、演员和观众平安。在举行仪式的同时，乐队坐在前台打击各种本次演出演奏的"锣鼓经"闹台，以免冷场，仪式结束后才正式演出。现在演出前省略"请师"环节，由班主个人做简单的扫台仪式。"锣鼓经"是队伍演出的关键，演员下步的演和唱都听从"锣鼓经"的提示和引导。鼓手在戏班子具有特殊的地位。演员出场前，都向鼓手作揖致礼，表示对鼓手的尊敬。传说有一个主角得罪了鼓手，他一上场鼓手就乱击鼓或者干扰演员演唱，引起演出混乱。所以，后来演员出场前向鼓手作揖成为礼俗。

二、"大戏"的传入和发展

（一）北部地区

据调查，所有的"大戏"班子的渊源都与湖南有关，所以又叫湖南戏。北部地区有两条路线和两个时期。第一个阶段大约在清代中期，天柱"大戏"最早是由渡马侗族艺人在经商时，到洪江大戏院看到戏剧的演出并迷上戏剧，就开始潜心学习戏剧表演各方面的知识，然后回到家乡传教并建立戏班子，逐渐形成了有自己风格的"大戏"。戏班子建立后，不仅在当地演出，还经常到天柱各地演出，对其他地区产生了重要的影响。其他地方的侗族看到渡马戏班的演出，也派人到湖南学习"大戏"，纷纷组建自己的演出队伍。于是，在天柱出现了众多的"大戏"班。

由于"大戏"率先在侗族村寨立足，因此演出交流活动也比较集中于侗族地区。东部分布在渡马、蓝田、远口一带，中部以县城为中心，西部以汉寨为代表，现在还能演出的队伍在10个左右。蓝田镇的杞寨，社学街道的长团，凤城街道的城关和坝寨，杜马镇的杨柳、岩门和江东，石洞镇的汉寨，等等，是天柱最为活跃的"大戏"班子。

以杞寨为中心产生了多个"大戏"班，现在杞寨"大戏"班仍然活跃在天柱各地的舞台上。蓝田在"大戏"的推广和传播上起到重要的作用，县城及周边的"大戏"班子都和蓝田有一定的渊源。据调查，乾隆年间由湖南引进汉寨，经过当地艺术家的整理和演绎，在嘉庆年间形成了有自己特色的汉寨"大戏"。汉寨龙氏族谱记载，清乾隆年间（1736—1796），天柱大戏由湖南长沙戏师传至天柱蓝田岩脚寨，经过十余年的教习，当地艺人杨沛林、杨通植出师，蓝田"大戏"班正式开始演出。清嘉庆十二年（1807），汉寨村到岩脚寨请两位戏师来教戏。汉寨村龚、刘、张、罗四大姓族人，共18户人家凑钱凑米买了22挑良田组成"戏田"，制戏服，置道具，抄戏书（剧本），汉寨"大戏"班子由此诞生。此后，寨子以田养戏10多年，供戏师演出开销。其间还多次派人到蓝田去学习，以丰富演出内容和提高演出水平。当年蓝田一位老戏师去世，汉寨还派戏班众弟子到场悼念，而其他戏班只派代表前来。蓝田戏班被汉寨行为感动，回程时蓝田戏班送给汉寨很多传统老剧本和服装，从此，汉寨"大戏"更加兴盛起来。

民国末期，天柱县城出现"大戏"繁荣的景象，还成立了"汉戏团"（民间称"湘戏团"或"湖南戏班子"），县城附近的社学、邦洞、润松等地都成立戏班，现在还保存戏班的村寨有城关、长团、高寨、坝寨等。由于社会动荡，县城的一个剧团因难以维持生计，剧团解散演员被遣散。流散的演员到各处寻找生计，当时剧团的"刘花脸"（刘姓唱花脸角色的人）流落到坝寨。以教戏换吃的方式，在这里生活下来。当时教授的一批徒弟有12人，奠定了坝寨"大戏"的基础。过年期间，从初二演到十五。新中国成立初期，天柱"大戏"达到顶峰，县城建有专业的剧团，每逢节日和喜庆日子，都常有演出。各地"大戏"相互走访交流，在渡马形成了全县各戏班都积极参与的"七月二十坪"戏曲节。各戏班子在过年或农闲时还到周边村寨演出，有时候一去就是几个月。坝寨的戏班，经常被邀请到石洞和三穗县款场等地演出。汉寨的戏班经常到附近村寨和邻近的剑河县侗族村寨巡回演出，特别受欢迎，过年期间出访演出有时甚至到谷种下水前几天才赶回家里。

渡马镇以杨柳老街为中心，形成了若干个"大戏"班子，在节日和农闲时经常演出，并利用当地七月十二坪歌会，开展"大戏"会演活动，逐渐演变成渡马"七月十二坪"侗族戏曲节，每年都吸引县内各个"大戏"班子前来捧场，现在发展到附近的锦屏、黎平和湖南的戏班和其他艺术团体前来参加，渡马镇被文化部门命名为"艺术之乡"（侗族戏剧之艺术乡）。

三穗款场、剑河小广和锦屏瑶白的"大戏"是受到天柱的影响而产生的，剑河小广和锦屏瑶白师承一个戏师，都在民国年间传入。据黔东南州歌舞团副团长吴绍光（三穗款场人，已故）回忆，他小时候（民国末年）还看到家乡演出过"大戏"也非常喜欢。新中国成立后他参了军，把表演技艺带到部队，被选入部队文工团，转业后才安排到州歌舞团工作。遗憾的是，三穗的"大戏"于新中国成立初失传。

剑河小广于民国中期派人到湖南一个名叫"注溪"的地方学习"大戏"，历时一年多才学成回来组建"大戏"班子。戏师王元江在2017年已经101岁，他小时候就参加演出，是小广"大戏"第二代传人。锦屏瑶白几乎是同时派人到湖南学"大戏"，根据湖南当时的习惯，给自己的戏班子取名"太和班"。剑河小广和锦屏瑶白是相邻的两个村，是哪个影响哪个已经无法判断。但两村经常交流不断改进，并形成自己风格的"大戏"。"注溪"到底在哪里，现在的戏班子都不太清楚，因为贵州、湖南交界一带地名音念"注溪"的较多。改革开放初期，剑河曾有人到"注溪"去寻戏根，可惜那里已经没演"大戏"了，已经失传了。

（二）南部地区

南部传入也有两条线和两个时期，大约在清代中期，最早传入黎平，第二阶段在清末至民国时期，又由黎平传入从江和榕江。据调查，清代黎平城有两兄弟到湖南洪江做生意，其中一个名叫周大坤的迷上了戏剧。周大坤回家后，整天迷恋唱戏，家人没人理他，他就到新洞去传教并组建了黎平第一个"大戏"班。然后由新洞，传播到周围的岩洞一带。在民国年间，由新洞传入与之交界的锦屏的新代和隆里。当时的"大戏"主要流传于黎平北部地区。

清代末至民国初期，黎平地区"大戏"盛行，当时的永从县（永从县和下江于民国30年即1941年合并从江县，永从县城所在地和黎平九洞区交换划入黎平县）城经常有来自湖南的上演辰河戏即"大戏"，深受当地侗族人的喜爱。三龙村的人特别喜爱，村人吴锡金（祖籍湖南省武冈市）便把戏班子里生活困难的父女俩（母亲已经去世）留下给自己子女教书。戏师边教书边教戏，村里还分给他俩稻田和房子，让他俩教村里人唱"大戏"。经过一年时间的教习，三龙村形成了自己的"大戏"班子。

据调查，清代年间，黎平南江人士潘锡光是村里富有人家，其父亲爱好音乐戏剧。经常随着到黎平演出的戏班子巡回演出，边看戏边学戏，逐渐成师，传给儿子潘锡光。潘锡光组建了"大戏"班子，南江的"大戏"班子一直到20世纪80年代还演出。1987年随着潘锡光离世，南江"大戏"班也解散了。南江现在的"大戏师"韦国彪是唯一健在的第四代传人，但已经不能组织完整队伍演出，"大戏"在南江基本失传。黎平的朝坪江、岩洞和从江的新安、上皮林等地的"大戏"师出潘锡光。

（三）"大戏"的渊源

据调查，"大戏"无疑是源于湖南，所唱的主要声腔都称为"辰河腔"或"辰河调"。因此，可证实"大戏"是湖南辰河戏的黔东南"版本"。"大戏"所表演的基本唱腔有两种，一是"辰河腔"（高腔），二是"谭阴腔"（低腔），由于高腔比较接近黔东南的方言（西南官话的一种土语）和侗语发音系统，适合当地人演唱，逐渐成为"大戏"的主唱腔，低腔逐渐被淘汰。天柱的高寨戏班以低腔为主唱腔，由于不受观众的欢迎，从而失去观众和市场，队伍也已经基本消失。从戏剧音乐渊源"辰河腔"来看，"大戏"是由辰河戏演变而来的。

辰河戏是一种流传于湖南的传统戏曲剧种。主要流行于湖南沅水中、上游（古属辰州），辰河一带，以及与其毗邻的贵州、四川省部分地区。最早源于明代迁徙到辰河的江西省移民，然后在辰河地区发展形成的剧种。

辰河戏因流行于沅水中、上游（俗称"辰河"）一带，故名"辰河班子"，又叫"辰州班子"，是湖南地方戏曲大戏剧种之一。现在主要流行区即今怀化地市、湘西州，以及贵州省的铜仁市、黔东南州，重庆的酉阳、秀山，湖北省的来凤、咸丰等地。其表演原始粗犷，豪放明快，幽然深情，一般是用高台（舞台演唱）、低台（木偶戏）、围鼓堂（坐唱)3种形式演出，唱腔分高、低、唱、弹4大类，并以高腔为代表。它是源于地方巫、傩、道的娱神，结合江西移民带来的音乐，而逐步演变过来的，是一个古老的地方传统戏剧种。传入黔东南之后，侗族艺术家又结合侗族音乐进行了改造，成为具有黔东南特色的剧种。

（四）"大戏"的艺术特点

"大戏"音乐继承了辰河戏唱腔，当地称"河高腔"或

"辰河高腔"，曲牌为联套体，高亢、粗犷，曲牌用"犯腔"转调，手法多变，与其他戏腔不同的是用唢呐帮腔。"大戏"既有源于弋阳腔的辰河高腔，又融入湘西民歌、号子、傩腔和当地侗歌、山歌唱腔，音乐为曲牌联缀体。辰河戏早期演唱时，一人启口，众人帮和，其节以鼓，不托管弦，高腔独具特色。它以唢呐代替人声帮腔，既高亢、粗犷，又饱和、浓郁，起到人声难尽的妙处。辰河戏经过不断吸收其他剧种和其他艺术形式，其伴奏乐器由以唢呐为主，发展到由唢呐、笛子、京胡、二胡、三弦、大鼓、小锣、云锣、钹、小鼓等组成。

"大戏"传入黔东南侗族地区后，由于南北文化的差别，形成两种不同的风格和流派。北部基本保留了辰河戏的艺术特点，南部盛行广西彩调戏和桂戏等剧种，更多地融入了广西剧种和侗族音乐的元素。具有北部风格的队伍包括天柱县全部、剑河县的小广和锦屏县瑶白（以及失传的三穗县），具有南部风格的队伍包括从江、黎平和榕江县的全部，以及锦屏县的隆里和新化。

北部的"大戏"基本继承传入时的乐器，仍然以唢呐为主，配有锣鼓钹等，并简化了乐队的结构，只保留二胡，没有京胡、三弦等拉弦乐器，"锣鼓经"是"大戏"过门，演员的唱腔，由"锣鼓经"来引导，演唱以清唱为主，很少用唢呐"帮腔"。北部"大戏"表演艺术朴实、化妆简单，无成套武功。乐师至今仍保留着古老的"圈腔点板"记谱法。辰河高腔角色分为生、旦、净、丑、外、副、末、贴八行。北部"大戏"只保留了生角、小生、旦角、花脸、丑角五大行。不同角色唱腔不同，而生角、小生、旦角、花脸、丑角五大行唱腔相对简单并且为常用唱腔，于是成为北部"大戏"的主要唱腔。

南部"大戏"大部分为传入时的乐器，但放弃了其主乐器唢呐，并根据南部戏剧和音乐盘点增加了大鼓、板鼓（班鼓）、大锣和笛子等民族乐器，和侗戏乐器基本相同。表演时，更趋同于广西的汉族剧种。"锣鼓经"只起到"闹台"作用，不再是引导音乐。唱词前不仅有过门，唱的过程还有伴奏，台词和场景间隙还有背景音乐，程式和侗戏基本相同。

三、"侗族大戏"名称的界定

"大戏"是这一剧种的通称，不同地区和不同时期还有其他的称谓，如汉戏、古戏、湘戏（湖南戏）、侗戏等叫法。之所以把戏剧表演叫作"大戏"，是因为"大戏"含有复杂的大型艺术表演的意思。大部分"大戏"老艺人都持这种说法。明代随着清水江木材贸易兴盛，下游各种戏剧队伍也经常到天柱、锦屏演出。演员队伍庞大且热闹非凡，和当地的艺术活动（如玩山对歌）一样场面盛大，而且穿戴的是古装大袍大靠，演唱的角色是历史上的帝王、将相等大人物，演出时间可达半月甚至更长，其内容、形式、规模上都很大，所以称之为"大戏"。湖南有湘剧、祁剧、辰河戏、武陵戏、荆河戏、巴陵戏、花鼓戏、阳戏、花灯戏、傩戏、侗戏等，俗话通称为"大戏班子"，这个"大戏"有大型、复杂的含义，"大戏班子"最早只是湘剧称谓，后来泛指所有戏剧演出队伍，"大戏"名称可能由此而来。

"大戏"曾叫"汉戏"，其名称由来尚不清楚。新中国成立初期，天柱曾建有"汉戏"团，表演的其实就是"大戏"。

1958年，天柱和锦屏县合并，县城定在锦屏县城，"汉戏"团也随之迁到锦屏，由于处于经济困难时期，不久剧团就解散了。1961年，虽然恢复天柱县建置，但不再恢复专业剧团，"汉戏"这一名称在天柱基本不再使用。"汉戏"之名有两种说法，一是"大戏"源于湖南的"汉戏"（常德汉戏），二是侗语名即汉族（汉语）戏剧种。湖南的"汉戏"即常德汉戏，常德是流传的中心区域，现怀化和湘西地区是流传的边缘区域。辰河戏是综合不同剧种而形成的，唱腔受到汉戏一定的影响。笔者专门请教了黔东南戏剧方面的专家，"大戏"唱腔有汉调的元素，"汉戏"可能因此附会。南部"汉戏"一名通指用汉语演唱的剧种，包括流传于侗族地区的花灯戏、洋戏（彩调戏）和桂戏，以及曾经流传过的京剧，都通称为"汉戏"，即源于汉族用汉语演唱的剧种。

"湘戏"（湖南戏）主要是锦屏汉语区（新化、隆里）对"大戏"的称谓，而侗语区（瑶白）称为侗戏虽没有"大戏"这一说法，但也认同。"湘戏"（湖南戏）是一种通用的俗称，是对这一剧种源于湖南的认识。"古戏"是天柱汉寨和坝寨的叫法，是古老剧种的意思。一是流传历史久远，二是表现古老的故事。和侗语"大戏"（Yil laox侗文）含义相同。"Laox"（老），在侗语中既有"庞大"又有"古老"的意思。在南部，都称为"大戏"，其意亦如此。北部的剑河和锦屏的瑶白都叫侗戏，现在天柱基本叫侗戏。作为非遗保护项目，也是以侗戏之名。

由辰河戏到"大戏"是不断本土化的过程，也是不断与侗族文化特别是侗族音乐和侗族戏剧艺术相结合的过程。"大戏"

虽然源于湖南，但传入黔东南之后，主要流传于侗族地区，已经成为侗族文化的重要组成部分。三穗县"大戏"的失传不是经济发展因素，而是当地侗族汉化的结果。"大戏"在本土化的过程中，侗族戏剧艺术家对之进行不断的改造，不断汲取侗族艺术的营养，以适应侗族社会的精神和生活需要。北部在语言上进行了逐渐的改进，天柱部分戏班子和锦屏瑶白戏班子，将台词部分用侗语表达，更能为当地观众所理解。剑河小广所有台词，已经完全用侗语表演，深受侗族观众的欢迎。天柱渡马戏班子把演戏和侗族歌会相结合，形成大型的侗族戏曲节。南部对音乐和乐器的改造，更适应当地民众的欣赏习惯。总之，"大戏"已经深深地烙上侗族的印记，成为侗族文化的组成部分，在侗族地区已经成为独立的剧种。按照侗族文化的习惯，以及"大戏"发展的实际效果，"大戏"作为独立的剧种，可定名为侗族大戏。

四、传承保护建议

侗族大戏的流传，为黔东南戏剧百花园增添了一朵绚丽的戏剧之花。随着社会发展和文化变迁，特别是受外来文化的以及打工潮的冲击，侗族大戏传承受到了极大的影响。除天柱、剑河和黎平保留相对完整外，三穗县由于受到汉文化冲击，在民国末期就已经失传。从江和榕江县由于受到打工潮的影响，一半的戏班子传承后继乏人，处于停滞状态，会演的艺人年事已高，又没有年轻人来学，前景堪忧。锦屏除瑶白外，其他两支也不容乐观。

"大戏"传承和发展面临极大的挑战，是黔东南传统文化传承亟待解决的难题。黔东南戏剧发展极不平衡，戏剧只流传于说侗语和汉语的地区，且不完全覆盖。戏剧在黔东南还属于比较"小众"的范畴，整个社会甚至官方的关注度并不高，传统戏剧的保护传承难度比其他类别艺术要高得多。戏剧的经济效益不景气是一个普遍现象，不仅是黔东南，贵州乃至全国大戏状况都如此。寻找戏剧的出路是一个戏班子面临的实际问题。但仍有执着保持戏班子的传统，坚持传统道路的戏班子，比如锦屏的瑶白"太和班"和黎平的欧定清戏班，吸收的弟子都是酷爱戏剧并愿意作出牺牲的青年，严守传统规矩，比如演出前后必须举行开始和结束的仪式，不参加红白喜事的演出，每个角色至少有两个或两个以上的扮演者才排练，等等。有的结合现代社会和市场需求进行改革，比如渡马老街大戏班和汉寨的大戏班，其接受诸如红白喜事等各种需要演出的邀请，表演节目虽然以侗族大戏为主，但同时增加了其他艺术节目。汉寨和朝坪江的大戏班在剧目题材上取得了突破，到侗族各地演出，深受人们欢迎。

结合其他文化活动，让侗族大戏参加演出和展示活动。一是参加侗族民间文化活动，如北部的玩山歌场集会，南部的"吃相思"和斗牛活动，使其有表现的机会，激励其传承和创新。天柱渡马的"七月二十坪"侗族戏曲节，是由七月二十歌会发展形成的，值得借鉴。二是参加由文化旅游部门组织的官方活动，可以展示其独特的艺术魅力。三是参加非遗管理机构开展的文化会演、调演和展演活动，并且可以举办侗族大戏的单独会演活动。会演活动定期举办，由有侗族大戏流传的县轮流主办，加强戏班子之间的交流，提高表演水平，增进戏班子成员之间的感情，从而达到促进创新和传承的目的。

目前，黔东南州传统戏剧进入国家级非遗项目的有侗戏和传统剧目《珠郎娘美》，天柱侗族大戏进入省级非遗项目，其他剧种都是省级及以下非遗项目。由于贵州省和黔东南州财政除国家级项目经费相对有保障外，省级、州级和县级项目保护经费非常有限，保护难度极大。我们要认识到侗族大戏是一个新成立的剧种，具有重要的艺术价值，已经纳入了政府保护工作的重要日程。根据国务院办公厅《关于支持戏曲传承发展若干政策的通知》（国办发〔2015〕52号），有了保护和传承的政策依据，各地可以灵活运用文件精神加大保护力度。为了贯彻和落实国务院文件精神，各地都积极地进行探索，积累了不少成功的经验。根据江浙一带越剧成功的改革经验，可以成立州级侗族大戏传习所，在传习所下设立侗族大戏实验剧团，建成编制固定、人员流动的团体。招入具有一定艺术天赋的人员，并把他们培养成演、编、导、乐综合型人才，为全州侗族大戏发展培养人才和提供帮助及指导。

錾刻万千次铸就民族文化艺术之美

——贵州省丹寨县国家级非物质文化遗产项目苗族银饰锻造技艺传承人专访

周　兴

　　苗族银饰是苗族群众最喜爱的衣装装饰类配饰，同时也是传承苗族历史文化的载体。2006年5月20日，苗族银饰锻制技艺经国务院批准列入第一批国家级非物质文化遗产名录。

　　为进一步深入了解黔东南州苗族银饰锻制工艺取得的成效情况，2023年5月，黔东南州非遗开发路径经验课题调研小组一行前往丹寨县卡拉银匠村开展调研，并对国家级非物质文化遗产项目苗族银饰锻造技艺传承人、丹寨县国春银饰有限责任公司法人王国春开展专题访谈。

　　访谈人：周　兴

　　访谈对象：王国春（国家级非物质文化遗产项目苗族银饰锻造技艺传承人、丹寨县国春银饰有限责任公司法人）

　　周　兴　目前非遗产品是什么样的情况？

　　王国春　非遗产品类别很多，涵盖了蜡染、银饰、刺绣、服饰等，我们面临的主要问题是非遗文创产品走不出去，走不出省。以丹寨蜡染为例，蜡染技艺非常有特色，手工艺技术也非常厉害，是这一带较为著名的手工艺代表，除丹寨以外，周边的县，其他地区的安顺、毕节等地到处都有蜡染。

我用了很多年的实践才发现想要走出去，只有通过创新才能破开目前的状况。在地方特色上下功夫，通过本土元素嫁接到全国非遗手工艺中，通过与广州香云纱合作，加上苏娘染，再加上与全国的四大锦结合，提升面料，才能做到将非遗文创走出去。

周　兴　产生这一现象的原因是受众面的不一样吗？非遗产品对外招商推介过，产生的效果如何？

王国春　民族的就是世界的，不管是谁到这个地方看到蜡染，都会点赞，关键是在设计创作过程中要把握好方向。第一，在设计过程中没有营造出美感。第二，面料粗糙，说明白一点我们也是苗族，我们母亲花一年的时间为我们做好一套苗服，但我们在实际生活中的使用频率不是很高，主要是传统工艺的原因，成品出来以后，穿着感受不是很好，面料质地坚硬，工艺水准是很高的，就是不好穿出去，制作工艺上需要改进，因此我们可以选择桑蚕丝、野蚕丝等一些相对较为柔软的面料，我们需要的是材料提升，用大家喜欢的材料结合我们的工艺，这样一来问题就解决了，再把产品设计得时尚一点，普遍能得到大众的青睐，受到大家的欢迎。

周　兴　一些品牌也在把民族元素印制在服饰上销售，您如何看待呢？

王国春　他们用了我们的元素和技艺以后产品竞争力就提升上来了。为此，我们反思、学习他们的方式，因为我们有元素，就是在提升材料方面要寻找一些较好的材料替代老式材料，使得我们的产品竞争力大幅度提升。

周　兴　在提升材料方面，我们遇到过哪些困难？

王国春　根据匠人与企业的定位看，困难一直有，不管做不做，都是存在的，企业好，匠人也好，首先是有没有定位，如要想把产品做到极致，应有文化的创新，有定位后再去做，因此必须有投入，但一旦投入就是无底洞，有些工匠靠点手艺做来料加工，仅仅是在当地销售，也没有形成规模，因此他走不出去。

我们一直诉求要政府支持我们建立研发中心，没有研发中心我们绝对走不好非遗文创这条路，而研发中心的建立和运转需要资金，虽然我们有一定的资金投入，还要引进外面有设计能力的高端人才。我们本地的人才虽在技艺上有优势，但要做到时尚，具有美感和高端，就必须要有契合、优质的材料和高端设计人才，但因后续的资金跟不上，所以无法形成较为完善的产业链来带动周边商户和工匠创收。

周　兴　如何把民族的元素嫁接在非遗上，让它看起来美观、简约而时尚？

王国春　这一年我们悟到了很多文化产品创新，以刺绣为例，黔东南苗族、侗族等民族都有刺绣，形成的规模和口碑目前最好的是台江，但是他们也遇到和我们一样的问题，就是走不出产业来。

绣一件衣服需要3个月甚至半年以上，成品价格在几万以上，从技艺方面来看，那是无法超越的，但绣片的质感却是硬邦邦的，基本无人愿意买单，因此需要研发中心来提升面料质感。

我们目前主要是不能很好地把传统手工技艺用在现代工艺上，花了很长时间做出来一件硬邦邦的成品，拿到市场以后得到的是人们的点赞而不是消费，我们需要的是产品被别人购买，一件产品做好以后并不是等领导和收藏家来点赞。

周　兴　以上情况，是不是产品的问题造成的？

王国春　产品必须放到市场上，并且做到高端不高价，看起来就很高级、高端，当消费者看到价格时，是一种能接受的价位，那么产品就很容易被消费，能够花点小钱穿上民族的国风产品，是很有自豪感的，就如之前提到过，老妈妈为我做的衣服，我穿起来就很有自豪感，但不是天天穿，衣服穿起来确实没有舒适感，这就是一个问题，我们可以通过传统的技艺结合一些高端材料，这就能作出更好的产品来。

周　兴　目前，我们有成功的案例吗？

王国春　我们已经有很成熟的案例了，现在产品天天都在销售，我们一直在强调的是，非遗一定要有创新，当然，创新不是每个人都能做到的。为此，必须成立研发中心，聚集人才实施研发，形成产业链，主要在行业内联合起来，引导大家共同前行，这样的方式不是直接把资金给某个工坊，而是把资金集中起来，实现集设计、生产、销售于一体的模式。

从开展研发投入以来，我们也通过各种途径摸索前行，方向也很对、市场的反响很好，很受欢迎，但个人能力有限，主要是缺乏研发经费，如果有了研发经费，我相信业绩将会大幅度提升，产能也会跟着提升。

周　兴　咱们与高校有合作吗？

王国春　没有，高校的资金不会投入这里来，如果是高校的老师和学生来做这些事情，那是绝对不行的，一是不懂市场，二是不懂材料，他们虽了解理论上的知识，却没有实践经验。

周　兴　很多人都提到一个问题，比如刺绣工艺很好，但是面料不好，价格就不好定位，有些商家在拿到产品后，销售的就是工艺，以围巾为例，实际上有价值的就是上面的符号，我们要打破市场，就要想怎么用我们传统的东西，和现代融合？随着时代的发展，人们对生活质量的要求越来越高，我们应如何做文创产品，适应市场，作出的产品要有等级，分高、中、低3种。我们想问的一个问题是，在这个基地可以开展文创方面的培训吗？

王国春　今天看到的产品符号，别人做不出这样的质量。比如，在这个展览馆里，有一套要是拿到一线城市销售，价格是上万元的。外界并不是很喜欢我们的文案，传统文案是有故事的，现代植入的东西没有故事，所以卖不出价值，只有用传统的符号才能上档次。

传统与现代的融合，我想以一个刺绣嫁接的例子来说明，从去年到今年，大家都看不到刺绣的闪光点在哪里，到了今天我才晓得刺绣工艺可以高于所有非遗制作技艺，以前觉得银饰比刺绣和蜡染好销售，通过一段时间的运行才发现刺绣的作用太大，因为任何事物都可以通过刺绣嫁接进来，而银子和蜡染就嫁接不了，比如一双鞋可以绣一朵很精致的花，包括衣服、帽子、裤子等都能嫁接进去，但是很多人不能很好地利用这个特点，因此我们现在招绣娘的比例上要高于其他工种，由此可以看出刺绣的作用很大，随便一样东西都可以融入其中。

　　关于文创培训我们有场地可以提供，没有专门的师资力量来做这个事情，这与我之前讲的成立研发中心可能有着很大的关联，产品研发出来以后是要经过市场的验证，但目前我们的侧重点是在直播销售，提高供货量等方面。

　　周　兴　现在我们首要的是要转行，传统手工艺和现代手工艺以及机械化的产品怎么融合，现在的手工艺人辛辛苦苦制作一件产品出来，他的产品与机械加工的产品几乎是一样的价格，而机械化能批量生产，手工却不能，为此与质监局协商，开展传统手工艺标识标牌认定。

　　王国春　可以做成文创基地，从政府用资金的角度来看，必须捆绑到国企，以奖励补助的形式，用一种管理办法，来做奖励，以国企和民企合办的形式开展。现在我们主要是做非遗产品的问题，为什么要急做这个，主要是通过市场调研和政策的变化，先把手艺人的技艺保护好，就是要让大家在市场经济的环境下能够把传统与现代结合，把传统手工艺传承下去。

侗戏：与时代同步，与人民同行

——评侗戏《侗寨琴声》的时代意义

吴定国*

《侗寨琴声》是一部以脱贫攻坚、乡村振兴为主题的舞台艺术剧，讲述了毕业于浙江大学的茶学专业博士研究生杨家林，来到贵州省黔东南苗族侗族自治州黎平县歌窝侗寨任驻村第一书记的经历，还原了奋战在脱贫攻坚战线上的干部群众的奋斗形象。

一、《侗寨琴声》具备新侗戏的基本特质

侗族被人誉为"歌的民族"，侗乡被人誉为"戏的家乡"。"饭养身""歌养心"就是侗族人民喜歌爱戏的至理名言。侗歌的种类有很多，至今仍然没有精确的统计，正如侗歌中所讲的那样"客家有读不尽的诗书，侗家有唱不完的歌曲"。侗戏是在清嘉庆至道光年间（1796—1850）形成的，比"国粹"京剧

---

* 吴定国，侗族，黔东南州侗学研究会总监事，研究方向：民族文化艺术。

早80年（京剧之名始见于清光绪二年（1876）。它经历了侗族十几代人的辛勤耕耘和创作，留下了数百个剧目，正是这些有生命力的剧目，通过近300万侗族人民的眼、耳、口、心组成一股浩浩荡荡的激情流唱，经过历史长河的颠荡淘汰因而走向新的彼岸，使之成为当代侗文化宝库中的一笔珍贵遗产。

2006年5月20日，侗戏经国务院批准被列入第一批国家级非物质文化遗产名录。侗戏是集侗族歌唱、念诵、讲述和表演等文化艺术于一体而形成的有说唱、有表演的侗族民间戏曲，是植根于侗族文学沃土上的民族优秀文艺，是绽放在中华民族艺苑上的花朵，为世代生活在湘、黔等地的百万侗族同胞所喜爱，具有极高的保护、传承价值。

侗戏是我国少数民族民间艺术文化的瑰宝，体验旅游在少数民族村寨的蓬勃兴起为侗戏的传承和发展注入了一条新的血脉，提供了强大的引擎。

二、《侗寨琴声》在吸取侗族优秀文化传统的基础上，其艺术成就有了突破性的发展

纵观侗戏的发展历史，在各个时期都涌现出一些优秀的剧目，主要有两部分。一是从汉族戏曲中进行移植；二是描写侗族生活的剧目。后者如《吴勉》，以浪漫主义手法，描写明初侗族民族英雄吴勉率领人民起义抗粮抗税，不幸被俘，不屈而死。《珠郎娘美》写珠郎与娘美相爱，地主银宜欲霸占娘美，谋杀珠郎，娘美设计刺杀银宜，为爱人报了仇。《门龙》描写门龙离家十八年未归，其母逼其妻改嫁，其妻不从，一直等门

龙归家，夫妻团聚。此外，还有《雪妹》《乃桃补桃》《金汉》等。侗戏早期的表演颇具特色，角色到台前唱完一句后，过门中绕"∞"形回到台中靠后方端坐的"掌本"戏师面前，听取提示的唱词，再到台前演唱。丑角在台上比较活跃，有独特的程式，无论是从左还是从右方向出场，都只能向里跳跃，叫作"跳丑角"。1949年后，整理改编的传统剧目有《山伯英台》《美道》《芒遂》等，编演的现代戏有《侗家儿女》《民族团结的花》等。其中《珠郎娘美》已摄制成影片。

侗戏的主要曲调有平板和哀腔等。平板又称普通调，用于叙事性唱词，前有引子、起板；哀腔又称哭调、泪调。此外，在有些剧目中，花旦或丑角还常采用侗歌、汉族民间曲调等。主奏乐器为二胡，还有牛腿琴、琵琶、月琴、低胡、扬琴等。打击乐器有鼓、锣、钹、小镲，但只在开台、催台及角色上下场时用以伴奏。

《侗寨琴声》在吸取侗族优秀文化传统的基础上，有了突破性的发展。归纳起来有三大亮点：一是音乐优美；二是结合民族文化元素；三是表现形式等的创新。

其一，侗族音乐别具一格，如此精彩的侗戏，给人以视听上极大的享受。舞台上，十几位身着侗族盛装的姑娘"一"字排坐开来，柔声歌唱侗族大歌。大屏显示山间流水，烟雨迷蒙，雾起水墨……这就是传统侗戏中的"叙事大歌"，就是把整个剧情概括介绍。

其二，《侗寨琴声》对于民族文化元素的运用，也非常值得称道。该剧融入了侗族音乐的精华，如侗族大歌、侗族琵琶歌、侗族牛腿琴歌、侗族芦笙等。这些音乐在剧中并不是简单的堆嵌，而是有机组合，主创团队充分考虑了每一种音乐的特质，在运用上做到了"恰到好处"。

其三，在表现形式上，《侗寨琴声》以侗戏为基调，突出了侗族民间音乐与现代音乐交相辉映的特点；在语言表达上，采用普通话、当地方言和侗语对白与侗语唱词相结合的方式。在舞美上，通过多媒体墙的运用，烘托出"天、地、人、木、气"的舞台效果，全剧凸显了时代性、民族性、艺术性的高度融合。视觉效果也有明显创新和突破。主创团队用视觉技术将侗寨原生态的鼓楼、花桥、吊脚楼、青山梯田等传统建筑和旖旎风光搬上舞台，再现了新时代农村生活场景。

三、《侗寨琴声》的重要成就及其他

该剧实现了思想性、文学性与艺术性的结合，成功塑造了驻村第一书记杨家林的感人形象。剧中穿插了"侗家九姐妹"直播带货的情节，说明扶贫工作不仅要真抓实干，还需要智慧、需要巧干，由此渲染了"快乐扶贫""智慧扶贫"的主题。

随着社会现代化进程加快和经济全球化外来文化及市场经济的全面冲击，侗族大歌、侗戏赖以生存的经济基础和文化土壤正遭受前所未有的破坏，尽管黔东南州委州政府及各县党委政府为保护传承非遗做了大量卓有成效的工作，受到的社会关注程度也越来越高，一些专家学者对黔东南州的非遗保护工作十分担忧，特别是在我国旅游事业蓬勃发展的今天，商业化程度会不会导致黔东南州非遗被破坏变成专供游客们消遣的表演节目。因此，近年来黔东南州建立了一系列非遗保护、抢救、传承机制和合理开发利用非遗的措施，将非遗工作纳入黔东南州经济社会发展中，实现双赢双促。但是，由于一些客观原因，侗戏仍然面临着后继无人、濒临失传的尴尬境地，如果侗戏不能在政策上有所突破，其发展前景还是令人担忧，侗戏保护与发展形势依然严峻。

唱腔婉转悠扬，唱词感天动地

——化敖侗戏《情寄岩》观后感

蒋国波*

2022年农历十一月初一，是黔东南苗族侗族自治州一年一度的"侗年"节日，全州放假一天过侗年。我和剑河县侗学研究会的十多个同人，提前一天到达磻溪，准备第二天参加化敖村的侗年系列活动。

20世纪90年代初，化敖人姜同英等人根据传说，收集整理创作了一部名为《情寄岩》的侗戏，曾在寨子的戏台上演出过，反响很不错。姜同英长期在化敖小学任教，曾被评为"全国优秀乡村教师"。我找到姜同英，希望在侗年把《情寄岩》重新搬上舞台，他说："近二十年没演了，况且原来的戏班子全外出，打工的打工，做生意的做生意，工作的工作……很难聚齐人员。"我说："一定要克服一切困难，把《情寄岩》重新上演！"我们又找到当地支书，希望把《情寄岩》重新搬上侗年的舞台，当地支书很支持，说一定想办法落实。我回到剑河后又几次打

* 蒋国波，侗族，剑河县教育和科技局教研室退休教师，研究侗族文化。

电话询问落实情况，到了下半年，终于听到了好消息。

第二天一大早我们就从盘溪赶到化敖，一大群侗家姑娘身着盛装，唱着侗歌，已经在寨脚拿着牛角酒摆开阵势，用拦门酒的方式欢迎远方的客人。喝了拦门酒，化敖侗年也就拉开了序幕。品过侗家油茶，看过化敖独特而震撼的《踩虫舞》，吃过场面宏大的长桌宴，喝了那从歌声中流下来的米酒，天渐渐暗了下来，当我们从酒席上迈着微醉的脚步来到球场舞台前时，村民们自带凳子坐满了整个球场。

舞台上没有绚丽的灯光，除用硬纸板做的两块巨岩外，也没有多余的背景，只有浓浓的年味弥漫整个侗寨。主持人是本村的两个青年人，随着他们用略带有侗家特色的口音报幕完，《情寄岩》便上演了。演员全是本村的村民，他们精彩的演出，使我感到大为震撼，现在仍在心中回味。

一、古朴而纯洁的爱情悲剧，永远让人止不住泪水

《情寄岩》侗戏是以化敖村的传说为蓝本创作而成的。相传在很久以前，侗寨化敖村山清水秀，一弯坝子水田连着水田，村民过着富足而平静的生活。侗家人从小就喜欢唱歌，聪明、美丽、心灵手巧的婵月姑娘与勤劳勇敢的后生祥侬在对歌中产生感情，并私下以歌结伴定下终身。封建古规维护者包三，以"还娘头"为由，强迫外甥女婵月与其子垃赖成亲，婵月不肯就范，就让家丁把婵月关进吊脚楼，婵月无力反抗，十分委屈，悲伤无助的歌声被祥侬的妹妹听到，在祥侬妹妹的帮助下，婵月跳窗而出，与祥侬重逢。深深相爱的婵月、祥侬为

抗拒这一封建古规，双双离家出走，到村后的高坡互唱情歌，唱了七天七夜，悲伤的歌声感天动地，也感动了侗族歌仙，她亲自下凡点化，招二人上天，把原身化成石头，把爱和情留给人间，剧情曲折婉转。在侗寨，青年人因歌结识，因歌结缘，因歌而走进婚姻的殿堂，这是相知相爱的过程。婵月美丽善良，祥依勇敢勤劳，两个人在一起就会幸福。观众基于这样的认知，当然不愿他俩分开，他们的结合是完美的。用歌来表达心声，是侗寨恋爱的最基本形式，婵月与祥依的对歌，其实就是观众希望对自己心中的白马王子或白雪公主说的话。当婵月对祥依表白自己忠于爱，唱到"多塘为花桫椤为念尧细为板意情麻，笨头七转押呀国银尧呀国专布麻宋玉略它七押花，又豆如今鸟豆如七尧都报板多宁别果加，押样相心尧样埃才尧板才门六月多宁起蜡八。"（意为：蜜蜂为花桫椤为月，我是为伴情意大当，初相遇你情我愿，我俩放火烧山栽的花，两情相依生死相随莫怕雨袭雷公响，你恩我爱心心相印要让六月下雨结冰塔）对父母表达了自己的爱情婚姻观，唱到"尧合仁松甫内向，根芒计尧伤笨将。登金登银尧国伤，七愿拜务有情郎。"（意为：父母听我讲一讲，凡事替我长远想。穿金戴银我不望，宁愿嫁个有情郎）有人说，爱情悲剧，就是把美好的爱情毁灭，使人产生震撼。越美越感人，越感动越震撼，这话用来评价婵月与祥依的爱情很是贴切。

二、婉转悠扬的唱腔，感天动地的唱词，能洗涤心灵

没有人能够想象到在一个偏僻的侗寨可以享受到如此扣人

心弦、催人泪下的文化盛宴，更没人能够想象侗戏有如此魔力，一个寨子的人不惧冬夜的雨天寒风，自带一个木凳，挤坐在篮球场里看侗戏、听侗歌，一群临时的业余演员也能牢牢地抓住观众的心。演婵月的演员彭青松是酒店老板，祥依的扮演者彭建钢，是县司法局领导，垃赖的扮演者王成锦是个体经商户老板，这三个主要演员都能很好地把握人物形象特征，在演出时对人物心理活动拿捏得非常准确到位。特别是婵月的扮演者彭青松的唱功，给我留下了深刻印象。婵月的情感分三个阶段，第一阶段开始于美好爱情的向往："押芒多索嘎昂也能起力嫩，寸才共粉木含垃八才架谢，架美条教堆编孟兰先嫩力，押芒玉封良黑挡力鼓佳仁。"（意为：两厢合力炕绳也能渗出水，两心相融可让冰柱化溶液，并蒂缠绕藤篮能把水装满，情到深处鱼网也能挡风移）她从小就相信爱情的力量，在与众姊妹交往中依然如此，特别是爱上祥依之后更是坚定。彭青松在这里特别注重营造轻松的氛围，用轻快的唱腔表达婵月自信而向往爱情的心态。第二阶段就是抗争："果黑下多岑如镇，杯高求事火国根，果细人老布奴进，才叫人爱国力人。"（意为：乌云笼罩岑禄村，"还娘头"事害人深，不知前辈谁人定，恩恩爱爱家难成）这时演唱者所表现出来的情绪是争取和无奈，一方面是封建礼教的维护者，父母和舅舅以及表哥，另一方面是心上人祥依和自己的理想生活，矛盾冲突十分明显，彭青松这个阶段把握得最好，很多人听到这里就止不住泪水了。第三阶段是决定逃出封建牢笼去追求自己的幸福生活："同同败斗定闷蛮，同拜杀卡造荣寒，拜斗啥嘎或阿拉，堆金计偶学年扒。"（意为：一同走到天边远，走到那里造房间，勤劳富贵又再现，金碗吃饭过大年）彭青松分别用白话调、酒歌调演唱，每个阶段都表现得淋漓尽致，很是感人。彭建钢在演出中虽略有拘谨，唱功也是很不错的。特别值得一提的是，扮演垃赖的王成锦，他把垃赖的狐假虎威、结巴、蠢笨、弄巧成拙演得活灵活现，让观众悲情中破涕为笑，是很多小朋友最喜欢的演员了。

三、久别重逢的乡村露天剧场，点燃我往日的记忆

我虽是侗家人，老家距离化敖也不过十几千米，但我们寨子小，没有能力演侗戏，所以这是我第一次看侗戏，不过这个戏台我是熟悉的。在磻溪读初中时，我就到这里看电影，那时我们就是跟着《地道战》《南征北战》这些电影一路到化敖，当时有人指着化敖的老戏台说，每逢重大节日，村民就在这里演侗戏，那时我很是羡慕，也很期待，想不到50年后，我终于能在化敖看侗戏。现在要在乡村的露天剧场看戏是一种奢侈的愿望了，更何况是濒于消失的侗戏！不得不承认，化敖真是个了不起的侗寨，不仅有《踩虫舞》，还有侗戏《情寄岩》，化敖是一个有文化底蕴的侗寨。

摒弃古风陋习，力争婚姻自由

——谈《情寄岩》的魅力

杨泽柱*

在侗寨化敖村东南方的高山上，耸立着两个形似一对恋人并依偎在一起的大石头，颈部褶皱的纹路犹如戴着的项链，当地人把这两块大石头叫作"情寄岩"。《情寄岩》是黔东南苗族侗族自治州剑河县磻溪镇化敖村自古流传下来的一个传奇爱情故事。1992年，化敖村姜同英、王正英将其创作成侗族情歌剧《情寄岩》。

一、动人的爱情故事

相传很久以前，侗寨化敖村的南边住着一户姓罗的人家，家中有一位美丽的姑娘，貌似月宫里的嫦娥，人们叫她婵月。婵月从小就天资聪颖，据说，她会说话时就学会了唱歌，会走路时就学会了跳舞，歌舞伴随她慢慢成长。婵月不但能歌善

---

* 杨泽柱，侗族，剑河县第四中学退休教师，研究侗族文化和侗歌。

舞，而且好学勤快。农忙时天天跟随长辈上山劳动，农闲时，在家学习纺纱织布、雕花绣朵、缝衣做鞋。婵月到了十七八岁时，已长成一个如花似玉、聪明伶俐、心灵手巧的大姑娘。聪明伶俐的婵月姑娘，还有着清亮的歌喉，她唱的歌和百灵鸟叫一样动听，寨子里的后生们每天晚上都来找她凉月，侗语叫"凉念"（Liangc nyeenl），与她对歌。

侗寨北边住着一户姓饶的人家，家里有兄妹俩，哥哥叫祥依，因父母早逝，与妹妹相依为命。祥依长得眉清目秀，是个为人善良，勤劳能干，聪明过人的壮汉。因为家里贫穷，祥依在山上劳动时常常用侗歌咏唱自己的人生，以歌来鞭策自己，谋划人生，唱着唱着，便成了一个唱歌能手。

寨子里的后生们每天晚上都邀约祥依一起去与婵月"凉念"，对歌。久而久之，祥依和婵月两人以歌传情，情投意合，相互产生了爱慕之情，常常私自相约去"凉念"、玩山、对歌，互诉情感，并定下终身。

但"天有不测风云"，婵月的三舅包三有一个男孩，三十多岁了，依靠家中的一点财势，好吃懒做，游手好闲，并且说话结结巴巴，寨子里的人都叫他垃赖。垃赖喜欢表妹婵月，为她的聪明所吸引，每天晚上都跟寨上的后生们去与婵月"凉念"唱歌。后来垃赖干脆央求父母去向婵月求亲。包三知道自己的儿子配不上婵月，于是强行搬出"还娘头"封建古规，不顾祥依和婵月的恋情，更不顾婵月的反对，逼迫外甥女婵月与垃赖结婚。

就在垃赖和婵月新婚之夜，祥依乘人不备，在妹妹的帮助下，救出婵月，与婵月私奔外逃。他们来到寨子东南方的高坡上互唱情歌，互诉衷情，在那里唱了七天七夜，沉浸在迷恋之中。他俩的歌声高亢嘹亮，情意绵绵，感天动地，感动了天上的歌仙来下凡点化，将二人原身化成石头，并把二人接上天去，帮助他们成就婚姻，把爱和情寄托在"情寄岩"上。

二、生动的情节描写

侗家青年男女是通过凉月、游山、唱山歌产生爱慕之情后确定恋爱关系的。先来听听几首年轻人唱的情歌吧。众后生："好花开在岑阳下，日照岑阳盛开花，世人看见舍不下，怎能攀到手中拿。"众姑娘："芙蓉牡丹不共丫，哪想今天同开花，遇伴同在花园坐，就像梭罗月中插。"众后生："那天辞别回家园，就想结伴像糖甜，三步进屋五步外，尽想路头的情缘。"众姑娘："郎说郎想姣也想，姣在家中想同良，点点指头数数等，就想天天上岑阳。"年轻人在唱山歌中相互表白，互吐真情，表达爱慕，从而确定恋爱关系。婵月和祥依更是情意绵绵："空中响雷震天地，东方闪电亮到西，咱说的话要牢记，要得成双步同移。""蚱蜢死在草叶上，浑身烂了手不放，心头仍然还再想，烂不剩渣难去郎。"

"还娘头"是姑娘长大后必须嫁给母舅家当儿媳妇，这一习俗不知从何时开始在我们侗族地区一直沿袭到中华人民共和国成立。《情寄岩》中封建思想蒂固的包三，以"还娘头"为由，强行让外甥女婵月给儿子垃赖为妻，守旧思想特别严重。

在包三守旧逼婚的情况下，叫甫（婵月父亲）是顺从者，尧内（婵月母亲）则无可奈何。婵月为争取婚姻自由而抗婚。

《情寄岩》的故事情节跌宕起伏，扣人心弦，通俗的歌词和口语化的语言描写，内容感人至深。不仅如此，还大量运用了比喻、拟人的修辞手法，突出婵月和祥依的感人之情，同时在歌词上很注意歌词的押韵，唱起来琅琅上口，深受侗家人的喜爱。

三、歌剧的出演率高，影响力大

《情寄岩》自1991年演出以来演员的主要组成人员不断更新与充实。

《情寄岩》歌剧剧本编撰好后，由化敖村民组成歌剧表演队，他们利用农闲时间进行排练和演出，深受全寨人的喜爱。此后的二十多年里，即使是农忙时，只要吃过晚饭，全寨男女老少，都集中到寨中的戏台参加演练或到戏台前观看演出；农闲时，白天村民自主集中演练和观看；遇到节日，演员们精心为群众演出。演《情寄岩》和看《情寄岩》演出是化敖村民不可缺少的活动，是男女老少人人参与的活动，形成了台上演、台下学的的浓厚氛围。年纪大的老人不能参加演练，天天带上凳子到戏台前观看，指导年轻人排练。

剑河、天柱、锦屏三县侗族地区村寨，每到逢年过节，有相互邀约共同欢度节日的习俗。在集中过节的日子里，各自都会带上侗族大戏、侗族戏剧、侗族歌剧、侗族故事剧等节目进行巡回展演，为节日助兴，增添节日气氛，丰富节日生活。

2012年的一个赶集天，化敖有几个人去彦洞赶集，其中有的是《情寄岩》演员，当他们去到彦洞街上时，被几个人一眼就认出来了，由于十分喜欢《情寄岩》的这些演员，随即将他们团团围住，邀约他们一起去饭店吃饭，化敖这几个人一推再推，最后还是拗不过，只好答应。在吃饭过程中，对《情寄岩》《侗戏》等戏剧进行交流，不知不觉吃到天黑，当天回不了家，被安排到家住宿。

2013年，化敖演员受邀到天柱县石洞镇冷水村去演出，队员们到达冷水后在一家早餐店吃粉时，被店老板认出了主演婵月和祥侬的演员，老板十分高兴，说："我今天终于遇到真演员了。"原来店老板买有《情寄岩》碟片，为《情寄岩》的动人故事所感动，说："《情寄岩》我已翻来覆去地看了多遍，婵月抗婚跟祥侬私奔化身成石头的故事我都记下来了，演员我都记住了，今天遇到了真人，你们吃粉的早餐钱我全免收了，算是我招待各位演员了。"

出现这些情景，不仅是上面这些，凡去到村寨演出的演员，村民都十分热情地接待。这说明，侗族人都期盼《情寄岩》到本村寨演出，都喜欢《情寄岩》的故事和演员。

四、《情寄岩》影视流传之广泛

2003年在剑河县文化局的组织下，拍摄了《情寄岩》这部爱情故事歌剧。《情寄岩》歌剧拍摄出来后，被当时在剑河县磻溪、天柱县城等集市卖光碟的商家刻录成光碟进行售卖，《情寄岩》光碟深受侗族人民的喜爱，商家每场刻录的光碟基本售罄，非常畅销。《情寄岩》这部爱情歌剧深受广大侗族人民的喜爱。

五、歌剧的优化和开发利用

《情寄岩》这部爱情歌剧反映的是婵月和祥侬破除"还娘头"封建古规，反抗包办婚姻，为争取婚姻自由而逃婚的故事，为推进自由婚姻作出了典范。这个从古流传至今的故事具有十分重要的教育意义，值得永远传颂。为了进一步优化故事情节，深化教育内涵，为社会服务，今后需对《情寄岩》歌剧进行优化和开发利用。

《情寄岩》应结合社会发展，对故事情节不断进行有针对性的修改和补充，使其更好地为社会服务。

组建好一支演员队伍，做好《情寄岩》歌剧的日常演练，继承上一辈人的演出精神，继续将《情寄岩》推向社会。当成提倡自由婚姻的活教材教育广大人民群众。

坚持使用侗语表演，提高侗族语言的使用率和学习侗族语言的自觉性，达到传承民族语言的目的。

随着演员年龄的增加，需要不断更替演员，有利于《情寄岩》永久地传承。

总之，侗族情歌剧《情寄岩》这个美丽动人的故事充分体现了婵月和祥侬抗婚争取婚姻自由的精神，婵月和祥侬是侗族人民打破包办婚姻，打破"还娘头"封建规矩，摒弃古风陋习，力争婚姻自由的榜样，为推动自由婚姻树立了典范，在由包办婚姻过渡到自由恋爱的社会历史进程中，促进了婚姻自由和人类文明发展。

黔东南侗族山歌剧调查报告

吴佺新　　周　兴

2016年开展第二次全国传统剧种普查，经过一年的田野作业，黔东南现在普查目录的剧种有6种，没有发现新剧种。后来，经黔东南州文化研究所补充调查，黔东南主要流传的剧种实际有10种，分别是侗戏、侗族大戏、侗族山歌剧、阳戏、花灯戏、傩戏、桂戏、彩调戏、洋戏——洋调戏和愿戏，而侗族山歌剧是新发现的剧种。

一、侗族山歌剧的现状

侗族山歌剧主要流传于黔东南侗语北部方言区，目前还能正常演出的队伍分别是三穗县戏曲协会和剑河县化敖文艺演出队。

其中三穗县戏曲协会成立于2017年5月，戏曲协会主席是安莉女士，协会编导是杨遵华先生。该协会经常参加三穗县的戏曲进校园、进社区、进乡村活动。协会除表演侗族山歌剧外，还表演京剧选曲选段、金钱棍等各种曲艺和歌舞节目，从2018年开始，三穗县戏曲协会参加三届黔东南民族文化生态保护实验区传统戏剧展演活动，均获三等奖。

二、侗族山歌剧的艺术渊源

侗族山歌剧是侗族音乐艺术与湖湘地方戏剧结合的结晶，其戏剧艺术渊源是流传于今湖南和贵州交界地区的辰河戏。

辰河戏流行于沅水中、上游一带，因沅水古名又叫辰河，故名"辰河班子"。辰河戏又向周边扩散到湘黔交界区，中心区是湖南西部地区，是湖南地方戏曲大戏剧种之一。现主要流行于沅水中、上游的广大地域，包括怀化地区、湘西土家族苗族自治州，以及贵州省的铜仁地区、黔东南苗族侗族自治州，重庆的酉阳、秀山，湖北省的来凤、咸丰等县。其表演具有原始粗犷，豪放明快，幽然深情等风格，一般是用高台（舞台演唱）、低台（木偶戏）、围鼓堂（坐唱）3种形式演出，唱腔分高、低、唱、弹4大类，并以高腔为代表。它是由源于地方巫、傩、道的娱神而逐步演变过来的，是一个古老的地方戏剧种，被学术界称为中国戏的"活化石"。辰河戏传播到黔东南侗族地区，为高台和低台结合，经过"侗化"演变成独立的剧种——侗族大戏。

三、侗族山歌剧的形成

清代中叶，辰河戏沿着清水江蔓延到中下游侗族地区，然后扩散到都柳江流域侗族地区。乾隆至嘉庆年间，辰河戏传到三穗款场、剑河的小广和化敖，在小广演化成侗戏（侗族大戏），在款场和化敖演化成侗族山歌剧。

清代乾隆至嘉庆年间经常有湖南和天柱的辰河戏到款场、小广和化敖一带演出，深受当地侗族群众的欢迎。同时期，当地人到湖南学习，学成的回乡组建自己的戏班。

三穗圣德山侗族歌会位于三穗县桐林镇，与天柱、剑河、湖南新晃交界的圣德山，是侗族北部方言区祭祀文化的发源圣山，每年农历七月十二至十五举行隆重的圣婆信奉活动。侗族民族自发聚集到圣德山，虔诚祷告，祈盼来年风调雨顺、五谷丰登。玩山对歌（又名赶坳）是三穗侗族山歌剧唱词内在艺术因素。

金钱棍是流传于黔东南州三穗、岑巩广大农村的一种独特的民间曲艺表演形式，俗称"莲花闹"或"打钱棍"，据传最初起源于宋仁宗年间，至今已有近千年的历史。在三穗，打钱棍是当地老百姓年节时所喜闻乐见的一种表演活动。金钱棍有单人表演、双人表演，有时也可由多人表演。表演时，表演者手持一或二根串有铜钱的用黑竹做成的钱棍，随节拍拍击身体相关部位，撞击出声并边打边唱。唱词内容因时因事而定，涉及很多方面，因此唱词语句高度浓缩，表演者巧用排比、对偶、夸张、象征等修辞手法，理韵相融，一气呵成，表演具有较强的视听效果。早期金钱棍的唱词多源于《蟒蛇记》中金童玉女卖艺救母等以叙述自己家事为主的民间故事，主要宣传礼、义、仁、孝等思想。三穗一带的金钱棍多年来一直在民间盛行，春节期间民间艺人将各种祝词（吉利）唱词编成歌谣在过年（春节）时向主人恭贺新春，俗称过年讨粑粑，成为具有地方特色的年节民俗。改革开放后，唱词又随时代而变，增加了不少与时俱进的内容。三穗金钱棍作为民间曲艺表现形式，说唱内容因时因地而变，这种文艺形式多在节庆期间进行，是民俗活动的主要组成部分，同时三穗金钱棍唱词唱腔还融合了当地老百姓喜闻乐见的地方词腔，具有鲜明的地方特色。2014年6月30日，《三穗金钱棍》入选黔东南州第四批州级非物质文化遗产曲艺类代表名录。金钱棍表演是三穗侗族山歌剧表演艺术的内在因素。

中华人民共和国成立后，三穗辰河戏艺人及后人和当年受到戏剧影响的表演爱好者，都集中到三穗县城。在县戏曲协会的组织下，在传统戏剧表演的基础上结合侗族艺术，创制出了侗族山歌剧。三穗县城汉族流行花灯戏，其花灯戏的表演形式和唱腔对侗族山歌影响较大，唱腔除以侗族山歌调为主外，根据不同的情节需要，也采用花灯调丰富其表达。有的情节还穿插有金钱棍的表演或者动作，以增强剧情的感染力。

化敖的侗族山歌剧渊源比较明确。据调查，清嘉庆年间，湖南靖州侗族戏班（辰河戏：化敖和小广同一师门，小广现在还保留辰河戏特点，即后来演化成侗族大戏）到化敖一带演出，深受欢迎。靖州戏班的班主叫钟声和看到当地人那么喜欢戏剧，便答应帮化敖人学戏，并把一套戏服卖给了当地人（小广和化敖）。1982年，因寨火烧毁了戏台，戏服和乐器也被烧掉了大部分，只有两套戏服放在演员家里幸免于难。

由于乐器毁于火灾，加上乐器使用人员去世，大戏的器乐基本失传，因此化敖的侗族山歌剧唱词为清唱，有别于三穗的风格。

传统的侗族大戏，继承了辰河戏的表演特点，乐器只用于过门和闹台，唱词都用清唱，化敖的侗族山歌剧表演继承了这一特色。他们认为，用乐器伴奏，影响观众对唱词的准确判断（听不清楚），进而影响观众对剧情的理解。侗族山歌剧除了肢体语言，大量的情节还需要唱词来展现。化敖位于侗族北部方言区山歌盛行的地区，表演艺术受到玩山对歌的影响极大。三穗侗族山歌剧，主要集中于县城，除受到传统侗族山歌影响外，受到花灯调的影响也较大，乐器作用较多。

四、结语

侗族戏剧的发展历经南来（主要是广西、广东）和北来（主要是湖南、湖北）剧种的影响，在侗族丰富的曲艺基础上，结合对其他民族剧种的吸收，形成了侗族丰富的戏剧文化。

据调查，在侗戏产生之前，至迟于明代已经有汉族戏剧在侗乡表演。南来的有广西和广东的彩调戏、桂戏和南路花灯等，北来的有湖南和湖北的花鼓戏、辰河戏和汉调，以及侗族统称的"汉戏"等。明代，侗族参与了傩戏的表演，在天柱演化成愿戏。进入清代之后，侗族也学会了其他"汉戏"的表演。现存的高近侗寨古戏台（贵州省级文物保护单位）建于乾隆年间，侗戏产生在清嘉庆—道光年间，侗戏鼻祖吴文彩在世时间为1797年至1845年，也就是说，吴文彩出生前，侗族村寨已经建有戏台，并经常演出"汉戏"。这是侗族持有大量戏剧的重要因素。

与此同时，侗族大量流传和戏剧关系密切，为戏剧"胚胎"的曲艺艺术，大部分戏剧是从曲艺发展而来的，侗戏也是如此。侗族曲艺极为丰富，有牛腿琴拉唱、说书、琵琶弹唱、嘎尽、嘎年，以及介于曲艺和歌唱之间的嘎祥、白话等。这是侗族引进"汉戏"并创制新剧种的重要基石。侗戏之所以在南部方言区产生，是因为其有牛腿琴拉唱、说书和琵琶弹唱曲艺的基础，侗族山歌剧之所以在北部方言区形成，是因为有玩山对歌、白话和说书音乐的基础。

除了侗戏，经过侗族借鉴其他汉族剧种创制而成的剧种还有侗族大戏和侗族山歌剧。侗族具有吸收外来艺术并为我所用的创造力。目前，黔东南能正常演出的戏班有500多个，其中，侗族共有400多个。全省而言，侗族戏剧具有举足轻重的地位。中华人民共和国成立后，贵州省第一个搬上银幕的侗戏是根据《珠郎娘美》改编的《秦娘美》，为贵州戏剧发展作出了特别的贡献。

侗族情歌剧《情寄岩》

黄均明*

原　　作：姜同英　王正英

整理改编：黄均明

审稿修正：王正贤　吴佺新　吴世源　杨泽柱　黄林圆

剧组成员：黄均明　姜同英　王正英　彭泽忠　彭培生

文学顾问：王正贤　吴佺新　田代和　李凡玉　张奇昌

　　　　　万昌高　陈远卓　王灿元　吴晓玲　杨应淮

　　　　　杨秀平　黄均堂　邰伟生　欧运锡　杨文艳

　　　　　王　芹　艾晓飞　吴　光　杨　茂　吴世源

　　　　　杨泽柱

剧情简介

相传在很久以前的侗寨化敖，聪明、美丽、心灵手巧的婵月姑娘与勤劳勇敢的后生祥依以歌结伴定下终身。封建古规的维护者包三，以"还娘头"为由强迫外甥女婵月与其子垃赖成亲，婵月、祥依为抗拒这一封建古规，双双离家出走，到高坡

---

*　黄均明，侗族，高级教师。退休后开始研究侗族民俗文化，整理改编的侗族歌剧《情寄岩》，2003 年被县文广局采用并推上了电视银屏，创作的侗话《踩虫舞》被列入县级、州级非物质文化遗产名录。

互唱情歌，悲伤的歌声感天动地，侗族歌仙下凡点化，招二人上天，二人把原身化成石头，把爱和情留给人间。（文中侗语依照汉字注音。）

人　物

蝉　月 ………… 侗族姑娘（祥侬玩山凉月中的女情友）

祥　侬 ………… 侗族后生（婵月玩山凉月中的男情友）

垃　赖 ………… 婵月表哥

包　三 ………… 垃赖父亲、婵月母舅

甫　川 ………… 侗寨房族德高望重的老人

尧　内 ………… 婵月母亲

叫　甫 ………… 婵月父亲

小　妹 ………… 祥侬妹妹

歌　仙 ………… 传说中天上侗族唱歌唱得最好的仙人

众姑娘 ………… 在一起玩山凉月的大伙姑娘

众后生 ………… 在一起玩山凉月的大伙后生

后生甲 ………… 玩山凉月中站在最前面的一位后生

房族甲 ………… 全体房族中站在最前面的一个人

男女青年若干人

第一场

韶华青春朝气旺　歌场对歌定情人

时间：侗族六月尝新节

地点：化敖侗寨

布景：天幕映出化敖侗寨"岑老山"下田园风光

近景：侗寨"岑老山"下娱乐场

幕后音唱：（主题歌）

（侗）祥依婵月押埃尧愿样又样鸟几包几行同鸟赖，

古规害人胆杯高求拆散鸳鸯又堆婵月采垃赖；

解祥硬气婵月伤心对先又立高汉同同解大寨，

转定高银向嘎伤心内仙度道留冷故赖情寄岩。

（汉）祥依婵月你情我愿依依相恋历经磨难花园爱，

古规害人甥"还娘头"鸳鸯拆散要把婵月配垃赖；

祥依硬气婵月伤心生死相随夜半双双逃出寨，

逃到高坡恋歌伤心歌仙渡道留下传说情寄岩。

（侗寨青年男女穿上节日盛装在尝新节里跳芦笙舞）

男女合唱：（酒歌调）

（侗）人老略伟大笨卯，

教堆啥奶练报小。

奴开求村多教鸟，

万留多万尧又尧。

（汉）六月尝新定过卯，

咱的这古有衷告，

是谁开村要知道，

一直沿袭几万朝。

（侗）略伟大旗闹叶天，

成宁我计架席筵，

文身江赖芒样炎，

就人跳舞登高年。

（汉）六月尝新头卯天，

宾朋亲友上席筵，

银装璀璨分外妍，

笙歌载道鼓喧阗。

（侗）人老开田豆教兴，　（汉）先人开田后人耕，
　　　计水别仁开井人，　　　　吃水勿忘挖井人，
　　　略伟笨卯教又宁，　　　　六月卯日我不忘，
　　　敬冈虾地别兰仁。　　　　敬天祭祖永传承。

（歌声、芦笙舞结束，男女青年分左右两边疏散）
（菜园里婵月在打菜，祥侬挑一担柴上）
（祥侬坐下休息）

祥侬：（唱）
（侗）高银塘嫩起浪麻，（汉）情岩天池风浪大，
　　　大塘嫩巴赖罗花，　　　碧水池中好枝花，
　　　多花力努国力登，　　　远远看见不得戴，
　　　哈押拍巴国没法。　　　空拍两手也无法。

婵月：（唱）
（侗）高银阳雀却却醒，（汉）情岩阳雀声声念，
　　　阳雀醒麻赖宁行，　　　阳雀唱歌兆丰年，
　　　没肚奥花省马兴，　　　有心摘花早来见，
　　　别或单身银又银。　　　莫做单身年复年。
祥侬：（手舞足蹈大声喊）
婵——月——妹！　晚——上——来——凉——月！
（换景，夜晚，婵月家）

（众姑娘在绣花唱歌）

众姑娘：（唱）

（侗）向伟嘎念麻伟炎，   （汉）唱首山歌把月凉，

     押伟桫椤多大念，   梭罗栽在月中央，

     都偶力计梭罗种，   若能得吃梭罗种，

     习稳而班都惜农。   虽然不甜味可香。

（众后生出场打呼哨，婵月推开窗户往下看）

婵月：众后生今晚怎么舍得走呀，你们走错路了吧！

祥依：众姑娘哟，桂花开放十里香，蜂蝶怎么不寻路来哟，我们今晚一心一意来邀众姑娘凉月呀。

婵月：谢谢众后生瞧得起，你们耐烦等一会儿吧。

（婵月转身向众姑娘打招呼，众姑娘一齐涌向窗户，含羞嬉笑，随后把窗户关上，下楼与后生会面）

众后生：（唱）

（侗）花赖当多岑阳他，   （汉）好花开在岑阳[①]下，

     江照岑阳开赖花，   日照岑阳盛开花，

     细人力努都埃霞，   世人看见舍不下，

     果荣板豆尧各押。   怎能攀[②]到手中拿。

① 岑阳：侗族典故，侗语译音，本意指阳光常照的山坡。传说在洪水滔天时，天下所有山坡都被淹没了，只有岑阳这个山坡因有太阳强光照射而没被淹没，人们就以此为仙境，当作最好玩、最幸福的地方。之后，侗族把谈情说爱之地称为岑阳。

② 攀：侗语汉字记音，指摘。

众姑娘：（唱）

（侗）芙蓉牡丹而同阿，　　　（汉）芙蓉牡丹不共丫，
　　　奴伤笨乃同开花，　　　　　　哪想今天同开花，
　　　力板同鸟花园啥，　　　　　　遇伴同在花园①坐，
　　　主代梭罗固念押。　　　　　　就像桫椤月中插。

众后生：（面面相视，商量如何对唱这首歌……）

小妹：（话白，后生吔，怎么了？断歌了，犁辕未断，弯木早生，唱歌断歌真是羞煞人咧）

众后生：（唱）

（侗）教细金童麻转先，　　　（汉）咱是金童玉女仙，
　　　同锐天门斗凡间，　　　　　　同下天门到凡间，
　　　人登七或麻兴炎，　　　　　　年满十八来见面，
　　　解烂它修堆押连。　　　　　　踏破青山把你连。

众姑娘：（唱）

（侗）大宪赖计黑难插，　　　（汉）细鱼好吃网难开，
　　　连岺赖计美难押，　　　　　　莲橙好吃树难栽，
　　　金童玉女松学大，　　　　　　金童玉女情意在，
　　　代奶凡间嘎人押。　　　　　　今世凡间等郎来。

---

① 花园：在侗族情歌中，指玩山凉月的地方。

众后生：（唱）

（侗）笨奶花园初初会，
初初相会聪明娘，
拉马初会马王街，
拉牛初会青草场。

（汉）今天花园初相会，
初初相会聪明娘，
小马初会马王街，
犊牛初会青草场。

众姑娘：（唱）

（侗）笨乃花园初初会，
初初相会聪明郎，
鸬鹚初会定亚水，
梨花初会丁山郎。
教鲁腊月定押嘎，
妞小腊依麻开拉，
教堆美棍小堆些，
再小划斗地方忙。

（汉）今天花园初相会，
初初相会聪明郎，
鸬鹚初会江河岸，
梨花初会薛丁山。
姑娘结伴河边等，
盼望后生把船撑，
我拿竹竿你把舵，
随你撑到哪条河。

众后生：（唱）

（侗）笨奶立板拉同渡，
问工述力榜几五，
果没沿人多大树，
凡间斗奴国唉吴，
写板几美人老古，
希望鲁板麻答复。

（汉）今天得伴①船同渡，
瞬间身材高几尺，
不知多少人在瞅，
凡间谁人不羡慕，
问姣几件古人事，
还望伙伴来答复。

_____

① 伴：指玩山凉月对唱情歌男女朋友的相互称谓。

众姑娘：（唱）

（侗）叫鲁腊月笨细瓦，　（汉）我们姑娘本不乖，
　　　嫩松高木果合麻，　　　　口拙舌笨说不来，
　　　种芒国火板又报，　　　　那里不懂伴相告，
　　　如今角转写板押，　　　　谈古论今郎有才。
　　　托忙架它国雷娘，　　　　啥虫上山不动草，
　　　托忙锐水国又拉，　　　　啥虫下水不用船，
　　　荣样七才豆美常，　　　　怎样才能逗人想，
　　　荣样故水麻游阳。　　　　如何水上游久长。

众后生：（唱）

（侗）朵麻架它国雷娘，　（汉）蚂蚁上山不动草，
　　　先娥锐水国又拉，　　　　蜘蛛下水不用船，
　　　得偶变力先娥水，　　　　若能变得蜘蛛样，
　　　故水介丝麻兴押。　　　　放丝水面连姑娘。

众姑娘：（唱）

（侗）人奴教押唱力嘎，　（汉）是谁教你唱的歌，
　　　多欧人奴教押麻，　　　　是谁教你种的禾，
　　　人奴教押扒拉洞庭他，　　是谁教你扒船洞庭过，
　　　人奴教推花树花园押。　　是谁教你花园栽花能
　　　　　　　　　　　　　　　够活。

垃赖：这都不知道，我……我来还这首（唱）
（侗）尧内教尧向力嘎，尧甫教尧多口麻。

（汉）我娘教我唱的歌，我爹教我种的禾。

（垃赖没唱完，众人都笑了起来，后生甲走上前）

后生甲：垃赖，这首歌不是这样还的。

众后生：（唱）

（侗）花仙教叫向力嘎，

神农教叫多欧麻，

渔翁教叫扒拉洞庭它，

花娘教叫又堆花树花

园押。

（汉）花仙教我们唱的歌，

神农教我们种的禾，

渔翁教我们划船洞庭过，

花娘教我们花园把花

栽落。

众后生每人一句轮流（唱）

（侗）嘎昂或芒起力嫩？

（祥依）

垃八或芒还架谢？（甲）

孟篮或芒先嫩力？（乙）

良黑细荣挡力仁？（丙）

（汉）炕绳为何能渗水？

冰柱为何还剩渣？

竹篮怎能装得水？

鱼网怎能挡风刮？

（姑娘们面面相视，婵月上前）

婵月：（唱）

（侗）押芒多索嘎昂也能起

力嫩，

寸才共粉木含垃八才

架谢，

（汉）两厢合力炕绳也能渗

出水，

两心相融可让冰柱化

溶液，

架美条教堆编盂兰先
嫩力，
押芒玉封良黑挡力鼓
佳仁。

并蒂缠绕藤篮能把水
装满，
情到深处鱼网也能挡
风移。

众姑娘：（唱）

（侗）笨奶或了拜转板，
　　他问翻它故岑良，
　　江照秦良闷或了，
　　板押没意转麻尧。

（汉）天晚暂别转回乡，
　　太阳已经过山梁，
　　日照山梁天已晚，
　　你郎有意再来玩。

众后生：（唱）

（侗）闷当地亮别略板，
　　他问还鸟故岑良，
　　叫都国略小火烈，
　　略忙分散转各寒。

（汉）天光地亮伴莫缠，
　　日头还未过山梁，
　　咱们不忙日落慢，
　　不想分散把家还。

众姑娘：（唱）

（侗）计甲留季豆涨美，
　　计念留长豆涨教，
　　花园国细问堆大，
　　报板七又走常银。

（汉）摘茄留蒂把树养，
　　吃葛留根育藤长，
　　伙伴只要常来往，
　　留下情谊永久长。

众后生：（唱）

（侗）没情没意叫端问，
　　　任丛七又板报仁，
　　　板报笨奴树笨卡，
　　　金口玉牙别嫩仁。

（汉）有心有意约一天，
　　　约个日子好来连，
　　　姣说哪天郎都愿，
　　　金口玉牙话莫闲

众姑娘：（唱）

（侗）叫合树进初九笨，
　　　报小鲁板丛忆仁，
　　　笨嘎教拜岑老鸟，
　　　别才西嘎人嘎人。

（汉）我说就定初九稳，
　　　告诉伙伴一句真，
　　　岑老①坡上来会面，
　　　莫让那时人等人。

（几天后岑老山）

众姑娘：（唱）

（侗）亭如仁吹花开广，
　　　架凸岑老赖玩场，
　　　西腊西或年岑样，
　　　别卡刀问多岑良，
　　　人鸟得闷国言孩
　　　细国言将，
　　　光阴大跟又想板
　　　转难了难。

（汉）岑禄①三月百花香，
　　　玩山坡上好玩场，
　　　十七十八黄金样，
　　　莫等太阳落西方，
　　　人在世间不多久，
　　　光阴流逝要想伴
　　　转难又难。

---

① 岑老：侗语汉字记音，指玩山凉月山坡地名。
① 岑禄：侗语汉字记音，指化敖古代的村名总称。

（众后生吹木叶上）

众后生：姑娘们哟，你们早到啦！

众姑娘：我们早就在这儿等你们哟，你们怎么现在才到呀？

垃赖：姑娘们哟，今天我比你们来得更早，我只是躲在那里你们看不见。

（众人一阵笑声……）

婵月：谢谢后生有心意哟！人说是呀，爱好得好，爱玩得玩，会玩会想就早想，莫等太阳堕夕阳，只有今生的同伴，没有二世的同良，你们说是不是这样哟？

众后生：是这样呀！

祥依：婵月妹说得太好了，光阴似箭皆梦幻，何不潇洒走一回，活路不做千年在，光阴流逝过了时，有情有意河水倒流能上滩，无情无义无可奈何树脚凉，姑娘们哟！你们说是不是这样哟？

众姑娘：（话白）是这样呀！

（侗）笨卡分散转败寨，	（汉）那天辞别回家园，
树想同板立美甜，	就想结伴像糖甜，
三定各寒五定万，	三步进屋五步外，
树想高根立同良。	尽想路头的情缘。

众姑娘：（唱）

（侗）板报板想叫也想，　　　　　　（汉）郎说郎想姣也想，

叫鸟各寒想样将，　　　　　　　　　姣^①在家中想同良^②，

押高让押受样嘎，　　　　　　　　　点点指头数数等，

受想笨笨架岑阳。　　　　　　　　　就想天天上岑阳。

众后生：（唱）

（侗）大托立应阳学行，　　　　　　（汉）出门听得阳雀声，

阳学行马赖宁行，　　　　　　　　　阳雀摧春好收成，

笨笨想板杀奶兴，　　　　　　　　　天天想伴同一路，

押花又才花成林。　　　　　　　　　栽花要让花成林。

众姑娘：（唱）

（侗）刀问出麻江照林，　　　　　　（汉）日出东山光照影，

埃板分花乔光阴，　　　　　　　　　谢伴分花美光阴，

阳雀本本他乃行，　　　　　　　　　阳雀天天此山叫，

嘎板押花银又银。　　　　　　　　　等伴栽花树志林。

小妹：（探头探脑地看）

垃赖：（发现小妹，训斥地：小娃儿追……追来做什么？）

小妹：（调皮地）你说话结巴样，你也来做什么？才没有

姑娘爱你呢。

---

① 姣：指玩山凉月男方对女方的称呼。

② 同良：来意"同凉"，指同在花园对唱情歌的男女朋友相互对对

方的称谓。

祥依：小妹，不许胡说，说话要有礼貌。

垃赖：哼……

（小妹向垃赖装一个鬼脸，跑向婵月）

小妹：婵月姐……

婵月：小妹，你也来啦，你会唱歌吗？

小妹：会呀，不会就跟你们学嘛。

（众后生私语，祥依出面）（唱）

（侗）挪飞大岭斗却行，　　（汉）鸟飞过岭留声音，

　　　虎大它先留印定，　　　　　虎过青山留脚印，

　　　罗板没心又没意，　　　　　你姣如果有情意，

　　　才教一件为把凭。　　　　　给郎一件为把凭[①]。

　　　挪豆却行又飞转，　　　　　鸟留声音又飞转，

　　　虎豆印定它奶停，　　　　　虎留脚印此山停，

　　　力板把凭赖麻兴，　　　　　得姣把凭好见面，

　　　大七力奴肚力平。　　　　　亲眼得见心才平。

众姑娘：（唱）

（侗）板介种间鸟良霞，　　（汉）郎讨把凭纺车上，

　　　光阴树鸟定美花，　　　　　光阴就在花树旁，

　　　押捏同宁霞果断，　　　　　手摇纺车不会转，

　　　喜没光阴才板押。　　　　　只有光阴送给郎。

---

① 把凭：玩山凉月时女朋友给男朋友定情的东西，指定情的凭证。

众后生：（唱）

（侗）岑国多种堆忙啦，
　　　压国多加堆忙仁，
　　　国种国建堆忙想，
　　　单独光阴国玩场。

（汉）土不下种无苗薅，
　　　田不下秧无栽苗，
　　　无凭无据郎空想，
　　　单独光阴枉徒劳。

众姑娘：（唱）

（侗）板介种间教国没，
　　　十指让押国太格，
　　　介为布教老月故，
　　　美按果推变条业。

（汉）伴要把凭我没揣，
　　　十个指头不巧乖，
　　　本来我是穷家女，
　　　禾麻不会变纱来。

众后生：（唱）

（侗）板堆种间国行乐，
　　　布教细荣堆松合，
　　　教或马林押却却，
　　　人瓦树欧松笼络。

（汉）姣有把凭不愿出，
　　　咱们如何把话说，
　　　蚂蝗两头不放过，
　　　傻瓜沉浸谎言磨。

婵月：（唱）

（侗）人老豆班多教村，
　　　报小鲁板仁松信，
　　　种间再赖七留古，
　　　捡怕选伴人立人。

（汉）老人留古在我村，
　　　告诉大家一句真，
　　　把凭再好难作证，
　　　阉叶选伴人想人。

垃赖：就是这样啦，姑娘们想的和我想的一样，我看呀，还……还是由表妹去讨树叶给我们捡吧！

婵月：（为难地）这……

小妹：（欢快地）嗨，婵月姐，大家都喜欢你，你就去折吧，我陪你去。

众姑娘：（婵月环视众姑娘表示征求意见）去吧，我们等你。

婵月：小妹，那么你陪我去吧！（唱）

（侗）怕美当麻行对对，　　　　（汉）树叶生来对打对，
　　　朵雷大塘随恝堆，　　　　　　　浮萍河中顺水推，
　　　约板麻怒恝转水，　　　　　　　约伴来看旋涡水，
　　　意成阿力江同移。　　　　　　　定下终身永相随。

（婵月边唱歌边折树叶，每折一对树叶小妹就悄悄地折一张同样的放在身上）

婵月：（唱）

（侗）燕子转豆兰花转香节气又转六或闷，
　　　挪行转角他美转修吹托巴美多定根，
　　　却行却选却些却应托挪各他都行对，
　　　又条高跟转大囊板板押命修努或人。

（汉）燕子回巢兰花清香时令又转六月间，
　　　鸟叫声声大山转青吹落树叶在路边，
　　　鸟叫声音声声回应山中百鸟都成对，
　　　花园路上回头遇伴你我命中谁有缘。

（婵月唱到第四句歌就把树叶放在地上叫众后生捡）

垃赖：（抢先想捡）我……我先捡，我爱表妹，祖宗保佑我一定得到表妹。

小妹：（干涉垃赖）我们小孩捉迷藏都要拈阄。你们大人也要按顺序捡，我手上拿石子你们猜。

后生甲：小妹拿石子我们猜也好，我同意。

众后生：我们也赞成。

垃赖：（无可奈何地）猜……猜就猜。

小妹：（伸出握住拳头的双手）猜中了右边先捡树叶，猜不中左边先捡树叶。

（小妹有目的地从右边垃赖猜起，其实小妹两手握空拳，迷惑众人，这样一来，垃赖猜哪只手都是无石子，祥依站在左边就自然落到他先捡，小妹乘众人不注意，从自己衣袋里摸出事先装着与婵月相同的树叶在手上往祥依眼前一扬，祥依领会其意）

小妹：赖哥，谁先猜呀。

垃赖：我来猜，右边手有石子。

小妹：（张开右手，空的，高兴拍手笑）喔！喔！左边先捡，哥你去捡，祝你好运。（拉祥依去捡，祥依会意，捡了与婵月相同树叶）

（祥依捡后，众后生依次捡树叶，垃赖捡后就跑到婵月身边偷看，看到婵月的树叶与自己的不同，就去看众后生的，看到祥依的树叶与婵月的树叶相同。）

垃赖：（嬉皮笑脸的）祥依，我……我俩换……换树叶吧。

（祥依不许，垃赖便动手抢，婵月上前阻挡）

婵月：表哥，你怎能这样做呢？这可有天意呀！

众后生：是啊！垃赖，这是天意呢！

垃赖：（生气地）我……我不管，我只爱表……表妹，我不与你们捡这个树叶，这不算数，哼，我……我回家去了。（垃赖扔下树叶）

祥依：伙伴们，既然我们都已捡了树叶，现在大家拿出来相对，看谁与谁是一对哟。

男女合：（唱）

（侗）怕美行对阳桥架，　　　　（汉）树叶成双阳桥①架，
　　　笨奶花园押了花，　　　　　　　今天花园种情花，
　　　亿心押花同料理，　　　　　　　一心栽花同料理，
　　　又立仁得行尧押。　　　　　　　要得成双是一家。

---

① 阳桥：指洛阳桥，是侗族典故，传说有一条大河，水深流急，河中有一渡船，每次要登一百人才能开船。有一次等了很久，才有九十九人。大家等了好久，时间晚了，都很着急。突然，有一孕妇生下了小孩，达到了一百人。等船开到对岸，人们觉得很幸运，这时，太阳快要落坡了，人们就把小孩取名为落阳。落阳父母为方便两岸行人，决定出资修桥。资金用完，桥未修成，这事感动了观音，观音变为一位女子，坐在船中，声称："谁能用银子打中我，我就与谁结婚。"很多有钱人都拿银子去打，结果谁都没有打中，反而得了满满一船银子，观音就献出这船银子修桥。桥修成后，取名为落阳桥。因为这座桥在福建洛阳，有人又叫洛阳桥。两岸青年男女，长期受阻，不得相逢，就聚集桥上对歌，久而久之，桥上成为对歌娱乐的场所，人们又称乐阳桥。洛阳是喻示能够成婚的地方，但需架桥方能过去。架了洛阳桥，唱了洛阳歌，喻示情人能够通行，婚姻美满，步入和谐家庭。

（悠扬的木叶声起，大家在木叶声中对树叶，结成花园情友，并各自含情地互赠信物，双双缓缓退下，场中剩婵月、祥依与小妹）

（婵月赠花带给祥依）（三人下）

（幕落）

第二场
旧俗婚姻父母定　媒妁户对亲家门

时间： 数月以后

地点： 垃赖家

（天幕映出垃赖家，家中有包三、垃赖、甫川）

垃赖：（娇嫩地）父亲呀，我喜欢表妹腊艳^①，可是我捡树叶得不到表妹，你一定要与我做主呀！

包三：什么树叶，谁叫你去跟他们捡树叶，棒脑壳……你放心，"还娘头"是我们侗寨的古规，谁也改变不了，你姑妈家不敢得罪娘舅家的，婵月一个姑娘家她能怎么样，嘿嘿。

垃赖：（满意地点头）

包三：（对甫川）甫川呀！你马上去我妹家，给我垃赖定亲，把事办好了，我亏待不了你。

甫川：（为难地）这……

包三：怎么？有困难吗？

甫川：（转念一想）包三放心，凭你的威风，你的家业，

———————
① 腊艳：侗语汉字记音，指姑娘。

人人皆知，人家攀都攀不上呢，外甥女"还娘头"这是你妹的福气，这事包在我身上。

包三：婵月这姑娘有些个性，你就说这是古规，不肯也得肯，难道我妹敢不认我这个哥不成，要不然，叫她们日子好过。

甫川：（讽刺地）是……是，谅他（他们）不敢不从。

（换景）

（婵月家，甫川挑着定亲礼物上）

甫川：（唱）（醉调）

（侗）人老架求豆没样，　　　　（汉）先辈留样架大桥，

　　　架务求定平闷旁，　　　　　　　架部石桥比天高，

　　　桥赖架了豆良想，　　　　　　　大桥架了人说好，

　　　千年国妹又国芒。　　　　　　　千年不朽又不摇。

甫川：（自语）今天包三要我去给他儿子定亲，我这一辈子都是帮人家当媒人，不说我聪明巧舌如簧嘛，可我有一副好心肠，拟合两人成双成对，古人说得好："救人一命，胜造七级浮屠。"我媒能说合一对，鸳鸯也能长命百岁。

（做敲门状）

甫川：（喊）有人在家吗？

（幕后尧内应）在呀！（尧内上）

尧内：是谁呀！这么早就到我家来哟。

甫川：是我呀！内得①，恭喜你咯，财门大大开，喜事进屋

---

① 内得：侗语汉字记音，指亲妈。

来哟！

尧内：（尧内开门）（惊讶地），噫，无劳无功，何喜之有？你走错门了吧？

甫川：嗨哟，祖祖辈辈走了千百年都没走错，这么宽的路我怎么会走错呢？今天是你三哥要我来的。

尧内：什么，我三哥……

甫川：是呀，是你三哥要我来定你家婵月给他儿子垃赖为妻呢！

尧内：嗨，三哥真是的，有这样的事都不事先告诉我一声，我好准备一下。

尧内：好！你先坐，我问问婵月他爹去。（尧内下）

（叫甫随尧内上，婵月上）

叫甫：哎哟，快坐下，我刚才听婵月妈讲了。是我表哥叫你来的？婵月她妈，快生火，去喊房族拢来，把甫川挑来的酒肉吃了，把女儿的婚事定了，我们老两口就放心了。接甫川的东西去呀！

（尧内欲接，婵月阻止）

婵月：母亲呀，你莫接，我不喜欢表哥，我不嫁给表哥。

甫川：婵月啊，你要听话，我们都是为你好，你三舅有势力，有钱财，你到他家吃不愁，穿不愁，不用下地有饭吃，不用种麻有衣穿，日不晒，雨不淋，这样的家庭你去哪里找哟。

婵月：谢谢甫川的关心，可惜我命薄，没这个福分。

甫川：婵月啊，你要知道，我们侗家古俗，外甥女长大了要"还娘头"，自古以来，从未更改，你三舅说了，你愿意不愿意都是他家的人了。

婵月：什么古规什么习俗，难道古人就不懂得珍爱自己女儿的幸福生活吗？表哥我两个情不投意不合，生活在 一起是不会幸福的，婚姻是一个人的终身大事，我的终身大事由我自己做主。

叫甫：婵月啊！这怎能由得你呢，你的婚姻大事我们当爹妈的都不能做主，都得由你舅说了算，你就不必多说了。

甫川：婵月啊！你听我说。

甫川：（唱，醉调）
（侗）人老立松又向嘎，　　　　（汉）老人面前要听话，
　　　敬孝甫内别才差，　　　　　　　孝敬父母不能差，
　　　舅寒又芒树设卡，　　　　　　　舅家要啥就有啥，
　　　享福宽生国亏押。　　　　　　　享福宽心不亏咱。

婵月：（唱）
（侗）甫内爽尧行干嘎，　　　　（汉）父母生我的时候，
　　　奔来没定又没押，　　　　　　　本来有脚又有手，
　　　计邦田麻没帮命，　　　　　　　吃靠勤俭富靠命，
　　　阿立阿计又阿甲。　　　　　　　自力更生才自由。

叫甫：孩子哟，你这首歌唱得太早，缺乏考虑。

婵月：（唱）
（侗）笨乃才尧杯高求，　　　　（汉）今天要我"还娘头"，
　　　主太多麻鸟美枯，　　　　　　　蚂蚁挤在枯树兜，
　　　拜转国离老古路，　　　　　　　去转不离回头路，
　　　闷当树太鸟地狱。　　　　　　　阳间如同坐地狱。

叫甫：婵月啊！你怎么能跟甫川老人家这么说话呢，真不知天高地厚。（转向甫川）走，我俩进屋喝酒……（二人下）

婵月：（伤心地靠在母亲怀中）内呀……

尧内：（抚摩着婵月的头）唉，这可怎么办呢，古规是这样定的，你就答应了吧，你妈也是从舅家来的，你嫁到舅家不好吗？再说，娘舅家我们是得罪不得的呀！

（婵月流泪）下幕。

（换景，岑老玩山坡）

（婵月上）

婵月：（唱）
（侗）多问出东照岑阳，　　　（汉）太阳出东映岑阳，
　　　岑阳力花芒样当，　　　　　　岑阳的花吐芳香，
　　　得偶太力朵花样，　　　　　　若像园中花开放，
　　　国没美约国没芒。　　　　　　无忧无虑无悲伤。

（祥依边唱边上台）
祥依：（唱）
（侗）力应高他阳雀行，　　　（汉）听到山顶阳雀声，
　　　阳雀行麻赖宁行，　　　　　　阳雀催春好年成①，
　　　阳雀催春英又英，　　　　　　催春阳雀声声叫，
　　　叫叫番大九重岑。　　　　　　翻过天边九霄云。

（祥依坐在古树上的古橙上，吹木叶，婵月从树后用树枝逗他，祥依假装不知，猛回头与婵月兜圈取乐）

---

① 年成：侗语汉字记音，指生活、日子。

祥依：（指树上叫着的鸟）月妹，你看哟，树上的小鸟叫得多欢哟，你知道他们在叫什么吗？

婵月：（唱）
（侗）板推托挪此鸳鸯，　　　　（汉）伴把小鸟比鸳鸯，
　　　鸟又才样斗美良，　　　　　　　两相情愿意绵长，
　　　七又板押也样想，　　　　　　　只要心往一处想，
　　　旦尧力芒国没芒。　　　　　　　我就是个直心肠。

祥依：（唱）
（侗）多塘拌花花拌塘，　　　　（汉）蜜蜂伴花喜洋洋，
　　　麻又才样豆美良，　　　　　　　咱俩友情世无双，
　　　九冬拌花别火烈，　　　　　　　九冬严寒无厌倦，
　　　又才花当满岑阳。　　　　　　　要让花香满岑阳。

婵月：（唱）
（侗）江照岑阳仁吹夸散样又样鸟信赖炎，
　　　挪行啾啾仁吹与与当赖鸟浓丈登仙，
　　　花园得美东拜春麻难力东板样浓艳，
　　　美班美过贯多心上形先鸟闷花桃园。

（汉）艳阳高照风吹云散光阴路上多新鲜，
　　　鸟叫啾啾风吹悠悠卿卿我我似神仙，
　　　花园树下冬去春来难得遇伴情浓艳，
　　　甜言笑语热血沸腾犹在天上桃花园。

祥依：（唱）

（侗）将定计嫩笨笨鸟多条盘他，

　　　如述计嫩拜转国离鸟盘亚，

　　　花园受苦当初连报垃同大，

　　　向豆笨乃鸟豆如七押花冷岑拌花冷岭才格押芒埃服麻。

（汉）红鸟喝水天天就在盘山间，

　　　鸬鹚饮水去转不离沿河边，

　　　花园受苦当初盟誓同船过渡俩情愿，

　　　站到如今玩到现在栽花满山拌①花登岭要让人间美慕咱。

婵月：（唱）

（侗）多塘为花杪椤为念尧细为板意情妈，

　　　笨头七转押呀国银尧呀国专布麻宋玉略它七押花，

　　　又豆如今鸟豆如七尧都报板多宁别果加，

　　　押样相心尧样埃才尧板才门六月多宁起腊八。

（汉）蜜蜂为花杪椤为月我是为伴情意大，

　　　初相遇你情我愿我俩齐心放火烧山栽的花，

　　　两情相依生死相随莫怕雨袭雷公响，

　　　你恩我爱心心相印咱俩要让六月下雨结冰塔。

祥依：（唱）

（侗）介高囊闷闷修与与闷七样榜地样宽，

---

① 拌：指料理、管理。

转大囊地四方八角样赖力板国彦布，

三西问花年拜年麻弯弯妮妮花园鸟，

略西银中宁拜宁转荣样当计尼人押。

（汉）抬头望天蓝蓝天空天高地阔无边际，

回头观望四面八方美丽姑娘聊无几，

三十[①]攀花日复一日甜甜蜜蜜花园坐，

六十年中年复一年如何得你共一屋。

婵月：（唱）

（侗）塘细拌花花拌塘，　　　　（汉）蜜蜂伴花喜洋洋，

又向托糖豆美良，　　　　　　　要像蜜糖逗蜂想，

惜又托塘别他巴，　　　　　　　只要蜜蜂翅不僵，

九冬觅花东向芒。　　　　　　　腊月既往觅花房。

祥侬：（唱）

（侗）尧报尧伤板国称，　　　　（汉）我说我想你不信，

麻堆让押务砍仁，　　　　　　　俩把指头各砍根，

同砍让押同借血，　　　　　　　同砍指头同喝血，

压喜才算人伤人。　　　　　　　这样才算人想人。

婵月：（唱）

（侗）固尽钻字千年万载祥样炎，

梭罗伴念瑞转十五又团边，

---

① 三十：指三十年、三十岁。

站条光阴成数布麻唉才愿，
坐美光阳一心受欧出桃园。

（汉）石板钻字千年万载看得见，
桫椤伴月转归十五又团圆，
站美光阴心思你情我也愿，
坐美光阳潜心盼望出桃园。

祥侬：（唱）
（侗）务闷空家嫩豆地，　　　　（汉）空中响雷震天地，
东方敌拉亮豆西，　　　　　　　东方闪电亮到西，
麻合力种又宁立，　　　　　　　咱说的话要牢记，
又才力拜江同一。　　　　　　　要得成双步同移。

婵月：（唱）
（侗）朵架堆多故怕娘，　　　　（汉）蚱蜢死在草叶上，
横心烂了押还酿，　　　　　　　浑身烂了手不放，
家仁三头都还想，　　　　　　　心头仍然还再想，
烂国家谢难仁押。　　　　　　　烂不剩渣难丢郎。

祥侬：（唱）
（侗）果板伤尧细荣伤，　　　　（汉）思念情人心忧伤，
尧伤板押闷国当，　　　　　　　我想你姣天难亮，
伤板借芒都难唉，　　　　　　　想伴吃咋都难忘，
先分笨按想游阳。　　　　　　　身魄日夜想游阳。

婵月：（唱）

（侗）各他喜没叫架美，　　　（汉）山中只有藤缠树，

　　　国没求美架求叫，　　　　　　没有树干缠青藤，

　　　笨笨述麻花园鸟，　　　　　　天天都来花园坐，

　　　嫩松各都别推学。　　　　　　心中话语不隐藏。

祥侬：（唱）

（侗）笨奶嫩念半西锐，　　　（汉）十四月亮不团圆，

　　　报团国团还架忆，　　　　　　讲圆不圆差根线，

　　　浓合尧板心没意，　　　　　　如果你姣情如愿，

　　　信奶主拜江同移。　　　　　　同郎回家结良缘。

　　婵月：（看着祥侬高兴的样子，又想起自己的伤心事）祥
哥啊！（唱）

（侗）从多分散笨笨树伤尧的板，

　　　尧没冷松当娜尧板果荣火，

　　　甫内才尧怀高求细拜寒冒，

　　　细细伤麻鸳鸯分散心国服。

（汉）自从分散天天想到你祥哥，

　　　妹有件事正在心里话难说，

　　　父母要我"还娘头"去他家过，

　　　鸳鸯拆散心中焦急如刀割。

祥依：（唱）

（侗）人老的事难力想，　　（汉）俗规的事难料想，
　　　七又布麻豆美良，　　　　　只要咱俩同心肠，
　　　嫩闷多麻没尧机，　　　　　天塌下来有我顶，
　　　没尧大转押求芒。　　　　　有我在前你何妨。

婵月：（唱）

（侗）悠细板，　　　　　　　（汉）真忧心，
　　　杯高求事火国根，　　　　　"还娘头"事讲不清，
　　　王喜没求旺没内，　　　　　一边有娘一边舅，
　　　细细想麻难或人。　　　　　细细想来难为人。

祥依：（唱）

（侗）别吆板，　　　　　　　（汉）伴莫忧，
　　　得地样宽闷样邦，　　　　　天高地阔不要愁，
　　　七又押愿同尧走，　　　　　只要你愿跟我走，
　　　才门开拉架岑阳。　　　　　开船能上岑阳游。

婵月：（唱）

（侗）甫内盘尧宁西八，　　　（汉）父母养我年十八，
　　　鸟故盆水都报布尧　　　　　赤条洗身都说我是属
　　　细布格，　　　　　　　　　他家，
　　　甫内再赖难同脚，　　　　　父母再好难久留，
　　　大奴四两交多押。　　　　　四两薄命交郎拿。

祥依：（唱）

（侗）报板别伤笨西转，
　　　阿细布麻美命修，
　　　姻缘判麻麻细立，
　　　阳缘罗修人伴人。

（汉）劝伴莫去想从前，
　　　咱俩前世早有缘，
　　　姻缘判定在一起，
　　　阳缘双秀共枕眠。

婵月：（唱）

（侗）定行净王尧果介，
　　　介立腊月没忙赖，
　　　定行阎王布格火菊火拜介麻立赖帮甫计细帮内登，
　　　定行阎王布尧果菊果拜介麻国赖甫内再赖难留尧。

（汉）阎王身边不会讨，
　　　得个女身走一朝。
　　　阎王殿上他人会拜能说会道修得男身帮爹帮娘一生孝，
　　　阎王殿上我不会跪不会拜讨得不好父母再好难留姣。

祥依：（唱）

（侗）刀问出东祥祥照多十二岭，
　　　定寨风许千年万巴国万长，
　　　选鹅造豆一尤丝伞圈团鸟，
　　　条嫩端塘旋水祥归嫩各塘。

（汉）太阳出东一直照在十二岭，
　　　寨脚大树千年换叶不换根，

蜘蛛织网一根丝线团团转，

河水倒流漩涡还归深水塘。

婵月：（唱）

（侗）伤笨押花力辛苦，　　　（汉）当初栽花得辛苦，

　　　挑水淋长力受亏，　　　　　　挑水淋根得劳碌，

　　　黄柏再苦押耐烦饮，　　　　　黄檗再苦耐烦饮，

　　　岑阳再邦押耐烦扒，　　　　　岑阳再高耐烦爬，

　　　甫内才尧四两命，　　　　　　父母生我四两命，

　　　四两闷当交多押。　　　　　　四两人生交给郎。

垃赖：（唱）（上场）

（侗）没钱没口赖伟炎，　　　（汉）有钱有粮真好玩，

　　　国求单忧国求亡。　　　　　　不愁担忧不愁肠。

（祥依、婵月看见垃赖急忙藏入树后）

　　垃赖：（自语）我父亲说，表妹婵月是我的婆娘，我去找她，她又不理我，听别人讲她经常去玩山，今天我上岑老山看遇到她不。

　　垃赖：噫，那不是表妹吗，表妹，你怎么来和他玩。

　　婵月：（生气、讨厌地）我不用你管。

　　垃赖：（嬉皮笑脸地）噫，我爹说你是我婆娘了，嘿嘿，这叫管呢？我是在关心你呢。走吧，我们回家。（拉婵月）

　　祥依：（祥依气愤地阻拦）垃赖，你想干什么？

　　垃赖：哈哈，你……我拉我婆娘关你什么事，哼？你是活腻了！

祥依：你……你想怎么样？婵月是不是你的婆娘得由她自己决定，谁都不能强迫她，我们男人要想得到女人的喜爱，得靠自己的本事，靠自己的能耐感化对方取得情和爱，不是靠仗势欺人强抢霸占得到。

垃赖：（又拉婵月）我没工夫跟你扯淡，表妹，跟我走。

婵月：放开我，放开我。我告诉你垃赖，你没资格干涉我的自由，你明白吗？

祥依：垃赖，放尊重点，不要这样鲁莽。

垃赖：我鲁莽？我爸讲，婵月妹是我的婆娘，既是我的婆娘就随我摆弄。

垃赖：你……你……（转向婵月）表妹，你还是跟我走吧！

婵月（气愤地）谁跟你走。

垃赖：我……我真不明白，你放着眼前"衣来伸手，饭来张口"的生活不享受，却非要跟着祥依日晒雨淋，吃不饱，穿不暖，多受苦呀。

婵月：我愿意跟着祥依日晒雨淋，受苦受累，靠自己的双手创造自己的生活，任你家财万贯我不爱你！

垃赖：好……好……我告诉父亲去！

（落幕）

第三场

情深义重两相愿　海誓山盟定终身

时间：一天中午
地点：婵月家

（幕前伴唱）

（侗）瓜黑下多岑如镇，　　　　　（汉）乌云笼罩岑禄村，

　　　杯高求事火国根，　　　　　　　"还娘头"事害人深，

　　　果细人老布奴进，　　　　　　　不知前辈谁人定，

　　　才叫人爱国力人。　　　　　　　恩恩爱爱家难成。

（歌声中启幕，垃赖父子俩上）

包三：你包，你喂鸡呀？

尧内：是呀！哟，三哥你来啦，快进屋坐。

（包三坐下，尧内忙递烟）

垃赖：姑妈，您……您老人家好啊！

尧内：好！好！宝啊，这两年长大咯，长得比爹还高呢。

垃赖：可……可是表妹就是不爱我。

包三：你包，妹夫呢？怎不见他呀？

尧内：他呀，就只忙他的，今天一大早就出去了，现在也该回家来了。

垃赖：（环视屋内）姑妈，表……表妹又去哪里了？

尧内：她打猪菜去了。

垃赖：姑妈，我看见她和祥侬在岑老山玩，我讲她，她还骂我，今天可能又去了。

尧内：（惊奇地）什么，婵月跟祥侬玩？

包三：（愤怒地）你包，不要做出什么丢人现眼的事情来喽，外甥女婵月是我看着长大的，的确是人见人爱，花见花开，犹如绽放在池塘中的一朵荷花。常言说得好，"正月家家栽青竹，二月桃花人人瞅"。婵月这个外甥女我们当长辈的要向她负责，不要让她走歪路。你跟她说，我当舅的是要定咯。

尧内：三哥，这些事我还不晓得呀！（唱）

（侗）没事伤良解别呀，　　　（汉）有事好说哥莫气，

些奴腊月拜欧麻，　　　　　问问婵月去哪里，

婵月从来寸甫内，　　　　　婵月都听父母话，

别芒寸格松高麻。　　　　　莫听他人言乱发。

叫甫荷锄上。（幕后喊）婵月他妈，你在哪儿？

尧内：（向着包三）婵月他爹来了。

尧内：（忙出门）哎！来了……快进屋，你看谁来啦。（忙帮叫甫接东西）哟，好多山货哟。

叫甫：（进屋）哟，老表，你来啦。

包三：我有事情跟你讲。

叫甫：什么事呀？

垃赖：姑爹，您……您回来啦！

叫甫：是啊！垃赖，到底发生了什么事，你爹怎么不高兴呀？

垃赖：表……表……表……

包三：（推垃赖）表……表什么，你家婵月、祥依经常到岑老山唱歌……嘻！

叫甫：什么？我家婵月（转向尧内）婵月她妈，婵月呢？

尧内：她打猪菜还没回来。

叫甫：喊她来。

尧内：哎哟，她去坡上打菜，叫我去哪里喊呀？

叫甫：（吼道）叫你去喊你就喊。（来回踱步）

尧内：好！我喊，婵月……婵月呀……

（婵月刚好回来，尧内看见上前）

婵月：妈，喊我什么事呀？哟，三舅，表哥，你们来啦？

叫甫：（怒气冲冲地）婵月，我问你，这几天你到哪里去了？

婵月：打菜呀！

叫甫：打菜，你……（叫甫气得直咳，尧内捶背相劝）

尧内：有话慢慢说，莫要生这么大的气呢，（对婵月）婵月啊，你是不是和祥依相好呀？

婵月：（干脆点头）

垃赖：姑妈，您……您看，我不骗你吧。

包三：你包、妹夫，你俩想一想，那天我们才定亲，今天就出这等事，你俩看怎么办，哼。

叫甫：（气愤地对婵月）你这孩子，怎么这样不争气哟！

（尧内忙上前劝，婵月解释）

婵月：（对父亲母亲唱）

（侗）尧合仁松甫内向，
　　　根芒计尧伤笨将，
　　　登金登银尧国伤，
　　　七愿拜务有情郎。

（汉）父母听我讲一讲，
　　　凡事替我长远想，
　　　穿金戴银我不望，
　　　宁愿嫁个有情郎。

（对舅父）舅啊！（唱）

（侗）尧舅为种根忙又拉丹，
　　　冬瓜东横拜敖呀国扒，
　　　表哥麻布国忙想，
　　　细荣拜共亿仁寒。

（汉）我舅为何把我选，
　　　强扭的瓜也不甜，
　　　表哥我俩不情愿，
　　　怎能一家共枕眠。

包三：婵月啊，怎能这样说呢，你到我这样的家庭去生活，难道还亏了你吗？有吃有穿有家业，样样都有。

垃赖：表妹，到我家去吧，我一定对你好。

婵月：舅啊！寨上有很多的姑娘，你怎么强要我呢？

包三：寨上的姑娘，人家都听话"还娘头"出嫁去了，你数数看还有谁，"还娘头"是古规，你妈是我妹，我是你舅，照规俗你一定要嫁给你表哥。

婵月：舅呀，我跟父母自由自在习惯了，过不惯你们家一日三餐有人陪的生活，我不嫁表哥，虽然不是您的儿媳妇，但是我是您的外甥女，外甥女也一样能够孝敬舅舅嘛。

叫甫：（气愤地）婵月，你给我住嘴，你这么大的姑娘了怎么这样不知理，竟敢当着爹妈的面跟母舅吵架。你给我滚出门去，出去！

婵月：（委屈地哭，跑下）

尧内：（追婵月）婵月……（复转，对叫甫）嗐！月他爹，你怎么发这么大的气呢，孩子都跑了，这叫我怎么办呢？

叫甫：跑她的，哼，都是你这个当妈的教得好。

尧内：怎么能怪我呢，你呀……

叫甫：我想呀，你当妈的应该多教点，多担负点。

尧内：我多担负点？女孩长大了，她有脚有手，她去哪里，想什么做什么，我们当爹娘的能管得了吗？我一天到晚忙里忙外，土里要栽苕，田里把粪挑，楼上要煮饭，楼下要煮糟，白天要干活，夜晚要打草鞋。全家人都看得到，你又不是瞎眼了。

叫甫：我是说，你当妈的多关顾女儿点，你们都是女性有些隐私你们女人好沟通。如果孩子都不好，出了事，我们万贯家财累死累活一辈子图个啥。孩子是我俩的天、是我俩的地。有孩子就是粗茶淡饭活得也舒坦，没孩子就是人生的失败。还说我瞎眼，我看呀，今后有你哭鼻子的时候。

尧内：（沉默，大哭）天哪，我一个妇道人家叫我怎么办哟。

包三：好啦，白日青天干打雷，想耍猴戏给你哥看吗？既然我们都很疼爱婵月，关心她的未来，我看这样吧，我们赶快把婚事办，祥依那小子就不敢乱来了，婵月也没法咯。

叫甫、尧内：（无可奈何）你当舅的看着办吧。

垃赖：（高兴得手舞足蹈）这样就好咯，这下我得表妹咯。

（叫甫、垃赖、包三下，尧内坐着，叹气，婵月上）

婵月：（扑在尧内膝盖上，哭道）内呀……

尧内：婵月啊！"还娘头"这古规，你要想开点，我们做父母的都是为你好。只要好好生活，跟谁都会幸福的。

婵月：妈，我不想知道什么太多的东西，这个世界上就妈妈最爱我。

婵月：（唱）

（侗）伤笨甫内盘尧尼，
　　　冷灯都又堆才计，
　　　甫内恩情尧兰衣，
　　　细荣笨拜各已人。

（汉）父母养育幼小时，
　　　上山得苞留我吃，
　　　父母恩情难忘记，
　　　怎能舍下丢家室。

尧内：父母养你们长大不图什么，只图你们同伴别人，平平安安过日子做父母的就心安理得了。

（唱）

（侗）甫内盘腊国图忙，　　（汉）父母养儿不图啥，
　　　喜伤衣人肚力宽，　　　　　只望今生心不辣，
　　　国合年金种种力，　　　　　不图金银样样有，
　　　喜合腊旦布布强。　　　　　但愿儿孙代代发。

婵月：（唱）

（侗）笨奶同内火仁古，　　（汉）今天同妈说个古，
　　　甫内为教立劳碌，　　　　　父母为我得劳碌，
　　　果堆种芒埃内苦，　　　　　不知拿啥改母苦，
　　　江没照豆美登油。　　　　　光照不到松①无油。

尧内：我们做父母的只希望儿女时刻想到父母就好了。

（母女二人痛哭）

（幕落）

第四场
借古为由显门威　上门逼婚两亲疏

时间：清晨

地点：祥侬家，吊脚楼前

（幕启，祥侬坐在家中编织，一边织一边唱）

---

① 松：指松树。

祥依：（唱）

（侗）甫内问尧宁纪家，　　　　（汉）父母丢我年纪小，

　　　布尧根芒命样差，　　　　　　　我人为何命运差，

　　　应务板赖伤国力，　　　　　　　玩个好伴保不住，

　　　条命国赖国没法。　　　　　　　命运不好办法贫。

　　　种芒国没拜敖力，　　　　　　　世上万物可争取，

　　　条命国赖芒样亏，　　　　　　　命运不好真受亏，

　　　十二炎人得闷鸟，　　　　　　　十二样人天下坐，

　　　奴伤笨奶亏人尧。　　　　　　　哪想今天受委屈。

小妹：哥哥……（气喘吁吁地）从婵月家打听消息回来。

祥依：（忙放手中活儿）小妹，怎么样？

（小妹在祥依耳边窃窃私语，祥依惊讶又高兴，婵月上）

婵月：（忧愁而焦急地）祥哥……（哽咽难言）

祥依：月妹，（安慰地扶婵月坐下）月妹，坐下来慢慢说。

（祥依扶婵月坐下，幕后画外看唱下曲。）

（唱）

（侗）价为尧舅当主意，　　　　（汉）只因舅家出主意，

　　　才尧受苦又受亏，　　　　　　　使我受苦又受亏，

　　　果荣当计姐脱力，　　　　　　　想何办法逃出去，

　　　姐脱出拜七罗益。　　　　　　　逃得出去方落逸。

祥哥啊！（唱白话①）

（侗）国合种忙种，喜合麻力美苦情由，麻应赖鸟赖豆笨乃；细细伤麻，难分又难奔，笨乃布尧主又才堆杯高求；伤麻国平，喜麻孩押，同尧立板合美苦情由；孩怒尧板，没乔神数国，奴布人尧……

（汉）多不说，只说我俩苦情多，情投意合结成伴，如今难舍又难割，母舅逼婚我不愿，含羞与你把话说。希望祥哥拿主意，莫让光阴白蹉跎。

婵月：（唱）

（侗）甫内堆尧阳乔架，　　　（汉）父母把我阳桥架，
　　　冷大半娜爬力拉，　　　　　脸上眼泪船可划，
　　　伤求情由又埃霞，　　　　　想到情由难放下，
　　　国望人格七望押。　　　　　指望你把主意拿。

（祥依埋头沉思）

婵月：（唱）

（侗）送拉锐冷板麻别各押忙音行浪水麻，
　　　叫兵起反报板别角押忙营盘拜脸寸，

---

① 白话：也叫"白话歌"，是侗族情歌中歌与话的夹杂说唱，是谈情说爱的一种歌唱方式。白话歌精练、押韵，常以拟人、比喻、排比等形式出现，句字不限，结构严谨，说唱语句尾部收音较快，这是它区别于一般歌的特点。歌词一般少则四句，多则上百句，说唱朗朗上口，节奏明快，犹如珠落玉盘，铿锵有力；又如溪壑泻水，滔滔不绝，使听者依依难舍，能增添恋爱之情和激发奋发向上之感。

细子根忙尧都报板记尧堆多故乔心肠细细伤，

伤问细问别卡刀问马上舵岺再赖主意难东横。

（汉）放船下江我俩莫怕两岸山崩风浪大，

调兵造反讲伴莫怕两边营盘空荡荡，

凡事万种我都表白哥哥为我放在心上仔细想，

趁早打算莫等太阳落山再好主意想要攀转难横蛮。

祥：婵月妹啊（白话唱）

（侗）立应尧板，合豆嫩粗奶，各肚卡押样母决，细细样麻，斗扭人，尧板没难尧堆伤，转粗报板，没乔神数，麻祥来逃难达万拜。

（汉）听了我的伴讲到这句话，我的心难过得像被老虎抓心似的，仔细想来真气人，我的伴有难我粗琢磨，实话告诉你吧，我早有心有意想着你爱着你，我们趁早逃到外乡谋生去吧。

婵月：祥哥，我愿意跟你走。

（小妹出场）

小妹：哥哥，婵月姐，你们说的话我都听到了。婵月姐，今天你愿同我哥走，那么我应该喊你是嫂子了，嫂子！

（婵月含羞低头不语）

小妹：（唱）

（侗）七女笨奶锐凡间，　　　（汉）七女①今天下凡间，

　　　尧解番义国了演，　　　　　　我哥高兴乐翻天，

---

① 七女：指天上第七位仙女。

千年修麻啥奶多，　　　　　千年修炼来相会，

杪椤埃花信没缘。　　　　　杪椤开花真有缘。

（垃赖众亲上）

小妹：（小妹忙奔向垃赖）赖哥，来这里干什么。

（垃赖挽双袖，凶狠地推开小妹）

垃赖：你给我让开（手指祥依）

祥依，你……你好大的胆，敢勾引我……我婆娘。

（伸手去拉婵月，婵月急忙甩开，祥依上前挡住垃赖）

祥依：垃赖，你想干什么？有话好好说嘛，不要这样野蛮嘛！

垃赖：（用扇子指着祥依）我野蛮？你天天勾引我婆娘，叫我坐立不安，吃不好，睡不着，还说我野蛮，我管我的婆娘，拉我的婆娘，与你何干！

婵月：（婵月上前用手指着垃赖说）垃赖，你说我是你的婆娘，我问你，我跟你拜过天地了吗？跪过父母了吗？

垃赖：（嬉皮笑脸）咳！咳！没……没拜过天地，没……没跪过父母，我……我们，现……现在就去拜，去……去跪嘛。

婵月：我没跟你拜过天地，没跟你跪过父母，我就不是你的婆娘。

垃赖：（气急败坏来回转圈踱步）你说你不是我的婆娘，我父亲说你是我的婆娘。怪不得昨天父亲对我说，婵月这姑娘你要去跟点，守点，莫送了①"白菜"嘞！现在我明白了，婵月不爱我，原来都是祥依这小子在作怪，我看呀，不给他点颜色

———————
① 了：指丢失。

看看，他是不会死心的。

（手舞足蹈用扇子示意众房亲）现在就看你们的了，给我教训教训祥侬这小子。（众房亲撸袖蜂拥上前，婵月急忙张开双臂挡住）

婵月：你们不要打架，有事好好说。（婵月拉住祥侬护在他面前）

祥侬：（撸袖上前）我看谁敢上前行凶，想打人？

众亲：你勾引我们的媳妇，垃赖的婆娘，我们不打你打谁？

祥侬：婵月是不是垃赖的婆娘，得由婵月自己说了算，她喜欢谁，她就是谁的婆娘。

众亲：（用手指着祥侬的鼻梁）你天天跟着婵月，婵月怎么有时间来爱垃赖？

祥侬：婵月爱不爱垃赖得看垃赖的能耐，我们男人（拍着胸脯）靠自己的本事得到女人的爱，不像你们靠势力，行凶打架得到。

垃赖：（一直在转圈扇扇子的垃赖，听到祥侬说到男人的本事，顿时跳起来）本……本事，本……本事，我……我也有本事，给……给你来点本事看看。

（垃赖从身后袭击，小妹看见忙呼喊哥哥，却挡不住垃赖的棍棒，垃赖一棒打在祥侬头上，祥侬昏倒）

（婵月小妹忙扶住祥侬）

婵月：祥哥……你醒醒……（痛哭）

小妹：哥哥……（起身，愤恨地扑打垃赖，抓住垃赖胸前）垃赖，你不是人，你还我哥哥。

（垃赖推倒小妹）

垃赖：给我把婵月拉走。

（房族上，一边一个架住婵月，下）

婵月：（回头痛哭）祥哥……祥哥……我害了你呀……（拼命反抗，拳打脚踢，口咬）挣脱众人复返看祥哥，又被拉走。

小妹：（起身扑在哥哥身上使劲哭喊）哥……哥呀……

（幕落，换景）

（垃赖家贴着大红喜字，包三得意地唱。）

包三：（唱）（酒调）

（侗）高银龚母尧安拦，　　　　（汉）上山捉虎我装栏，
　　　定押炸龙尧安干，　　　　　　　下海擒龙我下网，
　　　又才朵龙拌塘奶，　　　　　　　要让蛟龙深塘住，
　　　又才朵母劳圈栏。　　　　　　　要让猛虎进圈栏。

（垃赖和房族拉婵月上。）

婵月：（挣扎）放开我。

（房族甲放开婵月右手向包三回报某些秘密暗示）

垃赖：婵月表妹，你……你不要这么激动嘛。

（婵月顺手一个耳光，垃赖惊慌倒地，房族忙扶起垃赖）

房族甲：垃赖你没事吧？

垃赖：（抖抖身子，装笑脸）没 ……没事，听人说，打是爱，骂也是爱，这回表妹可能爱我点了。

包三：（凶狠地）给我把婵月关起来。

垃赖：（附和地）关到我睡的房间里去。

（房族把婵月推进洞房。）

垃赖：（向观众）这回我去……（作出口吻状）

垃赖：（进房内）表妹呀，你既然到了我家，我们就是夫妻了，不要生气了嘛，我父亲逢人就说你是我的婆娘，我觉得我们俩是天生的一对哦。

婵月：你别过来。

垃赖：好，我不过来，表妹呀，你看，我们房间里有箱子，有柜子，还有新被子，样样都有……

婵月：（双手捂住耳朵）你别说了，我不喜欢听。

垃赖：好，我不说，你可能饿了，我拿东西给你吃去。

（房族在房外偷看房内趣事，垃赖拉开房门，房族扑倒进房间，被垃赖呵斥）

（房族、垃赖下）

（婵月欲开门，难开，叹气，坐下）

婵月：（唱）

（侗）押押拍大心叹气，　　（汉）两手拍胸心叹气，
　　　才尧解祥受了亏，　　　　　祥依为我受了亏，
　　　布奴岑麻记评理，　　　　　谁能上前评个理，
　　　细细想麻心头立。　　　　　仔细想来心头离。
　　　多鸟各福身脱侬，　　　　　笼中之鸟难逃离，
　　　介高述闷计了亏，　　　　　眼望蓝天没了计，
　　　四方八角多飞机，　　　　　四方八角栏围起，
　　　姐力脱拜为了力。　　　　　想逃出去需费力。

（祥依在小妹相扶下，上）

祥侬：（唱）

（侗）尧板灯多卯各寒，　　　（汉）我伴关在他家里，

　　　才板受苦国美板，　　　　　　让伴受苦又受气，

　　　果荣当计救力板，　　　　　　如何用计救得伴，

　　　细细想马难了难。　　　　　　仔细思量真着急。

（小妹悄悄走近关婵月的厢房，用竹竿敲板壁。）婵月（发现有动静，走近窗前往外看。）

小妹：（轻声地）婵月姐、婵月姐，祥哥在窗外等你。

婵月：（惊喜地）小妹，快叫祥哥救我出去。

祥侬：（小妹把长帕递给祥侬，祥侬随即往窗口抛，婵月接住系好往窗外滑下。三人下）

（垃赖端上饭菜兴高采烈地唱歌。上）

垃赖：（唱）

（侗）国想笨奶相水弄，　　　（汉）不想今天河水涨，

　　　受求高宋格国通，　　　　　　生恐棕兜梳不通，

　　　岑记尧甫堆记用，　　　　　　父亲为我把计用，

　　　喜力任代各炉溶。　　　　　　就得生铁火炉熔。

垃赖：（自语）嘿嘿，这下我……

（开锁推门，推不开）表……表妹，饭菜我送来了。快开门，表……表妹，开门呀……开门呀……

（垃赖喊了好几声，没听婵月回应，推门而入，没看到婵月，忙放下饭菜，掀开被子、翻床脚，开柜子……到处找）

垃赖：（边找边喊）婵月……婵……婵月，莫跟我捉迷藏了，快……快出来吃饭呀。

（垃赖找了半天，找不到婵月，跑到窗前一看，窗户被打开，窗外还挂着一条长帕。知道婵月已跑，趴在窗户上大哭）

（包三听到哭声，急上）

包三：垃赖，出了什么事了？

垃赖：（带哭声）表……表妹跑了。

包三：跑了，你这个没出息的东西，还不快去喊房族来追。

垃赖：啊！我……我去喊！

（二人急下）

第五场
一对情人惨遭害　化石成仙警后人

时间：傍晚

地点：包三家

布景（远景）：一片青山

近景：山坡上盛开各种野花

（幕启：包三坐在家中吸烟，垃赖，众房族上）

垃赖：爹爹，众房族都来了。

房族甲：包哥，出什么事了。

包三：我家媳妇婵月跟祥依跑了，他们不会跑得很远的，你们现在就给我去追。

[包三、垃赖、众房族点火把急追。（下）]

（祥依、婵月、小妹上，在岔路口停下）

婵月：小妹，你快回家去吧。

小妹：婵月姐，哥哥你们快走吧。（小妹把项链脱给婵月）婵月姐，这是我妈临终时给我的，今天我送给你，你把它带在身边，愿你平平安安。

婵月：小妹，谢谢你（随即把自己的腰带脱下系在小妹腰间）这根带子就送给你吧，我们不会去很久的，等着我们回来。

祥依：妹妹，我们走了，你要好好照顾自己呀，天黑了要早早关门，你不会怕冷清吧？

小妹：哥哥，山中牛犊不畏虎，苦命的孩子不怕冷清哟。哥哥呀！

小妹：（唱）

（侗）国甫国内杏寸古，　　（汉）无父无母真受苦，
　　　问工才尧立单右，　　　　　顿时叫我得担忧，
　　　没松果同奴火古，　　　　　有苦不知跟谁诉，
　　　介高囊闷国奴久。　　　　　抬头望天无人瞅。

（小妹抱住婵月痛哭）

小妹：哥哥、婵月姐，你们快走吧，他们就要追上来了。

（小妹与祥依、婵月依依告别，祥依和婵月下，小妹把花带放在另一条路上。下）

（包三、垃赖、众房族上）

垃赖：（对包三）父亲，这里是三岔路口，你看我们往哪条路追。

（众人在岔路上各自寻找迹象。）

房族甲：（手拿捡到的花带）甫包，在这条路上捡到一条花带。

垃赖：（接住花带）这肯定是他们掉的。

包三：（命令）快，从这条路上追。

（众人追下。另外景）

（幕后唱下曲）

（侗）亿哩鸳鸯本打淼，
　　　押余尧你半闷打，
　　　成双成对意情马，
　　　它水玩仪褒亚达。

（汉）一对鸳鸯飞过河，
　　　你追我随空中过，
　　　双双并头飞比翼，
　　　山也欢笑水也乐。

（婵月、祥依上）

婵月：（唱）

（侗）如今立押同修仙，
　　　欢才多押阿立登，
　　　万卷经文麻同念，
　　　七立莲花伴台莲。

（汉）今天与你拜神仙，
　　　山盟海誓心不变，
　　　万卷经文共同念，
　　　才得莲花伴台莲。

婵月、祥依：（唱）

（侗）行背黄包锐外国，
　　　暗起谋押宽多心上国报格，
　　　冷涨西或布尧一心稳稳扒拉忙押协，
　　　尧爱押愿麻同扒拉随水游。

（汉）身背黄包到外国，

　　暗起谋心藏在心上谁人知，

　　水涨十八咱俩一心稳稳划船俩相靠，

　　你情我愿咱同扒船齐心扬帆顺水游。

婵月：（唱）

（侗）押变盘行西或两，　　　　（汉）你备盘缠十八两，

祥侬：（手牵着婵月的手）（唱）

（侗）押变架细西或皮，　　　　（汉）你备草鞋十八排，

婵月、祥侬：（合唱）

（侗）同同拜斗定闷蛮，　　　　（汉）一同走到天边远，

　　同拜杀卡造荣寒，　　　　　　走到那里造房间，

　　拜豆啥嘎或阿拉，　　　　　　勤劳富贵又再现，

　　堆金计偶学年扒。　　　　　　金碗吃饭过大年。

祥侬：（用手指着前方，环视家乡美丽的田园风光）婵月妹，你看呀，我们的家乡有多美，望不到边的水秀山清，无垠的层层梯田，我们这一去就再也看不到了。

婵月：是呀，祥哥，那我们就坐下来再多看几眼吧。（二人坐下，婵月依在祥侬的膝盖上）

祥哥，你说这"还娘头"到底是前辈谁定的，真把我们女人害惨了，遇到匹配的倒好，若是遇到情不投意不合的这辈子可怎么过。嗨！（叹气！）婚姻应该是你情我愿共家坐，恩恩

爱爱过生活嘛。

祥依：婵月妹说得真好，一辈子的婚姻大事本该是这样安排，我要把你的愿望变为现实，把你带到一个没有"还娘头"，没有受欺辱，两情相融共患情，粗茶淡饭苦也甜的地方。男的下田勤劳动，女的在家织纺棉，出门兴高采烈，进屋其乐融融的世外桃源。

婵月：谢谢祥哥，但愿我们都行好运，走吧！

婵月、祥依：（合唱）

（侗）麻拜板，
   转大岑禄奔甫奔内
   奔格鲁人介介拜，
   麻布别娘甫内行，
   麻布别良进常寒。

（汉）咱去伴，
   眼望岑禄丢爹丢娘
   丢众伙伴远远去，
   咱俩莫想父母爱，
   咱俩莫想垫柱岩。

（侗）瓦片洞茶麻务演，
   蛋壳冻偶务计勒，
   阴阴阳阳都浓艳，
   走冷得闷祥样连。

（汉）瓦片煮茶各一碗，
   蛋壳煮饭各分半，
   阴阴阳阳都浓艳，
   走通天下照样连。

（祥依、婵月二人欲走，又留恋可爱的家乡，牵挂家人，又坐下）

婵月：（唱）

（侗）岑如样赖麻难鸟，　　　　（汉）岑禄虽好咱难坐，
　　　浪大国阳堆斗劳，　　　　　　　流浪他乡去落脚，
　　　可怜押寒小妹冒，　　　　　　　可怜小妹想念哥，
　　　都细为了布人尧。　　　　　　　都是为我把情割。

祥侬：（听到婵月这样唱，又出现了想家的念头）（唱）

（侗）押伤甫内尧良那，　　　　（汉）你想父母我想妹，
　　　笨拜果学兴努马，　　　　　　　离家出走何时归，
　　　主拜主介主嘎押，　　　　　　　越去越远心受累，
　　　界闷界地可怜麻。　　　　　　　天远地远怜同随。

婵月、祥侬：（合唱）

（侗）教寸岑如寨当兵，　　　　（汉）我俩住在岑禄村，
　　　田牙他美万万千；　　　　　　　田园树林数不清；
　　　样赖力寨麻难兴，　　　　　　　美好家园咱难跟，
　　　架闷锐地火苦情；　　　　　　　上天下地诉苦情；
　　　拜报仙家记麻勤，　　　　　　　告诉神仙帮做主，
　　　啥嘎没理火力行；　　　　　　　那里有话说得灵；
　　　阎王分才邦多命，　　　　　　　阎王分给命中定，
　　　阿力阿用大宁行；　　　　　　　自找自用过年成①；
　　　固闷告状没啥喊，　　　　　　　上天告状喊得听，
　　　为条光阴留美名。　　　　　　　为情为爱留芳名。

---

① 年成：本地方言，指岁月。

（二人在"情寄岩"山顶上唱歌，又舍不得家乡和亲人，就这样一直在山上唱啊唱，感人的歌声震天动地，感动神仙，歌仙下凡）

歌仙：（唱）

（侗）九百年前修力仙，
　　　笨安主伤锐凡间，
　　　固闷再赖国芒念，
　　　定解夸闷信可怜。

（汉）九百年前修成仙，
　　　日夜总想下凡间，
　　　天宫虽好何留恋，
　　　脚踩云朵真可怜。

（侗）笨奶尧他亭如村，
　　　一样将先几协臣，
　　　人奴向嘎样火寸，
　　　闷冻地省约才人。

（汉）今天云游岑禄村，
　　　青山依旧几朝人，
　　　哪人歌声天地震，
　　　天昏地暗多伤神。

（侗）祥依婵月样唉霞，
　　　坦杯高求又改麻，
　　　为了得闷宁几甲，
　　　化生变进教人押。

（汉）祥依婵月情意真，
　　　争取年轻自由婚，
　　　"还娘头"事要修正，
　　　化石成仙警后人。

（空中响起二人的歌声）

祥依、婵月：（合唱）

（侗）别良凡间甫内行，
　　　麻堆面目化名心，
　　　留条角旦堂寸心，
　　　化身夫妻万万宁。

（汉）别想凡间父母音，
　　　把真面目化影形，
　　　留下双岩把情寄，
　　　换来人间爱和情。

（"情寄岩"故事发生后，化敉"还娘头"古规也逐步得到改变，自由婚姻降落人间，化敉世世代代青年男女用歌声赞美、思念祥侬和婵月的坚贞爱情。）

男女青年：（合唱）

（侗）祥侬婵月教立板，
　　　三村九寨没押旦，
　　　留条脚旦千千万，
　　　拜豆各欧都难兰。

（汉）祥侬婵月我的伴，
　　　三村九寨美名传，
　　　留有古名千千万，
　　　去到哪里都难忘。

（侗）祥侬婵月教立板，
　　　为求光阴留求盘，
　　　千宁万代立同鸟，
　　　杪椤伴念得闷囊。

（汉）祥侬婵月我的伴，
　　　为了光阴留有名，
　　　千年万代得同坐，
　　　杪椤伴月天下闻。

（侗）祥侬婵月角旦兵，
　　　押堆面目化名心，
　　　细人达界都竹英，
　　　押留角旦万万宁。

（汉）祥侬婵月名声望，
　　　你的面目留有样，
　　　世人路过抬头望，
　　　你把美名天下扬。

（侗）祥侬婵月叫板赖，
　　　变进变仙奔教拜，
　　　梭罗霞念花国拜，
　　　留冷旦赖情寄岩。

（汉）祥侬婵月侗歌仙，
　　　情寄双岩歌尽染，
　　　成仙化石人间换，
　　　千古传颂"情寄岩"。

全剧终

结　语

　　《情寄岩》是一部根据流传在化敖村民间传说而创作的侗族情歌剧。该剧创作于1992年，原作是本村姜同英和王正英，创作后的10年中，化敖村文艺队先后到锦屏县的彦洞村、瑶伯村、采芹村、九勺村，天柱县的石洞村，剑河县的高坝村、平鸠村等地演出，1995年曾进剑河县城调演，深受广大群众的喜爱和欢迎。2002年11月，县文广局从整理和挖掘民族文化，发展和繁荣民族文化艺术出发，邀请州内有关专家和领导对该剧进行修审。2003年10月，经过整理改编后县文广局将该剧从舞台搬上了银屏。在这21年中，《情寄岩》的影碟片在侗族地区市场上销量很大，《情寄岩》的歌剧传遍千家万户，家喻户晓。在湖南的靖州苗族侗族自治县、贵州天柱县、锦屏县、三穗县、镇远县、剑河县等的侗族村寨都能听到祥依和婵月的歌声，能听得到《情寄岩》的悲情故事。

　　11月14日，吴所长和省新闻记者袁嘉励亲临剑河与我采访，了解《情寄岩》故事的由来和创作过程以及布置上州表演的有关事宜。当天集中县文广局召开座谈会，有县非遗办主任吴光、杨茂、杨秀勇，县侗学会副会长吴世源，贵州省侗学会会员、州作家协会会员、县作家协会原秘书长、中学退休教师杨泽柱等参加会议。会上吴所长说《情寄岩》是一部不可多得的民俗戏剧剧种，目前黔东南州只有两个，一是天柱县的侗戏，二是剑河的《情寄岩》，希望把它写好，唱好，演好。经过大家讨论，吴所长做了安排，《情寄岩》修改稿12月底交州文研所审核。杨泽柱老师写《情寄岩》的评论，吴世源老师

215

侗族情歌剧《情寄岩》

写《情寄岩》的前言。杨泽柱老师提出，先由我把原整理改编的稿本从头到尾再斟酌修改，再把第一遍稿本印制，每人发一本，经过各人修改的内容汇总定稿。

根据大家的意见，我把经过多次修改整理改编的《情寄岩》草本再仔细地琢磨，斟酌比对，删繁就简，力图完善。以"一个原则、五个基本"为准则进行修改。一个原则就是以追溯当地政治经济文化发展的实地民风民情为出发点，树立有民族气节、勤劳致富，不失人伦、遵纪守法，敢想，敢说，敢当的舞台人物形象。五个基本：一是古传的经典古歌押不押韵，字数多少都整体保留；二是汉译古典歌词只要意译相通，不强求全部押韵；三是四句歌词中，每首歌一、二、四句押韵即可，第三句可不押韵，但尽量保留无尾韵的头韵歌和中韵歌；四是北部侗歌一般是每首歌四句，每句三字、七字、十一字、十五字、十九字不等，不能出现偶数字句；五是每首歌的末句要注意平仄，即每首歌的句尾属阴平调。

经过半个多月的修改工作，《情寄岩》的修改审定工作基本成形，由于水平有限，心有余而力不足，在修改过程中不足之处在所难免，敬请广大歌手、家乡父老和各位专家提出宝贵意见并指正。一并感谢天柱县、锦屏县、剑河县各位新老歌手流传的经典名歌给《情寄岩》的整理改编带来帮助。

丹寨"卡拉鸟笼"非遗与铸牢中华民族共同体意识

潘明荣*

苗族历史悠久，民族文化丰富，是一个迁徙民族。其中，"丹都支系"就是黔中苗族之一，他们自称"嘎闹"，苗语为"ghab naos"，苗语"ghab"即"叫"之意，"naos"即"鸟"之意，"嘎闹"即为"鸟之部族"，是以鸟为图腾崇拜的苗族支系。[①] 在《苗族古歌》广为流传的苗族地区，枫树、蝴蝶和鹡宇鸟成了"三位一体"的生命祖神，是苗族人自古崇拜的图腾和文化符号，主要呈现在宗教祭祀仪式，传统刺绣、蜡染和银饰头冠等造型纹样上。[②] 鹡宇鸟作为"三位一体"生命祖神之一，在苗语世界中随处可见。在苗族"鼓藏节"祭祀仪式中，鼓藏头和祭祀团队成员必须穿上具有神职身份象征意义的鼓藏服，

* 潘明荣，苗族，贵州省凯里市人，黔东南州民族研究所。研究方向：民族学。

① 杨军昌，李小毛，杨蕴希.黔东南苗族侗族自治州卷［M］.北京：知识产权出版社，2010：156.

② 仲星明.苗绣密码——战神的召唤［M］.连云港：江苏凤凰美术出版社，2018：62.

鼓藏服上绣有蝴蝶和鹡宇鸟的图腾纹样，头上戴着由花白长尾锦鸡鸟羽镶制而成的头冠，看起来雄伟无比。在起鼓阶段，各家族用蜡染和织锦制作成长条幡旗以迎接祖神，旗幡上也有鸟冠龙身造型的生命祖神鸟图腾符号纹样。在苗族传统节日里，妇女们所穿的盛装均以各种造型的生命祖神鸟图腾符号为主体图案，头冠银饰即鸟的翅膀，飘带裙不但绣有生命祖神鸟图腾符号，而且每条飘带裙的裙脚还系有白色的鸟羽，"百鸟衣"因此而得名。此外，妇女盛装上的刺绣和蜡染，在最为引人注目的部位——衣袖上绣有神圣的祖神庙纹样，神庙两侧飞檐周围绣有飞翔的生命祖神鸟图腾符号。古代苗族女性用神话般的思维灵感，把生命祖神的图腾符号尽显在苗族服饰上，以如此特别的方式铸就苗族人民共同的历史文化记忆。这种图腾符号世代相传，不仅成为苗族人引以为豪的珍视之物和价值连城的艺术作品，更是与苗族祖孙形影相随的、用于沟通与交流的神圣语言符号。所以，至今苗语世界仍保存着对鸟图腾的崇拜，这在一定程度上反映了苗族先民对鸟类具有无比崇敬之心和敬畏之感。

由于苗族崇拜鸟类，所以养鸟自古就成为苗族民众的爱好。苗族村寨里几乎家家户户养鸟，走进苗寨房前屋后随处可以看到鸟笼挂件，随时能听见鸟儿对歌的情景。老老少少都喜欢养鸟，老人养画眉，小孩养山雀，人手一只，酷爱之至。养鸟对于爱鸟之人，除了是一种爱好，更是一种陶冶情操的方式。遛鸟、斗鸟则是最好的展现。人们上山砍柴割草，翻土种地都会带上爱鸟，可谓形影不离。有时候苗族同胞路上不小心滑倒，坚决不让鸟笼落地，宁伤身不伤鸟，可见他们爱鸟之深。每逢赶集之日，苗族老幼手提爱鸟齐聚市场，其乐融融。苗族人养鸟历史悠久，养鸟器具自然而然也成为生活中不可缺少的元素。由于出自技艺人之手，这些器具极具艺术性、审美性和文化性，纵使众多爱鸟之人斥以"巨资"来满足他们的"攀比之心"。鸟食罐、水缸、挂钩等都是这一器具文化的重要元素，对于富贵鸟（一种能打耐斗之鸟）的栖息之所——鸟笼，其制作工艺则格外讲究，是鸟笼文化的重头戏。因为鸟客众多，鸟笼的需求量大，质量要求更加苛刻，由此众多技艺精湛的民间手工艺人也随之产生。在日常交流与沟通过程中，技艺传承人通过技艺互通，鸟客们通过鸟笼买卖和斗鸟活动，使得民族文化日渐融合，民族感情越加浓厚。进而促进地方民族团结，培养了地方民族共同体意识，为铸牢中华民族共同体意识奠定了坚实的基础。

一、丹寨"卡拉鸟笼"非遗的历史源流

丹寨县卡拉村居住着苗、侗、水、布依、彝5个少数民族同胞，其中以苗族人口占比最大。全村共171户，户籍人口685人，姓氏不多，只有杨、吴、王3姓常居于此。其中杨姓户数最多。卡拉村老支书王玉和[①]（以下简称"WYH"）介绍，鸟笼制作是卡拉村的一种传统工艺，至今有400多年的历史，在漫长的历史长河中，鸟笼制作经历了许多曲折的历程，也有

---

① 受访人王玉和，贵州省非遗传承人（上届村支书），访谈地点：卡拉村，传承人家中；访谈时间：2022年6月12日。

过鼎盛的时期。在中华人民共和国成立之初，养鸟被视为浪费粮食。鸟笼产出后，因穷于销售只好把鸟笼当礼品送人，几乎没有收益可言，鸟笼制作和发展进入了一个瓶颈期。到了改革开放初期，国家政策一片大好，WYH回乡操持祖业，开起了鸟笼制作培训班，发动了200多名年轻人参加学习培训。当他在贵阳鸟笼市场上，轻松地把几千个鸟笼（他自称为"贵州笼"）高价远销中国云南、香港等地，以及马来西亚、老挝、越南、泰国等多个东南亚国家，更是坚定了他要靠双手，要带着老祖宗留下来的"宝贝"——卡拉鸟笼，走上创业致富的信心。为了弘扬、传承这项民族民间技艺，传承人WYH毫不保留地向周边的乡镇、村寨传教授课，覆盖了排倒、基加、乌湾、牛棚等周边自然村寨，参与人数多达300人。有了这个"宝贝"，于20世纪90年代初，他带领村民艰苦奋斗卡拉村从当地最贫穷的政府救济村寨一跃成为年人均收入最高、最早脱贫的新型民族旅游村和示范点。吸引了大量游客和学者慕名来参观学习，形成了"到丹寨必去卡拉，到卡拉必看鸟笼"的大好局势，引起了政府的高度重视。为此，2007年，丹寨县卡拉村被贵州省文化和旅游厅命名为"鸟笼编制艺术之乡"。2009年，卡拉村的"鸟笼制作技艺"被列为贵州省第三批非物质文化遗产。[①] 2015年他带领全村人们脱贫致富奔小康，人均年收入已超过1万元。卡拉村共成立鸟笼制作合作社1个，入社农户年均纯收入50335元，占家庭总收入的93.5%。鸟笼年产量达到10万只，光淘宝网销售点就有6家，年产值约650万

---

① 况苏玲，吴雪.卡拉村鸟笼文化对经济发展研究[J].农药市场信息，2020（41）：50-51.

元。[1]2020年卡拉村提前实现了脱贫攻坚的战略目标，坚定地走上了乡村振兴建设的新征程。

二、丹寨"卡拉鸟笼"非遗的制作技艺

"卡拉鸟笼"制作是一项流传久远的并且独具民族特色的民间技艺，其工艺流程多且复杂，分为选竹、破竹、除湿、定型、编织、上色等。使用的制作工具有篾刀、锯子、锤子、标尺、夹子、夹钳、刮刀、拉丝板等十余种。产品造型结构有方、圆、尖、扁及上小下大的罗汉肚，中间大两头小的腰鼓形，等等，其具有艺术性、实用性、传统性、地域性和创新性等特征。同时，篾编工艺品作为用具，还具有使用便捷、卫生环保作用以及使用性、艺术欣赏性、收藏性等重要价值。

（一）选竹

选竹是鸟笼制作的第一步，也是比较重要的一个环节。丹寨气候湿热，雨量充沛，极其适宜竹子的生长，所以选竹时一般就地取材以降低成本，制作数量较多、用材较大时才从周边县市调度，如榕江县、三都县、荔波县等。制作鸟笼一般选用的竹梢要挺直、无病虫害，竹龄在3年至4年为最佳，年龄太老和过嫩的竹子柔韧性不太好，易断和变形。除每年3月到5月竹笋生长期外，其他时间都可以采伐。卡拉鸟笼制作一般选用楠竹和水竹两种原材料，楠竹厚度大、硬性强，主要用来制

---

① 列来拉杜．卡拉村的小康路 [J].民族画报，2016（5）：54-57.

作"笼圈"，当地人也称"龙箍"，一根楠竹可以做十多个鸟笼的笼箍；水竹（也叫白竹）柔韧性好，竹节较长，一般竹节长在35厘米左右，长得好的竹子竹节甚至可长达60厘米，属于上等竹子，可以用于制作笼丝。无论楠竹还是水竹，以疙瘩平整、竹节长的为上品，制作出来的鸟笼更美观。从竹色上看，一般青色皮子的竹子要比黄色皮子的竹子好，更结实耐用，具有不干裂、不变形的特点。

（二）破竹

破竹在鸟笼的制作工艺中也叫作"分片"，是利用篾刀将事先分割好的竹片从中间垂直破开，再用篾（苗话为"mief"，即"砍"的意思）刀将破开的竹片四面边缘削平，尽可能削成长方形，轻刮背面竹青。如果要分的是笼箍，则用篾刀将均匀对半破开的竹片内侧疙瘩削平，根据所需制作笼箍大小（周长）用刻尺（鸟笼制作专用尺，与日常用尺不同）在竹片上量定等长刻点，再用篾刀或铅笔在标记处刻画出来。一个鸟笼所需笼箍个数一般为顶3个、腰4个、底1个，共计8个。顶为3个同心圆自内而外周长依次加大，腰并非4个大小相同的圆形箍，否则笼身便成一个圆柱体，缺乏美感，所以中间两腰箍周长都会比上腰箍和底箍略大，以凸显腰鼓形，体现笼子的稳定性和外在美。笼箍竹片的宽厚视情况而定，一般小的要1厘米左右，大的2.5厘米左右。村里有一位叫杨通元的老人，是村里公认手艺最高的手艺人，笼箍制作是他的拿手绝活。在制作笼箍时，不仅需要很大的气力，还要讲究无缝连接，是难度最大的一个环节。WYH透露，鸟笼制作工艺的好与坏，质量的优与劣，主要是看笼箍连接处是否对称、衔接完好，也以此来判断师傅手艺的精湛程度，一旦衔接不好，时间长了笼体会变形，失去稳定性。由于竹片坚硬，在分割竹料的过程中，手很容易受伤，因此分割时用力要讲究"稳"和"准"，这样既能自我保护又能保证分割出来的竹片尺寸大小相同。笼丝的制作是用篾刀将事先煮好的竹筒均匀破成小竹条，将其上下四角削成圆形，刮去青皮，再用拉丝板拉成圆条，在所有笼丝固定的位置按相应的角度弯曲成弧顶。编织一个鸟笼所需笼丝的条数不等，一般单丝鸟笼要44条，双丝鸟笼要88条。对此，当地人并没有对笼丝条数的意涵做更多的解读，就笔者而言，从美学角度上看，用偶不用单实际上是讲求对称性和欣赏性。

（三）除湿

为使鸟笼坚固耐用，需把竹料放进大锅里加盐蒸煮，进行除湿消毒和定型。经过蒸煮之后的竹料会变得更具柔韧性，不易生虫生霉，这是鸟笼的制作工艺流程中最重要的一个环节。

（四）定型

将蒸煮好的笼箍取出、晾干，通过接口裁剪接好，然后进行钻孔，固定衔接处（根据之前标尺刻点钻孔）并拴上圆柱竹锥（一般不用化学胶水），笼箍固定成形。据说笼箍制作难度最大，所以技艺人制作工艺的优劣可视笼箍制作的好坏程度来衡量，也是判断手艺人技艺高低的根本标准。

（五）编织

编织过程相当讲究先后顺序，先从顶箍开始穿丝，顶三箍也应先大后小，先外后内，依次进行。在编织鸟笼时，穿丝工序十分讲究，穿的时候一定不能反穿。竹子有篾青和篾黄两面，竹子露在外面的一面叫"篾青"，里面的一层叫"篾黄"，篾青的柔韧性较篾黄好得多。要是不遵守这些规律，穿丝过程中笼丝易断，笼体柔韧性和牢固性不够，笼子外观缺乏美感。完成顶三箍穿丝后，将事先备好的腰笼箍依次套入笼丝孔内，笼丝就自然弯曲成鸟笼雏形，后固定鸟笼底圈，在离笼底圈七八厘米处装上栖木，栖木表面需漆上砂面以利于鸟儿站稳，同时保护栖木不朽，面上粗糙可以磨合鸟脚趾使鸟儿更加轻巧。再装上楼楞、穿底丝，待上色完成后在鸟笼内栖木两端位置装上两个食缸和一个水缸，最后在笼顶装上鸟笼挂钩，鸟笼基本构架完成。

（六）上色

上色是在鸟笼编织完成后，保证笼体洁净、足够干燥的前提下进行的。上色既是为了美观，也是为了起到防水的作用。色料一般取自市场上的化学药剂专卖店，种类丰富。上色时可以根据色彩需求，按比例把几种不同色种混合调配。用油漆刷上色是一种传统的上色方式。上色慢、上色不均匀是其最大的不足。到了后来的浸泡式上色，虽然上色速度较之前快了许多，但是仍有上色不均、成流线等现象发生，严重影响鸟笼的美观。聪明的卡拉人在实践探索中，充分发挥了他们的主观能动性，在色液里面加入一些吸湿性很强的物质如油漆、膏粉等，解决了晾干慢、有流线的问题，笼体光泽效果更加明显。

综上所述，不难看出卡拉鸟笼的制作过程是极其复杂和讲究的。要完成一个精致且富有实用价值和艺术审美价值的鸟笼，要经历选竹、破竹、除湿、定型、编织、上色六个步骤，缺一不可。此外，在制作过程中必须按照以上六个步骤依次展开，否则制作出来的鸟笼便存在瑕疵，达不到最佳的效果。而这些精湛的技艺通常都是当地非遗传承人所有，不具备这类技艺的普通人一般充当"打下手"角色。

三、丹寨"卡拉鸟笼"非遗的文化符号意义

非物质文化遗产不仅是人们共同的价值情感与文化认同，还是地区经济建设的重要资源，更是中华民族的精神命脉。丹寨"卡拉鸟笼"作为省级非物质文化遗产，既是文化也是产业，在铸牢中华民族共同体意识中发挥了建设共有精神家园、促进各民族交往交流交融、推动经济社会发展的价值，在传统保护与时代发展相结合中带领各族群众走向"共富"与"共识"的新局面。①

（一）"卡拉鸟笼"非遗建设共有精神家园

精神家园是一个民族在文化认同基础上产生的文化寄托

---

① 王延中，章昌平.新时代民族工作与民族交往交流交融 [J].中央民族大学学报（哲学社会科学版），2019（5）：15-27.

和精神归属。①从丹寨卡拉苗族的族源及其鸟笼发展的历史源流来看，鸟笼的产生、形成及发展并非偶然，而是苗族人日常生活所需、苗族历史发展与社会发展的必然结果。正如前面所述，在鸟笼技艺传承的400多年里，鸟笼的发展既历经曲折也有过鼎盛的时期。在中华人民共和国成立之初，受国家经济发展水平的制约，养鸟被视为耗费粮食近乎"夭折"，但是3位民族先辈竭力把老祖宗遗留下来的"宝贝"在他们的手中得以承续。当鸟笼大量被生产出来又无法销售出去，在鸟笼只能当作礼品送人的时候，他们始终如一地坚守在鸟笼制作的道路上从未放弃。改革开放初期，迎着国家利好政策之东风，鸟笼制作传承人WYH坚定地拿起了祖辈传承下来的接力棒——卡拉鸟笼。他自建鸟笼制作培训班，免费培训村民鸟笼制作技艺，在卡拉村和周边村寨一度掀起了制作与经营鸟笼的热潮。

调查时，笔者有意地细数了多个鸟笼的笼丝，发现大多数鸟笼的笼丝都是呈偶数排列，极具对称性，这些笼丝间隔均匀地插在五个笼箍搭成似圆柱体形状，既美观又牢固。当问及传承人什么样的鸟笼才算得上质量过硬时？他掷地有声地回答道："一个优质的鸟笼上面可以坐上一位百斤小伙。"笔者顿时明白这里面的精神内涵，原来一个精致的"鸟笼"和"牢笼"一样都具有坚不可摧的特性，这正是"丹笼"精神的本质体现。笼丝均分布于笼箍圆孔上，筑成精美别致的圆柱体（即精神家园），正像56个民族团结平等、紧紧地依偎在中国共产党周围一样，为铸牢中华民族共同体意识，各个民族都是必不

① 高永久，陈纪.论中华民族共有精神家园的内涵与价值核心 [J]. 科学社会主义，2008（2）.

可少的。笼丝均匀分布筑成似圆柱体（人类命运共同体）——精神家园，也许正像56个民族平等团结地围绕在中国共产党周围一样，为铸牢中华民族共同体意识，每一个民族都是不可或缺的。

在长达400余年卡拉鸟笼传承的历史中，卡拉鸟笼经历了从无到有，从濒临灭绝到冉冉升起，再到不断发展壮大，最后荣登省级非物质文化遗产殿堂的历程。这无疑是众多苗族先辈及其后辈的不懈努力和共同创造的产物。"卡拉鸟笼"作为省级非物质文化遗产，是民族文化的固态载体，承载着丰富的民族文化，同时也蕴含着浓厚的精神力量。只有不断地做好传承保护和日益创新，方能长期建设好中华民族共有的精神家园。

（二）"卡拉鸟笼"非遗促进各民族交往交流交融[1]

调查发现，卡拉鸟笼的制作范围并非局限于卡拉村内，受到卡拉村民鸟笼制作技艺及氛围的影响，周边多个民族村寨纷纷加入队伍中。当然作为中国鸟笼之乡"卡拉苗寨"村民的制作技艺会更胜一筹。除了吸引四周村民的学习造访之外，还有五湖四海的游客慕名而来。有幸的是，笔者在非遗传承人WYH家调查的当天，偶遇了几批"带着目的"的宾客。其中，来自凯里学院民族学专业的5位学生和笔者一样没有太多的目的，只是带着好奇感，抱着求知心，走进了神秘的鸟笼之乡而已。然而，一位年近六旬金发碧眼的老者，手捧摄像机，在得到主人同意后四处拍照、自娱自乐！还有20多位来自剑河暑

① 刘秉承.像石榴籽一样紧紧抱在一起[J].实践（党的教育版），2019（8）：11-13.

假训练营的身穿迷彩服的"霹雳战火"小分队队员，他们虽都是在校的中小学生，却充满着对未知世界的探索之心。在主人的带领下，今天所有到访的人（其中也包括笔者）亲身体验了鸟笼制作的全过程，并了解了鸟笼制作的许多细节知识。通过"引进来"和"走进来"的双循环模式，"卡拉鸟笼"非遗就地实现了各民族之间情感深度交往、交流、交融，营造了不同民族文化的共居、共学、共识、共乐的良好氛围。此外，非遗传承人WYH不断地解放思想，与时俱进，使鸟笼文化和制作技艺人从思想上和行动上与国际接轨。为此，他曾多次赴贵阳参加国际鸟笼文化分享会，与省内外、国际的专家分享交流。

（三）"卡拉鸟笼"非遗推动经济社会发展

在铸牢中华民族共同体意识的时代进程中，经济因素的影响不可小觑，经济发展的不平衡、不充分仍然是我国当前及今后一段较长的时期内的主要矛盾。在自然资源富集但基础设施差、产业基础薄弱的民族地区，这种矛盾表现尤为突出。我国西南少数民族聚居区经济相对落后，是全国经济高质量发展的"短板"，然而，丰富的自然资源、淳朴的人文环境是这些少数民族地区独特优势，是社会亟待挖掘、保护、传承与弘扬的重要领域，也是历史赋予我们的时代之问。

在经济发展面前，是固守非遗的原生性还是结合时代需要创新性发展，是摆在人们面前的一大难题。然而，事实告诉我们任何事物的发展倘若以牺牲其经济价值为前提，那么它也就失去了应有的价值和存在的意义。纵观丹寨卡拉鸟笼的发展历程，其之所以生生不息，欣欣向荣，正是因为卡拉鸟笼实现了其价值从礼品到养鸟器具，再到灯饰挂件的渐变。早期因受社会客观因素的制约，卡拉鸟笼发展一度遭到了沉重的打击和影响，鸟笼也因此失去了其本该具有的价值和意义。自娱自乐和送笼作念成为苗族先民寄予鸟笼最大的期待。随着社会的发展变化，鸟笼再度以其本真的姿态呈现于世人面前。因其精美的制作工艺和美丽的外观，深受众多养鸟人群的喜爱。市场竞争不仅使鸟笼制作人技艺得以精进提升，同时也带动了多数农户投入鸟笼制作生产中，促成了丹寨鸟笼非遗产业化，也因此使农户住宿商业化。通过农村产业化与商业化的有机结合，农民收入明显提高，农村面貌明显改善，卡拉苗寨成为丹寨县脱贫致富的先锋，是走在乡村振兴建设路上的领头羊。

随着鸟笼制作与销售量的锐减，传承人WYH率先作出了鸟笼发展思维的创新和转变，他结合人们日常用品创新性地对鸟笼的形状构造进行多变改装，使鸟笼现代化和多功能化。改进后的鸟笼不仅款式新颖，还满足了当代人的现实需求。比如把传统意义上的鸟笼转型为灯笼、灯罩、灯具挂件，书架，园艺挂件等，既是现在家庭、企业、宾馆、酒店等装修的首选材料，也是旅客购买和收藏的首选。此外，政府购买也是卡拉鸟笼实现复苏和走出去的重要战略之一，丹寨万达小镇和黎平肇兴侗寨两个景区均是因挂卡拉鸟笼式灯笼成为一道靓丽的风景线。

总之，在充分保护非遗的基础上，卡拉人结合人们生活所需，为满足社会发展所求，尽享政府政策红利，并不断转变思维观念。卡拉鸟笼的运营采取"卡拉人：技术＋制作生产；公司：广告＋投资＋销售；政府：政策＋调控"的生产销售模式。这不仅带动村民脱贫致富奔小康和助力乡村振兴建设，而且为全域经济乃至社会经济的发展作出了贡献。

　　历史的发展演变、科学的日益进步、社会的多元开放，不断影响和冲击着传统而悠久的民间工艺文化的发展。人们在这种传统与现代的文化撞击中做着无奈的选择，是恪守祖辈留下来的"宝贝"不动摇不改变？还是为谋求家庭既得利益，改变生产经营方式，形成"产业化+商业化"的发展模式，顺应市场发展需求？抑或在二者中寻找适当的平衡点？文化自身特点告诉我们："文化的变迁是永恒的，不变是相对的。"所以，丹寨"卡拉鸟笼"非遗应充分利用地理优势、文化优势和政策红利，实现传统文化与现代文明的良好衔接，在变化中传承"不变"，在发展中谋求创新，做好"双创"发展。

滇东北次方言苗族口传诗歌搜集整理札记

张　杰　梁佳雪*

苗族在过去的生产生活经验及传统的文化知识，都是以歌谣、故事等文学形式传承下来的。其中苗族口传诗歌所记录的开天辟地神话、战争与迁徙的历史叙事、民间风俗的认知，以及原始宗教信仰中的祭祀词等丰富多样的远古社会记忆内容，记录了苗族各方面的历史文化知识，不仅是对苗族社会生活方方面面的反映，更是苗族传统文化中的"百科全书""活图书馆"。比如苗族服饰中的"背牌""蜡染裙""刺绣披肩"纹案内涵，在苗族口传诗歌中都能找到相应的描述；又如在苗族婚俗中的"请舅爷""剃头"仪式，从苗族口传诗歌中都可窥视到其形成和演变的文化脉络等。

生活在北盘江流域的"大花苗"，属于苗语西部方言滇东北次方言之族群，主要居住在贵州省的毕节市威宁县、安顺

---

*　张杰，苗族，贵州水城人，硕士研究生学位，贵州省黔西南布依族苗族自治州图书馆馆员，黔西南州苗学会理事会成员，主要从事民族古籍文献、苗族文学研究。梁佳雪，贵州凯里人，硕士研究生学位，贵州省黔西南布依族苗族自治州民族研究中心三级翻译，黔西南州苗学会理事会成员，主要从事少数民族语言文化研究。

市镇宁县、六盘水市水城区，云南省的昭通市大关县、昆明市、楚雄州等地。该支系自称ad hmaob（阿卯），他称为"大花苗"。其目前口传诗歌搜集出版主要有六个版本，每个版本的记译形式不一。

第一个版本是20世纪三四十年代由王明基、杨荣新、杨汉先、张绍乔（英国）、张继乔（英国）等先辈用苗文记录，[①]后经夏阳、王建国、韩绍刚、王维阳等人整理翻译，2007年由云南民族出版社出版的《中国西部苗族口碑文化资料集成》，该版使用老苗文和英语对译，老苗文记录了比较原始的苗族语言词汇，但是在翻译上并未进行直译，考虑到英语的语法，同时又要兼顾诗歌的意思，所以译句难以表达出苗族口传诗歌的意境。

第二个版本是云南少数民族古籍整理出版规划办公室编，陆兴凤、杨光汉、吕稼祥、汤君纯等人编译，1992年云南民族出版社出版的《西部苗族古歌》，书中收录的苗族口传诗歌以汉文字和苗文对照的形式，译文简短精练，将所有译文作为上篇，苗文记录的口传诗歌作为下篇。

第三个版本是杨芝、吴兴国、杨荣新、王明基、朱文德、李崇德、王廷芳等人整理翻译，由苗青主编，1998年贵州民族出版社出版的《西部民间文学作品选》，该版本的苗族口传诗歌主要搜集区域为贵州省威宁、赫章一带，内容以新苗文加上意译呈现，译句华丽对仗，意境优美。

第四个版本贵州民委民族语文办公室、威宁自治县民族事务委员会编，1996年1月由贵州民族出版社出版的《苗族民间

---

① 王维阳.苗族古歌·卷四 [M].贵阳：贵州民族出版社，2015：5.

文学选读》。

第五个版本是杨芝、王朝光、张明、朱明文、杨荣新、王明基、张志辉、王维阳等人整理翻译，2015年贵州民族出版社出版的《苗族古歌》（卷四），该版本搜集区域在贵州威宁、赫章一带，内容以新苗文加意译的形式，其中部分内容与《西部民间文学作品选》有相似之处。《西部民间文学作品选》和《苗族古歌》（卷四）都以新苗文和汉意对译，辞藻优美，用词经过精雕细琢，丰富了口传诗歌的内容。

第六个版本是杨世武主编，2019年云南民族出版社出版的《西部苗族古老歌》，该版本不同于其他版本的地方在于，其把苗族音乐分为"歌唱类"和"乐器类"两种。歌唱类有古老歌、盘歌、飞歌、情歌、小调、鬼师歌等；乐器类有芦笙曲、箫筒曲、笛子曲、唢呐曲、木叶曲等。[①]

一、苗族口传诗歌搜集缘由

2018年8月，在吴正彪教授的指导下，我们开始着手搜集滇东北次方言苗族口传诗歌，在四处打听之后，得知在贵州省六枝特区岿峒镇毛口乡半坡村九层山苗寨（原郎岱镇毛口乡半坡村），还有几个老歌师能够唱诵苗族口传诗歌，于是我们决定前往九层山进行田野调查。2019年1月，得到安顺学院熊黏老师课题"北盘江流域大花苗古歌的搜索整理与研究"的支持，我们以贵州省六枝特区岿峒镇毛口乡半坡村九层山苗寨为

① 杨世武.西部苗族古老歌 [M]，昆明：云南民族出版社，2019：1.

中心点开始进行调查搜集。

二、苗族口传诗歌调查地点

（一）地理环境、人口

从远处看，苗寨背靠参差不齐的九层山峦，故名九层山。九层山分为上九层和下九层，苗寨位于下九层中，苗语名为 Jax Dik Draob，因九层山苗寨原隶属郎岱镇的行政区域，故又有苗语名 Hmaob Langs Dais（卯郎岱，生活在郎岱的苗族）。九层山位于六枝特区洒志乡、郎岱镇、毛口乡交界处，在毛口乡的东北面，还生活着布依族、喇叭苗等同胞。

（二）农耕作物

村民王明昌是第一批从贵州威宁搬到九层山的苗族居民，一同搬来的还有杨绍明、王明清两家，杨家住在现在张明德家那里（寨子的正中间位置），王明清家住现在汉族人居住的地方（半坡村）。刚搬到这里时王明昌家才种了3分田，后来慢慢地开垦田地，因为地势高，水源不足，便由种田转为种地，水田都位于地势较低的地方，因为苗族人喜欢住在高山上，所以大家就放弃了种田。九层山苗寨种植的粮食作物有玉米、土豆、毛豆、白菜、青菜和小米等。

（三）人文教育

王明昌曾在郎岱镇长叶树读书，三年级的文化水平。后来他先在居民房办学3年，设了公房以后，王明昌又继续教了2年书。当时学校有30余个学生，以苗族学生为主，课程设有拼音、数学、政治、音乐。后又请来苗族人王兴良一起教了3年，王兴良再请王文仙来代课，王兴良只有一年级的文化水平，只能教一年级，主要教拼音、政治。王文仙有三年级的文化水平，所以教二、三年级。王文仙在学校教了2年书，主教算盘、体育、早操（这是从镇宁县培训回来才教的）、数学、语文。

1994年，湖南人黄白钱出钱在九层山苗寨中办学，但其并未任教。后由寨上苗族人苏德祥任教，当时代课老师的工资只有200块钱，在这样的环境下苏德祥教了5年的书。

此后，教育部门在九层山苗寨设立学校，聘请老师来任教，给苗族子弟带来了正式的教育。现在苗寨里的学校已经迁往半坡村，苗寨中的学校已经不再办公，老歌师潘向武便搬到学校居住。

三、苗族口传诗歌搜集调查经过

2018年8月，在参与贵州省文史馆组织的"黔中苗族历史文化存世资料抢救项目"的田野调查之后，我们在坪箐苗寨采访了几位老人之后得知，原来水城县境内的"大花苗"支系，包括二道岩、石板沟等地的"大花苗"，已经没有能唱诵苗族口传诗歌的传承人了。一次与寨上张俊辉老人聊天中得知，在贵州省六枝特区的毛口乡半坡村，苗语名叫"Jax Dit Draob"（九层山）的地方，还有几个老歌师能够唱诵苗族诗歌。

2019年1月3日晚，在安顺与熊黏教授会合，此次苗族口传诗歌搜集继续将六枝九层山作为长期田野调查点，并且拟定将镇宁县募役乡八河村作为今后搜集的接力站。

2018年8月收录诗歌13首，2019年1月第二次收录苗族口传诗歌23首，已经整理30首，整理10万余字，所搜集的诗歌种类如下：

风俗篇：这类诗歌有年轻人唱给长辈的敬老歌《NGAOX LAOL》，有结婚时请媒人的媒人歌《NGAOX ZIT GHAOT》，还有办喜酒时请人做饭的做饭歌《NGAOX AT VAS》等。

故事篇：这类诗歌主要是把故事以歌的形式唱出来，例如讲述苗族年轻小伙使用妙计巧娶龙王之女的《NDLIES JAk》（列嘉）；遭受外族土目摧残依然不忘家中孩子的伟大母亲《BOB DNANGB NIES NDANGX》（党聂荡奶奶）等。

爱情篇：这类诗歌形式多样，没有固定的"歌词"，年轻男女凭借自己的能力将诗歌的内容唱到极致，表达双方的情意，男女双方通常都不直接表达爱意，多用隐喻的表达方式，例如《NGAOX DIB NGAOB DIT HLA》（青年男女歌）中唱道"小伙我不是一个抓鸟的人，抓鸟人要聪明懂事……"其中姑娘说小伙子是一个喜欢到处抓鸟的人，这里"抓鸟"用来指玩弄感情、用情不一。

战争、迁徙篇：这类诗歌主要叙述了苗族人遭受战争摧残，从中原地区举族迁徙，例如因为家中孩子太多，父母无奈只能带着老大搬家的《NGAOX GUK NAS DIB BWB YIS》（背井离乡歌）；苗族首领"安一"请仙家"阿麻告莫"帮忙抵御外族入侵的《NGAOX NDAOT ZIT》（战争歌）等。

四、整理后感

（一）搜集过程中的问题

对苗族口传诗歌的搜集整理，我们采取了四种方式，四种方式各有利弊，接下来我们就这四种方式谈谈知自的优缺点。

第一种方式是先让歌师演唱，演唱完毕再让歌师用口语形式把诗歌内容讲述出来，除了用苗文记录，还把歌师演唱和讲述的内容都记录下来，在记录的过程中，"文学词汇"、人名、地名以及不清楚的内容及时间问歌师，并且当场做好记录，以便后期整理时做好注解。采取这样的方式，可以让歌师不间断地讲述，刚演唱完诗歌，对诗歌内容记忆还比较深刻，更能完整地复述，可以想象如此记录，一天便可以搜集到20首左右的诗歌。

第二种方式是先让歌师们尽情地唱，把所有诗歌都录制下来，再请歌师来一句一句地听，一句一句地复述。刚开始调查者对于苗族口传诗歌是比较陌生的，不能马上听出歌师在讲述的时候漏掉哪些句子，但是一句一句地让歌师听完，歌师再讲述，这样就最大限度地还原了诗歌中的语言，因为一句很短，便于记忆，所以我们也能够发现遗漏的地方，及时地提醒歌师。这种方式最能原汁原味记录诗歌，但是如此一来，需要花费更大的精力，特别是后期歌师讲述的时候，一句一句地听，听完之后再进行讲述，有的歌师参与录制了唱的部分，但是后期讲述的部分没有参与，由于每个歌师唱出来的腔调都不同，别人在讲述的时候并不能完整地将其他歌师所唱的识别出来，需要反复地听，这也需要投入更多的精力。

第三种方式是带着歌师到镇上的宾馆进行录制和翻译工作，这种方式的工作效率是最高的，因为歌师除了休息和协助诗歌的记译整理，不需要分心去管理其他事务，而且在这种环境下，歌师和记录者都能够专注于同一件事。即便如此，也不能高强度地进行工作，毕竟歌师都是上了年纪的，三天到五天的工作时间最宜，生活在农村的歌师对于这种工作方式还是会感到疲惫，另外，开支也比较大。

第四种方式是先让歌师把歌唱一遍，然后让歌师讲述一下演唱的大致内容并且记录下来，将所有的诗歌录制完成之后，整理者再去听录音，一句一句地把诗歌记录下来。这种方法在搜集的时候是最轻松的，能以最快的时间搜集更多的诗歌，但是在后期整理过程中是最繁杂的，需要能够听懂一首诗歌95%以上的内容，才能够将诗歌完整、正确地记录下来。特别是一些"文学词汇"晦涩难懂，若没有歌师在一旁辅助，会严重影响翻译整理的进度。

（二）后期整理的见解

1.笔记、录音的整理。在记录的时候会用快速的方式记录，所以会出现苗文使用不准确的情况，这就需要及时地将笔记整理出来，时间久了，对于笔记上的内容会遗忘掉。有些内容过于模糊，需要结合录音进行整理。

2. 苗族口传诗歌翻译。结合已经出版的苗族口传诗歌出版物，我们认为在翻译时需要有直译和意译两种，直译可以让读者直观理解苗语的句式结构、语法特征、词汇意义，意译能够让读者顺畅地通读。另外，苗族口传诗歌中特殊词汇、人名、地名、文化事项等都需要作详细注解。

3.苗语清浊音的表达。翻译的时候要准确地使用调值，在新苗文中，苗语的清浊音只有通过调值才能够体现出，但是并不能把所有的清浊音都表达出来。

4.人名和地名的书写和翻译。人名有三种，一是直唤名字，例如"NdraosNzax"，这种人名书写时首字母需要大写，可以直接音译成"召咱"。二是加称谓的，例如"Yeul Job Git Zit"，在之前的出版物或者文章中将此翻译成"觉自爷老"，我们认为这是不妥的，苗语中"Yeul"有"爷爷、老爷"的意思，是对长辈或者部落首领的尊称，不可直接音译，应译为"觉格自爷爷"或者"觉格自老爷"才合适。三是并非人名，例如"YeulRangx"，《召腊娶了龙王女》①中把"YeulRangx"音译为"爷让"。无论是哪种人名，翻译之后还需要进行注释说明。关于地名，同人名，需要大写首字母和注释。②

5.苗族口传诗歌文化生态的基本情况。苗族口传诗歌与村寨的社会组织、族群关系、村落生态环境、文化资源息息相关，苗族口传诗歌搜集不仅仅是单纯地记录、翻译和整理，更重要的是通过苗族口传诗歌来反映、探寻苗族人横向和纵向的社会生活和价值观念。

6.苗族口传诗歌搜集的全面性。苗族口传诗歌既有篇幅宏伟的创世史诗也有简短精练的风俗歌，既有柔情蜜意的爱情歌

滇东北次方言苗族口传诗歌搜集整理札记

---

① 王维阳.苗族古歌·卷四[M].贵阳：贵州民族出版社，2015：211.
② 王维阳.苗族古歌·卷四[M].贵阳：贵州民族出版社，2015：8.

也有克勤克俭的劳动歌。而我们在搜集的时候，只搜集到了风俗类、爱情类、故事类、战争类，所涉及的内容还有待添加，比如神话、寓言故事等类别的诗歌。

侗歌的文化生态与艺术特征

敖家辉*

一、侗歌的起源

关于侗歌（包括侗族大歌）的起源，版本众多。但普遍认为侗族大歌源于侗族人自己的创造，侗族人得天独厚的生活环境以及侗族人自身性格共同造就了侗歌；侗族人是春秋战国时期越人的后裔，越人歌在当时广为流传，它的声韵和格调为侗歌的产生奠定了基础。南宋诗人陆游所著《老学庵笔记》中记载"侗人集体作客唱歌"，这是侗族村寨吃相思唱酒歌的场景。明代邝露的《赤雅》中记载："侗人善音乐，弹胡琴，吹六管，长歌闭目，顿手摇足。"其中，"弹胡琴，吹六管"就是现在的弹琵琶，吹芦笙，"长歌闭目，顿首摇足"即为今天的鼓楼大歌的对唱场景。明代《贵州图经新志》记载"侗人，暇则吹芦笙、木叶、琵琶、二弦琴"，其中"二弦琴"就是我们今天的牛腿琴。到清代，侗族大歌发展到鼎盛时期。

① 敖家辉，侗族，贵州从江县人，本科文凭，从江县民宗局三级调研员，中共从江县委党校兼职教师。

二、侗歌的种类

侗族是一个平和并且能歌善舞的民族。勤劳聪慧的侗族人民以歌代言，以歌为媒，以歌传情，以歌记事，创造了丰富多彩的歌谣文化，"饭养身，歌养心"是侗族人民对歌谣文化的生动诠释和深刻领悟，并由此衍生出多种侗族歌谣。在众多的侗歌分类中，按照发声部分的不同，可分为单声部歌和多声部歌；按演唱歌曲人员多少和歌词篇幅长短的不同，可分为大歌和小歌；按伴奏乐器的不同，可分为琵琶歌、牛腿琴歌、笛子歌、木叶歌等；按演唱场景的不同，可分为拦路歌、敬酒歌、踩堂歌、月堂歌、玩山歌、河边歌等；按内容的不同，可分为神话歌、起源歌、迁徙歌、劳动歌、苦情歌、礼俗歌、劝世歌、夸赞歌、谜语歌等。而在从江县侗族地区广为流传的侗歌有鼓楼大歌、琵琶歌、牛腿琴歌、河边歌、拦路歌、敬酒歌、儿歌、多耶歌等歌谣。

在这些侗歌中，由于各侗族村寨又存在地域性和文化差异性的不同，每个歌类又衍生几十首甚至上百首侗歌，所以侗歌种类林林总总，浩如烟海。虽然侗歌名目繁多，但多而不乱，既自成体系，又知行合一，相得益彰。

总之，侗歌种类繁多，内容丰富，内涵深厚，曲调欢快，旋律优美，被誉为"天籁之音"，是中华优秀传统文化的重要组成部分，也是人类宝贵的文化遗产（见图1）。

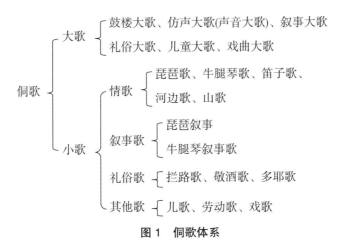

图1　侗歌体系

这里重点讲一下以下几种具有代表性的侗歌。

（一）鼓楼大歌

侗族大歌是侗族祖辈流传下来的一种无乐器伴奏、无人指挥的多人合唱的侗歌，主要以多声部合韵的高、中、低音浑然一体，合声的完美协调、格调的柔和委婉、旋律典雅优美而著称，这类歌是侗族声乐的最高境界，也是侗族民歌中音乐水准最高的歌种。

侗族大歌主要流行在贵州的从江、黎平、榕江以及广西、湖南的部分侗族地区，大歌又分为：鼓楼大歌、叙事大歌、仿声大歌（声音大歌或舞台大歌）、其他大歌（儿歌、劳动歌、戏歌），其中，文化内涵最为深厚的是鼓楼大歌。

"鼓楼大歌"，因在鼓楼下演唱而得名。其有以下特点：一是同台唱歌的人数相对较多，一般10—20人；二是歌词十分古老，流传年代久远；三是篇幅一般都较长，每首歌有10多段，

243

侗歌的文化生态与艺术特征

甚至更长。

鼓楼不仅是侗族文化的圣地，也是侗族音乐的殿堂，能够进入神圣的鼓楼大雅之堂对唱大歌是一种莫大的荣耀，就像进入维也纳的演唱大厅一样。

鼓楼大歌歌词为多段体，其演唱技艺表现在每段均有领唱、合唱和拉腔三部分，由一人领唱高音，众人唱中、低声部，"拉腔"部分让高、低声浑然一体，即多声部合唱、单声部齐唱，时而高亢宽广，时而低沉悠扬，在无指挥情况下，各声部却如此和谐，实为世上所罕见。

1.鼓楼大歌的组成体系和对唱规则

鼓楼大歌不是即兴而编，其来源久远，寓意深刻，富含哲理，篇幅宏大。

完整的鼓楼大歌组成体系是由"嘎叮""嘎高当""嘎化""嘎够""嘎候母"（苦情歌）"嘎踏"（私奔歌）、趣味性歌（嘎龙、嘎衣、嘎勒等）等歌类组成。其内容大意是相逢问候、彼此夸赞、心生爱慕、互诉衷肠、难舍难分、私定终生、相约私奔、共结连理等。

鼓楼大歌必须严格按照系统性的规则对唱。当男女生入座鼓楼后，女生先起头唱，男的对应女生开唱的歌而作答，依次为："嘎叮"—"嘎高当"—"嘎化"—"嘎够"—"嘎候母"—"嘎踏"—趣味性歌。

"嘎叮"，也叫"哎嗨叮"，是双方进入鼓楼入座后男女首先对唱的开头歌，男女各唱3—6首"嘎叮"。此类主要是夸赞歌，夸奖对方的寨子大、鼓楼高、地方好、人漂亮、家富有等内容。

"嘎高当"（问候歌），有3—5首，大意是问候歌、客套之意，问对方从哪里来，翻过几个山，跨过几条河等。

"嘎化"，主要是表达感情。"嘎化"包括化向、化弄、化闷、化谢、化号、化任、化秀、化难（月）等十多种。"化"是指歌词里的韵律分类。每种侗歌都讲究"化"，每首歌的韵律都按照"化"来分类，每类"嘎话"又有多达几十首歌，如果加在一起有几百首歌。对答一定要合"化"，如女方唱的是"话项"的歌，男方必须找"话项"的歌来作答，否则，就会被对方村寨的人取笑或羞辱。

"嘎够"不是"旁门左道"的歌，而是大家约定俗成和公认的"正规"歌，是最古老、最深奥，也是最长篇的大歌，是鼓楼大歌的精髓。这类歌段句对等、词句押韵、女唱男答、一唱一答、有唱必答。

"嘎够"必须按照"规矩"和"套路"来对唱，如女生唱"神你"，男生必须用"神你"来还，否则将被人讥笑。一个村寨歌队如果没有"嘎够"，就上不了大雅之堂，人家一唱"嘎够"，你就败下阵来了。所以，歌队们平时必须不断地背诵所有的"嘎够"，储存在脑海里，到了歌堂，无论对方唱哪一首，你都可以对答，这才算是真本事。

"嘎候母"，为"苦情歌"，主要诉说自己家境贫穷，以博得对方的同情，一旦结成伴侣后，将奋发努力，勤俭持家，走向美好未来。

"嘎踏"，是"私奔歌"。通过歌堂对歌，男女心生爱慕、产生感情，相互诉说自己爱情愿想，最后表白，请求与对方"私奔"，建立美好的家庭，以期完美结局。

趣味性歌，主要是在对歌到最后才对唱的歌，这类歌主要是逗趣、戏弄对方或相互调侃，包括"嘎细""嘎龙""嘎衣""嘎勒""嘎掰""嘎楞""嘎哈""嘎蝎"（官司）等十几首歌。

2.鼓楼大歌歌词的段句结构

鼓楼大歌的歌词结构十分独特。一般由"凤"（三首歌一组）、"够"（两首歌一组）、"枚"（一首）、"贯"（段）、"角"（节）、"叽"（句）组成。

一"枚"（首）歌又包括若干"贯"（段），一"贯"（段）包括若干"角"（节），每"角"（节）由若干"叽"（句）组成，"叽"（句）由若干首韵、尾韵和腰韵的词句组成。从整首大歌来看，每一枚（首）大歌的结构是基本固定的。开始有一个独立性的"序歌部分"，侗语称"干赛久！"（gans seil juh）也叫开头。"中间部分"由结构相同的若干"贯"（段）构成。"尾声部分"一般要在最后一"贯"尾音的虚词"干赛宁没久咧！"，是对异性歌队含有敬意的招呼，人们一听就知道歌队的本轮演唱将要结束，提醒对方开始准备还歌，它与"干赛久"形成首尾呼应（见图2）。大歌横向结构中"贯"与"贯"、枚与枚之间固定的虚词必须是一个"化"（韵）。"优化"就像上下对联一样平仄相对。一首歌只能有一种"化"（如化向、化弄、化闷、化谢、化号、化任、化秀等），要一"化"到底。如头句是"化向"，中间和结尾句每句必须是"化向"，这样，对方才能找到适合的"化"的歌来对唱。如果一首歌出现多种"化"，这就是"串化"，"串化"就是从其他歌"拼凑"而来，这种歌不按照套路编歌，词句粗制滥造，上不了大雅之堂。近年来民间组织对歌比赛，其打分标准规定："串化"的歌将被扣分。

除了讲究"韵""化"，每首歌长短也不一，唱时在 10—30 分钟，有的长歌要唱 50 分钟以上。如果要系统、完整地对唱，往往要对唱 7 天 7 夜才能唱完。

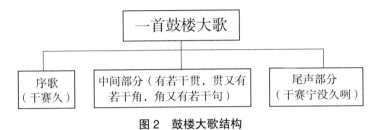

图 2　鼓楼大歌结构

（二）小歌

从江县一带侗族小歌主要有情歌（琵琶歌、牛腿琴歌、河边歌等）、礼俗歌（拦路歌、敬酒歌、多耶歌等）、叙事歌和其他歌（儿歌、劳动歌、戏歌）等。

情歌（嘎腊），泛指琵琶歌、牛腿琴歌、河边歌等。情歌多是男女单人咏唱或多人同台对唱。歌曲以"嘎化"为主，是青年男女以歌为媒、谈情说爱的重要载体。

相对于大歌而言，情歌内敛，大歌舒展；情歌拘谨，大歌奔放；情歌低沉，大歌洪亮；情歌要在两个人的对唱中才能演绎它的内涵，大歌要很多人一起合唱才能彰显它的气势。

情歌因情而生，因歌而美，是过去青年男女交流感情、结为连理的主要渠道。20 世纪 80 代以前出生的人，几乎每个青年男女都能唱上几首应景的情歌，用心的人，则完全可以唱上几天几夜。有时甚至唱到茶饭不思的地步，这就是情歌的魅力和效果。

1. 琵琶歌

侗语称琵琶歌为"嘎琵琶"。琵琶为弹拨乐器,根据大小形状分为大、中、小琵琶;根据音调高低分为高音、中音、低音3种琵琶。通常有四根弦(也有三弦和五弦)。四根弦的定音为1-2-2-3,外弦为高音,中间二弦无高低音之分。内弦为低音,演奏以括片弹之,其状若三弦。高音琵琶(小琵琶)用于假音伴奏,主要流行于从江的"六洞"地区、黎平的洪州以及榕江的车江等地,以独唱为主。中音琵琶主要有巨洞琵琶歌、河边歌、叙事歌(嘎君)等。低音琵琶(大琵琶)主要用于男声鼓楼大歌的伴奏。

侗族琵琶歌多以男方弹奏乐器,女方只负责唱歌不弹奏(现在也有女生弹奏乐器),有独唱,也有2人以上齐唱。演唱时,有的用真嗓声,有的用假嗓声,曲调欢快流畅,热情奔放,节奏鲜明,其格调、旋律、形式不一,各具特色。由于各地使用琵琶型号和定弦的不同,土语、演唱场所、运用嗓音等的不同,形成许多种不同的琵琶歌风格。

侗族琵琶一般与牛腿琴合奏形成复调音乐,如巨洞琵琶歌以牛腿琴和琵琶琴合奏形成和声(也可以琵琶单独弹奏)。巨洞琵琶歌是众多琵琶歌中,音域多、弹奏技巧和难度较大的一种琵琶类乐器,除了右手指弹拨四根音弦,还借用左手无名指击打2—3弦和(或)并用指甲尖巧妙拉弦音作为辅助音,可以弹奏出多个音域。当琵琶和牛腿琴合奏,二者高低合曲配合得天衣无缝,形成固定的曲调,即用一种旋律多种音符来为"助唱"作铺垫,不仅具有引唱的作用,而且和声效果极佳,可配上不同的歌词吟唱,叫"同调不同词",演唱者会跟随乐感巧妙地吟唱。

2.牛腿琴歌

侗语叫"嘎给"。是侗族青年男女在"月堂"时行歌坐夜，交流感情，用真嗓子吟唱之情歌。因牛腿琴其形似牛的大腿，故名牛腿琴，是侗族特有的弓弦乐器，用弓摩擦弦而发出低沉悠扬的琴声并用于伴唱的情歌，故称牛腿琴歌。

牛腿琴歌多为悲腔吟唱，曲调伤感缠绵，委婉凄凉，如泣如诉。每当夜深人静，歌声琴声悠悠飘散在侗寨夜空，凝成了令人陶醉的侗乡情。

牛腿琴歌主要流行于从江县九洞、千七、千三、二千九、都柳江沿岸侗寨等地区，不同地区的牛腿琴歌的腔调不一样，九洞地区、都柳江一带和二千九的腔调差别较大。如都柳江一带的腔调包括巨洞、朗洞、恰里、八沙、腊俄，甚至包括壮族村寨的归林、银平、高麻、平正、宰船、鸡脸等为同一种腔调。多为单人咏唱，也有2人或2人以上同时合（齐）唱。

牛腿琴歌的内容多是相逢问候、彼此夸赞、心生爱慕、难舍难分、私定终身、相约私奔、共结连理等。特别是"相思歌""苦情歌"，多以深情表白，诉说自己婚姻的不幸、家庭的心酸以及现实中相恋而不能相伴感到无限的伤感，有"似诉平生不得志"之哀怨。尤其是在那恋爱自由而婚姻不能自主的"媒妁婚姻"时代，爱情的力量往往让他们冲破重重禁锢、相约私奔，修成正果，有情人终成眷属。

3.河边歌（嘎孖）

河边歌为无伴奏的侗族山歌（情歌），流行于西山、顶洞和广西梅林以下的都柳江两岸侗寨（故称"嘎孖"），其曲调高扬悠远，尾音绵长，节奏自由，感情奔放，与琵琶歌、牛腿琴歌风格迥异，适于空旷山野纵声高唱。

4. 拦路歌

侗语称"嘎笔"或"哆笔"，"笔"直译为"草标"，意为用草标设置"路障"拦路而唱的歌。拦路歌是侗族迎接宾客而唱的一种礼俗侗歌，是主方有意在路口或码头用绳索捆上芭芒做草标设置路障阻拦客方人员进寨。客人来到寨边，先鸣放三响铁炮和鞭炮，接着，主方姑娘或罗汉站成一排礼貌恭候，当客人来到"路障"前，主方的姑娘罗汉就唱拦路歌，以此故意"刁难"客人。客寨姑娘罗汉则以开路歌对答，对上三五首甚至要对完所有主方的拦路歌方可进寨。拦路歌多为一领众和，女声兼有二声部合唱，对唱十分精彩，气氛十分热烈，体现主方对客人的热情和尊重。歌词有传统的，也有即兴之作，如：

女唱：今天我们忌寨请你们不要进寨来……

男唱：请你们不要忌寨，今天是个出门的好日子，我们进寨来，你们村寨才太平，人丁才兴旺……

5. 敬酒歌

侗语称"嘎靠"，意为喝酒时对唱的歌，是在喜庆节日或集体交往的待客酒宴上，主客双方对唱的酒歌。酒歌分为两个方面，一是男女青年到对方村寨，在宴会上进行对唱的酒歌，主要是夸赞对方富有、人品好、盛情款待等方面的歌；二是对方男女青年到己方村时他们唱夸赞歌后，己方很谦虚地反唱对答，如：我们家很贫穷、房屋破旧，无酒肉招待客人等，双方以问答形式对唱，很有特色，气氛十分浓厚。

"酒歌"没有乐器伴奏，腔调为念唱，也没有多声部。敬酒者手端着酒杯，恭恭敬敬地来到客人面前，先唱酒歌，唱完后举起酒杯强行"灌"进客人嘴里，以示热情和尊重。此时，如果客人会唱，不会马上喝下，而是"回敬"一首，这样，你来我往，都不轻易喝下，如果不会对唱，将必醉无疑。

6.踩堂歌

侗语"多耶"或"嘎耶"。在"祭萨"或"吃相思"（为也）等活动时常常开展"多耶"活动，以歌代舞。巨洞村"多耶"时，一般男生牵男生的手，女生牵女生的手，然后男女连成圆圈，边唱边转圈走。有时候男女混在一起手牵手，围成圈转，由歌师站在堂中央领唱"夺耶歌"，唱腔为说唱，几乎与说话无异，每歌段开头，歌师先唱"好一号，耶哈耶"，跟着唱一句歌词，众人则以稍快的节奏重唱该句或后半句，并以"耶哈耶"或"耶一也"结尾，接着歌师再领唱第二句……直至结束。歌词多为赞美之词或歌颂时政，也有教化后人、感恩父母、为人处世的礼节词。有时也编唱一些戏弄或逗趣的即兴歌，使听众捧腹大笑。

三、侗歌的基本特性

（一）社会性与系统性

侗歌是侗族地区特有的社会文化现象，侗歌根植于侗族社会活动中，侗族人善于以歌为载体来表达情感，这种表达方式以社会活动为基础，以人与人的交流为纽带。因此，侗歌不是孤立存在的，而是依赖特定人文环境而生存。如侗族村寨之间吃相思的男女对歌活动，村寨内有很多的"歌班"组织活动等，这些都是社会性活动。所以说，侗歌具有一定的社会性，侗歌往往随着社会活动的产生而产生，随着社会活动的发展而发展。

侗歌不同于现代的流行歌，随便张口就能哼唱。侗歌有一套较为完整的架构体系，对唱必须严格按照系统性的规则演唱，不是想唱哪首就唱哪首，而是具有一套约定俗成的对唱流程或顺序，这套严密的架构体系就是鼓楼大歌的系统性。

（二）文化属性与音乐属性

侗歌具有双重属性，一个是"文化属性"，另一个是"音乐属性"。这两个属性就是我们常说的"意"和"韵"。"意"即"文化内涵"，而"韵"即"声乐艺术"。"意"是灵魂，是内在美；"韵"是艺术，是外在美。所以说，侗歌是文化与艺术的"复合体"。侗族常说"更要累赖哈为嘎，嘎要累赖拜为勒"，汉译为"侗以美言来编歌，汉以美言去编书"。由此可见，侗歌歌词不仅是意蕴极深的诗歌，也是侗族语言艺术的精华，更是中华优秀传统文化中的一朵奇葩。

（三）语言艺术性

除了很少部分的礼俗歌是即兴而编外，其余侗歌都是社会阅历丰富、情感丰富又富有情商的人才能编出的具有如此广泛共鸣的歌谣，这些歌谣延续了几百年甚至上千年，是一首首出神入化的五言诗或七言律诗，具有高超的语言艺术性。从创作素材上看，多以农耕劳作为背景，以田园生活为素材，绘就对男耕女织、夫唱妇随生活的向往和夙愿，是一首首饱含深情的"田园牧歌"，十分耐人寻味。从语言结构上看，常以深奥的古代侗语和现代日常侗语兼蓄并用，哲理丰富，增强侗歌的古朴性和涵养性。从词句结构上看，侗歌往往引经据典，既有五言诗，也有七言诗，词格（谱）用语灵活自如。从韵律上看，语词结构必须带韵，一首歌或一节（角）歌上句与下句必有一韵，要么首韵，要么尾韵或间有腰韵，转韵自然，环环相扣，表达方式更加生动贴切，读唱起来朗朗上口，增强了侗歌的语言艺术性。从表达方式上看，多用隐喻倾吐思想感情，开头语句常常以托物起兴、借景抒情来作铺垫，大多引用生活事例、自然规律现象来引人入胜，状物精准，既沾染露水与花香，又含蓄娇羞，吟咏肃然。从修辞手法上看，整首歌大量引用排比、反复、对偶、比喻、拟人等多种修辞手法，"赋比兴"循环应用，增强了侗歌的生动性和感染力。从篇幅上看，小歌篇幅简短，凝练成丝，风雅有度。大歌篇幅宏大，为多段体结构，一首歌多达十多段，唱时达20—30分钟。从文学鉴赏角度看，侗歌大多采用韵文的形式来表达，融入文学范畴，词句押韵，段句相成，点句成诗，诗中带韵，韵中含情。只有真正会唱侗歌的人才能理解侗歌的含义。

（四）地域性与特色性

所有侗歌具有明显的地域性和特色性，不同地区的侗族，所唱的侗歌形式、腔调、内容都有明显的地域性特征，如巨洞鼓楼大歌和九洞地区的侗族大歌虽然对唱的歌种和顺序都差不多，但是其腔调完全不一样，歌词也有一定的差异化。

（五）唯一性与排他性

侗族有极强的文化自信心，对自己的侗歌有强烈的自豪感，他们一旦有机会与外村交流，就有强烈的表现欲望，每个人都跃跃欲试，因此就有多人一起合唱而形成的侗族大歌，以彰显它的气势，同时，在与对方对歌过程中，尽量唱一些平时"隐藏"的歌作为"撒手锏"，让对方猝不及防，想方设法让对方"输"，以显示出自己侗歌的优越感。尽管有的侗歌同为一个地域性文化，但为了显示自己的特色性和文化个性，无论是在唱腔中还是在乐器伴奏中，都有意生成不同的音调。如巨洞琵琶歌与都柳江沿岸的郎洞、八沙、腊俄等村寨所弹唱的琵琶歌相比，主音调和唱词大体相同，但是琵琶的某一个过门旋律中有意"转弯"，或出一个"高调"或"低调"，体现了它的差异性和个性化。人一听，就知道"这个腔调是郎洞的，那个腔调是巨洞的"，甚至同为巨洞琵琶歌，上寨和下寨的腔调在尾音处也有一细小的音调体现差异，上寨的有意弹低音，而下寨为中音，每当夜深人静时，罗汉们走寨弹琵琶，老人们睡在床上一听就知道这是上寨或下寨的罗汉在弹琵琶。又如巨洞上寨和下寨虽然同为一个寨，同一首歌，比如"嘎阳虽"，但上寨和下寨的词句、段落都不一样。这就是侗歌刻意表现自己的唯一性和排他性。

（六）娱乐性和趣味性

唱侗歌除了能促进男女情感交流外，它也是各种娱乐活动的重要内容，在侗族地区吃相思活动的鼓楼大歌对唱，还间唱

很多盘歌和具有趣味性的侗歌，常常惹得哄堂大笑，这体现了
侗歌的娱乐性和趣味性。

四、侗歌的基本功能

1.教化功能：侗歌不仅旋律优美，内涵丰富，而且具有与
人向善、崇尚友爱、以歌化人的社会功能，是一部饱含积极健
康的人生观、价值观、伦理道德观的无字史书，每一首歌都是
侗族社会的一堂哲理课。因此，千百年来，生活在这里的人们
能够和睦相处，互敬互让，社会风尚十分友善。

2.审美功能：侗歌歌词具有相当高的语言概括力和艺术感
染力，往往是短短的数句，言简意赅，既博览经典，又刻意点
化，让人心服口服。

3.交流功能：侗歌以歌代言，这是许多善歌者惯用的表达方
式。在一唱一和之中，不仅可以互相沟通，还能增进感情。尤其
是礼俗歌，在酒席间互唱互敬，相互接触，三杯过后，无所不谈，
这种交流方式十分有趣，既高雅含蓄，又能训练宾客应变能力。

4.记事功能：侗族是一个无文字的民族，他们借助"歌
唱"这一象征符号来完成记忆、交流和文化传承的功能。如
《四季歌》，其歌词把一年四季十二个月的物候与农事巧妙地
结合起来，并相应插入节日的来龙去脉等。这种以歌记事的方
式，可见歌者的独具匠心。

5.约规功能：如款歌等，具有规范侗族社会人们的行为准
则的作用。在新中国成立前其约束作用不啻现在的法律法规。

五、侗歌的传承和发展

侗歌不仅是一种音乐，更是侗族人的一种生活。侗歌的传承发展，不仅体现在村寨的责任，更体现在每个人的成长所必需的经历中。在侗族在社交娱乐活动中，特别是"行歌坐月""吃相思"等活动中要对唱大歌、拦路歌、酒歌等。对歌会有输赢，如果对输了，全村就没有面子。因此，从村寨社交活动的需要来看，每个人都要尽职尽责去学歌，才能为村寨尽义务和做贡献。人们认为，侗歌就是知识和文化，谁掌握的歌多，谁就是最有知识的人，谁就是歌师。在侗族地区，歌师是公认的最有知识、最懂道理的人，因而很受人尊重。如果你不会唱侗歌，就融入不了社区和群体，别人会对你另眼相看。侗族地区传统观念认为，只有学会各类侗歌，将来才有可能成为新的一代歌师，这将会是一生的成就，就像现在的学生必须进学校读书一样。因此，在过去，每个人都十分重视侗歌、珍惜侗歌，把会唱侗歌、会弹奏琵琶等作为人生的一项必备技能，把侗歌作为人生的第一课，也作为人生的价值追求。所以，小孩们从牙牙学语时就主动进入歌班学歌，老人们也极力鼓励和支持小孩学歌，希望孩子们能一代接一代地把侗歌传承下去。父母们也期望自己的孩子把歌学好，有朝一日能满怀信心地走进鼓楼，在众人注视之下从容对歌，实现他们的人生价值。

为了对歌，每个村寨必须储备（存储）很多各种类别的侗歌，才能在活动中表现自我，尤其是鼓楼下的侗歌对垒，人人都竭尽所能，来展示自己的侗歌实力。在过去，侗歌的传承方式主要是老年人传歌，青少年学歌，青年男女唱歌。那么，传歌要从成立"歌班（歌队）"开始，到拜师学艺、"寒窗苦学"，最后到歌堂对垒等学习过程，需要3—5年甚至5—10年的时间，才能成才，因此，小孩们都十分用心和投入。所以说，过去每个侗族村寨几乎无人不会，无时不唱，每一个侗寨就是一所"音乐学校"，歌师是老师、歌班是学生、歌师家是课堂、鼓楼是歌堂。

六、侗歌的生存现状

21世纪以来，由于现代文化的冲击，农耕文化的逐步消失，民族文化（包括侗族大歌）也面临前所未有的衰落。现在的小孩上学学习现代文化，青年人外出务工，原有的民间传承活动已不再沿袭，儿童们不再上歌师家去学歌，无论是歌班传承还是亲子传承，基本消失了，村寨原有的悠悠歌声已渐渐远去。

尽管侗族大歌已入选"世界人类非物质文化遗产保护名录"，也是我们最高的文化名片，但在美丽光环的背后，它已存在严重的危机，城镇化已经成为社会发展的必然趋势，外出务工已经成为当今年轻人的谋生选择，他们纷纷抛弃传统文化，跟随现代的文化潮流，生活方式和思维观念都发生了改变。加之传统社会的娱乐方式也被信息网络时代取代，侗歌与现实社会脱节，侗歌的娱乐功能日趋减弱，而依赖于农耕文化特定生存环境的侗族大歌，因原有生存环境的破坏而失去了依托的土壤，侗歌的生存已经岌岌可危，尽管我们也在积极倡导保护侗族大歌，但从当前形势看，侗歌的消失也是"无可奈何花落去"。现在大多数"90后""00后"基本不参与节日文化活动，因为这些青年人不会唱歌，只能在边上围观当看客，老人们唱什么歌他们也听不懂。目前各村寨依然是靠"60后""70后"的歌队们勉强维系着侗歌的生存。尽管他们曾经是侗族大歌发展鼎盛时期的中坚力量，但如今鼓楼下悠扬的歌声已经不再是这一代的自豪与光荣。加上目前大部分歌师年岁已高，有的歌师已离世，永远消失在历史的长河中。这不仅是侗族地区民族文化的损失，也是中华文化遗产史上的重大损失，令人十分痛惜。因此，抢救、保护和传承侗歌文化已迫在眉睫。

侗族刺绣文化浅析

——以锦屏平秋为例

黄　嫱

　　侗族刺绣是侗族女性长期劳动实践的智慧结晶，也是侗族文化的代表之一，更是中华优秀传统文化的重要组成部分，于2011年被列入第三批国家级非物质文化遗产名录；2018年入选第一批国家传统工艺振兴目录。在侗族的刺绣中，具有代表性的品种是"盘轴滚边绣"，本文以锦屏县平秋镇为例，从艺术特征、社会价值、传承与保护3方面进行阐述。

一、地理位置

　　锦屏县，因青山似锦、秀丽如屏而得名，隶属贵州省黔东南苗族侗族自治州辖县。位于黔东南州东南边隅，依黔面楚，东界湖南省靖州苗族侗族自治县，南邻黎平县，西毗剑河县，北抵天柱县。土地总面积1597平方千米。平秋镇地处锦屏县西北部，东与三江镇接壤，南与平略镇为邻，西与彦洞乡和剑河县磻溪乡相接，北与天柱县石洞镇、高酿镇毗邻，行政区域面积115.58平方千米，^①是北侗文化发源地之一。

二、侗族刺绣的艺术特征

锦屏县侗族刺绣的分布地域较为集中，主要是以平秋镇为中心，包括周边的黄门、彦洞、瑶白、石引、高坝、皮所、魁胆、小江等侗族村寨，其刺绣技法精湛，历史悠久，在整个侗族的刺绣文化中最具代表性。锦屏平秋刺绣，又名"盘轴滚边绣"，是"盘轴绣"和"滚边绣"两种刺绣方法的统称。"盘轴绣"是取一根彩色丝线作为"引线"，即"轴线"，然后取两根彩色丝线将其紧密缠绕在一起，使之成为较粗的二合一的预制绣线，也称"盘线"。绣制时，将"引线"从纹样底面向上绣、拉直；用"盘线"在"引线"根部绕一圈，拉紧；将此过程反复进行，绣出花纹的轮廓，此为"盘轴绣"。"滚边绣"是取一根白纱线作"引线"，再取两根白纱线将其紧密地缠绕在一起，然后将这根二合一的白纱线紧密地缠绕在"引线"上，使之成为一条较粗的三合一的绣线，将其在"盘轴绣"的花纹图案轮廓周围绣（滚）上一道边，为"滚边绣"。一般绣好的图纹由三道"盘轴绣"和一道"滚边绣"构成，在绣好花纹的轮廓中间部位以同样的手法用五颜六色或单色丝线填绣。其余部分，通常按平绣、挑花、乱针、跳针等刺绣工艺进行，极具地方特点和民族特色，是侗族刺绣艺术的代表作，也是中国刺绣文化不可分割的一部分。绣品种类繁多，主要绣在服饰上，如帽子、

① 国家统计局农村社会经济调查司.中国县域统计年鉴·2020（乡镇卷）[M].北京：中国统计出版社，2021：555.

衣裳、坎肩、云肩、围腰、兜肚、鞋面及鞋垫等。

（一）侗族刺绣图案的造型特征

1.寓意性

锦屏平秋刺绣图案的造型具有强烈的寓意性特点，这主要是由于其受到民间信仰和图腾崇拜的影响。绣品图案通常由图腾崇拜物体现出来，大多是民族代表性的吉祥象征意向，通过各种不同造型的搭配，表现了侗族人民对于美好生活的期盼和向往。如刺有"蝙蝠"图案的谐音寓意"多福"；用"鱼"谐音"余"，表示年年有余，"蝴蝶"寓意"多子"；用"鸳鸯"来寓意"成双成对的美好"；用喜鹊梅枝图来表达"喜上眉梢"的寓意等。

2.抽象性

在农耕社会中，侗族男子主要从事劳作活动，活动量大，活动范围广，为了方便劳作和经常换洗，达到耐穿的目的，因此日常服饰比较简单，并没有过多的刺绣纹样。而侗族妇女主要以家务或较轻的田间事务为主，通过长时间的实践积累，把大自然中美好的事物高度抽象后，加上自己的理解感悟，通过挑花、刺绣和纺织等工艺技术，制作出了精美的侗族服饰。平秋侗族刺绣的针法复杂，纹样种类繁多，主要有谷穗纹、花草纹、树木纹等植物纹样，植物纹样是耕种植物的反映，与农耕经济有关。还有一些动物纹样，如鱼纹、牛马纹、鸟兽纹、虫纹等，这些纹样都是以稻耕文化为主题。此外，绣品上还有大量的抽象几何纹样，如席纹、方格纹、菱形纹、重菱形纹、米波纹、云纹、雷纹、圆点纹、叶脉纹、山形纹等，这些纹样的出现，也涉及人们的生产活动，是人们生产劳动在刺绣纹样上的抽象化反映。

（二）侗族刺绣图案的色彩特征

锦屏平秋刺绣色彩多样、凹凸有致、对比强烈、其特色是运用色彩的搭配，以烘托主题的空间氛围，刺绣的色彩主要体现在侗族刺绣及侗族各式刺绣品。在色彩的运用上，也极富当地特色。首先，由于传统的侗布制作与印染工艺的限制，一般底布多用单纯色，且偏于重色，即黑色、深紫色、靛蓝色，如背带、围腰、帽子等。其次，侗族妇女在长期的实践劳作中，形成了对大自然的热爱，自家房前屋后到处都是鲜美粉红的桃李花树，目及皆为青山绿水，在刺绣过程中，这些色彩便成了她们的首选。因此，在纯底色的布料上，以粉红色和绿色为主的丝线进行刺绣，配以黑线或蓝线的挑花，之后再以白线滚边，使得色彩对比鲜明，艳丽而不俗套，丰富而不缭乱。

三、侗族刺绣的社会价值

侗族刺绣是侗族妇女长期劳动实践的智慧结晶，充分反映了侗族人民对美好生活的向往和追求，在历史发展的长河中能延续至今，有着显著的社会价值，主要体现在以下方面。

（一）民族身份的认同

历史上平秋一直属于九寨，在清代及以前，九寨包括今县城王寨、小江、魁胆、平秋、石引、黄门、瑶白、高坝、皮所9个古老侗族村寨。直至清代中期以前，九寨地区的9个传统大寨以"合款"的形式结为一个带有军事防御性质的大款组织，各大寨则为一个小款，小款下统属若干小寨。大款和小款都制定有严格的款规款约，并将款规款约作为"法律"和工具，对所在区域进行自我管理。相对独立的地理环境，结款而治的侗族社区，使得九寨侗族社区仍然保持传统男耕女织的传统习俗。一个族群，一个款区，因为某一个文化或事务而缔结一起。刺绣，不仅为人们提供了自给自足的物质基础，还为人们精神的物化提供了就地取材的便利，让大家聚集在一起，促进了一个民族的团结，增加了民族的认同感和归属感。

（二）艺术价值

侗族刺绣是农耕文化的产物，是观赏与实用兼具的工艺形式，绣品不仅图案精美，具有较高的装饰价值和审美价值，其反复绣缀的工艺还能增加衣物的耐用度。锦屏平秋刺绣一直是该区域所尊崇的一种传统手工技艺，绣品涉及整个侗族地区生活的方方面面，但凡家有女儿的，长到五六岁，父母或老一辈的妇女就要开始传授纺织与刺绣的有关技艺，让她们从小就受到严格的相关技术技能的培训。这些女子从小受到培训之后，一般长到十三四岁，临近出嫁年龄了，就开始为出嫁筹备自己的各种陪嫁物品。一个成熟能干的侗族女子，几乎能在出嫁之前掌握全部相关的技术技能，并做好了所有出嫁需要的各种陪嫁用品。刺绣就是她们引以为傲的最基本技能与看家本领。

（三）社会经济价值

锦屏县地理位置偏僻，整个县域经济发展滞后，第三产业发展缓慢。整个锦屏县没有大型的工业企业，经济支柱主要是农业生产和种植业、养殖业。据统计，2022年全县生产总值611 105万元，比上年增长1.3%。其中，第一产业增加值120 956万元，增长3.5%；第二产业增加值213 626万元，下降0.6%；第三产业增加值276 523万元，增长1.8%。[①]自开展脱贫攻坚战以来，锦屏县以侗族刺绣、苗侗银饰为代表的特色产业得到了迅速发展，其经济结构占比也在逐年提升。近年来，在锦屏县政府部门的高度重视下，侗族刺绣已经发展成为一门产业，且有逐年扩大的趋势。从刺绣产业的发展势头可以看出，锦屏侗族刺绣极大地推动了锦屏第三产业的发展，为全县的社会经济结构重组贡献了力量。如锦屏县平秋镇平秋村，成立了"刺绣楼"生产车间，许多妇女通过"计件结算+回家加工"的工作方式获得就业岗位和工资报酬。绣娘代表吴凤兰每周都会到这里领取原材料，带回家加工，用完成的刺绣成品，结算工资，一个月能有1000多元的收入，像这样的员工这里还有190多名，许多邻村、邻镇的妇女都纷纷加入。

---

① 锦屏县2022年国民经济和社会发展统计公报. 锦屏县人民政府. 2023-04-21.

四、侗族刺绣的传承与保护

（一）侗族刺绣当前面临的问题与困境

1.传承人的断层

锦屏平秋刺绣虽于2011年被列入第三批国家级非物质文化遗产名录，但截至目前，锦屏县现有侗族刺绣传承人仅14人，其中国家级非遗代表性传承人2人；州级非遗代表性传承人2人；县级非遗代表性传承人10人。这就面临着两方面的问题，一是掌握这种刺绣技艺并且具有深厚功底的传承人随着年龄的增长会不断有人离世；二是当地的年轻人又不愿意学，因而导致锦屏侗族刺绣艺人面临后继乏人的困境。

2.规模小，销量低

锦屏平秋刺绣传承面临的另外一个难题就是难以打开销路，侗绣的制作工期长，手艺复杂，所以价格比较高。一件机绣的侗服只需200多元，而纯手工刺绣的侗服要卖2000元以上，最高的能卖到6000多元，这让很多顾客望而却步。而锦屏侗族刺绣的生产空间仅仅局限于平秋镇周边，没有辐射全县地域，外面的市场更难打开，其生产规模较大的只有两三家公司，多数还是以家庭私人手工作坊为主体的个体生产行为。

3.绣品单一，受益群体小

锦屏平秋刺绣即使遵循传统技艺，构图造型简单，其工艺质量也极难达到与古代精品相媲美的水平，难以满足现代年轻人们对艺术品审美的需求，大多是当地年长一点的妇女购买，除了婚丧嫁娶和一些节日特殊场合使用，当地年轻人都不愿意购买，受益群体小和范围不广泛，这也无疑阻碍了锦屏平秋刺绣的发展。

（二）侗族刺绣的保护措施

笔者认为要保护传承好锦屏平秋刺绣这门传统技艺，主要从政府层面、传承人层面以及其他组织层面提出以下建议。

1.政府层面

文化传承与保护向来以保护为基础，为了达到传承的目的需要先做好保护措施。在刺绣的保护工作中，政府应该起到积极的引导作用。一是出台相关政策，对传承人及绣娘进行保护，建立考核制度，对于一些优秀的传承人，给予一定奖励，对于一些一直未推动工作的传承人，取消其传承人资格，真正做到奖罚分明，制度透明化。二是做好传承、保护工作。当地的文旅部门或者项目保护单位要把壮大侗族刺绣传承人队伍，列入工作的议事日程上，在工艺比较集中的村寨建立传习所，保护传承和弘扬这一民间技法，继续推进县、州、省和国家级传承人申报工作，扩大传承人队伍。三是推行民族文化进校园，相关部门可以与教育部门进行联动，把侗族刺绣推进校园，让当地的学生从小就感受刺绣技艺文化，从娃娃抓起。四是文旅融合。这可以借助微信公众号、新媒体传播媒介、抖音平台、网红直播带货或举办重大节庆活动、体育赛事等开展旅游产品的宣传推广，通过展板或者宣传小册子让游客直截了当地了解县域内旅游产品特别是侗族刺绣的特色，把锦屏平秋刺绣的知名度打开，增加销售渠道。

2.传承人层面

要提高非遗传承人的综合素质和整体水平。非遗传承人大多来自民间基层，因此理论水平有所欠缺，传统的传承方式主要是口传身授，存在传承范围较窄、人才断层等问题。作为传承人特别是年轻一代的传承人应该积极参加外出交流活动，学习好的刺绣技术，在传承中创新，在创新中传承，非遗传承的生命力集中体现在创造力上。

3.其他组织层面

高校与民间组织都是传承和保护侗绣的重要组织主体。高校作为文化传播的主要组织部门，应该要发挥出自身的教育特性，在教师教学过程中可以开设关于侗绣的课程，并为学生订阅关于侗绣的相关资料。在授课途中鼓励青少年多了解和接触侗绣相关知识和内容，培养学生对于侗绣的兴趣，拓宽侗绣继承人的范围。民间组织可以以个人的名义开设侗绣学习的课外班，以培养青少年学习刺绣纹样的剪纸技艺或刺绣工艺。聘请老一辈刺绣艺人来给青少年教授侗绣工艺，让其了解侗族民族特色以及侗绣所要传达的文化内涵。传承人也可以进入社区为社区人们讲解侗绣技艺以及其所蕴含的侗族文化，创办非物质文化遗产小课堂。

五、结语

侗族刺绣是侗族人们以独特的艺术视角和民族审美观创造出的一种可代替文字的民族特有符号，它承载着深厚的民族文化内涵，展现了侗族人民独特的艺术表达风格和审美观，是我国少数民族刺绣艺术中的杰出代表。锦屏平秋侗族刺绣作为农耕文化的产物，其观赏性和与实用性都非常强。而且具有较高的艺术价值，以及鲜明的民族特色，被誉为侗族文化的瑰宝。然而，如今掌握这项技艺的侗族妇女越来越少，保护传承工作十分紧迫，不仅保护工作任重道远，而且保护、传承和发展都势在必行。

洪坛祭祀的本土化及其多元文化建构轨迹

——以天柱县五府洪坛崇拜为例

秦秀强　　秦一欢*

自古以来，土地信俗在清水江中下游地区颇为盛行。人们为了祈求五谷丰登、六畜兴旺、人丁康泰，对"土地神"格外虔诚崇拜，从家庭到村寨以及野外都修建有土地庙，土地神的管辖空间主要分布在家宅、门楼、寨头、井泉、桥梁、山坳等。洪坛崇拜①为土地信俗中的家宅土地表现形式之一，其文化内涵既有对祖先的崇拜，又有社祭与土地崇拜的原生形态，目的是求嗣、消灾、延寿、祈福。作为本土化的区域土地信俗的传统，洪坛与中国文化大传统有着千丝万缕的联系。

---

* 秦秀强，侗族，天柱县文体广电旅游局退休干部。研究方向：地方民族文化。秦一欢，女，侗族，台江县第一中学教师。研究方向：本土人文地理。

① 洪坛崇拜，又称敬洪坛老爷，传说原为七府洪坛，现为五府洪坛。

一、洪坛祭祀习俗

已被列入州级非物质文化遗产名录的洪坛祭祀习俗，流传区域主要分布在湘黔边界的天柱县远口镇、白市镇、凤城街道、蓝田镇与湖南省会同县炮团乡等地。天柱县远口、白市一带吴、杨、宋、陈诸姓称五府洪坛，家家户户供奉洪坛老爷的桃源洞，其坛置于中堂神龛的下部，故又称下坛土地，各家各户除逢年过节烧香祭祀外，全寨开展的大规模祭祀活动每3年举办一次，活动持续数天数夜，热闹非凡，届时，杀猪上牲，敲锣打鼓，酬神唱戏，祈祷洪坛老爷保佑家人平安吉祥，财源兴旺发达。凤城街道岩寨村吴、杨二姓称"红庙"，砖砌庙宇，是祭祀土地神及存放红白喜事工具（轿子、抬丧的杠索）的地方；蓝田镇寨头村名为"洪坛庙"，砖砌庙宇，是祭祀开基始祖杨洪的专祠。

妙趣横生的洪坛祭祀活动，曾被当地文化、旅游、传媒工作爱好者当作奇风异俗撰文予以介绍，如吴国雄的《洪坛祭祀祈年丰》[①]，吴似海的《远口吴杨两姓祭祀洪坛老爷活动与仪式》[②]等，然而，洪坛祭祀尚未引起民族学、民俗学、社会学专家的关注，本文将对其文化内涵、历史渊源及其多元文化建构格局进行分析探讨。

远口的吴、杨二姓举办的敬五府洪坛老爷活动，分为家庭祭祀和全村公祭两种形式。

① 吴国雄，金可文．非遗映像 [M]．北京：北京工艺美术出版社，2019:53-57.

② 天柱县政协非物质文化遗产宝库编纂委员会．天柱县非物质文化遗产宝库 [M]．贵阳：贵州大学出版社，2009：276-279.

（一）家庭祭祀

家庭祭祀洪坛比较普遍，程序较公祭稍为简单，举行的地点是在自家堂屋，活动时间约10个小时，人数一般为8人至10人。他们分别扮演五府洪坛老爷中的欧、石、葛、孟、黄5兄弟及土地公、财帛星等神仙，在主持祭祀仪式的主坛师的安排下按照法事程序进行。敬洪坛之家往往在自家神龛下坛设置洪坛老爷的宫殿——用竹篾编织一个号称"桃源洞"的竹篓，篓内插五个红布球，象征五府洪坛老爷神位。桃源洞分上、中、下三层，顶层如小撮箕覆盖在竹篓上，底部装一层黄泥，另放一个小土罐，罐里装由龙珠、海马、顺风耳、千里眼等十余味中药材研成粉末浸泡而成的丹药，其药不是用来治病，而是专门用来祛邪。五个红布球绑在竹签上端，插在竹篓的黄泥里面，这个特制的竹篓成为一种神秘的文化符号——五府洪坛老爷的宫殿"桃源洞"（见图1）。

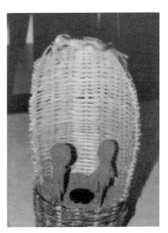

图1　象征五府洪坛居住宫殿的桃源洞（蒋家林 摄）

祭祀前，要请法师选择吉日，准备一只大公鸡、一只小母鸡、一个猪头、一条猪尾巴以及一条鲤鱼和几盘新鲜水果。祭祀时邀请本族能歌且善饮酒的成年男子，围坐在堂屋里，唱歌喝酒，名曰"吃洪坛老爷酒"。

举行仪式之前，先由法师举行法事。随即将雄鸡宰杀，在公鸡脖子上扯一小把鸡毛，沾鸡血粘贴在桃源洞内。同时，在坛前放开那只小母鸡——传说它是五府洪坛的保坛鸡，用于繁殖，所生小鸡留一只养至下一次敬洪坛老爷使用，不能宰杀和出售。主人把公鸡、猪头、猪尾、鱼等清洗干净，入锅煮至半熟，取出装盘，交给法师做供品。敬过神灵后，由法师指定厨师烹调加工，就在堂屋里切菜入锅清炖，炖熟，留下鸡头和猪嘴给法师带回家去祖师坛上谢师，其余现场食用。

待一切工作准备就绪，由法师举起令牌，逐一指定各个扮演的角色入座，接着介绍各位洪坛老爷的姓名、身份和神职。法师每唱一句，众人随后大声附和。唱毕，打三卦，第一卦必须是两个翻着的阳卦，第二卦必须是一翻一覆的巽卦，第三卦必须是两个覆着的阴卦，这就是所说的顺卦，如果哪一卦打不对，则大家喝一杯酒——干杯，然后继续打卦，直至打成为止。

每当唱完一段神话人物故事，又从头开始唱。首先从欧大哥开始，依次轮到其余众兄弟、土地公、财帛星和两位壶手，最后到主坛师，周而复始，一直轮流下去。依然由法师领唱，相应的洪坛老爷代表则左手托茶盘，右手打卦，打成就轮往下一人，不罚酒，不成则罚喝一杯。仪式结束，法师念咒语施手诀关锁桃源洞，其他人唱歌恭贺东家家发人兴，主人则捧着桃源洞，小心翼翼地将其放回神龛原位。在敬洪坛过程中，只许同姓族人参与，忌讳外姓亲友介入。如果是吴、杨两姓的人员，可随即入座唱歌喝酒，其他姓氏的亲友则不能入座。

白市镇坪内村杨、宋二姓都有敬洪坛习俗，在中堂安神龛，置下坛土地，敬奉五府洪坛、血湖吏兵，他们不安洪坛老爷居住的桃源洞，而是将一两根红布签直接插在小罐里，罐口用红布密封放在下坛的右下角。

（二）全村公祭

举行全体公祭洪坛老爷活动，主要是在天柱县远口镇元田、远洞、青云、六池、东风、中团一带流行，相邻的会同县炮团乡的阳湾团村吴、杨两姓村民也流行此俗。全村男女老少自愿参加，活动内容丰富，既要请法师举行隆重仪式，还要请戏班唱戏。祭祀时间的长短视资金多少而定，活动过程中每天要杀猪喝酒，燃放鞭炮，有时长达半个月之久。

每次公祭仪式结束，即打卦选定主持下一轮公祭活动的东家，推选村里有声望和有组织能力的中老年人5人至7人，负责筹集资金，聘请法师和戏班，安排布置祭典场所。筹资工作坚持自愿原则，不限数额，困难的农户交油、盐、柴、米、菜均可。

祭祀之日，首先要举行迎接洪坛老爷仪式，流程为由法师率领众人，从锣堂出发，敲锣打鼓，吹奏唢呐，燃放鞭炮，到五府洪坛老爷居住的总坛（东家）迎接老爷。法师进门即念咒语："九兵十八锁，锁住三洞桃源，我弟郎不到不开锁，我弟郎一到锁也开，请得周天太婆，铁圣将军，撑洞师主。"念毕，便和东家主人一起，将神龛下坛的桃源洞抬出，放在备好的茶盘里，由东家主人捧在胸前，敲锣打鼓送到敬奉洪坛老爷的锣堂。堂内可容纳二三百人，摆有柜台、八仙桌，悬挂各种菩萨画像，桌上摆满了各种水果、糖、猪头和宰杀好的公鸡。在锣堂内，法师要举行法事，依次为：1.念经启师。2.发文祈神，奉请玉皇大帝、太上老君、天兵神将、各路菩萨、土地老爷和杨公老爷等神仙降临。3.安殿扎营，把"桃源洞"安放在锣堂的八仙桌前面。4.架桥接圣。5.开光点相。6.燃烛。7.喝落圣酒。8.打外应。9.打求财。10.打华山。11.和神。12.念杨公老爷。13.念洪坛老爷。14.谢将。15.土地画字还愿。16.送圣（送各路神仙归府）。

前三道仪式第一天完成，其余仪式自始至终由法师按科仪操作完成，整个过程与道教的斋醮科仪法事无异。次日晚上，戏班开始演出，其目的是纪念吴氏二世祖、神医吴八郎。相传吴八郎生前喜欢看戏，所以每次敬洪坛都请戏班演戏纪念他。戏目有《穆桂英挂帅》《薛仁贵征东》等将相戏，有《考才招媳》等求子戏，有《南山耕田》等求财戏，还有《笑坛戏》《菩萨戏》等。

祭典仪式结束后，由法师宣布各家各户的捐资捐物清单，然后火化。接着卜卦确定下一轮敬洪坛的东家，问卦从捐资捐物最多者开始，哪家的卦一次性打成，他家就是新一轮东家，法师就将象征五府洪坛老爷总坛的"桃源洞"放进茶盘里交给这家主人，大家敲锣打鼓，吹唢呐，放鞭炮，将桃源洞送到他家安放。至此，本次公祭活动结束。

二、五府洪坛起源的传说

远口吴氏族谱记载，南宋理宗时期，远口吴姓开基始祖吴盛，时任大理寺丞，因权臣贾似道恃宠专权，朝野怨声载道。吴盛愤而上书，痛陈贾似道祸国殃民十大罪状，恐遭其加害，遂弃官回原籍江西庐陵县安塘三里隐居。但是贾似道仍然不择手段借端寻衅迫害，为防不测，吴盛乃携妻彭氏与其子吴八郎，举家西迁，徙居荆湖北路靖州会同县远口（今贵州省天柱县远口）安家落户，成为远口吴氏开基始祖。其子吴八郎，精通《周易》，擅长阴阳地理，神通广大，人称"地仙"和"仙师"，腾云驾雾，呼风唤雨，钻地入土，无所不能。有一天，他与徒弟印十三郎，到外地行医回来，路过远口新市虾蚣井（一说中团井边），徒弟口渴，正要伏下身子饮水，吴八郎一看水色，急忙制止道："此水有毒，乃病龙之水。"

不料，吴八郎此言一出便泄露了天机，海龙王得知，即派虾兵蟹将请吴八郎进宫治病。吴八郎在龙王颈部的鳞甲里找到一只大蜈蚣，挥刀将蜈蚣劈为两段，放出大公鸡将蜈蚣一口吞掉，龙王顿时觉得疼痛全消，浑身轻松自如。

龙王为了感谢吴八郎，遂将龙宫里的七颗彩色珍珠赠送给他作纪念。传说这七颗珍珠就是龙王的七府洪坛，他们分别是欧、石、葛、孟、黄、赵、肖7个将帅。吴八郎回家后，将七颗珍珠用红布分别包好，于当年12月26日杀猪过年祭祖时，放入自家神龛的下坛敬供，一是表示对龙王爷的敬仰，二是为祈祷七府云霄神将保佑吴家世代平安、兴旺吉祥。从此，吴氏后代就有了七府洪坛老爷，并将12月26日定为七府洪坛老爷的生日。后来，吴八郎的女儿嫁给清云村一户杨姓人家做媳妇，出阁那天，女儿哭嫁哭得十分伤心，请求父亲送陪嫁给她，吴八郎只好答应把七府洪坛老爷中有将无兵的赵、肖两府作为陪嫁宝物，送给女儿带到杨家。从此以后，吴姓只剩下五府洪坛老爷，杨姓开始崇祀赵、肖两府洪坛老爷。

三、杂糅道、释、巫、梅的洪坛文化

在村民的观念里，敬洪坛无非是他们司空见惯的一种祭神活动形式而已，然而对法师而言，意义就大不相同了，对他们来说这是一场庄严神圣的大法事，是他们展示祖传绝技的大好时机，至于自己献给村民们眼花缭乱的表演功夫是什么东西，其中的文化精髓是什么，属于何种宗教派别和文化形式并不重要。其实，民间信仰的文化源流及其发展历史并非我们想象的那么简单。

田野调查资料表明，大型的祭祀洪坛活动一般每3年才举行一次，法师主持的法事仪程基本上都是根据师承传统，按照科仪文本进行操作。法事开始的启师仪式，所请之师有本师、祖师，还有入口传度师，名单一长串，足足有几十号人。所祈之神，有大神小神，或有名有姓，或有姓无名，有名有姓者如玉皇大帝、太上老君、元始天尊、地藏王菩萨、观音菩萨、药王、南岳等。有姓无名者就弄清楚他们是佛教神还是道教神，如《洪坛经》中经常出现的欧、石、葛、孟、黄五府洪坛老爷，应该属于湘黔毗邻地区土生土长的"巫教神"，而其唱的《颠倒歌》则是为了纪念梅山教创始人张五郎。

上文提到洪坛法事的十六道仪程中有一道"和神"仪式，

所谓和神，就是把不同教派信奉之神集中到一起，让它们彼此融洽关系，共同为洪坛弟子举行的法事加持护佑，确保法事圆满成功。经全面考察法师掌握的《洪坛经》，我们注意到法师在仪式前后迎请的所有神灵，特别是首先启请的神灵既不是天神，也不是地神，而是桃源洞诸神——掌管五岭的5个都督（有时写作都头）——五府洪坛老爷，即东西南北中五路洪坛。此外，还有旺人富人、招官自信、夜管六畜、发财发富、添人进口、添田进谷6个洪坛，然后才请三清天尊和大乘（大乘佛教）之圣、孔子仙师等神。《洪坛经》记载：

> 伏乞，赞坛会上，烧起一炷真香，二炷明香，三炷灯炉香。……香烟迎请桃源仙境天下正神，五通五岭灵官大帝、华光状禹、云霄五位官员，山霄五位官员，石霄五位官员，水霄五位官员，十大红火郎君，东府、南府、西府、北府、五府、六府、七府，男兵先众，女兵先贤，二十四位贤寨子弟，西州灌二郎，六府苏州七郎，独脚肖王，养鸡冰血今朝一郎，东岭欧都督、南岭石都督、西岭郭（葛）都督、北岭孟都督、中岭黄都督，五岭都督。子旗大坛、东路青旗洪坛、南路赤旗洪坛，西路白旗洪坛、北路黑旗洪坛、中路黄旗洪坛；旺人富人洪坛、招官自信洪坛、夜管六畜洪坛、发财发富洪坛、添人进口洪坛、添田进谷洪坛，掌坛师公刘太玉、住坛师公刘紫云，请赴赞坛会上受领宝香。

> 再运真香，一心奉请大罗三清三净、三宝天尊、昊天金阙、玉皇上帝、陈天启法、后土皇地祇、南极长生、天皇上帝、北极紫微、元清大帝、三元三品三官大帝、三界云仙、三元法主、三元坐主、三元教主、三元亘古、百无禁忌仙人；大

乘之圣、孔子仙师、收家歌唱仙人、收魂寄魄仙师，凉（灵）丹妙药仙师、换皮接骨仙师、开坛净稷仙人、许愿师人、还愿师主，请赴赞坛会上领受宝香。①

（一）道家与佛家文化

从洪坛为各方神灵立殿的规模和阵势可以看出，洪坛以道教神为主，其次是社神和土地神，再次是祖先神，最后才轻描淡写地提到"观音菩萨大殿"和一句"佛道师门"，佛教神几乎少到可忽略不计的地步，民间抄本《大和神科书全意》关于为诸神立殿的文字写道：

立殿，大小二金刀撩开，日月明光照开，立启三清四帝大殿，立启玉皇金宝大殿，立启太上老君大殿，道老二君大殿，三元法主大殿，三桥王母大殿，三元盘古大殿，三界雪山大殿，三洞地神地主，白龙三歌（哥）大殿，九州八国社王天子大殿，社公社母、社子社孙大殿。（若是大和拜五方）立启东方青州社令大殿、南方赤州社大殿、西方白州社令大殿、北方黑州社大殿、中央黄州社令大殿；立起左右上下腾（藤）神、树神、枯木灵神大殿，立起五万得道行雨龙王大殿，立起五方、三洞邪王大殿，立阳府当境诸庙大殿；立起某氏门中先祖大殿、香火大殿、观音菩萨大殿、灶王府君大殿、杨公求财四官大神大殿，三元和会仙官大殿，三十六员天将、七十二部雷神大殿；佛道师门、众坛宗师大殿，祖本二师大殿，众神大殿，殿殿赐你朋楼一座，长台短凳，细罗交椅，莲花宝座，彩

---

① 整理自洪坛法师吴传根抄录本《洪坛经》。

旗一面，待香童子，有叶仙童，无叶仙桃，蟠桃方圆八万里。

如上述文字所言，洪坛在祭祀法事中为佛教立的神殿，只有观音菩萨大殿、佛道师门众坛宗师大殿两座，剩下诸殿之中除了微不足道的一座祖先大殿，举目一望全是道家宫观。不过，在法师的《请伽蓝》与《请菩萨》科仪文本中还是罗列了伽蓝菩萨，诸如令弧长者、福光太子、蛇恶灵官、须达长者、祇陀长者等佛教神。科本中还抄录了一段举行"伽蓝仪"的祝文：

祝伽蓝仪

神威有赫愿力惟深宰乙寺之权衡作众僧之保障：

仰启神聪，俯垂昭鉴，情愿意×至×日云僧道茶诣祠下，讽演秘章，称杨（扬）加号，所集报应祸免愆显，被情由可以大功德专伸祷守护伽蓝居士，当山土地一切众真宰，伏愿山门清净，大众安和，佛法常兴，卫坛场而吉庆如祈祷，必望冥加伽蓝主者合寺成钦承佛。勅令。①

《洪坛经》在奉请神灵的经文表述，主要有两种表达方式，一是由法师照科本念读，如前文引述的几个段落，里面涉及本土神、天神、土地神，佛教神一笔带过，这种情形无不说明佛教文化被洪坛接纳后逐渐形成了洪坛文化一个不可或缺的组成部分，洪坛传承人不但信奉道教，同时信奉佛教，其经典里有一定分量的佛教文化元素。二是以叙事诗的形式予以表述，由法师现场歌唱，兹引用其中一段和洽道教神的歌词，曰：

上司天兵我和会，三清四帝一齐和。

五楼四寨我和会，王母仙姑一齐和。

本境地神我和会，地脉龙神一齐和。

---

① 吴传根之师伍法清流传《洪坛经典·攒坛对都一宗》。

本保社令我和会，社王天子一齐和。

藤神树神我和会，古木灵神一齐和。

随着法事的层层推进，从仪式开场的请神到结束的送神，曾多次出现社神的影子，如"擂鼓启神"一段，科本写道：

檑（擂）鼓三通，鸣锣三战，玉角三声，打开九州八国三社盟宫殿，社王天子到坛前。

请了神，要给诸神立殿，其中又提及社神这个群体："九州八国社王天子大殿，社公社母、社子社孙大殿。""立启东方青州社令大殿、南方赤州社大殿、西方白州社令大殿、北方黑州社大殿、中央黄州社令大殿"。

回过头来我们再将各地碎片似的信俗拼接起来，例如，探究道教如何向天柱及清水江流域传播。天柱远口吴姓公认洪坛教创始人吴八郎为二世祖，尊称其为"八郎公"，凡其族人分布范围均建立有社王庙、社神庙和社堂，并在神龛下坛供奉五府洪坛、血湖吏兵，杨姓由于自古以来与吴姓有姻亲关系，受其影响亦崇信五府洪坛、血湖吏兵。至于"血湖吏兵"一词，在道教正一派天师经箓中有《血湖箓》的记载，《血湖箓》与《玄女箓》是专门授予女性的经箓[1]，由此推测"血湖吏兵"极有可能是做血湖道场之时使唤阴司役兵的道士授箓品级。清代道教第五十四代天师张继宗所撰《崆峒问答》记载，道教授箓品级分为三十三个阶品，"血湖"居于第十三阶，道教授箓品级排序如下：

都功盟威、五雷、大洞、中盟、三洞、预修、祓亡、诞生、伏魔、文昌、祈嗣、保童、血湖、三宫、北门、真武、玄坛、赵侯、玄女、华盖、咒诅、九牛、二十八宿、紫微、自然、神霄诸箓。

---

① 吕鹏志.赣西北发现的天师经箓[J].世界宗教研究，2015（3）：89-103.

（二）巫教与梅山教文化元素

稽考湖南湘中和湘西的信俗，"桃源洞"是流行于这一地区最有民族特色的区域文化，其文化生态与古代南方盛行的"楚巫"具有十分密切的渊源关系，极有可能吸收了巫文化的部分元素，所以《洪坛经》有"香烟迎请桃源仙境天下正神"之言。

古今法师在处理洪坛与道教、佛教的关系时，把自身和"梅坛"摆在从属的地位，如在立殿时把自己和梅坛及一干土地神、邪神安排在下殿，科条《立下座殿宇》说：

立起下洞地倻（雉）人马、了角小妹大殿，九郎天子大殿，小山大殿，洪坛四山大殿，伽蓝大殿，中宫土府龙神大殿；合团住宅各家长生、兴隆土地大殿，各家门楼大门通灵土地大殿，各家牛栏猪楼鸡鹤鹅鸭管牲土地大殿，四方上下十二各衙土地大殿，三洞梅山、九州兵马大殿，五路伤亡、冷坛、白虎大殿（见图2）。①

图2　天柱县凤城街道白水冲陈通均家之梅坛

---

① 洪坛弟子吴法明（吴传根）《大和神科书全意》。

宋元时期，民间仍然存在社神崇拜的风俗，吴八郎在跟随父亲吴盛迁徙落户远口之前曾修习道法，并且获得了道箓的"血湖"阶品。他落户天柱远口之后，又赴湘西溆阳学法，在道教的基础上又吸收了大量的巫术。据古代地理图籍，溆阳地处湘西，汉高祖五年（公元前202）置无阳县，以在无水之阳得名，辖区包括现在的怀化、芷江、新晃等市县，故城在今芷江县东南唐纠山。蜀先主章武元年（221），孙权开始经营武陵郡，以西汉无阳县故地改置舞阳县，治今芷江。天柱民间世代相传的《八郎公学法》故事讲述了，南宋吴八郎到溆阳跟师傅学得的法术有"放阴兵伐树""施阴火焚山""唤麻雀捡芝麻"等巫术[1]，所以人们在进行祖先崇拜的同时，一并崇拜他创立的"洪坛教"和他引进的"巫教"。如此一来，对于洪坛介于道教、佛教与巫教和梅坛之间，相互杂糅组合而成的多元文化结构，也就顺理成章，不难理解了。吴盛之所以选择到远口避祸，是因为此处是天高皇帝远的边陲之地，历史上长期被封建王朝称为"化外"之域，加上交通阻隔，信息闭塞，经济文化几乎与外界隔绝不相往来，所以社神崇拜和洪坛信俗得以保留至今，没有经受中原文化的猛烈冲击而淡化消失。

（三）祖先崇拜的智慧

人类在与大自然的长期斗争过程中，逐渐掌握并积累了如何战胜与利用大自然的经验，对待不同的区域和地理环境，历代先祖传承下来的经验教训就是子孙后代的教科书，表现在社

---

[1] 《八郎公学法》故事，吴才科讲述，2021年10月笔者到天柱县远口镇东风村细腊湾采访记录。

会伦理上就是代代相传的祖先崇拜。宋兆麟指出："由于各地自然条件和生物种类不同，各地对自然的崇拜也千差万别，如猎人和山居部落突出崇拜山神和树神，农业部落突出信仰水神和地神；沿海居民则虔诚地崇拜大海。"[①]

因为每代祖先所从事的劳动职业不同，所以祭祀祈祷时要遍请历代祖先，他们是各处地方和各行各业土地神的化身，请土地神亦如是，须遍请东西南北中五方土地神到庙坛接受祭飨。法师在给病人举行"冲傩抢魂"仪式时呈送的疏文，不止列举了各路社神，连社神的两位舅舅也列了进去，其神系包括东方青州社令，一阶社公社母，社子社孙，社坛土地，社王天子亲舅公张道通、李道达，社王天子一阶圣众。

在人类的观念里，从古至今都惧怕冥冥之中那种看不见、摸不着的神秘力量，人们表现出来的心理与行动是相当复杂的，段义孚在《无边的恐惧》中提到，"在自然力量是仁善的和可以预测的地方，人们就会带着感激之情承认它们是神。在自然力量是暴烈的和变化无常的地方，人们就会称呼它们为魔。如果死者的魂灵是一种好的力量（可以保护后人），人们就会将其奉为祖先进行祭拜。如果人们认为它们对人有恶意，就会将其归为鬼，需要进行安抚或防范"。其进一步指出"祖先或死去的英雄相当于神"[②]。

各家各户在中堂中心位置太师壁上立家仙神龛，敬供祖先牌位。神榜文字内容和形式大致相同，只有中间神位大字和两

283

洪坛祭祀的本土化及其多元文化建构轨迹

---

① 宋兆麟. 巫与巫术 [M]. 成都：四川民族出版社，1989:75.

② [美] 段义孚. 无边的恐惧 [M]. 徐文宁，译. 北京：北京大学出版社，2011：98.

边的对联，因姓氏不同而各有差别，大多数神榜为"某氏宗祖之位"与"天地君亲师位"，亦有的书成"天地国亲师位"。神龛下面安家宅土地坛，中间竖写本宅长生土地、兴隆土地、瑞庆夫人之神位，两边的小字写"招财童子""进宝郎君"，以木板制作神牌，旁边书写"土发黄金宝，地生白玉珠"等内容的对联。清水江流域专门为群众做"敬洪坛"法事的法师，往往自称自己师承道教或"文武两教"，他们启坛时所奉请的神灵，大多都是从道教神系和佛教神系中照搬照抄原封不动地移植过来，虽然在奉请诸神降临法坛时罗列了很多本土神，但是真正有名有姓的只有水神"青木杨公"和地方英雄祖先"飞山土主"杨再思。"飞山土主"又称"飞山公""飞山福主""威远侯王"，《洪坛经》将他们排列在第四、第五、第六、第七位，排序为"州隍县隍、本县城隍、皂旗得道三净灵王、飞山福主、威远侯王、青木杨公、镇江大王、求财买卖四官大帝"，有姓无名的"洪坛老爷"只奉请5位，他们分别是东岭欧都头、南岭石都头、西岭郭都头、北岭孟都头、中岭黄都头这"五岭都头"[①]。"都头"一词始见唐代中后期，《资治通鉴》卷254注云："唐之中世，以诸军总帅为都头。至其后也，一部之军谓之一都，其部帅呼为都头。"宋代，都头是马步军里最低级的军职，宋仁宗时，尹洙在《奏阅习短兵状》中记载："诸处马军每一都枪手、旗头共十三人，其八十余人并系弓箭手；步军每一都刀手八人，枪手一十六人，其七十余人并系弩手。"[②]细究起来，五岭都头的官并不大，管辖的区域也相当有限，正如

---

① 　《洪坛经》，吴传根抄录本。

② 　[宋]尹洙著《河南先生文集·奏阅习短兵状》（卷20）。

民间传说土地神掌管的范围只有"五五二十五里"，其实就是一个区乡的行政范围，土地神的职权就相当于乡长或里正、保甲长之类。由于五岭都头各姓曾经是本宗族的祖先，故被人们供奉为家宅土地。

家宅土地源于古代的中雷之祀，乃五祀之一。《月令》曰："（孟冬之月）天子乃祈来年于天宗，大割祀于公社及门闾，腊先祖五祀。"郑玄注："五祀，门、户、中溜、灶、行也。"东汉王充在《论衡·祭意》中进一步将其本意诠释清楚："五祀报门、户、井、灶、室中溜之功。"《礼记·祭法》规定："庶人立一祀，或立户，或立灶。"春秋战国礼崩乐坏之后，普通百姓也可以祀门、祀户、祀中溜和祖先了。西汉成书的《盐铁论·散不足》记载："古者庶人鱼菽之祭，春秋修其祖祠……贫者鸡豕五芳，卫保散腊，倾盖社场。"[1]证实在西汉以前民间早已流行祖先崇拜的习俗了。中雷，又称中溜，到了后世先秦的五祀演变成了5种土地神，即家宅土地（下坛土地）、灶神土地、门神土地（门楼土地）、井神土地、六畜土地，他们共同护佑各家各户的人丁和财富，默佑其家人的健康与平安。

对待家神人们采取和平友好的方式，虔诚地请吃请喝，求其暗中庇护阳人，普降吉祥福祉；对恶魔则先礼后兵，实在不行就采取巫术手段，强制驱除，毫不仁慈客气。当今时代人们对巫师祈神的疏文祭文之类嗤之以鼻，而人类学家则将其视为珍藏在民间的文化瑰宝、阴阳通行的"礼仪手册"[2]。巫师实施

洪坛祭祀的本土化及其多元文化建构轨迹

---

① 《盐铁论·散不足》（卷六第二十九）。

② 刘永华．何为抄本？谁之文化？——抄本的解读方法及其问题 [J].
近代史研究，2021（6）。

的"和神"——以和谐诸神友好手段，在《和社王咒》中不是针对某一神灵，而是针对所有的社神，将祭品——狗呈献于祭坛，巫师绕坛转3圈，口中念念有词，请诸社神领飨：

> 九州八国社王天子、民主之神，本保三社盟官，东方青州社令，南方赤州社令、西方白州社令、北方黑州社令、中央黄州社令，社公社母，社子社孙社坛土地；社王天子亲舅公张道达、李道通，左右上下藤神树神、古木灵神；上洞地神地主、白龙一哥亲领身，亲身亲自领纳（拗诀）。[①]

深山老林里的藤神、树神、古木灵神，最容易使人产生阴森恐惧感，也容易使人胆寒害怕而导致病灾加身，所以对它们得以礼相待。总之，无论是哪一方神灵，人们都不敢得罪。洪坛敬奉的各方土地小神小仙，名目较多，经常提到的土地神灵，有下洞地傩、了角小妹、九郎天子、小山、洪坛四山、中宫土府龙神，还有合团住宅土地，各家长生、兴隆土地，各家门楼大门通灵土地，各家牛栏、猪楼、鸡鹤鹅鸭管牲土地、四方上下十二衙门土地。巫师迎请他们降临法坛之时，一方面要肃静环境，净化法坛，殷勤献茶献牲，鸣锣击鼓相迎，歌颂各位神灵的恩泽；另一方面又通过发牌印、旗号、兵竹强行挟制他们到坛，施法术对那些为非作歹的妖魔怪祟坚决予以驱除。

四、洪坛对大传统及其经典的接纳传承

许多底蕴深厚、历史文化价值珍贵的宗教经典，都是通过

---

① 2021年11月11日在远洞村土料冲采访吴传根时抄录《大和神科书全意》，2022年3月29日重返该村核校。

斋醮和祭祀仪式进行展陈表演的。《隋书》记载："夜中于星辰之下，陈设酒脯、饼饵、币物，历祀玉皇、太乙，祀五星列宿，为书如上章之仪以奏之，名之为醮。"[①] 此处说的"为书如上章之仪以奏之"，至今天柱宗教从业人员仍然依教奉行，如法炮制，包括祭神时呈奏的各种申、疏、表、经、忏、咒等传统经典和张榜公布的各种榜文，甚至连神灵的名号都是从经典里和历代祖师那里习得。古代社坛置五色土，代表各方诸侯，如今天柱民间法师举行"和神"仪式时首请之神为"九州八国社王天子、民主之神"，五方之神依次请"东方青州社令、南方赤州社令、西方白州社令、北方黑州社令、中央黄州社令"，毋庸置疑，这些科仪文字都是全部或者部分照搬经典《礼记·郊特牲》中的内容。而涉及具体的地域空间地点及地名，科仪书都留置了空白，举办法事再结合实际情况，把具体的地址、行政名称填写进去。如其科仪中有启请"本保三社盟官"，很显然这是民国时期的手抄本，因为民国时期建构的民间文献通常被打上了保甲制度的烙印。"本保"这个代表地域空间的词语，在明清时期常常表述为"本乡本里""本图""本村""本寨"或"本祠"（宗祠或家祠）之类的话语。鸦片战争以后，清政府在镇压太平天国运动的过程中，大肆兴办地方团练，民团成为地方治安依赖的社会势力，对地方的政治、经济、文化活动曾产生较大影响，因此在清朝末年的科仪本中经常出现"本团"之语，连土地庙也经常将"一团"与"合团"作为地域空间的标志，竹林镇秀田村清代门头土地祠，由石材构建，正面开兜率门，雕刻"喜鹊对鸣""金

---

① ［唐］魏徵等撰《隋书·经籍志·道经》（卷35）。

菊怒放""蛟龙归海""鹤立莲池"等图画，殿内供奉"门头土地之神位"，联云："福庇一团吉，恩流万户昌。"高酿镇邦寨村"神之最灵"祠，正面石门上部左右各镂铜钱图案一枚，下部凸雕蜡烛一对，联云："合团同修土宇，各烟咸赖地功。"此处的"烟"，代表一户人家，以前流行四世同堂，家庭成员集中在一起生活，故有此称。若是在寺庙举行法事，地址则直书"本寺""本庙""本观"即可。

通过对抄本与经典原文的反复对比，祈雨祝文、告土地神祭文，多参照唐宋以来的官方文献或文人著述，内容大同小异，或略作变通，所抄经忏、咒语则极少出错走样。特别是在"通乡贯"一栏，最能体现出从业人员对国家政权、国号认同的思想观念，而且堪称与时俱进，能跟上时代步伐，永远也不会落后于社会时代，明朝书写"有明"或"大明国"，清朝则书"皇清"与"大清"，可惜目前未发现相关抄本实物，但是从佛教色彩浓厚的几通明代桥梁古碑发现，其落款的地址一般写"大明国湖广靖州会同县某某乡某图某地"或"大明国湖广靖州天柱县某某乡某图某地"。现在常见的申疏乡贯为"大中华某省某县某乡某村"或称"大中国某省某县某乡某村"。另外，在主持法师的榜文落款中，经常出现"臣"与"弟子"两个称谓，这也是国家认同和文化认同的又一实例，称"臣"者多出现于道教法事，称"弟子"者主要用于佛教法事。通过经典抄本制作者的细微变化，表明宗教组织及其从业人员对社会更迭转型的适应性，刘志伟先生认为："这对于加深清末民国时期地方社会组织、基层社会转型的了解，也是有很独特的意义。"①

　　法师们在日常生活和共襄法事的时候，会相互交流传抄经卷科本，清水江下游地区兄弟民族之间经过600多年的交往、交流与交融，从而使这一区域逐渐成为多元文化的交融地带，民俗文化认同对丰富和发展本土文化产生了深远的影响，"其最终的表现形式即为多元一体的文化认同（或国家认同）"②。

　　总之，洪坛把道教、佛教、巫教、梅坛之神纳入自己的神系，建立了一套完整的神灵系统，在做大法事时，其神无论大小，无论天地人间，应请尽请，一个不漏，就连州县城隍、民间崇拜的祖先神飞山福主、威远侯王、青木杨公、镇江大王，甚至具体到某氏门中先祖、历代老幼英灵都被列为洪坛的座上宾，这正好印证了中华民族文化"美美与共"的大融合组合原则。

---

① 刘志伟. 在区域史研究中认识国家历史 [J]. 江西师范大学学报，2022（1）：36.

② 梁娟美. 粤港澳地区的"社"文化与国家认同研究 [J]. 文化遗产，2021（3）：11.

简析清水江流域苗族 "Hxak Bad Ghet" 文化内涵与艺术特征

杨　斌*

苗族是一个古老而又具有奋发精神的民族。相传，远古时期，苗族祖先蚩尤及其部落生活在黄河中下游一带，涿鹿之战后，苗族同胞大规模南迁，再不断西行，沿江而上进入黔地，其中，一部分散居于清水江沿岸深山老林中。这部分苗族同胞凭借勤劳的双手和过人的智慧征服了恶劣的自然环境，在此繁衍生息，延续数千年。在数千年的颠沛流离、征服自然、劳动生产等过程中，苗族先民积累了丰富的生活经验，创造了灿烂的历史文化，由于缺少文字记载史料，这些生活经验和历史文化被苗族先民编成了歌谣、故事等多种形式的文学，并且通过口传心授的方式，世代承袭，流传至今。

----

* 　杨斌，贵州剑河人。黔南州民研中心二级翻译，黔南州语言专家库人才。研究方向：民族文化和苗语翻译。Hxak Bad Ghet 为苗族古老的酒歌之一。

一、苗族赞老歌主要流传区域

苗族民歌的种类浩如烟海，根据演唱的形式、内容、场景等可分成不同的类型。"Hxak Bad Ghet"是苗族古老的酒歌之一，"hxak"意为歌，也有诗之意，"bad"为父，"ghet"为公，因此本书将其译为"颂歌"，也有学者将其归为"嘎百福歌"。其内容具有很强的说教性，有对长辈先进事迹的歌颂，有对某人高尚品格的赞扬，有对主人盛情款待的答谢，有对经典历史事件的回顾，也有教人向善的教育作用。多数在重要节日活动、走亲做客，酒酣耳热之际，为了活跃酒桌气氛，主客之间相互唱诵的歌曲。这些歌主要流传于清水江流域台江县的反排、巫脚南、巫脚交、巫梭、巫细、张家寨、方省等村，剑河县的养坪村、巫加多、六虎、暗拱、白沙、干荣等村，以及凯里市、雷山县、三穗县、黄平县、施秉县、榕江县等部分苗族村寨。

苗族"颂歌"与"史诗""古歌""盘歌""情歌"等类型的歌曲有所不同，以说唱为主，学术界称其为说唱文学。在实际演唱时，虽然是主客双方对唱，但没有主问客答或客问主答的形式，只要内容相关即可，双方各诉各的理，各表各的情，各说各的事，没有谁先谁后，更没有孰是孰非。

二、苗族颂歌的艺术特征

（一）惯用比兴、拟物等手法

"颂歌"往往借助生动形象的物象激发听众的想象，具有很强的代入感，如"Maix laib vud ghuk nes 山林鸟好聚，Maix laib zaid ghuk sos 房子人好归，Bib nongx leaib zend diot niangs 水果进喉咙，Bongx hveb deif lail zais（seid）话冒个不停"。借助"山林好鸟聚"引出主人家好心邀请，再用"水果进喉咙"比喻主人家热情招待，酒足饭饱，"话冒个不停"，要唱歌助兴。夸张，也是"赞老歌"的一个突出特点，如"Ghet yob hxet dol ghab daix 公坐在场坝，Dias nongd gangb yud ait nongd gik ghab ghangx 蚊子咬下巴，Dios yeb seif mongl ghas jangb ngix 损失一斤肉。"使用夸张的手法描述蚊子"咬掉一斤肉"，责怪自己没有及时邀请公到家里来，才导致公和他的牛被蚊子咬，以此表示歉意。

（二）散韵结合的文体

每一首"颂歌"都讲述了一个独立的故事，首句往往是使用"Hnangd hot ob hniut gid denx"（听说很久以前）"Dlangk lax hnaib niul hmangt ghot"（古老古代）等具有传说的明显特征的字眼，引古喻今，更具说服力和感染力。从歌曲结构上看，Hxak bad ghet 一般分为两部分，前半部分为叙述，介绍故事缘由或整首歌曲大致的故事情节，不讲究对仗工整，不求押韵。叙述结束后，后半部分故事中主人翁的对唱，以五言为主，兼有六言和七言等，要求相对工整，讲究押调。如：

Hnangd hot ob hniut gis dengx，Dlas Ghab Jangx niangb jox fangb Zangt Niongl[①]。Dlas Ghab Jangx hnangd hot dail Bangx Jux

---

① Zangt Niongl，苗语地名，汉语音译为："展浓"，现今贵州省黔东南州台江县台拱街道张家寨。

Hlod[1] niangb jox fangb Zangt Ful[2]。Bangx Jux Hlod seix vut dail
naix jub wat，Dlas Ghab Jangx yob dax mongl ngit hxid hongt dos
Dlas Ghab Jangx ait ib zad naix dot nend。

听说很久以前，达戛蒋住在展辅[2]，他听说展辅[3]有个姑娘
叫榜久唠[4]，长得很好看，于是达戛蒋想去展辅，问榜久唠愿
不愿嫁给他。

Dlas Ghab Jangx dax mongl jas dail Bangx Jux Hlod seik jangx，
Dlas Ghab Jangx yob lol hkaid hxak liax lib diot Bangx Jux Hlod hot
ait nongd。

达戛蒋找到了榜久唠，他对榜久唠唱道：

Lot et dliangl xib mux，	话说看古代，
Zaik et dliangl gid denx。	古代是从前。
Hnangd hot laib pit Ful gid waix，	我听说展辅，
Dal ib dail gob[3] Bangx，	还剩一朵花，
Liangs vut gid naif niox，	长得最好看，
Mongl khat mongl lab Bangx，	嫁给我吧榜，
Des xongt mongl Fangb Nix[4]。	和我去方你。

……

上述节选的这首歌中，前半部分介绍了榜久唠嫁给达戛蒋
后发生的一段悲惨故事的缘由，后半部分为两人之间的对唱，

---

① Bangx Jux Hlod，苗语人名，汉语音译为："榜久唠"。
② Zangt Ful，苗语地名，汉语音译为："展辅"，现今贵州省黔东
南州台江县翠文街道方省村。
③ gob，朵。gok 的音变。
④ Fangb Nix，苗语地名，汉语音译为"方你"，现今贵州省黔东南
州台江县城。

对仗比较工整，押"X"调。虽然从结构上看前半部分为平铺直白的叙述，类似独白，后半部分为对仗工整的韵文，但在实际演唱中，前后均用说唱的形式完成。前半部分由于对仗不工整，演唱时多采用转调、变调等多种演唱技巧，是研究少数民族民间音乐的重要参考材料。

三、苗族颂歌的社会功用

（一）烘托氛围

酒过三巡，好歌者触景生情，缓缓唱来，每遇悲苦，"唱者动情，听者有感"，大家互相劝慰，甚有落泪流涕者，每至振奋，现场欢声雀跃，喜笑颜开，大家举杯共饮，酣畅淋漓。气氛随着歌者的变化而变化。正如2021年，剑河县G村某老师的葬礼上，其舅父因侄儿的离世感到万分悲伤，于是便唱道：

……

Mangb nongx seix xet hxat yel,	你们别难过，
Mangb seix xid nins laix hnaib hxat liel。	你们别伤心，
Hxot nongd hnaib mongl bit ghob vangx bil,	我长眠山野，
Mongl hxet ghab zangx lal,	在那僻静处，
Mongl khad hsat mes nenx mangl,	泥土脸上盖，
Ghok ob pit liangs nangx mal,	两边马草长，
Ghab liex gheib dax sul,	杂草一起生，
Dias nongd mongl ib hsangb hniangx mongl,	一走就千年，
Wangs hniut dib ax lol。	万年都不回。

......

在场的人想到自己的亲人就此永别，孤零零地长眠于山岗，坟上将杂草丛生，悲情又起，掩面抽泣，大家举杯互劝，以酒消愁。2022年，剑河县M村举办"姑妈回娘家"活动，全村上下与姑妈姑父共聚一堂，畅饮高谈，兴致正浓之时，杨氏刘奶奶唱道：

......

Vek leit dlongs Pab Zangx，	下到展葩坳，
Dol vangt mongl hvib dongx，	青年们齐心，
Det hlod ait nongd lol yub diux，	竹子卷作门，
Ghab ot lol yub nex，	竹叶相连接，
Ait tit waix xenb hniangx，	做寨门拦路，
Ob pit ghas gib ninx，	门边牛角杯，
Dial jit dol eb jux，	哥哥舀酒来，
Jit diot waix xenb hniangx，	邀女子喝杯，
Xenb hek dol eb jux。	女子欢笑饮。

......

刘奶奶为表达自己内心的喜悦，唱歌助兴。巧妙借助"竹子卷作门，竹叶相连接"来比喻兄妹各自为家后难得相聚，此刻大家好不容易"卷"在一起的欢喜之情，引起在场兄弟姐妹共鸣，在短暂的丝丝悲伤之后，马上转变为更多的幸福和愉悦的感受，"哟"声四起，大家举杯共庆。其中有好歌者，举杯前来对歌，围观者中，主、客自行分队，为其应和。旁边其他兄妹相互敬酒（一般为堂兄妹），歌声又起，另成一团。祝酒、嬉戏、打闹，场面"一发不可收拾"，大家仿佛回到了无忧无虑的童年。日暮降临时，仍有未尽兴者，众人邀至家中，继续高歌畅饮。

（二）教育功能

过去苗族没有通行使用的文字来记载自己本民族的历史，很多社会经验、做人的道理、重要历史等都是以歌谣的形式传承给后代，在传唱中潜移默化地使后代接受教育，明白道理和积累生活经验。2021年，台江县K村邰氏兄弟分家，邀请寨上理老、长辈作中，晚餐间理老酒到中旬，唱道：

Ghab hot daib hlieb daib cait mongl,	儿大儿分家，
Mongl hxet mongx jib dul,	去住自己家，
Naib kot mongx yeb lol,	喊你你再回，
Dot kot ax yeb lol,	不喊别串门，
Mongx nangf hxet mongx jib dul。	你住自己家。

……

历来兄弟分家产时最容易产生矛盾，歌中理老以母亲的口吻唱诵，讲明兄弟长大后分家是自古以来的道理，大家要从容面对，也暗含了家产不管如何分，总有不公平的地方，"喊你你再回，不喊别串门"，提示家中兄弟要理性对待分产结果。歌中后半部分又以兄长的口吻唱道：

Vax cait vax jangl vangl at mais,	不分哪有寨呀母亲，
Wil cait yangx haib jangx vangl,	分家才成寨，
Yangf not dlox jib dul,	才多个火坑，
Hlat yangf vut dax diongb vangl。	您才好串门。
Wil dail hlieb bend dios dail cait,	大哥理先分，

Wil dail hlieb wil mongl yet,	大哥我先走，
Dail dal ob dail yut,	剩下弟弟在，
Ghab hot khab lix wul yis hlat,	他们来养老，
Hnaib nongx liel niangs zait,	您才最安心，
Hnaib nongx laib hangl vut,	挑好的给您，
Mongx hxet ghab diux yangl vangt at hnaib,	您在家看孙就好呀母亲。
Mongx maix vongb diel xid hxat,	您有何伤心，
Mongx niangb lax niangb lul diot,	您长命百岁，
Niangb lax liuk bongl det。	如树般长寿。

……

后面这部分主要是对家中父母的劝慰，请父母放手让子女自力更生。"大哥理先分，大哥我先走，剩下弟弟在，他们来养老，您才最安心"，讲明了苗族由年龄最小的男子负责给父母养老送终的社会规则。"挑好的给您，您在家看孙就好呀母亲"暗含了苗族民间"老人田"的社会习俗。据调查，苗族兄弟分家时，要留下一份好田地作为父母的养老田，这份田土由家中负责养老的兄弟继承，父母离世后，男子可将其中部分赠送给其他兄弟，也可自己独占。

四、苗族颂歌的历史文化内涵

Hxak bad ghet 内容丰富，蕴含了重要的历史、民俗、禁忌等多元文化信息，直接反映了苗族同胞日常生活面貌，是研究苗族历史社会结构的重要参考资料。

（一）反映古代苗族内部社会组织形式

元代以前，鼓社制度是苗族同胞实现自我管理和抵御外界侵扰的基本政治制度和社会管理制度。后来，随着"江西填湖广""调北征南"等大规模移民后，贵州境内的人口越来越多，部分移民融入苗族同胞中，成为苗族同胞的一部分，为此不少苗族同胞认可江西迁来一说。大规模的移民不仅带来了当时比较先进的文化，也带来比较先进的社会管理制度，苗族的社会组织结构悄然发生变化，社会管理方式也随之不断变化。但鼓社制度遗痕一直延续至今，不仅体现在牯藏节等苗族重大节日中，在苗族 Hxak bad ghet 中也有所反映。

鼓社是苗语的"jangd niel"的意译，贺又宁教授称"它是苗族内部社会组织和社会制度之一的'鼓社制'的重要支撑"。[①] 一个鼓社含有"ghab niel"（鼓主）、"ghab hlod"（副鼓主）以及"ghab xongt"（参事）。一般情况下，"ghab niel""ghab hlod""ghab xongt"由不同的宗族构成，苗语称之为"ib jil zad"（一个家族）或 Ib laib dangx jud（共同陪客的一个群体），一个鼓社为一个寨子或几个寨子的氏族联盟。

有学者认为，鼓社相当于苗族的一个氏族，囊界、欧戛里和欧甫然是一个鼓社，里蒿公喊鼓社主宗族到家里来吃饭，这里的鼓社主宗族包含了里蒿公的"daib nenl"（舅舅），"daib nenl"（舅舅）在苗族中部方言亲属称谓系统中属于姻亲关系，视为两个不同的宗族，由此我们可以推断，苗族的"jangd

---

① 贺又宁.汉，苗族亲属称谓文化特征之比较 [J].贵州民族研究，2001(2)：71，81.

niel"并不只是一个氏族，而是一个大于氏族的氏族联盟。"jangd niel"由"ghab niel""ghab hlod""ghab xongt"组成，三者分工明确，共同管理区域内苗族各项事务。

比鼓社更高的组织是"dangx niel"，即为鼓社联盟，每隔13年举行一次会盟活动，表现为"Nongx jangd niel"（鼓藏节）。爱必达的《黔南识略》记载："黑苗蓄发者居多，衣尚黑，短不及膝，十年蓄牡牛祭天地祖先，谓之吃牯藏。"乾隆《贵州通志》记载："黑苗在都匀、丹江、镇远之清江、黎平之古州……每十三年宰牡牛祭天地祖先，名曰吃牯脏。"曾有学者对"Nongx jangd niel"汉语翻译用字问题进行讨论，有持"鼓藏节"的观点，也有坚持"牯脏节"的说法。从前，鼓藏节是一种会盟议事形式，往往带有歃血为盟的仪式，兼有祭祖和联谊娱乐活动功能，在苗族民歌《张秀眉》和苗族民间传说《张秀眉》中均有记载，张秀眉为了反抗压迫，在鼓藏节这天，召集仁人志士，宰水牛、喝生血、歃血为盟，揭竿起义。由此来看，"牯脏节"更应景。后来，鼓藏节议事功能逐渐减弱，尤其是20世纪50年代初至70年代末，鼓藏节被禁止，议事功能完全消失，80年代恢复后，只保留了祭祖和娱乐活动，延续至今。苗族认为"鼓"是祖先神灵的象征，大型祭祖仪式活动都以"鼓"为核心来进行，所以有的学者建议用"鼓藏节"来称呼，符合现状。

鼓藏节往往有个固定的活动场所，苗语称之为"dangx gix"，藏鼓之处称为"zaid niel"。苗族将会盟与祭祀相结合，赋予了会盟的神圣性，认为人死之后也要到"dangx gix zaid niel"走一圈，才能去遥远的东方与祖先团聚。如书《Ghet Bod Diel》

中（薄碟公）唱道：

......

Maix dail ghet hsenb yenx dlak gad diot nangl diot jes，dul dail lol lait jox fangb Eb Diuk jes，yangb hot obd aib dod dial hot："Mangb genx gheix xid et ob daib？"Ob daib dod dial dab hot："Ob seix dot genx gheix xid wal，dail wil baf dot niangb jangx ob hangb gend nend。"Ghet hsenb yenx yangb hot："Dail mongx bit hot gheix xid？""Dail wil bad bit hot Ghet Bod Diel。""Ait nend aib des wil mongl hvit ob daib。Des wil mongl ngit jox fangb Dangx ghongd Dlongs Jent[1]，fangb Dangx ghongd[2] wil seix lait，dax bib mongl ngit hxid hongt。"

有个老神仙，四处讨饭，刚好路过欧丢，见他们姐弟俩哭得很伤心，便问他俩道："你们哭什么呀？孩子？"他俩回答："我们不哭什么，就是我父亲不在了，所以我们很伤心。"老神仙问："你们父亲叫什么呀？"他俩回答说："我们父亲叫作薄碟公。"老神仙说："这样的话，你们跟我去凼宫陇境[2]看看，凼宫陇境我去过，我们一起去看看吧。"

Ob daib dod dial des Ghet Hsenb Yenx liax lib dax mongl ngit，bongf nenx bad yangb jus deix zuk lial lib lial lib[3] niangb dangx gix zaid niel niangs。Ob daib dax mongl gangf bil diud，ob daib khaid hxak liax lib diot nenx bad hot ait nongd：

---

[1] Dangx Khongd Dlongs Jent，苗语地名，汉语音译为"凼宫陇境"。苗族同胞认为，老人去世后必须经过的地方。

[2] Dangx Khongd，苗语地名，Dangx Khongd Dlongs Jent 的简称。

[3] lial lib lial lib，lial lib 意为缓缓地，重复使用，表示程度深或重。

他两姐弟跟着老神仙慢慢去到凼宫陇境，见他们父亲真的在芦笙坪里缓缓地①踩芦笙、跳鼓舞。他俩立即上前拉住薄碟公的手，悠悠地唱道：

……

薄碟公去世之后，其儿女窝薄碟和金薄碟跟随"老神仙"去到"Dangx Ghongd Dlongs Jent"，看见薄碟公正在"dangx gix zaid niel"踩芦笙。由此可见，"dangx gix zaid niel"是苗族同胞通过会盟祭祀确立起来的神圣场所。证实鼓社之上有个更高级别的鼓社联盟的社会组织机构——鼓社联盟。

（二）反映苗族古代社会获取知识明辨道理的教育形式

如果说语言是人与人之间交流的一道门，那么民歌就是人与人之间心灵相通的一扇窗，它不仅是抒发情感、宣泄情绪的一种方式，更"是一种文化、一种认识人类生活的表达方式"。20世纪50年代以前，大部分苗族地区将掌握歌谣的程度作为择偶的首要标准，这不仅是青年男女表达情愫的方式，更是男女双方从歌曲的内容中去考验对方的应变能力、行为品性的一种重要手段。由于苗族没有广泛通行使用的文字来记载本民族的发展历程，因此民歌便成了苗族同胞获取经验、获得知识、明辨道理的"教科书"。

Hxak bad ghet是苗族传统民歌之一，而少数民族传统民歌是中华传统文化的重要组成部分，"属传统文化范畴，是一个历史性的概念"。应进一步加大关注和提高保护力度。Hxak bad ghet反映苗族历史生活状况，蕴含丰富的生活哲理。在

《Ghet Ongd Jenb》（翁金公）这首苗歌中，Ghet Ongd Jenb（翁金公）的长子即将要分家，Wuk Ongd Jenb（翁金奶）很伤心，于是唱道：

......

Wil dak xangf yut genx ghab bil，	小时候，抱你在手心，
Ghab dis vux lob bol，	背在我背身，
Ak neis jex pangb mongl。	坏我九背带。
Mongx nongx jul it ob juf nongl ghol，	养你二十年，
Ghab hot daib hlieb daib cait mongl，	就说儿大儿分家，
Mongl hxet leib mongx jib dul，	去你自己家吧，
Hnaib kot mongx yeb lol，	叫你你再回，
Dot kot vax yeb lol，	不叫别串门，
Mongx nongb hxet mongx jib dul。	你住你家门。

Wuk Ongd Jenb diot hot nend niox，Diel Ongd Jenb lol vib nenx mais hxak diot hot gid nongd：

翁金奶唱完，碟翁金答道：

......

Vax cait vax jangx vangl at mais，	不分哪有寨呀母亲，
Wil cait yangx hangb jangx vangl，	分家才成寨，
Yangf not dlox jib dul，	才多个火坑，
Hlat yangf vut dax diongb vangl。	您才好串门。
Wil dail hlieb bend dios dail cait，	大哥理先分，
Wil dail hlieb wil mongl yet，	我长我先走，
Dail dal ob dail yut，	剩下弟弟在，
Ghab hot khab lix wul yis hlat，	他们来养老，

Hnaib nongx lal niangs zeit,   您才最安心，

……①

这首歌讲述了 Wuk Ongd Jenb 回忆自己的孩子从小到大的成长过程，展现了苗族村寨中长子分家的情景。歌中有母亲对孩子的嘱托和孩子回答母亲的对话，体现了母亲的不舍之情。从 Diel Ongd Jenb（碟翁金）的回答中可以看出，苗族民间有年长者分家，年龄最小的儿子要给父母养老的习俗。同时，"Vax cait vax jangx vangl at mais，wil cait yangx hangb jangx vangl"还道出了"发展才能壮大"的道理。由此看出，在全球化经济加速、社会发展日新月异的今天，hxak bad ghet 不仅是一种传统文化形式，更是保护、传承民族优秀传统文化的一种有效手段和重要载体。当少数民族语言不再作为日常生活交际用语时，少数民族民歌在保护民族文化中的地位和作用就会凸显出来，甚至会成为最有力的方式。

（三）反映古代苗族日常生活面貌

2018年，《乡村振兴战略规划（2018—2022年）》对"乡风文明"进行了系统阐释，明确了建设内容和目标。近年来，少数民族地区受外出务工、文化变迁等因素的影响，优秀传统文化得不到很好地传承和发展，人们的精神领域逐渐出现"空地"，Hxak bad ghet 不仅是过去教人向善的一种教育形式，也是苗族民间的一种娱乐活动，对苗族地区乡风文明建设具有积极的推动作用。如：Fangb Zangx Pab vangl vut（展葩好寨子）。

---

① 万妹你唱诉，杨斌搜集、翻译、整理，2022年1月24日作于都匀。

……

Fangb Zangx Pab vangl vut,	展葩好寨子，
Niangb deix ghab wul zangt,	住山间盆地，
Laib vangx hsongb vut wangl ment,	山高水长流，
Ghangb vangl eb longl fat,	寨脚躺溪流，
Eb hlod diongl yal yit,	山谷水淙淙，

……

Niangb haib dial xik hot,	兄嫂来相商，
Mongl hsangb liangx[①] zait zait,	来商量家事，
Nix vib ghuk dot not,	攒得些钱财，
Ghab hot niangx diel nongd dent mit,	春节邀姑回，
Dent deik dlieb deik yut,	邀大姑小姑，
Dent deik lul deik vangt,	请姑奶姑妈，
Dongx seik lol was qet,	齐聚娘家来，
Lol nongx laib niangx diel yet。	一起过春节。

……

Bib tak mongl sos diux[②],	他日回到家，
Dub diot longl ghab niox,	放箱底珍藏，
Bib xik dad aib nongd mongl baib naix,	不送与他人，
Bib dad mongl nins mangx,	留纪念你们，
Nins diot lul sangs naix,	一直记到老，
Nins diot lul sangs naix。	一直记到老。[③]

---

① hsangb liangx，汉语借词，商量。

② sos diux，到门，指回到家。

③ 万妹你诵诉，杨斌记译、整理，2021 年 12 月 25 日作于都匀。

这首歌是某苗族村寨举办"姑妈回娘家"活动，姑姑或姑奶回到娘家参加活动时对娘家的一种赞美，也是苗族民间的一种娱乐方式。这种集娱乐与教育于一体的活动方式，体现了苗族村寨间和睦相处、团结互助的关系，是乡风文明的有力例证。因此，加强对其的保护、传承以及创新发展有助于推动苗寨乡风文明建设。

（四）反映苗族亲属称谓制度

苗族"hxak bad ghet"包含众多的人名称谓词，这些人名称谓被称为"语言化石"，是研究苗族民族文化的可靠参考依据。调查研究发现，众多苗族同胞使用汉语词作为人名，这些人名称谓的相互融合体现了苗、汉族之间的相互依存关系。如苗语人名Ghet Bod Diel（薄碟公），diel是苗族同胞对汉族或苗族以外官员的称呼。人名称呼往往是父母对子女的期望，苗族将diel作为人名，体现了苗族对汉族文化的高度认同，是父母希望子女能如同汉族那样掌握先进的文化知识与科学技术，造福子孙后代。不仅如此，"hxak bad ghet"中不少歌词也体现了苗族很早就具有了命运共同体的意识。如："Wuk Eb Niel"（欧略奶）

Ghet Box[①] Eb Ful[②] bangf vangt,	伯公的男儿，
Dlub hsong dngangl zais cet,	聪明又诚实，
Ghangb vangx gheid niel yangl hniangt,	木相依成林。

---

① Ghet Box，苗语人名，汉语音译为"伯公"。即 Ghet Xangf Box（祥伯公）的父亲。

② Eb Ful，苗语地名，汉语音译为"欧甫"，即 Eb Ghab Lix Pit Hful（欧嘎里辟甫）。

Bib ed jul nens hot,	话就说到这,
Bib ed diel xid hot,	咱要谁来说,
Bib ed nal lol hot,	咱要母亲说,
Nal baib bib ghab dot,	母亲送才得,
Nal baib bib ghab dot。	母亲送才得。①

这首歌的歌词背景是，"Wuk Eb Niel"所在的村寨与其他村寨为同一个鼓社，原本"Wuk Eb Niel"家是鼓主，由于她家当鼓主的时间较长，于是其他村寨将鼓背走了，届满之后，他们又把鼓还回来，让博欧辅公的小孩来当鼓主。Wuk Eb Niel见鼓又回到本寨，心里很高兴，于是便唱歌祝贺。歌词中喜忧参半，在其末尾处唱道"Ghangb vangx gheid niel yangl hniangt"（木相依成林），其表面意为山上的松木相互依靠、相互支撑才构成了整个松木林，实指大家相互帮助、互相协作才能构成一个完整的社会。这体现了过去苗族民间相互扶持、团结互助的集体意识，这种集体意识正是中华民族共同体意识的基础。再者，"Bib ed diel xid hot，Bib ed nal lol hot，Nal baib bib ghab dot"（咱要谁来说，咱要母亲说，母亲送才得），体现了苗族同胞有维护中心的大局意识和集体观念。由此可见，加强对hxak bad ghet的保护、传承与创新发展，可以有效地促进苗族同胞进一步铸牢中华民族共同体意识。

五、结语

少数民族经典口碑古籍的搜集、翻译、整理，不仅需要翻

---

① 万妹你诵诉，杨斌记译、整理，2022年1月15日作于都匀。

译学、语言学等理论知识的支撑，还需要实操经验的支持，对清水江流域的hxak bad ghet进行搜集整理，总结使用国际音标记音、民族文字书写、现代汉语翻译、三注同一、借音统一的田野调查实践经验。同时，通过研究发现，清水江流域的hxak bad ghet体现了苗族古代社会生活面貌，既是苗族历代生活经验的结晶，也是苗族群众获取知识、明辨道理的"教科书"。对hxak bad ghet进行搜集整理，不仅是对民族优秀传统文化进行保护传承，同时对推进民族地区乡风文明，促进少数民族同胞铸牢中华民族共同体意识也具有重要的现实意义。

锦屏县亮江流域明代军屯初考

吴锡镇　吴庆云*

从省里到州里的"十四五"文化发展规划，屯堡文化与红色文化、阳明文化、民族文化一道被列入规划重点研究对象，要重点挖掘、发展与保护。

亮江流域位于贵州高原向湘西丘陵过渡的低山河谷盆坝区，是屯堡密集分布区域。锦屏县内亮江流域，东抵湖南省靖州县藕团乡，西南邻黎平县鳌市镇，西邻启蒙镇，北抵偶里乡。亮江发源于黎平县西部器寨乡高进村北侧岭计流山南麓，由高进村向东至坝寨村转向东北绕高屯后进入锦屏县的新化、敦寨、铜鼓至三江镇附近亮江村注入清水江，全长124千米，主要溪流有钟灵河、花桥河，流域面积达1697平方千米。四季分明、气候温和，属典型的亚热带季风气候区。土壤肥沃，降水丰富，热量充足，自然条件优越，是锦屏县主要的粮油、蔬菜和水果产地，也是贵州省主要农业生产基地。除亮司外，大规模设置军屯从明代开始。

---

* 　吴锡镇：作家、诗人，贵州省屯堡研究中心理事，凯里学院客座教授。现为黔东南州文联诗词家协会主席。吴庆云，苗族，工学学士学位。供职于凯里市自然资源局空间规划科。从事小城镇规划和传统村落研究，发表多篇文章。

汉苗融合独特的屯堡服饰及亮司古井（龙煜 摄）

一、亮江流域的府、卫、所、司、屯

（一）府、卫、所、司

"府"，即新化府：明永乐十一年（1413）朝廷在新化乡置新化府。新化府系锦屏县境内最早也是唯一设置府的行政管理机构。府署设在新化乡新化所村，府衙有知府1人，掌全府政务，官属正四品，从1413年到1434年，历时22年之久。"卫"，即铜鼓镇：明洪武二十一年（1388）九月始设铜鼓守御千户所（治所为现在的铜鼓镇政府所在地），洪武三十年（1397）改为卫。隆里所、新化所：新化千户所，明洪武十八年（1385）五开卫蛮夷吴勉起义，明廷遣征蛮将军汤和从楚王讨之。事平于五垴寨（今黎平城内）置五开卫弹压；洪武十九年（1386）筑卫城设左、右、前、后、中五所。隆里千户所，洪武十八年（1385年），明太祖朱元璋第六子朱桢为镇压古州吴勉起义，调集江南九省官军，在隆里设千户所。"司"，即亮寨司：唐天宝年间，朝廷在亮江设羁縻亮州，元至元二十年（1283），朝廷始在县地推行土司制度，置八万亮寨军民长官司，隶湖广行省思州安抚司。明洪武十八年（1385），土司制度因吴勉起义而被废除。永乐元年（1403），复置亮寨、欧阳等长官司。湖耳司：元至治二年（1322）置湖耳长官司，其是锦屏县六长官司之一。新化司：元至治二年（1322）置新化、欧阳长官司，属湖广行省思州安抚司。明代（1368—1644）新化洞官归附朝廷。明洪武三年（1370）设新化蛮夷长官司，司长官欧阳明万。中林验洞司：明、清两朝设中林验洞蛮夷长官司，其系黎平府十二个长官司之一。永乐七年（1409）九月十日中林验洞长官司，司治现在的钟灵乡政府所在地。欧阳司：欧阳村位于新化乡东部，亮江北岸，元至治二年（1322）在此设欧阳长官司。龙里司：永乐七年（1409）设司，司治在现在的龙里司。

铜鼓卫进士门第（向同明 摄）　　百年窨子"书香第"（欧阳克俭 摄）

（二）屯

以"屯"字命名的村寨，几乎遍及整个亮江流域，多数是军屯遗留。最初为军户屯驻，实行军事管理。随着战争的减少，屯户逐渐平民化。至明代后期，诸屯已完全成为平民村寨。如雷屯、者屯、笋屯、罗安屯等。

二、屯堡的文化传承

（一）汉文化的动态传承

隆里舞龙：隆里迄今保存着玩龙灯、演汉戏、讲故事等具有浓厚色彩的汉文化。玩龙灯是隆里人民每年的庆春传统节目，活动举办时方圆几十里的人都赶来观看。开锣玩龙时间由东西南北各门事先约定，锣鼓一响，赤、青、黄等八条各色龙灯同时"出动"，会聚城中广场，锣钹鼓号齐鸣，群龙竞技，热闹非凡。龙灯制作精巧，鲜艳美观，风格独特。玩耍的技巧也多达十余种，有串花龙、金龙抱柱、滚地龙、二龙抢宝、双龙戏珠、黄龙吐丝、青龙翻身、天龙穿雾等。场面恢宏壮观，势若翻江倒海，活灵活现，令人眼花缭乱。每年元宵玩花脸龙，为隆里的"狂欢节"，是古城一年中最热闹的日子。与其他地方的龙灯节不同的是，每个舞龙的人都要画"花脸"，以扛龙尾的"蓝季子"为主角。这取材于宋朝初期"蓝季子会大哥赵匡胤"的民间故事。舞龙时起伏进退均由龙头带动。

新化舞狮：系北派舞狮系列，是新化传承久远的民间汉文化活动。每年农历的六月二十六，新化所村举办民间文化传承活动，当地100多名民间文化传承人参加水龙、舞狮、汉戏等文化传承展示。新化所舞狮曾多次参加县、区大型庆典活动演出，深受观众欢迎。1992年后，每逢春节屡屡应邀至锦屏城关及比邻的黎平县闹新春；2005年黎平机场试航庆典时代表锦屏县参与演出。新化的舞狮，吸引着四乡八寨的乡亲观众，甚至吸引了北京、湖南、江西和省内上百名专家学者和摄影爱好者。2006年参加黔东南州建州50周年庆典演出，精彩绝伦的舞狮表演使数万观众瞠目结舌为之倾倒。2007年，新化乡被贵州省人民政府授予"舞狮文化艺术之乡"称号。

隆里古城大盘龙（2002年于锦屏县城体委球场）（吴锡镇　摄）

（二）汉文化的口语传承

亮江流域的隆里、新化、亮司、敦寨、钟灵以及铜鼓屯堡村寨居民皆讲汉语，俗称"客话"。但是，因受地区、历史、隶属、流源等诸多客观因素的制约，各村寨（铜鼓片区的村寨与上述屯堡村寨有较大区别）使用的汉语皆近于西南官话的黎平次方言和湘方言，形成独特的"客家话"。其主要特征是：说话的语速快（外地人第一次听新化人讲话，肯定不知所云）；声音洪亮，音节短促，尾音较高、较长，整体雄浑，爱用重音且时常夹杂本地方言。即使一乡之内，虽仅隔几里路程，各村寨的语言也各具特色。比如，新化所、新化寨、欧阳三大片区，同是一句话，各片人说出来就有较大差别。"你吃饭了吗？"新化所方言说成："你吃（qí）饭了（gā）吗（mou）？"短短一句话中的语音完全走调、变调。新化寨则说成："你吃饭了吗？"欧阳话说成："你吃（qí）饭了（ān）吗（nè）？"新化话在语音上与黎平次方言和湘方言基本一致，但一些副词、形容词、语气词形成了地方个性。把"自己"说成"各人"（guó rén），如"我自己去"说成"各人去"。新化方言中出现频率最高的是陈述性语气词"嘎"（念成gā）。如吃嘎、睡嘎、死嘎、病嘎、起来嘎、去嘎等；用于祈使句末表示请求、催促、命令、提醒语气的"啊mǎn"，如快点啊、帮我一下啊、多吃点啊、莫学坏啊、莫讲理啊等；用于祈使句末表示要求、劝告意思的"嘞"念成něi。如莫忙倒，他还没（mèi）来嘞（něi）。好生点嘞、莫跌倒嘞、莫乱来嘞、莫欺负人嘞等；用于一般疑问句末表示疑问的"嘞"念成lè。语言中还喜欢用形容词加名词补充结构句式。形容词表示感受，名词表示原因及部位，简洁明白、表现力强。如饿饭、饿烟、胀粪、晕船、晕脑壳、痛脚杆等。常用口头语言（方言），由于地区历史、文化等诸方面的原因，仍然在生产生活中广泛运用。这些口语明显是外来语言，在少数民族地区文化大交流大融合的背景下却强势传承了下来。

（三）教育的兴起与发展

纵览锦屏县亮江流域屯堡的发展历史，无论统治阶级还是屯堡人及其后裔，对教育都很重视。区域教育有府学、书院、私塾等。隆里有龙标书院、新化有府学、铜鼓有卫学，所有屯堡都设有书院、学馆，开办私塾。学子读书无统一的教材和期限，不分年级。一般诵读古书经典，由浅入深地读《三字经》《百家姓》《曾广贤文》《论语》《论说精华》《纲鉴》《诗经》，以及朱伯儒的《治家格言》等。

1.龙标书院

《开泰县志》记载"位于隆里所观音堂的龙标书院，创建自唐王昌龄公"。书院含鹏程桥、过厅、中院、明伦堂、先师堂、董张祠等，主要为完善其"讲学、藏书、祭祀"三大功能。唐朝边塞诗人王昌龄作了一首《梨花赋》，被杨国忠说是讽刺朝廷，被贬为龙标尉到了隆里。王昌龄在龙标多年，为开发蛮荒、教化人民，在隆里建了一所龙标学宫，培植人才。明永乐十一年（1413），龙标学宫改名为龙标书院。明清时期该书院出进士2人、举人18人，入仕为官七品以上的21人。

2.新化府学

明永乐十二年（1414），朝廷议准设新化府学；永乐十九年（1421）设新化府医学和阴阳学。明宣德二年（1427）新化府6蛮夷长官司（湖耳、新化、亮寨、欧阳、隆里、中林验洞）向朝廷奏请"贵州各府学校新立，诸生皆蒙童入学，若比内地府学每岁选贡，实无其人，请比县学三年一贡"。朝廷批复"边地立学，欲从化耳，岂可遽责成材，宜令所、司，随宜选贡"。可知新化自此皆已设官学。兹后乡境书院、学馆、私塾先后兴起，彼时，建书院、学馆、书房的经费主要来自地方税租，民众集资和地方人士资助，百姓子弟皆可入院就读。

3.化成书院

化成书院位于新化所今东门鼓楼南100米处，初建于明朝。书院先生由地方公举，凡经科举考试，贡生以上学位或在地方上德高望重者才可被选聘为先生。

（四）各民族和谐发展

在历史发展和民族融合过程中，新化、亮司、敦寨、钟灵、铜鼓等军屯人的后裔，既保存有汉文化特点又融合了当地少数民族文化的元素。当地少数民族文化与先进的汉文化相互渗透与融合使该地区具有军事屯堡的内涵而又不完全传承军事屯堡形态。屯堡军人后裔不断与周边少数民族同胞进行友好通婚、社会交往，使军事屯堡后裔苗化；强大的汉文化不断浸染影响又使苗民汉化。故该地自宋代后期到明代前期就成为苗族、侗族、汉族杂居之地。除了隆里所城自我封闭少与外界交往而形成独特的汉文化"孤岛"现象外，亮江流域绝大部分古屯堡均属于开放性的与当地原土著居民高度融合的屯堡。亮寨司、新化府、铜鼓卫以及流域内的司、屯在历史发展进程中，不断进行民族融合，汉文化和当地土著文化交互的同化现象使得军事屯堡不完全传承当时的军事屯堡形态：一是屯堡军人后裔不断与周边苗民友好通婚；二是军屯汉文化不断侵入感化苗民使苗人汉化，汉人也被苗化。在这里，苗、侗、汉各民族和睦相处，共建和谐社会，与时俱进。

三、亮江流域屯堡的特点

（一）屯堡分布密集

在亮江流域，有大大小小几百个屯堡村寨密集地分布在亮江干流两岸及其支流。西至黎平县交界的隆里司，东至湖南靖州县的岔路，南到黎平中黄相邻的新化，北挨铜鼓镇的同门村。

（二）屯堡固守地名

通过走访调查，我们得知，亮江流域屯堡村寨名称几乎没有变化，除唐朝的羁縻亮州现在叫亮司外，明代形成的屯堡名几乎原封不动地沿用至今。

（三）屯堡文化"群岛"现象

屯堡文化分布呈"群岛现象"。单就民族地区屯堡文化现象而言，往大处说，屯堡文化涵盖了湘西、桂北、黔东南、贵州等一大片少数民族地区；从小处说，黔东南这片区域包括下司、施洞、雷山、旧州、古州、思州等地，汉文化分布也是"群岛现象"。因为民族文化和迁徙传承的汉文化互嵌交错分布。因而，整个区域的汉文化不是"孤岛现象"而是"群岛现象"。单就隆里所城而言，也不是"汉文化孤岛"，而是从黎平的八舟、敖市，锦屏的新化、龙池、敦寨、亮司等片区的汉文化岛屿向少数民族地区延伸的"半岛"或"走廊"现象。

（四）屯堡文化中保存的"活化石"

亮江流域屯堡传承下来的汉文化现象在原迁出地已不复存在，已无法考究，而在屯堡地却还比较完好地保存。比如，有"活化石"之称的偷砍梁木、木叶抓阄、追山打猎见者有份、七月半熏香等习俗。

（五）屯堡文化融合的反复性和复杂性

汉文化进入该区域后，被少数民族文化同化。多次反复的融合，使得该区域的文化现象复杂且多元。亮江流域大部分虽然属于少数民族，但其文化主体与核心仍然是汉文化。有一点是可以肯定的是：在社会和谐、生产安定、经济发展迅速的地区，军屯文化与其周边少数民族文化融合得较好。

四、亮江流域屯堡经济发展状况

亮江流域内水、陆和航空运输四通八达：水路主要是亮江航运；陆路主要有锦屏县至榕江县的202省道以及各乡镇公路；黎平机场落户高屯，位于亮江流域屯堡；途经锦屏、敦寨、新化的三黎高速公路是沪昆高速和厦蓉高速的连接线，三黎高速及贵广高铁的建成通车等，为锦屏县及亮江流域进一步发展经济提升产业竞争力，融入"黎从榕""泛珠三角"。2016年，敦寨至新化、新化至隆里公路改造工程项目于2016年2月开工建设，征地拆迁工作基本完成，敦寨至新化公路路基工程完成13%，新化至隆里公路路基工程完成17%。直线20千米的县城至敦寨工业园区的市政干道也正在实施阶段。流域内交通条件的极大改善，为推动古屯堡区域的经济、旅游等发展，以及与发达地区的要素流动提供了强力保障。

屯堡村寨以农业经济为主。自改革开放以来，国家放宽农业政策，亮江流域各乡镇农民自主调整产业结构，实行耕地多种经营，农村经济得到迅速发展，农民很快解决了温饱，走向富裕。现在，屯堡农民科学种田、科学种植瓜果蔬菜、机械插秧和收割越来越普及，农产品粗加工、深加工遍地开花，产业链延伸市场意识逐渐形成；网上购物、网上卖农产品渐渐进入寻常农家；集市贸易繁荣，物资供应能满足人民生活的需要；村村通了公路，寨寨街道平整，砖房林立，户户正常用电。广大群众的衣、食、住、行条件大大改善，物质和文化生活水平空前提高。

目前，从省里到州里的"十四五"文化发展规划，屯堡文化与红色文化、阳明文化、民族文化一同被列入规划重点研究对象，要重点挖掘、发展与保护。屯堡文化等历史文化研究推广工程重点是要持续做好重大考古发掘工作，加强文物和文化遗产保护，把贵州屯堡文化研究引向深入，更好地展示贵州文明起源和发展的历史脉络；深入做好屯堡文化研究，讲好屯堡文化的时代价值，让屯堡文化绽放时代光彩。

浅谈侗族琵琶歌在黔东南州的传承与保护

陈锡忠*

侗族主要分布在我国西南的贵州、湖南、广西三省交界地区，人口数量为288万（2010年人口普查数据）。流行于贵州省黔东南州黎平县、从江县、榕江县的琵琶歌是侗族文化的瑰宝。它是以"琵琶"伴奏的一种歌类，也是侗族青年男女在社会活动中用以交流思想和增进感情的歌曲。[1]侗族琵琶歌产生于明朝永乐年间，距今已有600多年的历史。

一、侗族琵琶歌的介绍

琵琶侗语为"biba"，因其发音与汉族琵琶相似而得名。是侗族较为古老的弹弦乐器，形状与汉族三弦相似。一般由演奏者制作，采用桐木、杉木或松木制作面板和琴筒，用手指、指甲或吉他拨片等拨弦振动发音，斜持琵琶演奏。其主要用于

---

* 陈锡忠，侗族，贵州省锦屏县人。现为黔东南州文化研究所馆员。

[1] 中国民间文艺研究会贵州分会编印 . 民间文学资料（第五十八集）侗族琵琶歌 .1983.

小歌、大歌、叙事歌和侗戏的伴奏，流行于贵州黔东南州的黎平、榕江、从江以及湖南通道、广西三江等地，具有较为深厚的民族民间特征。

关于侗族琵琶歌的产生，有很多传说。其中一个传说是，在古代，一场可怕的洪水淹没了整个大地。世界上只有两兄妹在葫芦里生存了下来，他们是张良和张妹。为了繁衍后代，两兄妹结成了夫妻。后来，人们为了纪念他们，他们的后代聚集了800名年轻人演奏琵琶和唱歌。天上的七仙女被他们的歌声感动了，所以七仙女每天都弹琵琶唱歌，并教会了整个侗寨的人们琵琶歌，侗族琵琶歌就这样流传了下来。琵琶弹唱这一艺术的诞生标志着侗族说唱艺术发展到一个崭新的阶段，也为后来侗戏的诞生奠定了坚实的基础。[①]

二、侗族琵琶歌的类型及特征

侗族琵琶歌按表达方式可以分为叙事类和抒情类；按歌词句式长短分为长琵琶歌和短琵琶歌两类；按表演形式可分为嘎琵琶（类似于汉族的民歌）和锦琵琶（类似于汉族的曲艺）；按地域分可分为榕江琵琶歌(车江)、尚重琵琶歌、洪州琵琶歌、中宝琵琶歌、七十二寨琵琶歌等。侗族琵琶歌句子有长有短，长的有三十多字，歌唱时常常要分三四次停顿才能完成，停顿处一般为偶字（四字或六字），名尾为单字（多为三字或五字），有时在句子的开头加入两个附加助词。

---

① 张勇.侗族艺苑探寻 [M].呼和浩特：远方出版社，2009：6.

琵琶歌很讲究韵律，一般分为头韵、中韵和尾韵。歌的思想内容以韵铺层，按其韵律一句接一句，反复叠句咏唱（有的用真嗓声，有的用假嗓唱），在特定的环境中并不令人感觉到重复，而是给人一种渐入佳境、逐层递进之感。琵琶歌的思想内容丰富，涵盖了侗族历史、神话故事、风俗习惯、社交文化、婚恋文化等内容，体现了侗族诗歌的最高水平，青年男女在"行歌坐月"交往中常常用其交流思想和增进感情，陶醉在优美的歌声中直到天亮。

三、侗族琵琶歌的现状

侗族琵琶歌历经了几百年的发展，一直受到侗族人们的喜爱，在传播与交流的过程中，各地根据文化习惯、审美需求、价值取向等进行不断充实和创新，使之在历史长河中得到不断的创新和发展。

20世纪70年代以来，随着侗族社会门户的开放，传统侗族社区自给自足的生活方式逐渐被打破，经济发展使侗族社区人们的生产生活方式发生了根本性改变，多元文化的需求日益突显，如今侗族琵琶歌这一非物质文化遗产也受到不同程度的冲击。

1.观众老龄化现象明显。在传统的侗族社区中有"老年人教歌、年轻人唱歌、小孩子学唱"的习惯。如今，传承侗族琵琶歌已到了青黄不接的时刻。热爱民族传统文化、追求优秀民族文化艺术的人已经多已老去或离世，年青一代对本民族曲艺的欣赏缺乏兴趣，基本上不看传统戏曲表演，他们对待侗族琵琵歌的态度也逐渐失去了上辈人的那份敬重和珍惜之情。加之多媒体、网络进入侗族社区，青年们的生活娱乐方式也发生了根本性改变，他们多用网络社交平台交友，用电视剧、电影、综艺节目等娱乐节目充实日常，侗族琵琶歌因庞大的年轻观众群体的流失而逐渐失去了赖以生存的社会环境。

2.侗族琵琶歌传承难。随着侗族农村社会的演变和城市化进程的加快，传统曲艺发展的社会基础已经不复存在。如今，传统曲艺已无法激发年轻人的兴趣，只有老艺人们苍白无力地坚守着。在传统的侗族社区，以家庭为单位群体生活，人际关系相对稳定，他们有相同的方言，有鼓楼、花桥、玩山坡作为他们固定的曲艺活动场所，为琵琶歌的学习创新和传播提供了条件。改革开放以后，侗族社区原有的生产生活方式发生了变化，传统的农耕生产生活方式改变了，大量剩余劳动力外出务工，人口流动越来越频繁，年轻人久居在外对自己本民族的曲艺没有太多的欣赏，形成了文化冷漠，许多人不再愿意使用自己的民族语言，转而接受汉文化、并逐渐缺乏或淡化了自己本民族的传统文化。而新生代从小生活在城镇，受普通话的普及与影响，在这里他们则进一步失去了琵琶歌重要的语言基础。

3.保护责任意识不强导致落实难。保护文化遗产，传承人类文明，是功在当代、利在千秋的事业。保护好、传承好侗族琵琶歌文化遗产相关部门及人员责无旁贷。现实中侗族琵琶歌被流行音乐、通俗音乐、相声、现代文化和外来文化包围，保护难度可想而知。在抢救、保护、传承工作中，以人为本，挖掘和重用优秀非遗传承人是一项极其重要的工作。2002年，贵州省民族进校园活动正式实施，这是传承和保护民族民间传统文化的具体措施。该活动提倡穿民族服装、讲民族语言、学民族歌和舞蹈，取得了不少成效，但在应试教育尚未能发生根本性转变的现实面前，实施起来难度、阻力依旧较大。同样，国家、省、州出台的有关于非遗项目保护的意见、通知很多，各地方也相应地出台了措施方案，但仍需要时间的检验。

四、侗族琵琶歌的传承与保护的建议

侗族琵琶歌是侗族文化的瑰宝，也是中华民族民间文化宝贵的遗产。侗族琵琶歌是扎根于侗族社区的民间曲艺，也是贵州少数民族优秀传统文化，传承和保护好，把其推向更高的平台，被世人广泛关注和熟知，提高侗族琵琶歌在社会上的影响力，是当前工作的重心。

1.要加大宣传推介侗族琵琶歌力度。一方面，开展好民族文化进校园、入课堂活动，聘请当地优秀歌师戏师教唱侗歌侗戏。同时，还要加强歌师、歌手和农村演员思想素质的培养，加强艺术培训。定期举办会演活动，对创作的优秀作品、优秀歌师进行表彰，增强他们的荣誉感。另一方面，通过编印书刊、影视作品、成立协会等方式，记录、制作、传播和推广侗族琵琶歌，增加其社会影响力。

2.顺应时代发展需要，加大创新力度。侗族琵琶歌源于生活，传承保护也同样要适应当下社会生活环境，不能与听众、生活脱离，应根据听众的实际需求，在继承传统的基础上做出相应的改革与创新，增强音乐表演形式的多样性，结合现代伴奏元素，使得古老的侗族琵琶歌更加丰富多彩，更具生命力。

3.要围绕旅游业发展，挖掘侗族音乐文化。随着现代旅游业的兴起，人们的旅游动机不仅是观光、娱乐、疗养，许多游客更希望通过寓教于乐的形式来增加他们对社会的认知，获取知识。黔东南州拥有原始的自然资源和原生的民族文化资源"两个宝贝"。相关部门要把挖掘旅游资源的文化内涵作为侗族社区景区建设发展的突破口，打造高层次有别于其他景区的旅游文化资源，为黔东南的旅游业发展注入新的文化力量，提高文化的软实力。

4.要充分利用现代传播手段推介好作品、收集好建议。建立多层次的、动态的传播体系，让曲艺在有效传播中"活起来"。[①]传统的侗族琵琶歌是侗族社区的人们自娱自乐、自导自演的曲艺形式。随着科技发展、生活节奏的不断加快，以及人们文化素质的提高，侗族琵琶歌的传播渠道也应顺应时代潮流，加以改进。如通过微信公众号、抖音等平台来传播具有侗族元素的音频、视频、图片、文字等文化载体，让人们随时随地都能欣赏到喜爱的曲艺节目，领略到侗族音乐的艺术魅力。

五、结语

寓教于乐的黔东南侗族琵琶歌作为少数民族地区发展历史悠久的曲艺文化形式，记录着一个民族的历史、风俗习惯、音乐等，不仅是侗族文化的精品，也是一个民族不断向前发展的

① 马志飞.当代文化语境下的曲艺传播与身份认同 [J].新闻爱好者，2016，（11）:60-63.

重要符号。其发展不仅对其自身意义重大，也丰富着我国少数民族历史文化的底蕴。它不仅应在侗族社区得到传承、创新和发展，更应该在全社会形成共同保护和发展的意识，并随着各种文艺活动的开展和新闻媒体的介入走向全国，走向世界。

"七百深山苗"款苗年调查报告

吴佺新　周　兴　陈锡忠

　　"七百深山苗"是地处黎平和从江县交界地区的一个小款区，是以侗族、苗族为主的多民族杂居的一个山区社区。由于长期的生活交往和文化交流，形成苗侗两种民族文化和谐相处的格局。"七百深山苗"款内的苗族对内称为苗族，对外称为侗族。侗语是"七百深山苗"款的通用交流语言，大部分生活习俗和侗族基本相同，这里的苗寨，只有苗年是"七百深山苗"款保存最为完整和最具有民族特色的节日。

　　苗年是"七百深山苗"最富有特色的民族节日，其特点是部分苗族村寨过，部分侗寨也过，形成传统苗族节日苗侗共过的局面，这一节日成为这一地区内部和外部交流的重要媒介。

一、"七百深山苗"款的范围和由来

　　"七百深山苗"款是以四寨为首寨的侗族千三款（又称三千四寨）所属的一个小款，由于苗族村寨数量和人口较多，又处于森林密布和河流纵横的深山区，所以叫"七百深山苗"

款。东大致以占里山脉为界，西大致以四寨河为界，呈椭圆形（眼睛形状）的区域。"七百深山苗"一直沿袭过苗年的习俗，至今仍有部分村寨还在过苗年，过苗年的不仅有苗族村寨，也有侗族村寨，而部分苗族村寨又不过苗年，"七百深山苗"的苗年是一个具有非常特殊的文化意味的节日。

（一）千三款的演变和"七百深山苗"款的形成

千三款因以四寨为首寨，所以又称"四寨千三"款或"三千四寨"款，以区别"地门千三"。"四寨千三"属于十洞（有说属于八洞）大款，"地门千三"属于三洞大款。原来四寨款为六百四寨，包括以四寨主中心的高寨、占里、邦土、黄岗、归密等侗族村寨的六百户人家。后来增加了辖区内的苗族各村寨，共七百户人家，共有一千三百户人家，所以称千三款，民间俗话说：千三（款）是"六百侗七百苗"。"七百深山苗"小款，实属于千三款的附款。

侗族古歌说，侗族地区的款组织开始建立时并不规范，自从九十九公议款之后，款组织才固定起来，有固定的区域和固定的村寨和人口规模。由于社会的变化和民族的交往，款组织也在发生变化，根据形势的需要建立了新的款组织，于是附款就诞生了。清末出现一些附款，从江县王固烈领导的苗族农民起义开始，就和侗族九洞联合一起共同对抗官府，形成了"新九洞"款，"七百深山苗"的形成与其背景相近。

"七百深山苗"款原来是无人居住的千三款地域，区域面积比较大，山高谷深。以占里山脉为中心，主峰占里山海拔1100多米，而四寨海拔只有300多米。由于无人管理，经常被土匪盘踞占有，在动荡的年代甚至成为匪窝。为了管理好这片土地，千三款收留各处逃难来这里的苗族居住，并派黄岗的一支人带领这些逃避战乱来这里的难民在此守山开垦，形成了后来的"七百深山苗"。

"七百深山苗"款黄岗居头（河上游所对应的位置）摆酿（黄岗人的一支）居尾（河下游所对应的位置），加强四寨河沿岸的防卫工作。然后其他地方陆续有苗族来这里定居，帮助千三款守护这片山林。据调查：特别是历次苗族农民起义失败后，逃难来躲避官府追杀主要是苗民，形成了相对一片独立的地域，号七百户，千三款就把这块土地单独划出来建立"七百深山苗"款，款内各村寨以兄弟相称。

（二）位置和区域

"七百深山苗"款分布于占里山脉高峰四周，历史上为潭溪长官司领地，民国初年（1912）为黎平县四寨乡所辖，民国三十年（1941），永从县和下江县合并为从江县，"七百深山苗"部分地区加上九洞地区和从江有永从地区互换划入从江县。在撤区并乡建镇之前，从江县部分隶属丙梅区和平乡（公社），政府驻占里村，除托里乡之外，都属于"七百深山苗"款，黎平部分隶属双江区（后来区公所迁到岩洞改名岩洞区）四寨乡（公社）。撤区并乡建镇之后，从江部分隶属高增乡和谷坪乡，黎平部分隶属双江乡（现改为双江镇）。

"七百深山苗"款，核心区共有八个寨子。"三百河"（苗族）和"三百山"（苗族）加上"一百黄岗"（侗族）共七百户人家，构成了"七百深山苗"。"三百河"是分布在四寨河沿岸的三个苗族寨子，分别是八店、当苟、弄盆；"三百山"是分布在占里山脉山腰的三个苗族寨子，分别是岭秋、歹碑和岑告。黄岗原全部居住于现在黄岗寨，后来由于人口增多，分一个家庭迁到摆酿居住，摆酿属于"一百黄岗"。摆酿原来居住的有一个苗族小寨，名叫苗酿寨，苗酿寨有三四十户人家。苗酿寨是千三款四寨河沿岸最下游的一个寨子，经常被土匪骚扰，为加强防御力量，黄岗派来的人定居于苗酿下面的半坡上，所以叫摆酿。"摆"侗语斜坡的意思。后来，由于暴发天花病，苗酿大部分人病死，有的逃到其他村寨或迁入摆酿，迁入摆酿的人家，融入侗族，变成摆酿人的一部分。

"七百"只是一个概数，号称"七百"户，当时并没有那么多的户数。八店当时不过三十多户，现在发展到五十多户，也没有一百户。当苟当时也不过五十多户，现在发展到一百户左右。弄盆和当苟差不多，现在发展到近二百户。岭秋当时二十多户，现在也只有不到五十户，歹碑接近一百户，现在发展到一百多户。岑告当时有五十户左右，现在发展到近百户。当时只有黄岗有百余户，现在发展到二百多户，摆酿也发展到一百多户。

（三）人口和迁徙

"七百深山苗"款，在发展中不断调整和扩大，占里和付中，后来甚至包括大融，都参与了"七百深山苗"的款组织活动，"七百深山苗"也把这些村寨当成自己款的成员村寨。

占里原住四寨上游，居于高寨和四寨之间的孖旦，其地现为高寨和四寨分享，有一片小坝子仍叫占里坝。占里的先祖和潭溪长官司当权石家有生死之交的情意，结拜为兄弟，每5年都要举行一次联欢祭祖活动——"确"。大融原来是一个苗寨，经常受到来自都柳江下游土匪的侵犯，加上连年的天花传播，人们被迫举寨逃跑。由于此地为潭溪长官司的领地，于是潭溪长官司派一支占里结拜兄弟的族人来这里驻守，逐渐发展成为村寨。占里要到大融参加联欢祭祀很不方便，这里地广人稀、水丰土肥，于是请占里来这里定居，方便两寨联欢祭祀。由于四寨地区村寨密集，人多地少，生活困难，占里遂迁到四寨河口附近定居。

占里到四寨河口定居后，发现在半坡上有一个叫付中的苗寨，经过交流才知道，付中人就是当年和占里一起从梧州沿河迁徙走散的同母异父异姓异族兄弟。付中人请占里人到付中的后山小溪定居，那里水源丰富，土地还没有开垦。占里在河边居住时经常受到水灾，给生产生活带来危害，于是迁居到现在的占里。

在弄盆朝四寨方向的观音山田土都归四寨所有，距离四寨比较远，就在这里修建牛棚驻守耕种，逐渐发展成村寨，居民为侗族。

当苟后来又从各地迁来做生意的侗族人家，侗族人口逐渐增多，现在约占全寨人口的1/3，形成了苗侗居杂的村寨。摆酿原来只有从黄岗派来的吴家，后来从小黄迁来潘家以及不同地方来的杨家等侗族，后来人口已占全寨人口的1/3。摆酿仍以黄岗人自居，过节和生活习俗和黄岗相同。弄盆苗族最早定居是汪家，后来从龙图迁来侗族梁家和朝里的侗族。弄盆在其发展过程中，汪家逐渐衰落，梁家和杨家逐渐兴盛，特别是梁家发展特别快，约占全寨人口的70%。整个村寨也以侗语为通用语言，在家庭内部还使用苗语的只有七户人家。

这些村寨都在"七百深山苗"款防务范围内，又是千三款的地盘，为了方便联防，共同做好社会治安，她们都参加了"七百深山苗"款的合款活动。除了大融之外，占里、付中和观音山，都视为"七百深山苗"属寨，占里也补选为"七百深山苗"首寨，与黄岗共同主管款务。大融虽然处于千五款，由于和占里的特殊关系，有时候涉及款里的大事，也参加"七百深山苗"部分活动。上述事宜黄岗保存的几块清代碑刻有明确的记载。

二、"七百深山苗"款的苗年

"七百深山苗"相当于撤区并乡建镇前的从江县和平乡（托里除外）与黎县四寨乡的黄岗村和岑和村。"七百深山苗"现在仍然保留苗族户籍的村寨有付中村、五一村的党苟寨、弄盆村的八店寨、岑和村的岑稿寨和歹碑、黄岗村的岑数。付中、岑数、岑稿寨和歹碑居民全部为苗族，八店杂居有几户侗族，党苟约有1/4侗族。摆酿原为苗族，黄岗的人来此居住后，都已经演变为侗族，户籍也变为侗族，弄盆原为苗族，已经演变成侗族，有几户人家保留苗族户籍。所有的苗族村寨，都会说侗话，除了弄盆全部说侗话外，其他各寨均使用苗侗双语，杂居有侗族的寨子，以侗话为通用语言。

（一）苗年的时间和来历

"七百深山苗"款过苗年为农历十一月底到十二月初，即从十一月二十八、二十九开始到十二月初三左右，按当地说法是比侗族早过年一个月。如果十一月只有29天，就从十一月二十八开始，如果十一月有30天，就从十一月二十九开始。如果哪年有闰月即十三个月，从正月开始往后数，到第十个月底十一个月初就开始过。

"七百深山苗"款为什么提前过苗年，过年比侗族早一个月，传说是苗族和侗族协商的结果。在苗族到来之前，这里是侗族的地方，侗族收留了苗族，送土地和山林给苗族，苗族要给侗族守山看水。如果大家同时过年，就没有人来看山守河了，苗族就提前一个月过年。到侗族过年的时候，苗族就负责守山看水。大家相互保护，得到帮助，过年又相互走访，逐渐形成了习惯。

各个过苗年的村寨分两个时间过，弄盆等寨和八店从十一月二十八日开始过，即早一天过，当苟、岑告和歹碑从二十九开始过，即晚一天过。错开时间过年是特意安排的，方便各过年的苗寨之间可以相互走访，也方便其他苗侗村寨走访，分散客人，减轻主家负担。

（二）过苗年的村寨

"七百深山苗"款过苗年的村寨为此款的核心村寨，不包括后来实际参与合款议款活动的扩大的其他苗寨，但"三百河"和"三百山"也不全部过苗年。过苗年只有当苟、弄盆、八店、岑告和歹碑5个寨子。

岭秋不过苗年的原因是迁来比较迟，"三百河"和"三百山"其他苗族寨子都已经定居，他才来到，所以只有和侗族一起过年。付中是"七百深山苗"唯一没有侗族杂居的苗族村寨，保留了比较完整的苗族文化，民歌仍然以苗歌为主。付中也唱侗歌，但只唱小歌类歌种。付中对外对内，都自认为是苗族。其他苗寨文化基本与侗族相同，民歌以侗歌为主，大部分寨子已经不会唱苗歌。这些村寨对内称苗族，对外称侗族。付中自认是老苗寨，这和"七百深山苗"不一样，不是后来者。付中传说和占里是兄弟寨，所过的节日和占里相同。

（三）苗年和苗族节日的演变

"七百深山苗"的苗族传统节日比较少，除了苗年还有吃鼓藏，是"七百深山苗"另外一个重要节日，是大型的祭祖活动，每3年举行一次，在侗族过年之后和元宵之前。多在初五之后，初十之前，各个寨子举行的时间不一，中间间隔一天。吃鼓藏是所有的苗族寨子都过的一个重要节日。

岭秋不过苗年，其节日除了吃鼓藏之外，其他节日和黄岗一样，最大的节日是禾神节（现译为喊天节），是祈求禾神保佑禾苗和风调雨顺的节日。付中和占里本来是"同母异父的兄弟"，和占里节日完全一样，最重要的节日除了过年就是二月初一燕子年和八月初一的祭祀节，为了接待亲友和客人，占里八月初一要隆重些，二月初一要简单些，付中则正好相反。

"七百深山苗"的其他苗族村寨的其他节日和侗族相同，六月六是各村寨普遍过的节日，包粽子、杀鸭祭祀祖先，区别在于隆重的程度不同。弄盆的六月六过得最隆重，要杀牛接待来访的亲友。因为弄盆靠近观音山，受其影响的结果，其他小节日和最近的侗寨相同，当苟小节日和摆酿一样，弄盆、八店、岑告和观音山相同，付中和占里相同，歹碑、岭秋和黄岗相同。

三、"七百深山苗"款苗年习俗

"七百深山苗"款的苗年，是苗族最富有其文化特色的两个节日之一（另一个是吃鼓藏）。随着社会的变迁和经济的发展，这里的苗年也在发生着变化，特别是民族文化的交流和人口的迁徙，给苗年带来了侗族文化。

（一）苗族和苗年来历传说

"七百深山苗"款苗族迁徙的传说和侗族是一样的，当年季公和礼公沿融河（今都柳江）一起迁徙上来，季公是苗族的祖先，礼公是侗族的祖先，在迁徙途中走散了。侗族先在这四寨定居，苗族后来投奔而来。苗族以前的节日都忘记过了，只记得每3年吃一次鼓藏。当初苗族投靠侗族兄弟的时候有一个条件，就是帮助侗族守好这片土地，不让外人侵占和土匪骚扰。为了让侗族兄弟过好年，苗族就提前一个月过年，到侗族过年的时候，苗族负责这地区的治安，于是沿袭成为苗年。付中和占里的村民同时到达这里定居的，所以付中的苗族不用提前过年。岭秋村民由于晚到这里定居，赶不上苗族过年，就和黄岗结拜为兄弟寨子，受黄岗的保护，与黄岗一样过侗族的大年即春节。侗族人过年的时候，苗族就不过年了。随着社会经济的发展，社会治安好转和防御体系的完备，过苗年的寨子也随着侗族过大年。慢慢地由单调到丰富，现在过大年已经和侗族差不多。

（二）苗年的过程

过年的第一天（十一月二十八或二十九），男人要下河去拦河捞鱼，作祭祀用。女人在家里蒸饭，打年粑粑。下午，杀猪或宰牛。晚上，用河鱼、年粑粑和肉来祭祀祖先，然后全家吃团圆饭。第二天，即十二月初一，开始娱乐活动，吹芦笙、踩歌堂，全村沉浸在欢乐的气氛中。过年一般持续3天，每天都有不同的娱乐活动。从初二开始，各户相互请客和走访拜年。

"七百深山苗"款苗年以前过得比较简单，只要有河鱼祭祖就可以过年了。随着经济发展，生活相对富裕，全寨杀几头猪或者牛，各户分几斤肉，增加过年食品。现在发展到几户杀一头牛，一户杀一头猪。以前客人也很少，现在附近的各村寨都来走访。大部分村寨都要提前一天杀牛，来迎接四方的客人，部分客人也提前一天来访。如果有侗寨歌队来做客，村寨还请客人组歌队到鼓楼对唱侗族大歌。

（三）"七百深山苗"款苗年和其他地区苗年的差别

"七百深山苗"款是一支特殊的苗族，他们的交友圈子和婚姻圈子都在款内（包括侗族村寨），很少和其他地区的苗族有较深的交流。

其他地区的苗年过年的时间大多在农历十一月，有一套比较完整的推算方式。其他地方过苗年的时间和习俗，"七百深山苗"的苗族基本不了解，她们的活动，除了祭祀之外，更多是吸收侗族文化成分。其服饰与侗族相同，踩歌堂的步法和侗族相似。近年来，由于经济发展，生活水平提高，"七百深山苗"几个寨子遂到其他苗族地区，请人来教制作传统节日服饰（盛装），学跳芦笙和苗族踩歌堂。苗年内容进一步丰富多彩，苗族文化的氛围更加浓郁。

四、结语

款组织是侗族社会古老的行政区划，也是区域联防互助的联盟。款组织呈多层互统结构，大款（扩大款、联款）之下分若干个或多个中款，中款之下又有几个小款（或附款），小款之下统领数个村寨。款名多用村寨户数（概念数）或村寨娄命名，比如村寨数的：七十寨、九寨；户数的：二千九、千五；等等。随着社会的发展和民族迁徙交流和杂居，侗族款组织由侗族内部管理机制逐渐演变成以侗族为主的多民族联盟组织，所以款内部各民族多以侗族自居，"七百深山苗"就是在这一背景下建立的款组织，"七百深山苗"属于千三款下的附款。

"七百深山苗"款是一支非常具有文化特色的区域，区域内侗族、苗族居民和文化并存，并互相吸收且互不排斥。从款组织的名称看，七百既是侗族也是苗族。把款区内的居民，称为侗族或苗族，都没有人反对。由于款组织的属性为侗族文化，这里的苗寨又处于侗寨包围之中，大多数情况以侗族自居；如果在款内，则可分为苗寨或侗寨。

千三款区居民和民族来源相对其他侗族款区比较复杂，不仅居住着侗族和苗族，还有汉族（比如邦土和双江），"七百深山苗"款也是一样，他们都认同款约，形成了多民族的相互保护的联盟，是族际关系和谐的一个典型范例。

"七百深山苗"款的各个民族关系良好，形成了非常和谐的款区。在款内，以侗寨为首寨，但苗族也并没有受到歧视。款的各民族包括汉族（他们认为自己是侗族），有一个共同的祖先迁徙歌，他们在原居地是兄弟，苗族是大哥。款内活动，苗族一直被称为大哥，受到尊敬。这里的各民族恪守自己的诺言，这种契约精神一直延续至今。

《仰阿莎》的传承与保护

黄 嫱

2023年2月15日，就《仰阿莎》的传承与保护问题，在施秉县对龙再成展开访谈。

访谈人：黄 嫱

访谈对象：龙再成（《仰阿莎》省级非遗代表性传承人）

黄 嫱 您一直致力于《仰阿莎》的传承与保护工作？能否谈一下您与《仰阿莎》的不解之缘？

龙再成 我自幼随父亲系统学习"苗族古歌"《仰阿莎》等苗歌，13岁已完全掌握了《仰阿莎》的基本内容和演唱技巧，并能和当地歌师对唱。20世纪60年代中后期至70年代初期，经常随同本寨小伙伴们游方，夜间与投宿客室的青年小伙伴对唱《仰阿莎》，每次总是由我领唱，其余的人伴唱。

1987年至1990年，我以"歌师"身份参与由黄平、施秉、镇远三县民委主编的《苗族十二路大歌》一书的搜集整理编译工作并主持该书的审稿会，撰写了该书的简介。

1991年，主持了施秉首届"苗族十二路大歌"比赛。2010年组建施秉县原生态苗族歌舞队并任队长、歌师，负责组织、培训队员，演唱《仰阿莎》、"苗族古歌"等苗歌。

2011年至2019年，与黄平谷陇苗艺制作室合作，录制并发售"苗族古歌"歌碟20余万套。

2012年和2015年分别被评为"仰阿莎"县、州级非遗项目代表性传承人，2018年成立施秉县"仰阿莎"传习所，并建立施秉县老年大学"苗族古歌"《仰阿莎》培训班。

2020年被评为"仰阿莎"省级非遗项目代表性传承人，被施秉县民族中学聘为"仰阿莎"项目民族民间文化技艺传习教师，被施秉县老年大学聘为施秉县老年大学兼职教师。

黄　嫱　《仰阿莎》被誉为苗族"最美丽的歌"，您认为她主要"美"在哪些方面，可以简要地跟我们阐述一下吗？

龙再成　一是她的形象之美。苗族大歌《仰阿莎》这样描述："仰阿莎真美，如花娇艳，鬓发柔如丝，额似米花白，双眸亮闪闪，红唇柔且嫩。"二是她的淳朴之美。仰阿莎之所以被誉为苗族美神，源自她的淳朴，淳朴是她的本性，她的淳朴成就了她的美。

黄　嫱　多年来，您带队到各地参加歌唱比赛，也取得了不少斐然成绩，通过与其他地区的歌队交流比赛，您认为施秉县的"仰阿莎"在演唱方式、内容等方面主要有哪些不同呢？

龙再成　施秉县《仰阿莎》演唱方式主要有：独唱、合唱、男女对唱，男女对唱有"苗族古歌"对唱、"游方歌"对唱等，"游方歌"对唱的内容里也有《仰阿莎》的内容。

黄　嫱　能谈谈您多年来在《仰阿莎》传承与保护工作中的经验及遇到的困难吗？

龙再成　在《仰阿莎》传承与保护工作中的经验主要有以下方面：①加大《仰阿莎》宣传推广的力度。②加强培训。自2010以来，开展培训390余期，培训一万余人次。③外出交流学习。近些年，我经常带领《仰阿莎》培训班学员到全省各地参加民族文化交流和歌舞比赛，这充分调动了学员学习"仰阿莎"的积极性。④让《仰阿莎》进入校园。定期到施秉县一中等学校传授《仰阿莎》。⑤利用微信，在多个微信群里传授《仰阿莎》。

黄　嫱　2010年您开始以培训班的形式开展传承工作，先后举办《仰阿莎》《苗族古歌》培训班，培养出不少优秀的徒弟，可以给我们讲述一下您传授的经验及方法吗？

龙再成　培训哪一路歌，第一，要介绍歌的基本内容、相关的故事及传说等；第二，上课时在课堂提问，要求学员示范标准唱法并以抽签的方式答题；第三，带领学员到县内外，州内外多参加民族文化交流和歌唱比赛，充分调动学员学徒参加培训学习的积极性；第四，向施秉、黄平两县非物质文化遗产保护中心推荐优秀学员作为县级、州级非遗传承人。

黄　嫱　2022年8月您拟入选《仰阿莎》项目国家级非物质文化遗产代表性传承人名单，如若成为《仰阿莎》项目国家级传承人，在今年及以后的《仰阿莎》传承与保护工作您又将会如何开展呢？

龙再成　一要全面开展对《仰阿莎》苗歌的普查、挖掘、整理、保护和抢救工作，充分完善《仰阿莎》歌词内容并复印成书籍等资料；二要继续开展培训工作，对30户以上的苗族常住居民开展培训，确保户户都有仰阿莎徒弟和歌手，累计达

100人以上，给参加培训考试合格者发结业证书；三要带领徒弟外出参加各种民族文化交流和歌舞比赛，检验学员的学习成果；四要每年开展一次全州或全县范围内的《仰阿莎》歌唱大赛，充分调动"仰阿莎歌手"的积极性。

黄　嬬　感谢龙老师能从百忙之中抽出宝贵的时间来进行访谈，希望您多保重身体，继续以充沛的精力和昂扬的斗志把我州的《仰阿莎》文化传承下去。

黔东南州民宿产业发展情况调研报告

向同明*

黔东南州依托民族文化和生态环境的优势，推进"小民宿大产业"发展。但是，民宿集群发展面临着诸多困难和制约的因素，为破解难题，笔者先后深入凯里、雷山、镇远等县（市）采取实地考察、个别访谈等方式，结合全州民宿产业发展情况进行分析研究，形成调研情况报告如下。

一、黔东南州民宿产业发展现状

（一）基本情况

黔东南州有2900多条河流，水质基本达到一、二类标准，森林覆盖率接近68%，这里还有国家级森林公园、自然保护区、地质公园，是天然"氧吧"。境内有世界自然遗产1处，全球重要农业文化遗产1处，国家自然保护区1座，国家地质公园1个，国家湿地公园3个，国家森林公园5个，国家风景名

---

* 向同明，侗族，贵州锦屏人，硕士研究生，黔东南州文化研究所副研究馆员。

胜区3个，国家级水利风景区7个，全国乡村旅游重点村4个，全国农业旅游示范点5个，国家历史文化名城1个、名镇2个、名村7个，中国民间文化艺术之乡1个，中国传统村落415个，中国少数民族特色村寨126个，人类非遗代表作名录1项3处（侗族大歌），国家级非遗56项78处。

黔东南州依托民族文化和生态环境的优势，将民宿产业作为推进旅游产业化高质量发展、助力乡村振兴的"绿色引擎"，采取"政府引导、平台推动、市场主体、多元合作、集中管理、共建共享"方式，探索"公司＋农户""合作社＋农户""创客＋农户"等民宿发展模式，积极打造高山流水、田园牧歌、传统村落交相辉映的"生态山居"精品民宿，推动民宿产业集群发展。"民族原生态·锦绣黔东南""村BA、村超的故乡"的独特底蕴和魅力，构筑起黔东南州在民宿新赛道上新的新竞争优势。截至2023年11月底，全州民宿客栈总数量1344家，占全省11.2%，年产值近4.7亿元，直接就业约3200人。标准级及以上乡村旅游客栈（民宿）520家，其中精品级客栈（民宿）30家，优品级客栈（民宿）139家，标准级客栈（民宿）351家。30家精品民宿中凯里3家、丹寨3家、麻江1家、施秉1家、镇远5家、黎平1家、从江3家、榕江3家、雷山6家、剑河1家。9家民宿分别入选2023年贵州"多彩山居·醉美心宿"民宿品牌评选"八大类型贵州最美民宿奖"，4家民宿入选第"七届黑松露盛典精品民宿榜"，1家荣获"GBE酒店设计大奖2023最佳人文艺术酒店奖"。

同程旅行平台用户搜索量、评分以及"同程好住榜"大数据等指标显示，2023年3月1日至29日，贵州赏花踏青相关搜索量较去年上涨180%，用户关注和评分较高的民宿大多集中在贵阳、梵净山、黄果树、万峰林及黔东南的西江千户苗族、镇远古城等热门旅游景点周边。

（二）发展成效

近年来，黔东南州创新"民宿＋"模式，开发以景观、生态、美食、文史、民俗、田园为特色的主题民宿，积极打造高山流水、田园牧歌、传统村落交相辉映的乡村精品民宿，取得以下发展成效。

一是创新"民宿＋农业"模式。黔东南州立足传统农耕文化和优良的自然环境，大力发展以四季农事体验为主题的特色旅游，寓农业于旅游之中，把民宿集群发展与农业观光旅游相结合，构建"一园一特""一村一韵"的"民宿＋农业"新业态，涌现出从江加榜云上梯田、云幻秘境等优质民宿，吸引游客前往体验、观光、消费，体验农业旅游的乐趣，带动农业经济发展。二是创新"民宿＋文化"模式。黔东南州积极采取"政府引导、平台推动、市场主体、多元合作、需求牵引、共建共享"的方式，利用农民空闲的房屋，按照"自然、生态、人文、康养、体验"的要求，突出民俗风情、民族节庆活动和历史文物古迹的展示，差异化发展多形态的特色民宿。雷山龙塘山房、黎平肇兴侗寨古歌·秘境等民宿推出稻田抓鱼、采茶炒茶、制作玫瑰酱、刺绣蜡染、篝火晚会、侗族大歌直播等丰富有趣的文化活动，让消费者亲身体验饱含乡情、乡味、乡韵的农村生活。三是创新"民宿＋康养"模式。黔东南州积极创建国家中医药健康旅游示范区，大力发展森林、温泉、运动、田园康养旅游，以健康养生、休闲旅游为发展核心，重点建设养生养老、休闲旅游、生态种植等健康产业。全州有省级康养度假旅游基地1家，全国森林康养基地1家，全国森林康养基地试点建设单位12家。目前围绕雷公山景区为中心，重点在施秉、榕江、剑河、台江四县环雷公山旅游公路沿线布局，建设高端康养版生态山居。从江瑶族文化体验苑、施秉双井悬崖民宿等推出瑶浴、康体、健身、养生排毒等高端健康服务，促进生态养生健康产业发展。四是创新"民宿＋研学"模式。根据市场需求，黔东南州依托丰富的民族文化资源优势，创新发展寓教于乐功能的研学民宿产品，利用暑期组织的亲子旅拍、运动课程、亲子采摘、拓壁画、儿童活动等，一方面促进了亲子关系的提升，另一方面也让孩子在玩乐中增长了见闻。比如，雷山县乌东苗寨民宿、黎平县"牛耕部落"、榕江县倚山人手造生活工作室、从江县大歹禾仓民宿等，孩子们深入大山走进田间地头体验苗族生活，了解不同的芦笙文化及构造，学习苗药历史，参与药囊制作，感受少数民族农耕文化，亲历体验收割稻谷、下河抓鱼的乐趣。

（三）发展趋势

一是产品主体化随着民宿市场竞争的加剧，未来民宿设计将逐渐摆脱早期单一依托景区的发展模式，围绕特色主题进行差异化打造。随着产业规模的扩大，民宿将呈集群式发展。二是业态多元化。从单一到多元化，是民宿设计行业发展的必然规律。未来的民宿设计将会不断延伸产业链，在住宿和早餐的基础上，拓展出向导服务、特产销售、休闲娱乐等增值服务，甚至会跨界发展。三是运营品牌化。在民宿发展到一定阶段，经营者将着手打造自身的独特民宿设计品牌，并逐渐扩大经营范围，实现连锁化经营，促进民宿设计产业品牌化。今后，在民宿开发模式、推广民宿设计模式上，黔东南民宿设计会慢慢形成专业化作业，借助互联网的力量，形成线下跟线上的互动，将社会资源进行更良性的整合，为游客出行提供各种个性化的服务。

二、黔东南州民宿产业发展存在的困难和问题

（一）基础设施仍需完善

黔东南州乡村民宿基本都建立在风景秀美、远离城市喧嚣的风景名胜区周边，受地理条件限制，区域内基础配套设施建设不完备。部分道路交通狭窄，有的甚至是单行道，每逢节假日交通拥堵，部分山区路段受冬季雨雪影响，进山下山都困难。部分景区不通公共交通，降低了无车游客选择乡村民宿的意愿。同时个别地方还存在通信信号较弱、卫星导航路线未及时更新、水电供应不够稳定、医疗救护不及时、购物距离较远等问题，在一定程度上影响游客留宿时间，降低了重游率。

（二）要素保障还需加强

当前大部分民宿均是利用村民住宅改造，消防方面很难满足要求。因此，很多民宿还不能取得由公安等部门审发的《特种行业许可证》，全州仅有11家民宿获批消防证。新建、改建和扩建的民宿中，有的还存在土地供应问题。目前，我州尚无

农村集体建设用地实施管理办法和民宿消防手续办理依据，无法深入落实集体经营性建设用地入市和消防手续办理等问题，只能通过与村集体合作等方式进行民宿开发，不能有效地解决企业投资后的产权问题，无法形成有效固定资产。

（三）沉浸业态比较单一

部分旅游民宿产品较单一，体验方式较单调，与其他产业的联动开发不足，没有形成"旅游民宿＋""＋旅游民宿"的产业链，融合业态不充分。除了住宿，其他体验活动比较欠缺，游乐活动不足。产品缺乏特色，存在同质化现象，导致旅游民宿缺乏持续的市场吸引力。比如，龙塘山房开发的业态主要是抓鱼、寻螺、蜡染等传统农耕体验活动，对游客的持续吸引力还不够。

（四）民宿产品创新不足

黔东南州民宿发展相对于其他市州起步晚，量的增长还未促进质的提高，精品度假型民宿体量小，高端民宿数量较少，精品级民宿在等级民宿中占比低。多数民宿只能提供餐饮、住宿功能，经营理念、经营模式总体滞后，大部分乡村民宿只是传统农家乐的"升级版"，乡村特有的风情和文化氛围不浓，缺乏有"民味"的民宿，产品同质化问题明显，满足不了游客的多元化、个性化、品质化需求。

（五）服务质量有待提升

由于乡村民宿一般位于偏远地区，大部分专业人才不愿进山。除少部分精品民宿的管理者是拥有较高学历的新一代经营者外，大部分民宿的经营者、工作人员还是景区周边当地居民，他们大多数只靠个人经验开办民宿，缺乏专业的营销管理经验，不了解相关的规范要求，服务意识和服务品质不高，难以满足游客的高品质、个性化诉求。同时，一些经营者也缺乏对民宿文化内涵的理解，没有文化情怀和故事，难以满足当前多层次民宿消费者的休闲需求。

（六）产业集群不够凸显

大多民宿处于"单打独斗"阶段，没有加入民宿协会，"共建、共营、共享"的抱团发展格局尚未形成，而是零星分布在雷公山、月亮山、云台山旅游景区及周边传统村落、乡村旅游重点村、民族特色村寨，缺乏与全国知名民宿连锁品牌合作，在拓展消费客群、提升服务品质、联合塑造品牌方面能力不强，集群化产业化发展乏力。

三、黔东南州民宿产业发展的对策与建议

（一）优化基础设施，提升文化内涵

一是夯实基础设施。相关部门要加强乡村民宿与周边景区、城区的路网建设，在拆除违章建筑、整治环境卫生的基

础上，同步改造水、电、路、通信、监控、路灯、停车场等设施，拓宽主干道，全面改善文化、休闲等公共建筑配套设施，提升民宿的整体形象与竞争力。比如，引入社会资本或鼓励民间投资建立智慧停车场，缓解停车难的压力。二是补齐服务短板。民宿经营者要坚持从游客的体验和需求出发，有针对性地补齐服务设施短板，特别是在游客咨询、停车服务、娱乐休闲等方面，增强配套服务的人性化、便利化程度。三是完善公共配套设施。加大全州民宿集群网络通信提速提质力度，推动等级民宿逐步实现千兆带宽、5G网络有效覆盖。搭建民宿公共服务平台，动态发布民宿入住、停车和交通状况等信息，引导游客合理规划出行路线。四是强化消防建设。砖木结构、木结构的乡村民宿连片分布的区域，应采取设置防火隔离带、设置防火分隔、开辟消防通道、提高建筑耐火等级、改造给水管网、增设消防水源等措施，改善消防安全条件、降低火灾风险。五是融入文化元素。坚持用做文化的理念做民宿，深入挖掘、盘活本土文化资源，将当地人文典故、传统民俗、节庆文化、传统工艺、非遗产品、传统体育等元素融入民宿，给民宿赋予文化标记，培育一批既凸显黔东南地域文化特色，又有故事、有体验、有品位、有乡愁的优质主题旅游民宿；注重风格差异化和多样性，避免同质化，形成不同文化标记的民宿群落。比如，借鉴雷山县在白岩、白碧、龙塘等村寨成功打造出循美·牧云涧、群山之心、龙塘山房等独具特色的精品民宿经验。

（二）强化政策保障，加强安全监管

一是强化政策保障。根据《黔东南州"十四五"文体广电旅游发展规划》《黔东南州民宿高质量发展实施方案》《黔东南州民宿产业发展总体规划》等政策明确的总体目标、重点发展区域、发展方向，推动民宿产业转型升级。二是加强政府资金支持。加大政府职能部门对乡村民宿行业扶持力度，在星级民宿创建补助、民宿从业人员技能培训、专业运营管理机构引进培育等方面给予一定资金支持，调动行业积极性，推动黔东南民宿产业可持续发展。三是解决用地难题。积极盘活乡村闲置宅基地和房屋、场地，结合农村宅基地制度改革试点工作，着力推进农村土地制度改革，解决由于产权纠纷导致的乡村民宿用地"瓶颈"，探索利用村集体土地灵活解决公共服务配套用地等问题。四是加大金融扶持力度。政府要引导金融机构和乡村民宿创办主体开展银企对接活动，加大全州民宿产业信贷支持力度，放宽贷款抵押门槛，在贷款利率上给予适当优惠。五是引进社会投资。通过国有参股、农户以房屋作价入股或租赁经营等形式，组建民宿经营管理公司，构建资源整合和融资运作平台，引导社会资金投资民宿产业。六是探索证照办理。充分利用《黔东南苗族侗族自治州乡村旅游促进条例》等政策支持，公安、文旅、消防部门要根据各地实际，因地制宜地建立"共同受理、联审联批"机制，出台政策进一步明确民宿治安、消防安全条件和特种行业许可证的审核发放程序，将消防证直接简化为消防建议书，不得设置其他前置条件，实现民宿证照办理的全周期服务、全流程监管、推动民宿合法合规经营。比如，可以参照山东省日照市的简化审批流程，将消防证直接简化为消防建议书，解决民宿合法化的问题。七是强化安全监管。经营者要编制突发事件应急预案，进行突发事件预防监测，适时组织演练，及时处理突发事件。各部门应当按照各自职责，制定相关监督管理措施和服务政策，加强事中事后监管，强化民宿食品安全、价格等监督，加强安全隐患排查、整改，严防安全事故发生。

（三）丰富体验业态，提高游客流量

一是创新民宿业态。大力发展"民宿＋"新业态，将民宿与农业、林业、水利、体育、康养、文化、商贸、餐饮、互联网等产业相融合，形成休闲观光、运动娱乐、民俗体验、康养保健、研学培训等新业态，完善民宿发展链条，提升民宿价值。比如，可以通过自媒体平台，用文字＋图片或直播的方式分享生活和感悟，拍摄微电影等，把主题民宿的粉丝吸引过来，增加区域流量。二是挖掘特色资源。按照"自然、生态、人文、康养、体验"的要求，在"做'浓'乡愁、做'亮'主题、做'优'品质"方面下功夫，争取让每一家民宿都有自己的特点，每一区域民宿都有自己的特色，逐步形成民宿的窗口效应，通过民宿让游客了解、体验黔东南州民族文化生态保护区特有的民俗风情、饮食风格、人文和自然风貌等内容。比如，引导经营者依托民族文化、生态环境、农耕文化、民族医药、特色美食等资源，将当地文化或者故事进行编辑，让游客可以通过社交媒体进行解读和学习，增加互动体验。三是创新"民宿＋"模式。创新文化业态和服务产品，开发"民宿＋

文创""民宿＋体验""民宿＋特产""民宿＋展示"等，提高非住宿收入在民宿收入中的占比，实现从"卖床位"向"卖创意""卖体验"转变。四是丰富游客体验。提升民宿周边休闲游憩的整体吸引力，围绕产业融合丰富游客的参与度和体验感，开发农业观光、农事体验、非遗工坊体验、户外运动、体育健身、特色研学、文娱活动等，在民宿周边形成3—5条长短不一的旅游线路，增加游客停留时间。比如，推出手工蜡染、古法造纸、稻田抓鱼、采茶炒茶、打糍粑等丰富有趣的文化活动，让游客沉浸式体验乡土文化。

（四）创新产品建设，发展品牌经济

一是创新设计理念。结合黔东南州各县（市）的地域特色、民俗风情等，开发风格独具的全新型、换代型、改进型、仿制型民宿产品。从建筑的风格，到内部装修风格都要与当地文化与现代美感相融合，实现自然与人文景观的协调，充分体现民宿质朴的生态美，提升游客的审美体验。比如，可以借鉴杭州"青芝坞"建设经验，通过打造生态景观、植入多元业态，将破旧的居民旧宅改造为各具特色的精品民宿，实现民宿产业集群化发展、规范化运营。二是丰富体验式消费。根据北京、上海、湖南、四川、重庆、广东、广西、云南等客源市场游客的需求特点，从路线、方式和服务着手，为游客量身打造具有浓郁个人专属风格的旅行。坚持民宿姓"民"，讲好当地文化特色故事，从本土特色服饰、手工蜡染、泥哨制作、古法造纸、民宿演艺、饮食文化等方面，开发出适合游客的物品或体验，让游客在尽情融入当地特色文化的同时，也能捎带推出一些特色伴手礼，不断壮大民宿体验经济和共享经济。三是引入知名品牌。紧盯当前的民宿市场多层次消费需求，引入知名民宿、餐饮、文创等品牌，促进业态融合，放大品牌集聚效应。引导民宿走专业化品牌化发展路线，培育自有特色品牌，不断提高知名度和竞争力。四是激发内生动力。以村集体、村级合作社和村民为参与主体，探索资源资产整合"三位一体"，采取"合作社＋农户＋市场"的方式，鼓励村集体参与投资经营，引导村民通过土地和房屋入股投资合作社以获得稳定收益及拓宽参与服务、提供农特产品、旅游商品等获取收益的途径，让民宿产业红利惠及更多村民，激发村集体和村民发展民宿产业的内生动力。比如，雷山县白岩村牧云涧梯田度假民宿按照"一个基本、三个提倡、一个原则"的利益分配方式发展民宿产业。"一个基本"指全体村民共享；"三个提倡"指多投多得、多劳多得和帮扶贫困；"一个原则"指"5311"的利益分配原则，"5"是当年收益的50%，作为公积金，用于村庄发展；"3"是当年收益的30%用于全村分红；"1"是当年收益的10%，用于村庄公共事务或帮扶弱势群体；"1"是当年收益的10%，作为公益传导基金，帮扶其他困难村寨。五是做好平台营销。相关部门加大对黔东南民宿品牌的宣传力度，树立个性化民宿样板，扩大等级民宿在整个旅游市场的品牌号召力。

（五）加强人才培养，优化服务质量

一是强化人才保障。如鼓励凯里学院等地方院校开设民宿管理与运营、旅游民宿管家等相关专业，大力培养旅游民宿运营管理人才。又如与黔东南职业技术学院等职业院校合作，举办各类专题培训班，加强民宿经营者和从业人员在经营管理、服务礼仪、营销策划、烹饪技术、食品卫生、安全防范等方面的培训，不断提高民宿从业人员综合素质。二是提高综合素质。将民宿从业人员纳入电子商务、酒店管理、文旅人才等培训计划，通过线上线下多种方式，定期开展接待礼仪、房务规范、餐饮技能、电商营销、设施维护等理论与实操培训，通过"以赛促学"的方式，开展民宿管家服务技能大赛、民宿直播人才选拔赛、民宿伴手礼设计大赛等，为民宿培养新型综合性人才。三是强化交流学习。如建立民宿行业协会，提供平台促进民宿行业主体相关从业人员相互交流学习，定期组织开展民宿业主和服务人员到民宿示范点培训行业知识。四是加强对接帮扶。如充分发挥州旅游住宿业协会沟通桥梁作用，采用试点推进的方式，鼓励有条件的星级饭店与乡村民宿开展结对帮扶，推动星级酒店与民宿结对互助，由酒店对民宿开展专业指导，民宿服务人员到酒店轮岗锻炼，进一步提高全州乡村民宿的整体服务水平。五是提升服务品质。如大力培养职业民宿管家，创新定制化服务内容，根据游客需求推出"一对一"专属服务，实现服务标准化、内在差异化，精准策划与当地自然人文环境相符的体验活动、服务项目，引导游客感受当地的风土人情和历史文化。注重人情化服务，完善接送站、路线导航、天气提醒等贴心服务，优化特殊人群服务，营造宾至如归的旅游氛围。

（六）发展区域品牌，打造产业集群

一是强化规划引领。以新国发〔2〕号文件及"桥头堡"

文件为契机，以民宿产业发展总体规划为引领，结合全州"三区三线"划定工作，一张蓝图绘就黔东南州民宿发展底色，高标准严要求编制民宿产业发展规划，坚定不移践行"三山三江一中心"理念，将局部集聚、多点闪耀的民宿产业集群发展布局落细落实。二是培育本土品牌。采取"统一规划、多元投入、标准打造、集中管理"模式，积极推动全州民宿品牌培育，打造地方区域品牌、产品系列品牌和特色民宿品牌，提升本土品牌的影响力和知名度，加快黔东南州乡村民宿发展质量和经济社会效益全面提升。三是壮大市场主体。探索农户自主经营、"公司＋农户""合作社＋农户""创客＋农户""公司＋村集体经济组织＋农户"等民宿发展新模式，招强培优、造势塑魂、加快发展、串珠成链，赋能村 BA、村超农文旅体创新融合旅游"热经济"，打造环雷公山、月亮山、云台山、清水江、都柳江、潕阳河的"三山三江"特色民宿产业带。四是丰富产业体系。当地民宿要加强与"匠庐·春晓""寒舍文旅"等民宿品牌团队合作，引进优质企业投资民宿，高端管理团队经营民宿。以"重个性、慢生活、深体验"为导向，坚持"特色化、差异化、品质化"发展，逐步形成乡村民宿、城市民宿、古镇民宿、农家民宿、山居民宿等乡村民宿产业发展体系，并建立集"吃住行游购娱"于一体的产业链，使民宿集群的产业链延伸到农、林、牧、渔和文化产业，提高民宿产业附加值。五是推动集群发展。发挥黔东南州客源市场、交通区位、旅游资源等优势，重点在 A 级旅游景区、旅游度假区、乡村旅游重点村镇、传统村落、民族特色村寨、红色文化村寨、历史文化名村、特色田园乡村、乡村振兴示范村、夜间消费聚集区等区域布局民宿集群，把民宿集群发展与乡村旅游相结合，构建"一村一韵""一园一特"，吸引资金、搭建平台，分类分区做大做强黔东南州民宿产业。比如，可以借鉴宁夏"黄河宿集"高端民宿集群的经验，通过引入头部品牌、挖掘本地资源、加强标准建设，打造自然景观与人文景观相结合的文旅综合体，实现民宿从个人作战到集群发展、从自主经营到公用品牌、从观光旅游到休闲度假的转型升级。

浅析乡村振兴战略下的黔东南州少数民族村寨文化建设

陈锡忠

黔东南州3万平方千米的土地上居住着苗族、侗族、布依族、仫佬族、土家族、水族、壮族、畲族、瑶族9个世居于此的少数民族。在这里少数民族聚族而居，形成特色鲜明的民族村寨，在历史长河中各族人民用无穷的智慧、勤劳的双手创造了丰富多彩的节目、饮食、建筑、风俗、服饰、歌舞等少数民族传统文化。

一、黔东南州少数民族村寨文化建设面临的困境与机遇

乡村是乡村文化得以延续的核心。乡村振兴的根本任务就是让乡村群众过上好日子，而现如今的好日子已由原来"物质生活好起来"向"文化生活乐起来"转变，不断满足群众多元文化需要。

黔东南州的少数民族村寨承载着独特的民族文化，保存着

不同的习俗、礼仪、节目、建筑等。现如今，这些民族文化被外来文化同化现象日趋严重而逐渐减少。

党的十九大提出的乡村振兴战略，如春风拂地，焕发起基层农村无限生机和蓬勃活力。文化建设作为一种满足精神需求的生活方式，在乡村振兴战略实施过程中不可替代，少数民族村寨文化的复兴就是要重新激活村寨的活力，让少数民族村寨文化在现代文明体系中找到自己的定位，满足广大村民多样化的文化需求，维护村民的文化权益。重塑新村寨精神和理想，激发村民文化意识，为新村寨建设培养合格人才。

二、黔东南州少数民族村寨的文化价值

黔东南州少数民族村寨文化多姿多彩、风情浓郁，不仅保存着杆栏式建筑、吊脚楼、风雨桥、鼓楼等有形的文化遗产，也保存着完整的苗族飞歌、苗族多声部情歌、侗族大歌、琵琶歌、苗族木鼓舞以及鼓藏节、姊妹节、萨玛节、芦笙节、苗年、侗年等非物质文化遗产，被誉为"人类疲惫心灵栖息的最后家园"。这些传统的少数民族文化资源因自然地理条件、生产方式和劳动方式形成了个性化和多样化的特点，在丰富我国乡村文化的同时，更具有无限的生命力和悠久的历史。少数民族文化的"根"和"脉"在民族村寨。尊重保护和发展少数民族优秀文化有利于提高社会大众对民族文化的认同感和向心力。

村寨文化是村民们创造并利用的文化。如何让少数民族的村寨文化与现代文化融合发展？建设什么样的村寨文化？这些问题

的根源在于对民族村寨定位的认识。村寨文化建设，首先要以村寨为导向，使广大群众受益，使整个社会分享更多的精神、文化和物质文化成果，使每个村民都有充分的准入感，并作为一个社会团体聚集在一起。只有村民成为村寨文化的主体，少数民族村寨文化才能发挥更广泛的作用，也才能滋养整个社会。

三、少数民族村寨文化的传承须以原始村寨为依托

文化是村寨的灵魂，每一个少数民族村寨都是一个独特的文化空间，也是一个完整的生活社区，少数民族的传统文化元素则散落其间。传统的少数民族村寨都具有"活态性、整体性、原真性"的特点，是一个功能齐全的多元文化空间，承载着生产生活文化和精神文化，是物质文化与非物质文化的整合体，也是中国传统文化的最基层单元。村寨文化对内是其得以延续发展的源，对外展现的是少数民族的文化魅力。

少数民族村寨的生活模式和文化传承方式是中国的历史传统。只有认识到这一点才能理解村寨文化的重要性。农耕时代，人们择地而聚居在一起便构筑成村寨，与周围环境融合在一起，形成特定的民族文化，构成了物质与非物质相融合的文化遗产。因此，少数民族村寨文化的重要性，不是简单的几座风雨桥、几栋吊脚楼、几座鼓楼等物质的表现形式，更重要的是它所承载的独特文化内涵，比如民族记忆、宗法制度、风水格局、生产生活方式等，这些是活态的民族村寨最具魅力和价值的"活态的文物"。

在黔东南少数民族村寨，无论是其服饰、饮食习惯、建筑、

婚礼或丧葬习俗、手工艺品制作，还是节日娱乐、歌舞等民族文化，都是以民族村寨为载体的。近年来，政府大力发展民族文化旅游产业，民族村寨建设、村寨生态价值不断被重视，这些活态的不可移动不可复制的"文物"，逐渐被外界认知，价值得以不断显现，这也给黔东南少数民族村寨文化的复兴带来了难得的发展机遇。

黔东南少数民族村寨地处偏远山区，其交通不便，经济发展相对滞后。国家为了改善这一现状，补齐全面建成小康社会的短板，提出了精确扶贫、城镇化的发展方向，使生活在山区地区的贫困人口转移到生产生活条件更便利的地区。原有的生态传统文化失去了人、自然环境和土壤便会产生危机，这对当下实施乡村振兴战略和加强少数民族村寨文化传承发展提出了新的要求。

四、少数民族村寨文化振兴的发展思路

在实施乡村振兴战略的过程中，不仅给村民带来了资金、信息和先进的发展理念，而且促进了生产能力和生活消费水平的提高，更重要的是村民文化自信心和精神面貌的转变。乡村振兴战略的实施需要科技和人才的支持。政府应颁布利好政策以鼓励更多优秀城市人才到少数民族村寨创业，支持和鼓励村民就业创业，培养一支"懂技术、爱农村、爱农民"优秀的村寨建设队伍。在传统村寨保护、特色民族文化传承上不断挖掘与丰富、传承与创新，使少数民族村寨文化得以繁荣发展。

（一）坚定文化自信，顺应时代需要

增强少数民族村寨文化发展内生动力。从现代社会的发展历史来看，乡村是社会发展的根源。如果以城镇化的标准来衡量少数民族村寨，那么我们可以得出的结论是乡村发展落后于城市，但从文明的角度看，少数民族村寨另有一套完备价值观。因此，振兴少数民族村寨文化最重要的不是彻底否定，而是发现、恢复和维护原有的生活方式，使之与现代价值观念结合，培养新的价值观。以村寨为本，以村民为本，是少数民族村寨文化发展的根本基础。只有依靠村寨自身和村民的自觉行动，才能挽回村寨的衰落，激发村民的文化自尊和自信，塑造适应现代社会、具有内生动力的农村文化。

（二）尊重少数民族村寨、村民的文化需求

民族文化是中华民族的血脉和精神寄托，根源在于广大的农村，它体现了一个文化大国深远的文化视野和高度的文化自觉，以及坚持和继承中华传统文明的坚定意志。少数民族村寨文化不是村寨所特有的，但村寨文化必须为村民提供精神食粮，树立村民们认可和遵从的价值观。任何进入村寨的人都应该怀着尊重和敬畏村寨文化的心，在尊重村寨、尊重村民、了解村民的前提下建设村寨，对村寨来说，必须尊重村寨文化，维护村寨自然环境基础，塑造村寨文化尊严，继承和保护少数民族村寨文化。

（三）依托传统文化，创新少数民族村寨治理模式

由于村寨本身是一个传统的熟人社会，在其生存规律中，国家法律是基本底线，日常行为规范基本上受到代代相传的不成文的"旧观念"或"村规民约"的制约。在少数民族村寨的治理中，使文化发挥沟通、交流和增强凝聚力的作用。通过激活少数民族村寨文化内涵调动广大村民尊重、保护、继承的积极性，形成村寨文化向心力、激励力和无形约束力。

（四）倡导健康文明的社会风尚

在村寨文化建设中，要加强对村民的宣传教育，积极开展思想政治工作，引导村民树立正确的"世界观、人生观、价值观"，广泛开展科学技术知识教育，提高村民的科学素养，促进现代生活观念和科学生活方式的确立。养成乡土风俗习惯，破除封建恶习，发扬传统美德，选拔士绅、乡贤，深入挖掘乡土文化所蕴含的人文精神和道德规范，培育文明的乡土风貌、良好的家庭特色和朴素的民风，改善村民的精神面貌，提高村寨文明水平是乡村文明发展的新趋势。

（五）因地制宜地发展少数民族村寨特色文化产业

加强对以少数民族特色文化为基础的民族文化产业的开发和应用，为少数民族村寨创造经济效益，缓解就业压力，增加村民收入提供了一个良好的途径。因此，"民族村寨的特色产业发展是提高其整体经济实力的关键"。在推进少数民族村寨特色产业发展上，要将村寨优秀的文化资源转化为主导资源，

打造品牌文化，增强文化内生动力，充分发挥文化利民、文化惠民、文化娱民的社会功能，促进少数民族村寨文化焕发新的生机和活力。

五、结语

村寨文化不仅赋予了村民生活的意义，也赋予了村寨社会以良好秩序，为实现少数民族村寨的振兴提供了基础，从这种意义上说，"少数民族村寨振兴的核心是村寨文化的振兴"。乡村振兴目标中重要的一项便是实现"乡风文明，治理有效"，就是要充分发挥村寨文化在乡村振兴中的作用，将乡风文明与社会主义核心价值观的建设结合起来，通过政府推动和村民参与文化建设，在少数民族村寨形成起良好的社会风气，实现村寨的和谐有序发展。

苗族理辞的审美文化研究

唐元祯*

"理辞"又称"贾理"或者"佳理"，是一种独特的说唱韵文词，内容涉及苗族生活的方方面面。"贾理是苗族古代社会的'百科全书'，是古代苗族文学、史学、哲学、法学、语言学、民俗学、自然科学等的精华汇集，是了解和认识苗族的历史渊源、社会性质、社会结构、民族关系、迁徙史、习惯法、伦理道德、婚姻家庭、风俗习惯、哲学思想、原始宗教语言文化、古代科技的指南。"[①]理辞在古代苗族的日常生活中占据重要地位，承担着维护社会稳定、规范社会秩序以及传承民族文化的重要作用。

一、理辞中的审美意识

审美意识是人对审美对象的能动反映，包括人的审美感

---

* 唐元祯，贵州龙里人，苗族，北方民族大学硕士，贵州黔南经济学院汉语言文学专业教师；研究方向：民间文学。

① 李天翼，李锦平.苗族民间文学经典作品选集[M].贵阳：贵州民族出版社，2015：10.

觉、审美情趣、审美经验以及审美理想等。审美意识的形成源于人与自然相互作用的过程之中，是人类社会实践的产物。审美意识一经产生就作为人类的需要，成为人类追求的目标。"民间劳动者的审美观，与他们的物质与文化生活条件及由此产生的思想感情有密切关系，在长期的历史中形成，伴随历史的发展而发展。"① 可以看出，审美意识与社会实践发展水平息息相关，并且受制于社会水平的发展。苗族作为一个历史悠久的民族，其审美意识呈现出鲜明的特征。

（一）苗族审美的形成

苗族是一个形成于中国而分布于世界的民族，这与苗族的长期迁徙史有关。苗族迁徙史是苗族文化的组成部分，也是苗族审美意识滋生的土壤。在历史发展的长河中，由于思想观念的不断发展变化以及长期的迁徙活动，苗族的审美意识得到了丰富与发展。"苗族的迁徙历史见证了苗族审美意识的形成和发展，是苗族从简单的物质功利需求，发展到精神功利需求，最后到审美需求的过程。"②

历史上苗族经历了五次大规模的迁徙，可以说在很长一段时间内，苗族先民都处于居无定所的状态。长期的迁徙使苗族与自然界形成了一种良好的关系，他们与山林打交道，与鸟兽为伴，因此在苗族的哲学观中，人类源于自然，应该适应自然

---

① 张紫晨.民间文艺学原理 [M].石家庄：花山文艺出版社，1991：164.

② 许岚.西南少数民族现当代文学审美研究 [M].成都：四川大学出版社，2022：8.

和改造自然。在理辞《铸造日月》中说道：

> 莎蒋和莎荡，莎曲和莎雄。
>
> 他俩打造月亮，铸日挂云天，
>
> 他俩打造太阳，铸月挂天上。[①]

《铸造日月》讲述了世间万物的最初状态，没有太阳和月亮，人们的生存环境十分恶劣，苗族祖先莎蒋和莎荡、莎曲和莎雄等运用金银铸造日月的起因、经过和结果，歌颂了苗族改造自然的坚韧不拔的意志，也反映了人们对于美好、幸福生活的向往。这篇理辞展现了一个神秘的世界，是苗族对日月形成的最初认知，也是集体无意识的记忆，带有强烈的超现实主义和神话色彩。苗族先民将对世界的认识以及愿望都付诸理辞，将其作为一种道德规范和精神寄托。这类理辞充满了浓郁的艺术想象气息，带给大众瑰丽奇幻的审美感受。

"在漫长的历史长河中，由于思想观念的不断发展变化，审美意识也在不断地成熟丰富。"[②]苗族喜欢用歌声和舞蹈来表达自己，如飞歌和芦笙舞就是分别用音乐美和舞蹈美来传达内心情感。苗族先民在开创物质世界的同时，也丰富了自己的精神世界，并形成和发展了独特的审美意识。尽管苗族历史上没有出现文字，但丝毫不影响苗族人民对历史文化的传承。史诗、古歌、民间故事等都是苗族人民传承历史文化的重要途径，这些途径主要是通过口耳相传来传播。

"关于苗族的'议榔'和'理'，认为'议榔'和'理'萌

---

① 吴德坤，吴德杰. 苗族理辞 [M]. 贵阳：贵州民族出版社，2002：37.

② 何积全. 苗族文化研究 [M]. 贵阳：贵州人民出版社，1999：301.

芽，形成于原始社会中期，丰富、完善于阶级社会时期。"[1]理辞既是苗族的道德规范和判断是非的标准，也是苗族人民用于解决纠纷的习惯法，在日常生活中占据着重要的地位。如《启佳》中说道："汉族离不开书，苗族离不开佳。"[2]"佳"在苗族心目中就像"书"在汉族心目中的地位一样重要。"苗族社会的习惯法规范也是通过唱歌的形式传承下来的，如'理词''榔词'之类是在案件审理过程中由理师唱诵的。"[3]苗族理辞融入了人类初民、苗族先民迁徙等不同历史时期的生产生活内容，从多个方面展现了苗族先民的伦理道德和思想情感，为研究苗族的审美意识提供了宝贵材料。

（二）理辞的审美特征

1.以实用为美

"人类最初进行生产，并没有专门创造审美的对象，实用的就是美的。"[4]在古代社会，当苗族村寨遇到各种纠纷时都会请理老进行评判。"苗族的'理老'则用民歌来排解纠纷，甚至双方打官司时，也唱着调子来申诉案情。民间文学的口头性还可以使一切不识字的劳动人民都能参加文学创作和欣赏活

---

① 贵州省地方志编纂委员会贵州年鉴编辑部.贵州年鉴 1986[M].贵阳：贵州人民出版社，1987：589.

② 吴德坤，吴德杰.苗族理辞[M].贵阳：贵州民族出版社，2002：2.

③ 缪锌，敖惠.贵州苗族理词的习惯法效力探析[J].四川理工学院学报(社会科学版)，2008（12）:29.

④ 张紫晨.民间文艺学原理[M].石家庄：花山文艺出版社，1991：164.

动，发挥他们的文学天才。"①理老将理辞以歌的形式唱诵出来说服众人，解决纠纷，进而达到维护社会稳定的目的。

在理辞《榜董和萨合》中，榜董和萨合两人因相爱私奔去碧博、乍梭。前三年，萨合能够游到河对岸，粮食够吃到第二年，人人见了都称赞他。后三年，萨合不能游到河对岸，粮食不够吃一年。榜董无力纺棉花和织布，就拿衣服和稻谷交换，请人纺棉花和织布，公公婆婆都拿榜董没办法。榜董被萨合打了之后就离家出走，找理老来说理。

> 去告诉董公，去告诉侯婆。
>
> 她被叫进门，她被喊进家，
>
> 叫来芳香的头人，叫来理老熊基京，
>
> 来支持他论佳，来支持他论理。②

《榜董和萨合》是一篇关于婚姻纠纷的理辞。榜董和萨合两人因为相爱才在一起，没有受到传统旧规的干涉，是苗族青年男女自由恋爱的体现。榜董因为不干家务而被萨合打，就此引出了一系列的矛盾纠纷。最后通过理老来说理解决纠纷，萨合赔偿三两银子后才得以解决，两人也就此被判分开。

> 榜董才下东方，萨合才上西方，
>
> 榜董各自走了，萨合各自走了。
>
> 他俩离散像蚱蜢，他俩分散像蜻蜓，
>
> 下坡我遇着古典，上坡我遇着典故。③

苗族理辞的审美文化研究

---

① 段宝林.中国民间文学概要[M].北京：北京大学出版社，1981：10.

② 吴德坤，吴德杰.苗族理辞[M].贵阳：贵州民族出版社，2002：821-822.

③ 吴德坤，吴德杰.苗族理辞[M].贵阳：贵州民族出版社，2002：834-835.

苗族理老在解决纠纷时离不开对理辞的运用。理辞主要是由理老以吟咏、唱诵、对唱等形式进行演唱，使理辞的效果到达最佳。苗族理老对于理辞的运用并不是一成不变的，而是在使用过程中会根据事情的差异对理辞进行适当调整，有时还会在旧的曲调中加入新词或者增减内容，使其能够与时俱进，充分体现了民间文学的流传变异性。如吴德坤和吴德杰搜集整理的《启佳》有389行，而李天翼和李锦平搜集整理的《启佳》只有36行，两者36行之前的内容几乎相同，很可能是理辞在流传的过程中发生了变异。理老对理辞的传承、使用与发展，使其中存在的不足得到不断弥补，近而丰富理辞的内容，扩大理辞的容量。

2. 以奇幻为美

以奇幻为美主要是指作品富含神奇和幻想色彩，主要表现在神话故事当中。苗族自古以来就流传着许多充满神奇和幻想色彩的故事，如开天辟地、铸造日月、洪水滔天和跋山涉水等。这些故事不仅在苗族民间故事中得到广泛流传，在苗族理辞中同样也占据着重要的位置。其中的"开天辟地"和"铸造日月"属于创世理辞，讲述的是人类生存环境的形成；"洪水滔天"和"跋山涉水"属于起源理辞。这两类理辞中的故事情节都是基于人们的想象和幻想构建出来的，具有浓厚的神奇幻想色彩。如苗族理辞《开天辟地》中说道：

古时天地紧相连，天紧紧粘着地，

地紧紧连着天，塞不进一只手，

钻不进只耗子；天紧紧粘着地，

地紧紧粘着天，插不进支筷子，

钻不进只鸭子；天紧紧连着地，

地紧紧连着天，插不进只拇指，钻不进只猫儿。①

《开天辟地》主要讲述了在最初的时候，天和地紧紧连接在一起，人类的活动空间十分狭窄，无法生存。"天上七群修才来把天立、把地踩低"，人类才拥有了生存空间。这篇理辞中，苗族先民把自然进行了艺术加工加以形象化，反映了苗族先民解释自然并征服自然的愿望。这篇理辞中，由于苗族先民对自然的认识有限，对于天地的形成还不能做出合理的解释，所以只能借助奇幻的色彩进行解释。

3.以劳动为美

劳动是人类最早的审美对象，对劳动美的追求有利于推动社会发展，从某种意义上说人类社会是在对劳动美追求的过程中得到进化和发展的。热爱劳动是苗族人们具有的优良传统，这与苗族的迁徙历史有着直接的联系。苗族在迁徙过程中没有固定居所，长期与山林为邻，与鸟兽为伴，物质生活得不到保障，只有通过辛勤劳动才能满足生活所需。苗族人们不仅热爱劳动、赞扬积极劳动的人，而且美化劳动工具和夸赞通过劳动获得的产物。如在理辞《铸造日月》中说到太阳和月亮的形成过程。

莎蒋和着那莎荡，莎曲跟着那莎雄。

他俩一起造月亮，铸成红日挂云天。

他俩一起造太阳，铸成明月挂天上。②

---

① 吴德坤，吴德杰.苗族理辞[M].贵阳：贵州民族出版社，2002：31-32.

② 吴德坤，吴德杰.苗族理辞[M].贵阳：贵州民族出版社，2002：37.

《铸造日月》中主要讲述了苗族祖先莎蒋和莎荡、莎曲和莎雄铸造日月，然后把太阳和月亮安装到天上，人间才获得了光明和温暖。之后又经历了"射日月"和"寻找日月"等过程，凸显出苗族先民不断探索征服自然和改造自然的顽强拼搏精神。在这篇理辞中，太阳和月亮是苗族祖先通过劳动创造出来的产物，所以获得了赞美，如"月亮挂天亮晶晶，太阳在云红彤彤"。[①]太阳和月亮是人们获取光明和温暖的主要途径，能够解决人们所需，而苗族以劳动为美正是基于对物质生活的需要，并从中获得物质上和精神上的满足。又如《今旦选集》中："男儿勤劳，冒雨耕田，顶日挖地。柴刀要勤上山林，锄头要勤下旱地，田不大就扩两头，土不宽就挖顶端，田要犁透，土要挖深。外坎要夯紧，里坎要砍净。一挑田要放三挑粪，一年二季好收成。都有好的吃，都得新的穿。"[②]这教育子孙后代要学会吃苦耐劳，要知道各农具的用途，怎样才能使庄稼丰收，只有勤劳的人才会拥有一切。这其实是一种"以劳动为美"，教子孙后代怎样才能通过劳动更好地去获取物质财富。

二、理辞文本的审美表现形式

苗族理辞作为一种口头传承的民间艺术，其主要表现形式是一种简单且容易的词句。理老以通俗易懂说唱的形式进行说

---

① 吴德坤，吴德杰．苗族理辞 [M].贵阳：贵州民族出版社，2002：38.

② 今旦，今旦选集 [M].北京：中国国际广播出版社，2018：392.

理，通常是朗朗上口，使其具有艺术感染力。如此一来，理辞不仅具有文学性和法律的规范性，还具有音乐性。苗族理辞的句式简单，多以五言的对偶句为主，间以少量的长短句，上下相连，意思相近。除了对偶，理辞中还运用了大量的排比、反复、夸张、拟人、比喻等修辞手法。这些结构不仅有利于理老背诵和运用，也能使苗族人民在听的同时得到美的体验，进而达到向民众普及效果。

（一）"对偶"的表现形式

苗族理辞的句子讲究对仗工整，每两句为一组对偶句，字数和结构都相同，且意义对称，演唱时不仅有利于增强节奏感和表达效果，起到强调的作用，还有利于理老记忆和传唱。对偶句的使用有利于人们记诵，以及满足听众的审美需求。

> 喜欢佳才来继承佳，喜欢理才来继承理。
> 继承佳像嫁接梨树，继承理像嫁接柿树。
> 学习佳要学得完整，学习理要学到根本。
> 论佳就好比牵绳子，说理就如同牵绳索。
> 像牵绳子引直杉干，像弹墨线引直木头。
> 掌握佳理才能说话，掌握理辞方能断案。①

在引文中，"喜欢佳才来继承佳"与"喜欢理才来继承理"相对，都讲述的是对于理辞的继承。其后的三、五、七、九、十一分别与四、六、八、十、十二相对，对句之间所表述的内容都是相同的。《论语·季氏》中记载了孔子对他儿子孔鲤说

---

① 吴德坤，吴德杰.苗族理辞[M].贵阳：贵州民族出版社，2002：
　　1-2.

的话："不学《诗》，无以言。"其表达的是，不学诗就不能提高与人的交流和表达能力，也就无法参与君子间的各种交往。而理辞中的"掌握佳理才能说话，掌握理辞方能断案"，其实就是说，不掌握理辞就不能在解决纠纷过程中运用古理古规解决纠纷。

（二）"排比"的表现形式

排比也是苗族理辞中经常出现的句型。排比句的使用可以增强语言气势，加强句子的表达效果，帮助理老说理和抒情。理老在运用理辞说理过程中使用排比的方式，可借助连贯的气势来增强理辞的气势和感染力，进而达到良好的效果和起到传承作用。

> 喜欢佳就得到佳，喜欢理就得到理。
> 喜欢牛就得牛放，喜欢鼓就得鼓敲。[①]

这是一个以"喜欢"为关键词的排比句，道出了喜欢什么就能得到什么。可以看出，这个排比句由四个单句组合而成，每两个小单句组合成一个完整的大单句，形成两个完整的句子排比。这里以对偶的形式排比，以排比的形式对偶，将对偶与排比修辞手法相融合。

（三）"反复"的表现形式

苗族理辞中反复句的运用，不仅可以丰富其所要表达的内容和思想，而且能增强表达效果。其反复的表达有助于增强听

---

① 吴德坤，吴德杰. 苗族理辞 [M]. 贵阳：贵州民族出版社，2002：3.

众对事件的了解，尤其是一些语气较强的词句不仅能够增强气势，而且能够让听众的情感受到波动。

Mongx dax hvib ax lal，Mongx lol hnid ax vut.Mongx ait hvib nongx naix，Mongx ait hvib nongx bul.Mongx hxid wil ax hxed，Mongx dangl wil ax das.Mongx ait hvib gangb ninl，Mongx ait dliud gangb ghenb.

> 你来不安好心，你来不怀好意。
>
> 你起心吃人，你蓄意害友。
>
> 你看我生着病，你等我不早死。
>
> 你心是蚂蟥心，你心是臭虫心。①

这是由八个单句组合而成的，每一个单句都是以你（Mongx）开头，后面都是在对对方进行各种谩骂，凸显出旁公被冤枉后的愤怒。这几个句子的结构相同、语气一致，节奏铿锵有力、语言生动形象。这里使用反复的修辞方法，不仅有利于增强气势，还能向听众传达清晰的信息。

（四）"夸张"的表现形式

苗族理辞对于夸张的运用，可以形象生动地揭示事物的本质，有利于增强理老唱诵过程中的表达效果，同时能对事物的某些方面进行夸大和缩小，从而使在场的听众印象深刻，进而产生艺术感染力。在《洪水滔天》中：

> 阿央的葫芦种，一个时辰就生长，
>
> 一个时辰就牵藤，一个时辰就开花，

① 李天翼，李锦平.苗族民间文学经典作品选读[M].贵阳：贵州民族出版社，2015：57.

一个时辰就结果，花像大谷仓，

果大如城邑，葫芦圆又圆，果子圆溜溜。^①

这里运用了大量的夸张手法，夸大葫芦的生长速度以及葫芦花果大小，以此来达到增加叙述的感染力，使事物更加具体形象地浮现在人们的脑海里，有利于烘托气氛，引起听众的联想。再如《开天辟地》中：

现在天空高又高，古时天地紧相连，

天紧紧粘着地，地紧紧连着天，

塞不进一只手，钻不进只耗子；

天紧紧粘着地，地紧紧粘着天，

插不进支筷子，钻不进只鸭子；

天紧紧连着地，地紧紧连着天，

插不进只拇指，钻不进只猫儿。^②

这里运用夸张的艺术手法对人类最初的生活环境进行介绍，告诉人们天与地在远古的时候是紧紧连在一起的，人类与自然万物在那样的环境中难以生存，是天上七群修来把天和地分开，人类才得以在天地之间生存。

（五）"拟人"的表现形式

苗族理辞有时会借自然之物进行叙述，并将它们拟人化。苗族理辞中使用拟人的手法，有利于增强语言的表现力，使需

---

① 吴德坤，吴德杰. 苗族理辞 [M]. 贵阳：贵州民族出版社，2002：168.

② 吴德坤，吴德杰. 苗族理辞 [M]. 贵阳：贵州民族出版社，2002：31-32.

要表述的内容更加生动形象，还有利于将事物的本质清晰地表现出来。在《马蜂和梨树》中：

> 佳来说马蜂案，佳来说梨树案。
>
> 你听那个马蜂，到了正月间，
>
> 到了二月份，不知去何处建房，
>
> 不知去何处起窝，朝上飞去又飞来，
>
> 朝下飞来又飞去，嗡嗡鸣叫往东飞，
>
> 嗡嗡鸣叫往东飞。梨树才来说：
>
> 你没有地方建房，你没有地方起窝，
>
> 就在我脚下建房，就在我根部起窝。①

这里马蜂和梨树因被拟人化后而富有灵性，能够像人一样进行日常交流，使表述变得更加生动形象充满了生活气息。其中的马蜂和梨树都被赋予人的行为模式，能够说话，具备了人的特性，通过这样的描写使所要阐述的法理法规更容易得到人们的理解和赞同。

（六）"比喻"的表现形式

苗族理辞运用比喻的手法进行说理，能够使听众容易听懂和接受。比喻能使所要表述的内容更加形象化和具体化，进而给听众留下深刻的印象。理辞在对犯事者进行惩罚时所用的语言就非常生动形象。在《耐公与旁公》中：

> 输佳在心里，输理在意中。
>
> 烫伤在锅边，脱皮在灶上。

---

① 李天翼，李锦平.苗族民间文学经典作品选读[M].贵阳：贵州民族出版社，2015：60.

脱皮像刮青蛙皮，脱皮像剥蟾蜍皮。[①]

在这里使用了比喻的艺术手法，将从犯事者身上刮下来的皮比喻成青蛙和蟾蜍的皮，使要表达的事物更加生动形象。《毛诗大序》中提出了"讽谏"说，即底层老百姓可以通过文艺对上层统治者进行批评，言者无罪，闻者足以戒。而这种劝诫方式是委婉曲折的，而非直接的。苗族理辞通过比喻的艺术手法进行表达，可以更为形象地体现出惩罚的严厉程度，将不便直说的事用委婉的方式表达出来，有利于对在场的听众起到劝诫、警示和震慑的作用，告诫人们违法犯罪后会遭到什么样的惩罚。

理辞内容丰富多彩、语言生动形象，突出表现了苗族对于美的追求。苗族先民在理辞创作上运用对偶、排比、反复、夸张、拟人、比喻等修辞手法进行渲染，使理辞更加具有艺术感染力和审美效果，从而突出其法律规范性和不可违背性，对那些心怀不轨的人能起到一定的告诫作用。

三、理辞的社会审美价值

社会审美受地域文化、历史文化和社会经济等多种因素的影响，是人们对于美的感知和评判的标准。理辞作为一种不成文的习惯法，具有传承民族文化、教化子孙后代、维护社会秩序等社会功能价值。理辞以其文化传承性、实用性、规范性为审美特点，以追求建构和谐人际关系的审美理想对苗族社会

---

① 李天翼，李锦平.苗族民间文学经典作品选读[M].贵阳：贵州民族出版社，2015：59.

产生了积极影响。理辞之所以能够传承民族文化、教化子孙后代、维护社会秩序，是因为其社会功能得到广大苗族人民的认同，符合人们的审美需要。

（一）传承民族文化

民族文化是一个民族在长期生产生活实践中创造出来，能够体现本民族特点的物质财富和精神财富的总和。理辞作为一种习惯法，不仅具有"法"的性质和功能，而且是苗族文化的重要组成部分，对了解苗族先民的伦理道德、行为规范、哲学思想、文化特征等都具有十分重要的意义。苗族理辞的内容十分丰富，包括神话、传说和古代苗族人民的社会生活等。胡晓东和胡廷夺在《苗族理辞通解》（上）中说到，理辞内容包括"'开场理辞''创世理辞''起源理辞''婚姻理辞''神判理辞''判例理辞''祭祀理辞''巫事理辞''庆贺理辞''时令理辞''自然法则'等方面"[1]。由此可以看出，苗族理老在使用理辞的同时，也是在传承民族文化。

2008年，苗族贾理被列入第二批国家级非物质文化遗产名录。传承民族优秀传统文化就是在继承前人留给我们的财富。理辞作为苗族的一种习惯法，其本身就是一种民族文化，因此对理辞的传承就是对苗族文化的传承。如在《议榔》中：

学公才来说，宁婆才来讲：这不是正道，这不是正途。

来立三层门，来造三间屋，男人去一头，女人去一边，

中间撒细泥，门口撒细灰，黎明就去看，早晨就去瞧，

---

[1] 胡晓东，胡廷夺.苗族理辞通解（上）[M].北京：民族出版社，2021：5.

女人们留下男脚印，女人房留下男足迹，男人串女人的
门，男人钻女人的家，

就来嫁男人，嫁去女人家。嫁男跟着女，嫁男男不走，

一把小镰刀，跑到山岭上，天天不回家，夜夜不回屋，

虎遇拿他作肉食，官遇拿他当马牛，心急如火燎，意乱像
油柴烧。

学公才来说，宁婆才来讲：这不是正道，这不是正路。

才来嫁女人，嫁去跟男人，嫁女跟男人，嫁女女愿走，

聪明女人个个争，漂亮姑娘人人抢，巧妇骗愚妇，智夫骗
傻夫，

相争震动天，相抢震动地。学公才来说，宁婆才来
讲……①

这篇理辞中就说到了苗族的"议榔"文化，而"议榔"的
目的是制定维护社会稳定发展的规矩。通过"议榔"制定下来
的规矩，对所有人形成一种强制性的规范。从以上的内容也可
以看出，"议榔"制定的规矩并不是一成不变的，而是会根据
需要适当调整，目的是更好地促进社会的和谐发展，而这也正
是理辞最主要的社会功能。

（二）教化子孙后代

教化是一个亘古不变的命题，早在春秋时期，孔子就提出
了以"诗教"为核心的文学观。到了汉代，《毛诗大序》中提
出了"经夫妇，成孝敬，厚人伦，美教化，移风俗""上以风

---

① 吴德坤，吴德杰．苗族理辞 [M]．贵阳：贵州民族出版社，2002：
283-286．

化下"等文论观点，其目的是对底层民众进行教化，进而使人们生活在一个和谐、没有战争的社会中。"苗族理词将苗族的警世言语、谚语等由理老诵唱出来，不仅展示和传承了苗族的传统文化，而且对社会具有重要的教育功能。"[①]

苗族对社会伦理道德十分重视，要求子孙后代在日常生活中要养成良好的生活习惯，做到尊老爱幼、孝敬父母、团结友爱、严于律己以及谋求邻里和谐，促进社会的和谐发展。古代苗族的教育主要是口耳相传，长辈就是传道、授业、解惑的老师，社会和家庭就是学校。在社会和家庭这样的学校里，苗族同胞学到了生产技术、生活经验、谋生手段以及规范的伦理道德准则。在苗族社会生活中，老人们会把积累下来的生活生产常识和技术通过各种形式代代相传，这就使得理辞的内容越来越丰富，为人们提供了越来越多的经验和知识。

理辞中包含了苗族人民长期的生活经验与智慧，因而具有大量的说理和告诫的语句。在古代社会中，苗族理辞的伦理道德教育非常突出，可用于维护社会治安，端正社会风气。如在《议榔辞》中：

> 你的就是你的，我的就是我的。
>
> 各家种粮各家吃，各家织布各家穿。
>
> 不要藏坏心在腹中，不要藏坏心在肚里。
>
> 谁起心不正，谁起心歪斜，
>
> 去开别人的田捉鱼，去砍别人的林木，
>
> 偷窃别人家的猪牛，入室抢劫他人财物，

---

① 李建军.苗族理词文化与功能[J].中央民族大学学报（哲学社会科学版），2007（6）84.

打他孩子抢他妻子，全地方不答应，全寨子不容许。[①]

"议榔"的内容十分广泛，社会道德、社会治安、对外关系……可以说，在苗族社会生活的许多方面都有涉及。这篇《议榔辞》就是在为大家制定需要遵守的规矩，要求人们规规矩矩，属于自己的东西就是自己的，不属于自己的东西不能去拿，否则就是与整个村寨为敌，最后会自食恶果，受到应有的惩罚。

苗族理辞中还有许多教化子孙后代的内容，将后代引向正确的道路，同时震慑那些心术不正的人，进而保护集体利益。例如，"不要藏坏心在腹中，不要藏坏心在肚里。谁起心不正，谁起心歪斜，去开别人的田捉鱼，去偷砍别人的林木，盗窃别人家的猪牛，入室抢劫他人财物，打他孩子抢他妻子，全地方不答应，全寨子不容许。按照地方榔规，集中全体榔民，让他自食其果，让他自作自受。他痛他才晓得，他死他才明白。才能教育十六村，才能警示十五寨。"可以看出，苗族理辞中对于触犯者的处罚十分严厉，要求每一个子孙后代都要规规矩矩做人，凡是不属于自己的东西都不要去触碰，更不能占为己有。

（三）维护社会秩序

孟子曰："离娄之明，公输子之巧，不以规矩，不能成方圆。"[②]讲述的是即使有离娄的火眼金睛和公输子的高超技巧，但如果不用圆规和曲尺，也难以画好方形和圆形，即没有规矩

① 李天翼，李锦平．苗族民间文学经典作品选读[M]．贵阳：贵州民族出版社，2015：52-53.

② 天宜．孟子浅释[M]．济南：齐鲁书社，2013：177.

就不成方圆。这句话意在警示人们只有遵守规则，才能构建良好的秩序，也就是说一个社会想要和谐发展离不开规矩的约束，生活在这个社会中的每一个人都必须遵守法律和道德伦理。

老子在政治方面提倡"无为"，即"我无为，而民自化，我好静，而民自正，我无事，而民自富，我无欲，而民自朴"。[①]也就是说，统治者用无为、清净的正道来治理国家，不轻易发布施令，百姓各安其生不受其约束。"伏查乾隆元年（1736）平定黔省苗疆，开设郡县，钦奉谕旨：苗民风俗与内地百姓迥别，嗣后苗民一切自相争讼之事，俱照苗例完结，不必绳以官法等因。"[②]意思是凡是苗族内部发生纠纷，可按照苗族的自然法自行解决。因此在古代社会，理老、寨老、寨子里的头人等是苗族村寨的自然领袖，负责管理一方安宁。"《理词》是理老调解纠纷时所讲的话。这是社会上有了纠纷，对调解纠纷有了专业的人或者说有了专门调解纠纷的人以后，才产生的。"[③]

苗族拥有众多的传统节日，如苗年、四月八、花山节等，其中苗族人口最多的贵州黔东南苗族侗族自治州被称为"百节之乡"。苗族逢年过节都会举行隆重的仪式，首先由本村落或十里八乡最有名望的老人进行唱诵作为开场。他们有的是理老、寨老或者头人，在当地享有崇高的地位，受到大家的

---

① （春秋）李聃著，赵炜编译，支旭仲主编.道德经[M].西安：三秦出版社，2018：123.

② （清）刘锦棠，（清）李续宾著，湖湘文库，刘锦棠奏稿.李续宾奏疏[M].长沙：岳麓书社，2013：42.

③ 贵州省民间文学工作组编著.苗族文学史[M].贵阳：贵州人民出版社，1981:174.

尊重。苗族理老是精通各种古理古规、能言善辩、办事公道的长老，其主要职责是对纠纷进行调解和评判。他们有时等同于现代社会的辩护律师，运用各种经典为当事人进行说理。"对于判决不服的案件，则以'烧油锅，捞斧头'（pid taib juf taib）的神明方式加以裁决。人们认为'神明'裁决是最高最后的裁决。"[1] 如在《耐公和旁公》中，"你说我欠你一些碎银，你说我欠你半块金锞，欠三百两银，欠三十钱金。变成千两本金，变成百两利息。那就论烧油锅佳，那就论捞斧头理"。[2] 耐公趁人之危，最后在"烧油锅，捞斧头"的裁决下被判关押三年。

理辞通过丰富的内容对苗族社会进行规范，形成了一套自然法体系，深刻地影响了苗族社会的集体意识、集体责任以及个人的价值观念；还包括引导人们要孝敬父母、处理好邻里关系、做事要循规蹈矩、做人要守则等多方面的内容。同时，理辞又对个人在生活作风、行为规范等方面起到了约束作用。这种约束作用正是一个社会能够稳定发展和繁荣的重要前提。苗族理老通过吟唱理辞，让人们在日常生活中约束不当行为，同时约束不合理的心理欲望和行为，进而使生活环境和谐和睦。

理辞中无论是具有告诫意味的句子，还是包含哲理的字词，都表现出了苗族先民对于自身行为的规范。理辞的广泛流传也说明了苗族人民对这些道德规范的认可，其中的很多话语即使放到今天也仍然具有借鉴和学习的价值。理辞不仅传承道

---

① 吴德坤，吴德杰 . 苗族理辞 [M]. 贵阳：贵州民族出版社，2002：4.

② 李天翼，李锦平 . 苗族民间文学经典作品选读 [M]. 贵阳：贵州民族出版社，2015：58.

德观念，对于苗族历史文化的传承也起到了积极的作用，帮助苗族人民形成正直无私、诚实勇敢、相互尊重、热情好客的良好品质。除此之外，苗族理辞还为子孙后代树立了正确的世界观、人生观和价值观。

四、结语

综上所述，理辞作为苗族社会生活中的"百科全书"，与苗族文学史一样具有较高的文学价值。无论是在维护社会稳定方面，还是传承民族文化和教化子孙后代方面，都可以看出理辞极大地促进了苗族社会的发展。

从文学的角度上看，理辞同苗族其他民间文学一样具有口头传承的特点，吟咏、唱诵和对唱是其主要表现形式和传承方式，其中以对唱为主的盘歌可以使我们感受到浓郁的民族特色。对理辞进行研究不应局限于文学视角，还可以从民俗、史学、哲学、法学、语言学等方面展开，本文即是从审美文化的角度尝试对理辞进行新探讨、新挖掘，而关于理辞的所有研究在铸牢中华民族共同体意识的新时代语境之下无疑具有积极的价值与作用。

浅析"新乡贤"在少数民族村寨乡村振兴中的作用

——以黔东南州天柱县地良村为例

陈锡忠

黔东南州，是贵州省最"出彩"的地方，拥有"生态环境"和"民族文化"两个宝贝，其山水、田园、鼓楼、花桥、吊脚楼等景观极具诗意美感。原生态民族文化丰富多样，国家级非物质文化遗产名录排名全国榜首，传统的农耕习俗，民族服饰、歌舞、节日等都是黔东南州打造国内外知名民族文化旅游目的地的优势所在。近些年，黔东南州在巩固脱贫攻坚成果与乡村振兴有效衔接工作中，牢牢守住发展和生态"两条底线"，不断践行绿色发展新征程，守好用好"两个宝贝"，依托浓郁的民族文化资源禀赋，围绕"国家全域旅游示范区"建设，打造形成生态文化、民族文化、红色文化、历史文化等旅游新业态，提高游客满意度和回头率，不断向高品质和多样化形式升级。

实施乡村振兴战略，是党的十九大作出的重大决策部署，也是决胜全面建成小康社会、全面建设社会主义现代化国家的重大历史任务，还是新时代"三农"工作的总抓手。"盖有非常之功，必待非常之人。"人是事业发展最关键的因素。因此，解决人民日益增长的美好生活需要和平衡不充分的发展之间的矛盾，实现全体人民共同富裕，望得见山水，记得住乡愁，需要立足农村现状，鼓励从少数民族村寨中走出去，口碑好，乐于奉献的文化精英、经济精英等"新乡贤"向乡村流动，以乡情、乡愁为纽带，搭建贯彻建设志愿服务平台，用他们的经验、学识、专长、技艺反哺桑梓，支持村寨振兴战略，具有很强的操作性和重要的现实意义。

一、黔东南州少数民族村寨经济发展概况

黔东南州是一个以苗族、侗族为主的多民族聚集区。历史上苗族与侗族由于没有文字，历史上黔东南原始社会公有制形态无相关资料进行考证，但从其生活生产习俗中，可以看到原始公有制的痕迹。传统的侗族社会是自给自足的农业社会，土地改革以前，还普遍存在全体成员共同享有的"公田""公山""族山""族田"等原始公有制的痕迹。作为稻作民族，侗族以农耕经济为主，辅之以渔猎、采集。侗族内部家庭与家庭之间，村寨与村寨之间，经济结构基本相同，相互交换的需求有限。随着生产力水平的提高，农耕经济的发展，私有制也随之出现，土地占有和分配的差异化，导致了贫富差距现象的产生。

社会的不公平程度是影响人们对贫富差距动态认知态度最核心的变量。① 为消除贫富差距带来的影响，以解放和发展

---

① 王培刚．当前各社会阶层对贫富差距状况的动态认知研究 [J]. 社会科学研究，2008(6):115-122.

生产力为出发点，中华人民共和国成立以后，侗族地区也先后进行了土地改革，广大侗族贫雇农分到了田地，农村经济结构和生产面貌产生了深刻变化，特别是在党的十一届三中全会以后，由于国家放宽了农村经济政策，实行家庭联产承包责任制，在农村"百业兴起"，种植业、养殖业、商业、运输业不断涌现，为黔东南少数民族地区经济社会发展发挥了积极作用。与此同时，少数民族地区群众生计方式也有了很大改变，不再单纯地依托土地资源种植稻谷、玉米等粮食作物，开始种植栽培柑橘、桃子、李子、梨子、西瓜等经济作物，拓宽了群众的经济收入渠道。20世纪80年代以后，外出务工的人越来越多，形成了新的群众——农民工，他们支持了国家城镇建设发展需要，优化了产业结构，促进了城镇经济的发展。与此同时，传统相对封闭的少数民族村寨面对城镇化的浪潮，在向现代化发展开放的过程中出现了各种的不适应，人财物快速地加速从村寨流出，导致了村寨的"空心化"，从而出现了各种失衡和不协调。如空巢老人、留守儿童、土地撂荒、环境污染等社会问题日益凸显。

少数民族村寨保持了其千百年来相对稳定的生活秩序被打破了，从封闭稳定到开放失衡，村寨大量的人员进城务工或经商，家庭依赖土地收入的程度越来越少，绝大部分收入都是来自村寨以外的收入。收入的多元化导致社会结构发生了改变，年富力强、村寨精英融入了城镇，优秀的少数民族传统文化传承逐渐出现了人才断层，如何保住黔东南州优秀的少数民族文化这一"宝贝"，留住乡愁，给村民守住最后的退路，促进乡村经济的可持续发展，已然是当下乡村振兴工作中重要的课题。

二、地良村"新乡贤"助力乡村振兴的途径

（一）地良村经济社会概况

地良是天柱的一个民族风情浓郁的北侗民俗村落，该村位于贵州省黔东南州天柱县高酿镇东部，平均海拔824米，地形以山地为主。距天柱县城20千米，距高酿镇10千米，距锦屏县城10千米。东与地佳村接壤，南临锦屏县，西同优勒村相连，北抵甘洞村。现有13个自然村寨，村寨有581户，共有2442人。

地良开基于明朝万历二十四年（1596），属于清水江流域。地良蕴藏着丰富的自然景观资源、人文历史资源和民族文化资源，有饱经风霜的古祠、古墓、古桥、古道、古井、古碑刻等历史印记；也有旋律优美、驰名中外的北侗经典民谣——地良歌。

受荆楚文化和湖湘文化的影响，地良人文资源开发得较早。村民尊儒学，重孔孟。早在嘉庆二十年（1815），龙乾魁就在地良兴办私塾。清朝末年，天柱县教育史上最晚的一所儒学书院——白云书院在地良皇上山诞生，创建人为曾施教于朝廷国子监的曾廉先生。春风化雨，从白云书院走出的一批批举人、秀才成就斐然，名扬天下。中华人民共和国成立后，地良继承崇文重教的传统，涌现出一大批才华横溢的音乐家、作家、画家等文艺人才和可观数量的理工专家。作者了解统计，目前，地良在外工作人员已达180余人。村内物质、非物质文化历史悠久，保存着很多侗族特有的非物质文化遗产，具有很好的保护和传承价值，珍稀树种较多，现有百年古树500多棵，

千年古树10多棵，具有重要的旅游业开发价值。

（二）地良村引入"新乡贤"的背景

任何一种社会管理模式的产生均有其特定的社会环境因素。这也是"新乡贤"在当今中国农村不断涌现的缘故。地良村的改变，源于一座凉亭——歌仙亭的修建。而修建这座凉亭，又源于一位老歌师的去世。在新乡贤前往悼念时，感受到了"空心村"带来的阵痛，让"拯救故乡"成为他们共同的心声。

2012年七夕节，在地良滚山坡古歌场举行了第一届"滚山坡民俗文化艺术节"。湘黔两省两万多名歌友，不远几百里前往地良纪念歌仙，演唱地良歌。此次活动举办得非常成功，不仅凝聚了涣散多时的人心，更激起了村民对复兴民族民俗文化的极大愿望和兴趣。通过总结讨论，村支两委与以汤昌奎为代表的新乡贤及时拿出了对地良发展影响深远的重大举措，依托独特的自然资源优势，紧紧围绕"飞瀑、神山、飞歌、地良"八个字来打造地良村，形成"三心一带"空间结构，规划打造飞瀑流泉区、神山佛教区、盘古文化人文旅游区、传统村落生活体验区、滚山坡民俗文化体验区、生态农业基地观景区等七个功能区。在种植业、养殖业、旅游业和商业服务业上做文章。同时，还利用地良村传统民居，设置手工艺品制作小工坊，让游客沉浸式体验手工艺品制作的流程。

（三）地良村乡贤管理下的经济社会发展

文化是旅游的灵魂，旅游是文化的载体。为积极传承民族文化，近十年来，地良村的新乡贤们捐资助学，修建凉亭，维修古迹、修桥补路，举办博览会、民歌大赛、社节、四十八寨歌会等几十个歌节。其中连续举办了七届的"七夕滚山坡民族文化艺术节"影响最大，群众参与广泛，大大地提升了地良村的知名度和美誉度。新乡贤主持参与的"木叶组合"，多次参加国内旅游交易会、广场舞大赛、民族工艺品博览会等大型活动，并荣获"最佳民族风格合唱团"。同时，乡贤们还在地良小学、高酿中学等开办侗歌班，将民族文化引入校园，积极推动民族文化进校园工作。在新乡贤的助推下，地良村顺利完成了"中国美丽休闲乡村"和国家级非遗项目四十八寨歌会的申报工作。据统计，自2012年以来，他们共助推地良争取各类项目资金数千万元。

在以产业带动，促经济发展的战略指引下，地良村以"皇上山集团"为载体，让地良经济实现脱蛹化蝶般的历史性飞跃。目前，钩藤、油茶、辣椒、马铃薯、红心猕猴桃、葛根、山羊基地等农业产业基地初具规模，各项设施日臻完善。独特的区位优势、便利的交通条件、富集的经济要素、丰厚的文化底蕴、多彩的民族风情、秀丽的自然风光，使地良不仅成为人们投资兴业的理想福地，也成为人们探访世外桃源之旅的休闲旅游度假胜地。

近年来，在新乡贤配合实施的特色田园乡村建设过程中，地良村立足实际，通过深入挖掘北侗民族文化、乡村技艺、特色民宿等资源，在突出民风、体现乡情方面下功夫，打造农家小花园、小菜园、小果园，坚持硬化、净化、亮化、绿化、美化"五化"同步推进，村寨环境水平得到大幅提升，呈现给世人的是一幅宜居宜业的美丽乡村画卷，干净整洁的农家小院，绿意盎然的菜园，充满诗意的墙壁彩绘，景色如诗如画，令人流连忘返，群众幸福感、获得感逐步攀升。

经过几年苦心打造，地良村不仅是黔东南第一个"中国美丽休闲乡村"，也是天柱县第一个"中国传统村落"。同时还是贵州省"美丽乡村·四在农家"示范村、"贵州省100个乡村旅游示范村""省级生态环保村"和"贵州省魅力侗寨"。目前，地良正以其千姿百态的66个瀑布来申报"世界瀑布最多的村落"。下一步其还将依托地良飞瀑、神山等独特的自然景观，打造生态宜居、环境优美、民风淳朴、民族文化浓厚的休闲、旅游、康养胜地。

三、"新乡贤"在乡村振兴建设中作用的启示

"乡贤"一词始于东汉时期，是国家对有作为的官员，或有崇高威望、为社会做出重大贡献的社会贤达，主要形容那些品行高尚、才高八斗，为当地乡人所敬重或被当地乡人推崇的人士，是国家对那些德高望重、博学多才、对社会做出突出贡献人士的尊称[1]。千百年来，乡贤文化在乡村治理中积淀了丰富的智慧和经验。如今，人们把奉献桑梓的志士贤人、农村的优秀基层干部、村庄的道德模范和热爱家乡、反哺故里的实业家等榜样人物称为"新乡贤"。新时代的乡村，新乡贤也同样被赋予了新内涵，是乡村不断走向繁荣的重要资源。

---

① 钱静，马俊哲.国内新乡贤研究文化综述[J].北京农业职业学院学报，2016(4)：51-55.

党的二十大报告指出，统筹乡村基础设施和公共服务布局，建设宜居、宜业、和美乡村。这一重大部署，是对乡村生态价值的重新认识和灵活运用，为新时代我国乡村现代化指明了方向。

在少数民族村寨中，新乡贤生于斯，长于斯，是一个典型的熟人社会。案例中，在新乡贤参与下的地良村乡村振兴建设工作中，立足实际，按照"产业兴旺、生态宜居、乡风文明、治理有效、生活富裕"的乡村振兴战略总要求，充分发挥地域特色和产业资源优势，争取社会资金资本进入乡村，将美丽乡村、少数民族文化、乡村旅游开发有机结合，深入推进基础设施建设、人居环境整治，推动产业发展等举措，促进农业增效、农民增收、农村增绿，最终实现农业产业兴旺、农民富裕的发展之路。其几点启示如下。

（一）引入人才是少数民族村寨实现振兴的重要因素

人才是发展的基础，人才对于农村经济发展有着至关重要的作用。由于黔东南州少数民族村寨教育相对落后，人才严重缺乏，当前各行各业急需一批优秀的人才来进一步推进其发展。[①] 国家不断地出台加强振兴乡村的政策举措，必须要落到实处，才能发挥效益。只有"爱农民、懂农业、爱农村"，真正为群众着想，以致富群众为己任，脚踏实地，富有头脑的"新乡贤"才有能力办到，这就需要通过各种渠道想办法把本村寨外出人员中具有农业、交通、信息等方面的

---

① 陈贝．论黔东南地区民族村寨的旅游效应 [J]．农村经济与科技，2016（19）110-111.

人才召回，建强人才队伍，促进乡村改革创新，才能加快乡村振兴战略的实施。同时，还要做好宣传，弘扬以回乡创业为荣的风气，宣传好创业典型事迹，做好返乡创业评先表彰，充分发挥先进典型的示范引领作用，形成"学乡贤、颂乡贤、做乡贤"的浓厚氛围，不断吸引优秀人才加入，为乡村经济社会发展提供良好的人才支撑，进一步激发广大群众建设美好家园的热情。

（二）营造干事创业氛围

在"大众创业、万众创新"的时代背景下，创业是发展之基、富民之本、活力之源、崛起之路。积极支持和鼓励新乡贤返乡自主创业，完善落实好各项福利保障措施，要创新工作机制，主动服务，用心用力，切实解决人才后顾之忧。这样不仅能有效拉动农村经济的再增长，提高村民的收入水平，更有利于创业者自我价值的实现。

（三）强化政策支持

为返乡创业者提供更好的软硬件环境，是减轻其创业压力的重要手段之一。国家和各政府部门应加强相关扶持政策，从信息、政策、资金、财政和政策等方面支持返乡自主创业者。同时还要增加对农村人员创业技能的培训，为其提供良好的培训指导工作，提高其经营管理能力，协助创业者找到合适的创业项目和领域，为其施展抱负提供广阔的舞台，真正做到人尽其才、才尽其用。

（四）注重传承和弘扬乡贤文化

把乡贤文化与推动社会主义核心价值观结合起来，大力倡导和弘扬乡贤的善行义举。乡贤们心系故土，感恩家乡，回报社会，通过典型示范，引导人们形成向上向善的力量，增强社会影响力。让愿意留在乡村、建设家乡的人留得安心，让愿意回报乡村的人更有信心，以此带动更多的乡贤积极返乡创业，在农村广阔天地中大施所能、大展才华、大显身手，打造一支强大的乡村振兴人才队伍。

（五）拓展工作渠道，让新乡贤参与到村寨治理工作中

当地政府应注重把一批乡土精英和有学识专长、创业经验的人才吸引到村干部队伍中，成为村民发家致富的"领头雁"。用他们的威信、道德水平、管理经验和文化水平，参与到乡村治理中，帮助村寨建强基层组织、产业发展，维护社会和谐稳定、助推经济发展，提升治理水平。开创群众办事、矛盾化解、信息咨询、致富求助"四不出村"的新模式，有力地促进乡村经济发展，实现社会和谐。

四、结语

综上所述，乡村振兴成效事关广大农民的切身利益，事关农村的和谐稳定。在我国少数民族地区，由于自然资源、历史发展等因素，经济社会发展相对滞后，积极吸纳和引入技能人才、具有领导能力的退休干部等高素质的新乡贤，显得尤为关

键。乡贤文化是一项系统工程，作为一支特别的文化群体，在少数民族地区发挥着不可替代的作用，他们是乡村治理的桥梁纽带、乡风文明的榜样、乡村经济社会发展的智库。推进新乡贤战略，有利于延续农耕文明、培育新型农民、涵育文明乡风、促进共同富裕，也有利于中华民族传统文化创造性转化、创新性发展①。

苗侗文坛选集

---

① 新华网.新农村呼唤新乡贤——代表委员畅谈新乡贤文化 [EB/OL].(2016-03-13)[2019-02-25]http://www.xinhuanet.com/ politics/2016lh/2016—03/13/c_128796279，htm.

黔东南州少数民族特色村寨旅游融合发展调查报告

向同明

一、黔东南州少数民族特色村寨保护发展情况

黔东南是全国苗族、侗族人口最集中的少数民族地区，共有3000多个民族村寨，其中中国少数民族特色村寨有126个，占全国7.6%、全省40.4%，贵州省少数民族特色村寨有410个，占全省30.8%，数量居全国地州市级第一。近年来，黔东南州高度重视少数民族特色村寨的保护发展工作，走出了一条独具民族特色的农文旅体融合发展新路径，主要做法是建立了"一体推进、高效保护、活态传承、融合发展"四大体系。

（一）建立一体推进体系

将少数民族特色村寨保护发展纳入州"十四五"规划中，构建州、县、乡、村四级联动的工作体系，结合各项目标任务，把民族特色村寨保护发展与传统村落集中连片保护利用示

范州、特色田园乡村示范点建设、民族乡村振兴试点等衔接起来，整体推进。制订民族特色村寨旅游融合发展方案，按照"重点打造一批、扶持建设一批、规划保护一批"目标要求，明确每年打造特色民俗型、非遗展示型、节庆活动型、才艺表演型、康养休闲型、研学体验型等至少20个不同类型的民族特色村寨旅游融合发展示范点，形成"政府统筹、部门协同、社会参与"的良好工作局面。

（二）建立高效保护体系

出台《黔东南苗族侗族自治州民族文化村寨保护条例》《黔东南苗族侗族自治州乡村旅游促进条例》，对该地实行法律保护，将检察公益诉讼守护民族特色村寨等内容写进地方性法规，积极探索"民族自治＋全民共治"治理模式，因地制宜推广民歌调解、合约管理等有效治理经验。同时，依托"互联网＋村寨"模式，率先启动黔东南民族村寨文化云平台数据库建设工程，通过建设"原生态黔东南"云平台，推行智慧保护，实现文字、图片、音频、视频等民族文化资料的高效存储及检索功能。

（三）建立活态传承体系

把少数民族传统手工艺传习所修缮提升，强化其功能，建好传承阵地，充分发挥民族文化传承基地平台作用，集中展示并传承民族歌舞及苗绣、银饰、刺绣等具有民族特色的产品和技艺，不断增强村民对民族文化的认同感和自豪感。

加强传承主体建设，培育一批名歌师、名绣娘、名银匠、名技师等民族技艺传承人才，组建一批从江小黄侗族大歌队、岜沙火枪表演队等民间艺术团队，形成一批丹寨石桥黔山古法造纸专业合作社、麻江河坝亮丽瑶族文化产品旅游开发基地等文化传承主体。率先在全省探索打造"旅游＋民族团结"模式升级版，将景区景点打造成为促进各族群众广泛交往交流交融、铸牢中华民族共同体意识的前沿阵地，截至目前，已建成岜沙苗寨等铸牢中华民族共同体意识教育基地17个。在民族特色村寨和易地扶贫搬迁社区中，探索以建设"民族团结食堂"为载体，推动各民族交融互嵌的新形态。民族团结食堂已被纳入2023年州级民生实事实施。

（四）建立融合发展体系

探索"民族特色村寨＋生态＋民族文化＋旅游＋N"模式，推进文化旅游融合。在交通条件好、代表性强的村寨发展个性化、特色化、创意化乡村旅游，坚持"一村一品、一村一景、一村一韵"，着力打造一批特色鲜明的民族特色村寨，目前有6个国家级乡村旅游重点村均为少数民族特色村寨，67个省级乡村旅游重点村有46个少数民族特色村寨，占68.7%，20个4A级旅游景区有7个少数民族特色村寨，占35%，47个3A级旅游景区有22个少数民族特色村寨，占46.8%，有10个苗族村寨和12个侗族村寨列入"中国世界文化遗产预备名单"。

二、黔东南州少数民族特色村寨旅游融合发展存在的问题

（一）基础设施仍需完善

部分民族特色村寨，旅游交通专线较少，机场、高铁、高速公路与主要旅游景区之间的交通衔接不够畅通，交通"瓶颈"仍较突出，特别是基础设施及景观道路、停车场、污水（垃圾）处理、旅游标识系统、游客服务中心、旅游公厕、旅游公共信息服务网等公益性配套设施较为滞后。比如，白岩、乌东、堂安、四寨等重点旅游村寨游客服务中心、停车场、标识牌系统、公厕、住宿和餐饮接待等设施不够完善，接待能力较弱。又如，堂安村进村约有2千米路段道路狭窄，会车不便，游客自驾入村通行困难。

（二）旅游业态比较单一

业态培育与丰富的文化旅游资源不匹配，村寨、景区内部"吃住行"产业竞争激烈，"游购娱"资源相对比较缺乏，新业态新产品培育不足，特别是夜间经济还不够活跃、发展水平不高，过夜游客占比甚少。部分民族特色村寨文化旅游经济总量偏低，结构不合理，缺乏休闲度假型和体验互动型文化旅游产品，现有的旅游产品在区域内同质性强、项目内容单一，旅游产品有效供给不充分与人民群众日益增长的旅游需求仍然存在很大的差距，致使游客停留时间短，消费水平低。比如，旅游旺季集中在5月至9月，而在10月至次年4月，景区人流稀少，

很多旅游业态甚至处于歇业状态，"文旅项目＋剧本杀"等沉浸式新业态开发得还不够。又如，西江景区与周边旅游村寨还未配置旅游直通车、公交专线，联动开发处于分散化、低水平状态，还未形成"整体联动、抱团发展"格局，将西江景区游客引流到周边旅游村寨沉浸式体验的业态较少。

（三）文旅产品创新不足

民族特色村寨乡村旅游开发以自然观光、民族风情体验为主，"娱"和"购"欠丰富，特色旅游产品较少，旅游产品供给不足，难以满足游客个性化的旅游需求。黔东南州特色民族村寨文化旅游资源分布广，起步晚，市场化程度低，政府投入不足，加之受融资难、利用外资水平不高、民间投资规模小等因素的制约，造成产品发展粗放，资源综合利用率低，市场主体规模小，经营品类单一，融资能力和市场竞争力较弱，尚未形成对全州文化旅游产业强力拉动的龙头企业。比如，雷山县乌东苗寨的"乌东酿造"等特色旅游商品县域公共品牌打造和商标注册工作进度缓慢，品牌意识淡薄。

（四）旅游专业人才有限

黔东南州景区较多，各类旅游人才需求较大，但旅游人才总量不足，特别是旅游高峰期，导游数量难以满足旅游市场需求，善管理、会经营、会服务、懂文化、懂旅游的专业人才较为缺乏。首先，截至2023年10月全州持有全国导游资格证的导游962人，占全省6.6%，其中男性导游238人，女性导游

724人；高级导游4人，占全省7.7%，中级导游18人，占全省4.2%，初级导游940人，占全省6.7%；普通话导游947人，外语导游20人。其次，高端旅游人才紧缺，目前，全州从事旅游电子商务、旅游产品网络管理、旅游资本运营、高层管理者、市场营销、旅游产品开发等方面的人才较为紧缺。人才后期培训不足，部分市场主体对旅游培训工作投入不足，导致文旅从业者经验不足、服务质量不规范，难以满足旅游业对高素质人才的需求。

（五）服务质量有待提升

服务质量还不够精细化，全州旅游从业人员大多数都是当地村民，服务意识、服务技能不足。公共服务水平不高，部分村寨的公共服务设施不健全，旅游厕所等基础设施欠缺，已建有旅游厕所的村寨日常维护管理不到位，脏乱差现象普遍存在，这与打造国内外知名民族文化旅游目的地和粤港澳大湾区生态康养旅游"后花园"形象还有不小的差距。比如，部分村寨、景区忽视对相关人员服务意识的培育和专业人才队伍素质的提升，文化内涵挖掘不够，特色亮点提炼不足，导游词解说不一，讲好故事、传递好声音的能力普遍偏弱。又如，一些景区餐饮店特色菜挖掘不够，菜的份量不足，旅游"一桌菜"的研究有待加强。

（六）特色产业开发滞后

很多村寨的特色资源品牌定位不够准，品牌意识不强，没有规划好村寨的王牌旅游产品。部分民族特色村寨在发展种养产业时，虽然具备生态有机的特色资源优势，但不具备产业规模和产品的市场价格竞争优势，一些规模较小的村级集体产业，在生存竞争中极易遭到淘汰。民族特色村寨产业的生产、开发、销售机制还不够健全，商标产权意识较弱，抵抗市场风险的能力还较弱，尚不能适应新形势、新发展的要求。比如，不少民族特色村寨在选择特色产业上，没有结合当地的特色优势来发展，如当地的文化特色、美食特色、演艺特色、业态特色等产业开发不足，盲目跟风发展，同质化竞争现象较为普遍。

三、黔东南州少数民族特色村寨旅游融合发展的对策建议

（一）完善基础设施建设，提升村寨品位

一是夯实基础设施建设。加强少数民族村寨旅游基础设施和配套服务设施建设，加快建设中心城市、干线公路、航空机场到重点旅游景区的旅游支线公路，改造提升景区内部交通设施，持续完善旅游交通、通信、餐饮等配套服务设施，推动民族特色村寨全面提升旅游质效，为游客提供舒适方便的旅游体验。二是抓好环境整治。建立村寨建设报备机制，加强对乱搭乱建和村庄整体风貌的监督管理。引导建立村规民约，强化村寨卫生、风俗习惯等乡风文明管理。建立乡村整治的评比机制，定期进行考核，抓好融合示范点环境的整治。着力改善

村寨房前屋后和庭院的景观环境、村寨公共环境，采取生态化、艺术化、田园化方式重点整治村寨公共空间。以建设"干净、绿化、亮化、美化"特色生态宜居村寨为目标，围绕"微花园、微菜园、微果园、微庭院、微景观"项目抓提升，创新升级乡村环境整治2.0版，全面推进民族特色村寨人居环境提升。三是加强特色村寨风貌保护。按照突出民族文化元素、利于产业发展、贴近村民需求、提高生活质量、坚持美观舒适实用的原则，统一编制规划。加强民族特色村寨风貌保护，强化村寨整体风貌管控，注重保护传统民居以及古寨门、古城墙、古碑记、古桥、古井、古树等历史文化遗迹和历史环境要素。鼓励民族特色村寨在工程建设项目中优先使用当地木材、石材、夯土等原生乡土材料，杜绝大拆大建、乱搭乱建现象，以微更新、微改造方式提升传统民居环境，避免破坏村寨的整体风貌。四是提升村寨文化内涵。旅游是文化的载体，文化是旅游的灵魂，文化的吸引力是对游客最大的吸引力。要在乡村文化方面创品牌、挖内涵，在保护传承优秀传统文化的基础上，深入挖掘民族特色村寨的文化价值、艺术价值、审美价值、观赏价值、产业价值，把创意基因植入民族特色村寨旅游业发展的全过程，以此提升黔东南民族特色村寨的文化内涵，真正将文化资源转化为文化"红利"，打造高品质文化养心旅游产品，带动全州文化旅游业健康高效发展。

（二）丰富旅游业态，提高游客流量

一是打造旅游精品线路。依托众多的传统村落和民族特色村寨，将镶嵌在雷公山、月亮山、云台山、清水江、都柳江、潕阳河"三山三江"的西江千户苗寨、肇兴千户侗寨、镇远千年古城、丹寨万达小镇、加榜梯田、黎平会议等知名景区景点和榕江大利、从江岜沙等民族特色村寨与传统村落串珠成链，全力打造中国乡村旅游1号公路。借助中国乡村旅游1号公路——侗乡传统村落精品旅游环线成功入选第一批交通运输与旅游融合发展典型案例这一机遇，推出人文山水线和农耕文化线，推动乡村与城市、旅游与康养、自然景观与历史文化相结合，同步丰富徒步、骑行、登山、微型马拉松、摄影、写生、美食、文艺表演等多项文旅业态，打造沉浸式旅游体验新场景，推出更多产品包、景点群和线路套餐，以便更好满足游客个性化、定制化需求。二是打造生态康养旅游。立足森林生态资源、景观资源、温泉地热等资源优势，围绕游客需求，加快推进黔东南民族特色村寨医养、康养融合发展，利用苗医药、侗医药、瑶医药等特色医药资源与康养产业融合发展大健康旅游，全力创建国家中医药健康旅游示范区，打响黔东南州健康养生旅游品牌。同时，还应打造"三山三江""生态山居"民宿产业带，丰富民族特色村寨民宿康养业态，满足游客后疫情时代健康、自由、舒适的旅游体验。三是打造网红打卡地。推广榕江"新三变"经验，推进新媒体创新赋能民族特色村寨旅游业发展，结合黔东南民族特色村寨的非遗资源、民族节庆、品牌赛事等资源，用好"村BA""村超"的流量IP，积极开发露营类、微度假类、体验类、研学类、养老类旅游业态，大力发展民宿、非遗和农耕体验、康体养生等产业。通过引进新科技、大数据、信息化手段，完善吃住行游购娱旅游要素产业链条上、中、下游产业，打造旅游网红打卡地。四是打造沉浸式旅游演艺。把文化价值、旅游要素嫁接到民族特色村寨传统的业态之中，支持鼓励融合示范点举办地方传统民族节日，开展传统文化习俗传承活动，打造民族节庆文旅项目。实施乡村旅游艺术提升计划，着力打造一批"小而精""小而美""小而特"的优秀旅游演出节目。同时加强对传统文化的创新转化，依托侗族大歌、苗族飞歌、蔓萝花开、朱郎娘美等优秀民族民间传统文化，创作一批类似《白桦林》《可可托海的牧羊人》《额尔古纳河右岸》这样质量好、强曝光、受众广、传唱高的精品音乐、文学作品，进一步打造黔东南文化旅游品牌。

（三）擦亮文旅品牌，发展品牌经济

一是建设文旅核心IP品牌。结合黔东南民族特色村寨资源优势和旅游市场实际，紧盯市场需求和游客消费理念，创新思维，推出"黔东南·好好玩"123真善美新玩法的文旅核心IP品牌，即聚焦中国乡村旅游1号公路，打卡"村BA""村超"两村之行，寻梦西江千户苗寨、肇兴千户侗寨、镇远千年古城"三千"之旅。二是建设民族特色村寨旅游品牌。在乡村旅游方面走前列，打造西江、肇兴、岜沙、大利等一批国际乡村旅游目的示范村。推进重点A级旅游景区、体旅示范区、文旅品牌等的创建，鼓励民族特色村寨发展帐篷酒店、汽车露营、森林民宿等沉浸式体验康养产品，优化旅游产品结构，进而提高村寨、景区核心竞争力。支持本地涉旅小微企业做精、做特、做优、做新，持续培育本土旅游市场主体上规入统，扩规模、强实力、创品牌。三是建设区域公共品牌。强化品牌和商标意识，加快推进"最美西江""雷公山乌东米酒"等县域

公共品牌的打造和商标的注册工作，要创新性做好县级非遗文创品牌。重点打造"乌东、南猛小酒吧"试点，逐步覆盖景区景点、重点旅游村寨、少数民族特色村寨，进而将其推向旅游大市场。四是建设多元旅游产品。鼓励村民参与民族特色村寨乡村旅游产品建设，要深入挖掘少数民族特色村寨的农耕、服饰、饮食、家训、传统手工艺、传统医药、节庆、民间杂技等非物质文化遗产资源，市场化开发各类文化传承研学基地或营地，融合现代生活需求，着力提升文创设计能力和产品附加值，打造一批内涵丰富、现代时尚并兼具实用性、深受市场和游客欢迎的旅游商品和文创产品。

（四）筑牢服务保障，优化服务质量

一是推进文明旅游实践。积极探索文明旅游宣传引导及居民共建共治共享管理方式，实现民族特色村寨文旅融合发展与日常生活的平衡。组织游客签订文明旅游倡议书，通过开展"文明旅游随手拍""最美游客评选""小卫士行动""引领者行动""爱心返航"等特色活动，设立文明旅游宣传打卡牌和移动文明驿站，动员游客、志愿者、本地居民、旅游从业者共同参与文明实践。二是建立旅游服务质量评价体系。推广应用先进管理体系和方法，推行服务质量承诺制度。推动旅行社和在线旅游企业的产品创新，以此提高专业服务能力。加强导游专业素养、职业形象、服务品牌建设。提升旅游餐饮品质，推动旅游餐饮与文化相结合，发展美食旅游。三是加强旅游市场监管。联合公安局、市场监督管理局等相关部门开展民族特色村寨联合检查执法活动，重点对各村寨集中购物场所、旅行社、住宿单位等涉旅企业进行重点执法检查，严厉打击无证导游、欺行霸市、欺客宰客等影响我州旅游形象的行为。四是提升旅游服务质量。全面贯彻实施国家标准、行业标准，建立、完善地方标准，挖掘好民族文化，编制富有特色和内涵的旅游解说词，讲好黔东南故事，提高解说和服务质量。五是加强旅游服务人才队伍建设。通过计划培养、订单培养、委托培养、专业培养等形式，组织民族特色村寨旅游经营管理人才和企业骨干参加学习培训，努力提高经营人员的综合素质，培育壮大一支既懂市场、懂营销、懂运作，又具有较强旅游专业素质、沟通能力和服务意识的高素质乡村旅游经营管理人才队伍。

（五）强化旅游协作，集聚发展合力

一是抢抓政策机遇。抓好新国发2号文件、粤黔协作、省支持打造对接粤港澳大湾区"桥头堡"等重大机遇，围绕大健康、旅游康养等产业，努力建设大湾区市民康养旅游的"后花园"。二是强化东西部协作。用好特异性、民族文化差异性、生态文化原生性、交通区位便利性等优势，持续开通大湾区游客打卡黔东南"桥头堡专列"，不断吸引大湾区的人们到民族特色村寨旅游打卡，切实把数据流量转化为经济流量。三是加强平台合作互动。加快构建粤黔旅游合作平台，引导大湾区企业、协会、旅行社等与黔东南州组建旅游推广联盟，推动资源共享、客源互送、线路互连，吸引大湾区企业参与黔东南州旅游开发、运营，为全州乡村旅游发展注入新动能，切实稳住人气、保住流量。四是凝聚线上线下合力。运用"线上＋线下"方式，充分利用各类投洽会、博览会、旅游节等活动，参与省、州组织的各类专题招商会议及活动，积极向国内外介绍、宣传、推广黔东南投资环境、招商项目，吸引一批优质投资商、运营商和渠道商前来投资、落地发展。

（六）培育特色产业，推进深度融合

一是与村寨产业融合。结合少数民族特色村寨旅游市场需求和景区实际，按照"宜融则融、能融尽融"原则，围绕旅游产业要素，探索打通文旅产业同农业、工业、相关服务业等领域深度融合发展的政策通道，推动文化旅游与第一、二、三产业融合发展，催生新业态、延伸产业链。二是与乡村旅游融合。探索"民族特色村镇＋生态＋民族文化＋旅游＋N"模式，在交通条件好、代表性强的村寨发展个性化、特色化、创意化乡村旅游，坚持"一村一品、一村一景、一村一韵"，着力打造一批特色鲜明的少数民族特色村寨。三是与生态康养融合。围绕生态旅游康养区建设，挖掘精品旅游线路，融合温泉康养、森林康养、瑶浴康养等进行一体打造，推进"生态山居"民宿公共品牌建设。四是与研学体验融合。依托民族特色村寨特有的自然环境、人文历史、工匠技艺，重点打造集文化传承、研学教育、实践教育、亲子教育等于一体的研学体验教育示范点，开创集农旅、体旅、非遗、民俗、传统工艺五大项目于一体的研学课程。

清代清水江中下游乡村社会秩序建构的逻辑与路径

——以制度为视角的历史考察[①]

龙昭宝　闵婷*

制度是一种具有强制性的行为规范，也是观察乡村社会秩序建构的一种视角。清水江中下游分布有汉、苗、侗等民族，在历史上长期被视为"化外"之地，直到清代雍正朝初期才被全部纳入国家治理版图。清政府加强统治和发展地方经济使这一区域得到历史性发展，清水江航运的开通连接起了其与内地市场的联系，促进了林业开发的兴盛。经济发展必须以稳定的社会环境为基础，重建社会秩序成为清朝治理清水江中下游的现实逻辑。土司、卫所军官、地方官吏以及乡村头人、寨老等构成治理阶层，其贪赃枉法行为和民间社会的抢劫、偷盗、拐

① 本文为教育部 2019 年度一般项目《黔湘桂边区国家在场与乡村发展的碑刻古籍整理与研究》（编号：19XJA770004）阶段性研究成果。

* 龙昭宝，侗族，贵州省天柱县人，贵州民族大学副研究员，博士，硕士生导师，研究方向：民族地区社会发展史。闵婷，女，贵州民族大学民族学与历史学学院文物与博物馆专业 2023 级硕士研究生。

骗等犯罪行为，以及一些陋俗是影响社会秩序建构的重要因素。对此，官府颁布禁令、民间制定规约，通过制度建设的路径来建构社会秩序。通过官民协同治理，形成了较好的互动局面。

一、问题的提出

我国著名学者费孝通先生在20世纪40年代撰写的《乡土中国》中认为乡土社会是一个"熟人"社会，法律是无法发生的，[①]提出了"礼治秩序"的概念，指出乡土社会是"礼治"的社会，是个"无法"的社会，对"礼"的解释是"礼是社会公认合式的行为规范"。他对礼与法作了初步比较，认为二者的共同点都是一种行为规范，不同点在于礼是依靠传统来维持，而法是依靠国家力量来推行，乡村社会秩序的生成在于人主动服膺公认的传统的行为规范，而此种行为规范通过教化已深刻濡化于人的内心。[②]费老所言的"礼治秩序"指出了乡村社会秩序建构的一大途径，实质为人伦秩序。其实，除"礼治"之外，乡村社会秩序的建构还有"法治"，官府和民众构成了秩序建构的两大主体，这在残存于清水江中下游的碑刻中得到清晰呈现。此种"法治"的内容分为两大类：一是官府颁发的禁令；二是民间制定的规约（学界又称为"习惯法"），本文用现代词汇"制度"统称之，二者的治理对象有所区别。与此同时，国家力量借助裁决纠纷之际向乡村社会渗透，增强了民间规约的约束力。那么，乡村社会通过制度建设来建构秩序有何逻辑和哪些内容？本文将对此作

① 费孝通.乡土中国 [M].北京：生活·读书·新知三联书店，1985：5.
② 同上，50-52.

进一步探讨。

清水江是一条发源于黔南布依族苗族自治州贵定县境、流经黔东南苗族侗族自治州的干流，中下游曾流经重要的林区，今涉及的有施秉、台江、剑河、三穗、黎平、锦屏、天柱7个县级政区，主要分布有汉、苗、侗等民族。在明代中后期皇木采集活动的推动下，清水江中下游的林业开发在清代迎来鼎盛时期，催生了数量庞大的用汉字书写的民间文献，学界统称为"清水江文书"。自20世纪50年代之后，清水江文书逐渐引起了学界注意，杨有庚、张应强、王宗勋、陈金全、高聪、张新民、安尊华、李斌等多名学者，以及贵州省档案馆、黔东南州档案馆，剑河县档案馆、岑巩县档案馆、三穗县档案馆等机构在契约文书收集、整理和出版方面取得了卓著成效。清水江文书以林木山场及田地买卖、租佃、典当、股份分配等契约为主，学者们分别从法学、历史人类学、社会变迁等视角开展深入研究，其中徐晓光著力颇深。清水江中下游林业开发的兴盛离不开稳定的社会秩序，虽然学界对清水江文书有了较多的研究，但对这一区域的秩序建构尚缺乏专题探讨。笔者认为，清水江中下游乡村社会秩序建构有着相应的历史、现实逻辑和路径选择：历史逻辑表现为这一边地至清代必然被纳入王朝国家的治理版图；现实逻辑是重建社会秩序成为时代要求，而地方官吏和土司的贪赃枉法，民间社会的偷盗、抢劫、拐骗等违法犯罪行为和一些陋俗，是影响秩序建构的多样化因素。因此，社会秩序建构的主要路径是制度建设。在历史进程中，官民协同治理，形成了较好的互动局面。

二、历史逻辑：纳入国家治理版图之必然

清水江属于长江水系，为沅江的一条重要支流，其名始见于明代弘治《贵州图经新志》，其"黎平府·山川"云："清水江，源出生苗地，东至赤溪两江口合新化江。"该书还记录有清水江的一条重要支流新化江，"源出府城西南三十里，北流为八舟江，又东北流为新化江，又西北合于清水江"。[①]虽然明朝时期清水江的上游设有平越府、麻哈及黄平州，中游设有施秉县，下游设有黎平府、天柱县，但这条河流的流域尚未全部纳入王朝国家的治理版图，栖居其间的少数民族及其社会生活亦未被外界知晓，因此，嘉靖[②]及万历《贵州通志》对清水江的描述仍照抄《贵州图经新志》的记录。[③]直至清代雍正朝前期，在清朝武力开辟黔湘桂交界区之际，清水江的通航能力以及沿岸物产才为朝廷所知。从历史进程来看，清水江命运之转变是从清政府重点经营这一区域开始。对这边陲地方而言，纳入国家治理版图是历史发展之必然。

（一）清政府加强统治

从历史上看，明永乐十一年（1413），明政府趁思南、思

---

① ［明］沈庠删正；赵瓒，张祥光.贵州图经新志 [M].贵阳：贵州人民出版社，2015：124.

② ［明］谢东山，张道，赵平略.贵州通志 [M].成都：西南交通大学出版社，2018：95.

③ ［明］王耒贤.许一德，黄富源，贵州通志 [M].贵阳：贵州大学出版社，2010：273.

州二宣慰司相互仇杀之际将其废除，新设立黎平、新化（宣德九年并入黎平府）、镇远、思州、铜仁、乌罗（正统四年并入铜仁府）、石阡、思南八府，[①]其中前四府位于贵州东南部。从地理空间而言，清水江处于镇远府南面和黎平府北面，构成了两个府级政区的交界区。嘉靖《贵州通志》在记载镇远、黎平二府的疆域时写道："镇远府……南抵生苗三木孔界九十里"；"黎平府，西（实为西北）抵镇远府界三百六十里。"[②]在镇远府的西南侧和黎平府的西侧，横亘的是广袤的黔湘桂交界区，其中东部延伸至清水江的中游，因不受土司管辖，故被视为"生界"。明政府主要经营位于黔东南中部的沿舞阳河而上、中经今玉屏、岑巩、镇远、黄平四县的湘黔交通干道，而黔湘桂交界区远离这条要道，并未得到朝廷的重视，从而被视为"化外"之地，尚未纳入国家王朝的统治之下。这是清政府开辟黔湘桂交界区的历史背景，具体的动因在方显著的《平苗纪略》中有记录：

鄂制府尔泰调显赴滇，问苗疆应否开辟状。显曰："生苗不籍有司，且无土司管辖。官民自黔而黔，自黔而楚，之粤，皆迂道远行，不得取直道由苗地过。内地奸民犯法，捕之急，则窜入苗地，无敢过而问者。苗又时出界外肆剽掠，内地商旅尤以为苦。界以内弱肉强食，良懦苗民咨嗟太息。恨控诉无所。此黔省之大害也。诚能开辟，则害可除。清水江漾洄宽

---

① 贵州省民族研究所.《明实录》贵州资料辑录 [M]. 贵阳：贵州人民出版社，1983：141.

② [明] 沈庠删正；赵瓒，张祥光.贵州图经新志 [M].贵阳：贵州人民出版社，2015：62.

阔，上通平越府黄平州之重安江，其旁支则通黄丝驿；下通湖
南黔阳县之红江，其旁支通广西。清江南北两岸及九股一带，
虽多复岭崇冈，而泉甘、土沃、产桐油、白蜡、棉花、毛竹、
梘木等物。若上下舟楫无阻，财货流通，不特汉民食德，即苗
民亦并受其福。此黔省大利也。诚能开辟，则利可兴。[①]

　　文中所说的"鄂制府尔泰"指的是时任云贵总督的鄂尔
泰，"显"即雍正五年（1727）任镇远知府的方显。雍正六年
（1728），鄂尔泰调遣方显至云南咨询能否开辟黔湘桂交界区
时，方显指出了黔湘桂交界区存在四个方面的问题：一是其不
受地方官方和土司的管控，构成黔湘桂三省之间的交通阻碍；
二是这一区域成为违法汉民藏身之所，地方官府无法缉拿；三
是存在苗民肆意劫掠内地商旅之不法行为；四是存在弱肉强食
之野蛮行径，善良懦弱的民众控诉无门。此外，方显还指出了
清水江独特的通航优势和物产资源。方显所治理的镇远府与
黔湘桂交界区毗邻，他熟知内部情形，指出的问题符合实际情
况。他认为开辟黔湘桂交界区不但能消除诸多害处，还可开通
清水江航运，互通有无，无论是对汉族还是对少数民族群众而
言都是极好之事。当鄂尔泰问他怎样开辟时，方显提出了16条
措施，分别是"别良顽""审先后""禁骚扰""耐烦难""防邀
截""戒姑息""宥胁从""除汉奸""缴军器""编户口""完钱
粮""定条约""设重兵""建城垣""安塘汛""疏河道"。[②]他
的建议得到了鄂尔泰的采纳，"制府嘉纳，遂决计开辟"。黎
平、镇远两府正好处于黔湘桂交界区的南、北两侧，鄂尔泰委

① 马国君.平苗纪略研究[M].贵阳：贵州人民出版社，2008：117.
② 同上，130-131.

任黎平知府张广泗开辟的区域属于都柳江流域，委任方显开辟的区域属于清水江流域，"檄行黎平守招抚古州、丹江等处。而以九股、清江一带生苗，尤顽梗难，属显相机招抚"。[①]

（二）发展地方经济

在方显提出的16条开辟黔湘桂交界区的举措中，"疏河道"属于经济手段，即"滩石无多，修凿尚易。黔楚之商船既利，苗民之生计弥宽"。很显然，方显莅任之初即注意到了仅凭军政管控的手段不可能长久地将这一少数民族聚居地纳入国家版图，还需从经济上来制定对策，通过疏浚清水江河道和发展商贸来改善少数民族的生计。雍正六年（1728）云贵总督鄂尔泰在向朝廷奏请开辟黔湘桂交界区时特别强调了清水江航运对发展地方经济的重要性："九股苗界之清水江，平萦宽阔，向可同舟，由清水江而上，可直抵黄平州之重安江；由重安江而上，另有小河可通平越府之黄丝驿，由黄丝驿至贵阳省城不过百余里；由清水江而下，可通湖广之黔阳县，直抵辰州、常德两府；又清水江旁支，另有溪河一道，稍加开浚，亦可通广西，其间桐油、白蜡、棉花，并毛竹、桅木等项出产甚多。若能将生苗招抚，安设营汛，俾无阻扰，使楚粤远近客商得以上下贸易，诸货流通，就黔省而论，裕课便民更无有出于此者。"[②] 从此份奏折中我们可以了解到，清水江是贵州东南部连接内地的一条重要水道，桐油、白蜡、棉花、毛竹、桅木等物

① 马国君. 平苗纪略研究 [M]. 贵阳：贵州人民出版社，2008：140.

② 梁聪. 清水江下游村寨社会的契约规范与秩序——以文斗苗寨契约文书为中心的研究 [M]. 北京：人民出版社，2008：23.

产资源丰富，若能疏浚和开通航运、发展商贸，不仅能为贵州增加税收，也能给当地带来极大便利。

　　方显在采取抚主剿辅的策略开辟清水江的中游之际，以疏通清水江河道、开通航运、设立营汛保护客商作为招抚苗民的理由，而此举也得到后者的认可，"又告以清理苗疆之举，原为开通清水江舟路。'今于公鹅寨基安大营，并择地立塘汛。稽查匪类，保护客商，使舟楫往来，财丰物阜，为尔苗民垂永久之利。'众苗民欢喜庆幸，合款而去"。①毫无疑问，方显关于"疏河道"的举措符合当地少数民族的利益，人们也希望通过开通清水江航运来改变经济现状。为了实现这一目标，方显在公鹅（今剑河老县城）派人用船装米，试航上游，可通施秉县，还雇用145只苗船，前往湖南黔阳县采购盐米、杂粮，试探下游水路。试航清水江的结果是成功的，和舞阳河比起来，清水江的航运条件还要好些，不仅水面宽阔，而且麻阳鳅船畅行无阻，小舣舟旱船也能通行。沿江两岸的苗民对开通清水江的商贸持欢迎态度，在试航期间就参与到了交易当中，货船衔尾连樯的情景也是他们前所未见的，"经过大小苗寨，老少男妇聚立江干，无不惊喜，争来交易。以为货船衔尾连樯，洵属见所未见"。②为进一步提升清水江的通航能力，雍正七年（1729）鄂尔泰颁发禁令，要求沿岸居民拆除设立河道中用于捕鱼的鱼梁，对违抗者予以处罚，"为禁筑梁以通水道以便民生事。照得清水江河道，上通重安江，下达黔阳县，直抵常德，向来阻梗，货物不通，民苗交病……查得沿江一带，设立鱼梁，横截

清代清水江中下游乡村社会秩序建构的逻辑与路径

_____

① 马国君.平苗纪略研究[M].贵阳：贵州人民出版社，2008：177.
② 同上，189.

水面，十丈之内，竟居八九……种种危害，不可枚举……仰黔属沿江一带汉夷人等知悉：现在江心设立之鱼梁，统限示到十日内悉行折（拆）毁……倘土官地棍徇庇阻扰，亦即据实详参拿究"。①

从更高的层面来看，与黔湘桂三省交界区毗邻的区域已是朝廷设立的府、州或县级政区。因地处边缘，这一区域在明代并未被纳入王朝国家的治理版图，容易成为社会动乱的策源地，但随着清代大一统帝国统治的加强，不可避免地被纳入清朝的直接控制之下，这是历史发展的必然趋势。雍正七年（1729）清朝在黔湘桂交界区设立古州、清江、台拱、八寨、丹江、都江6个厅级政区，又称"新疆六厅"，②其中清江（今剑河县）、台拱（今台江县）二厅级政区设于清水江的中游。毫无疑问，清朝武力开辟黔湘桂交界区的举措给少数民族带来了深重灾难，但也打破了较为封闭的地理环境，推动地方政治经济社会文化逐渐发展，尤其是清水江以及都柳江航运的开通，成为人员和物质进出黔东南的两条重要通道，加速了这一区域与内地经济及文化的联系。乾隆十四年（1749）据贵州巡抚爱必达著的《黔南识略》记载道："（清水江）旧陷苗境，舟楫未通，雍正七年，总督鄂尔泰、巡抚张广泗始开新疆，题请开浚，自都匀府至黔阳一千一百二十余里，舟行无阻，今称便焉"；③"（都柳江）浚浅滩，辟险碛，伐巨林，凿怪石，舟楫邮

① 姚炽昌．锦屏碑文辑录 [Z]．1997：77.

② 杜文铎等．黔南识略·黔南职方纪略 [M]．贵阳：贵州人民出版社，1992：180.

③ 杜文铎等．黔南识略·黔南职方纪略 [M]．贵阳：贵州人民出版社，1992：120.

递，往来如驶。盖唐蒙故道，闭塞数千载，至我朝凿江开道，从古化外之域，今为水陆通庄焉。"①清水江河道的开通也为林木和铅矿销往内地市场提供了便利，"坎坎之声，铿訇空谷，商贾络绎于道，编巨筏放之大江，转运于江淮间者产于此也"，"芽（茅）坪、王寨、卦治，商旅几数十万，距府治几百二余里"。②"今贾人鬻清平铅下武陵，抵汉阳者，由此道也。"③

三、现实逻辑：重建社会秩序

清水江中下游属于荆楚大地向云贵高原的过渡地带，在明清王朝建立之前，社会秩序的建构和维系主要依靠地方势力。康熙《靖州志》记载，唐末五代时期，这一区域属湖南马希范领地，为酋长杨氏所据，"后周杨正岩以十洞称徽、诚二州"。④《宋会要》记载，宋太平兴国四年（979）十峒首领杨（通）蕴送款内附，五年三月杨通宝入宋廷朝贡，被封为诚州刺史。⑤元朝推行土司制，清水江下游南侧分布的土司有潭溪、八舟、洪舟泊里、古州、新化、湖尔、亮寨、欧阳、龙里等长官司，

---

① 同上，181.

② 同上，177-178.

③ 罗书勤等.黔书 续黔书 黔记 黔语 [M].贵阳：贵州人民出版社，1992:333-334.

④ 江西古籍出版社编选.中国地方志集成：湖南府县志辑 [M].南京：江苏古籍出版社，2002：286.

⑤ 郭声波.宋会要辑稿·蕃夷道释 [M].成都：四川大学出版社，2010：373.

隶属靖州，为湖广行省统领，延续至明代。^①在清水江中游的北面，元朝设有邛水县，明洪武五年（1372）改置团罗、得民、晓隘、陂带、邛水五长官司，二十九年以前四司并入邛水司。^②为镇压洪武十一年（1378）六月爆发的以吴面儿（侗族称为"吴勉"）为首的农民起义，^③明朝于洪武十八年（1385）四月设立五开卫（治所位于今黎平县城），^④又于洪武二十一年（1388）九月设中潮、铜鼓、新化、亮寨、黎坪守御千户所。^⑤为镇压洪武三十年（1397）三月爆发的以林宽为首的农民起义，明朝于同年九月升铜鼓守御千户所为铜鼓卫。^⑥此外，在清水江下游的北面，明朝于洪武二十年设有守御天柱千户所、三十年设有屯镇汶溪守御千户所。^⑦众多卫所如楔子般插入各土司的领地，旨在钳制土司以及平息地方动乱，"十五司地，并经历所辖废曹滴司及南路、西路，其苗寨皆与锦、开二邑屯所相为错综，有一苗寨，即有一屯或一所，相或一里或半里，其安插之意，无非欲张犄角之势"。^⑧屯军的举措使得如网状

---

① ［清］张廷玉编；罗康智，王继红．明史·贵州地理志考释［M］．贵阳：贵州人民出版社，2008：178-185.

② 同上，246.

③ 贵州省民族研究所．《明实录》贵州资料辑录［M］．贵阳：贵州人民出版社，1983:16.

④ 同③，48.

⑤ 同③，60.

⑥ 同③，108

⑦ ［明］湖广图经志书［M］．北京：书目文献出版社，1991：1570-1571.

⑧ 杜文铎等．黔南识略·黔南职方纪略［M］．贵阳：贵州人民出版社，1992：322.

般分布、彼此联络的卫所形成社会秩序构建的主体。永乐十一年（1413）明朝设立黎平、新化、镇远三府统领分属清水江南北两岸的众多土司，派驻流官和设立吏目，又于万历二十五年（1597）改天柱守御千户所为县，隶属湖广靖州。^①至此，地方官府也成为社会秩序建构的主体。在土司尚未管辖的少数民族聚居区，寨老和头人是乡村社会的治理者。清代雍正朝前期，清朝开辟黔湘桂交界区时设立厅级政区和屯兵镇守的举措，标志着清水江中下游最终全部被纳入了国家版图。对清朝而言，建立政权之后，要实现对边远地区的永久控制，当务之急是重建稳定的社会秩序；而对少数民族地区而言，在新的历史时期，经济文化发展必须以和谐的社会环境为基础。这就是清水江中下游乡村社会秩序建构的现实逻辑，而影响社会稳定的因素既有统治阶层的贪赃枉法，又有民间社会的违法乱纪以及一些陋俗。

（一）统治阶层的贪赃枉法

官吏、土司、头人、寨老等是地方社会的统治阶层，该阶层中一些群体的贪赃枉法行为构成了社会动乱的诱因之一。洪武三十一年（1398）三月，明太祖朱元璋即以五开卫军官为典型指出卫所普遍存在的贪腐行为以及引发的军队防御能力下降等问题。^②嘉靖十三年（1534）任贵州巡抚的王杏指出

---

① 杜文铎等.黔南识略·黔南职方纪略 [M].贵阳：贵州人民出版社，1992：129.

② 贵州省民族研究所.《明实录》贵州资料辑录 [M].贵阳：贵州人民出版社，1983：112-113.

了土司盘剥、欺压百姓的诸多行为："近各土官贪婪无厌，纵容积年，头目、把事、总小牌人等下寨讲害，罚其银钱米线，搜其鸡犬牛只，遇袭替则派扯手，婚姻则派帮助，往来则派长夫。每耕种、收获之时，毋论土官，即灌司、目把人等亦索人夫做工，又交结吏目为取骑坐马匹，土民惮其虎狼之暴，惟其所欲，即与之，其入别寨逃躲，卖妻鬻子，以期少延旦夕之命，遂致田土荒芜，历年无征。下以夺民恒产，上以方官常课，欺公玩法，地方疲惫。"①清朝建立政权之后，地方官吏多存在额外征收赋税、勒索财物、滥派民夫之行为。乾隆元年（1736）贵州学政邹一桂在《奏苗民被欺积怨折》中向皇帝陈述了贵州少数民族遭受欺压、盘剥的现状：一是承担繁重徭役，且受责骂、鞭挞；二是刻薄乡绅假造契约侵占田产，而官府不分曲直，使之失去家业；三是汛兵低价勒买苗货，甚至多种勒索，而地方武官缺乏监管，以致汛兵无所顾忌，其他兵丁、衙役亦是欺压苗民；四是汉民共同压低苗货价值、抬高商品价格。②乾隆二十六年（1761）云贵总督吴达善在一份批示中写道："本司道等会详，查得属各地方官征收粮，额外浮收，重加火耗，多索票钱，以及短价采买，或借差使各色，滥派夫马，一任书差指十派百，折收肥己。或借供应，派常猪、鹅、鸡、鸭、竹木、柴炭、马草、刑具、监

---

① ［明］王耒贤，许一德，黄富源.贵州通志［M］.贵阳：贵州大学出版社，2010：359.

② 中国第一历史档案馆，中国人民大学清史研究所，贵州省档案馆.清代前期苗民起义档案史料汇编（上）［M］.北京：光明日报出版社，1987：229.

茨等项，种种陋弊，不一而足。"①统治阶层的不法行为在侗、苗民族的歌谣中也有记录。侗族古歌《讲到天下大乱》描述了贪官污吏以及土司对百姓的欺压，"洪武十八年，设置五开卫。洪武十九年，设立铜鼓卫。五开在上游，靖州在下游。上面设贪官，下面设污吏。……他们坐镇整个地方，吃喝整个村寨，糟蹋地方、作践村寨"。②苗族《议榔词》记录了官兵安设屯堡、侵占田地而人们被迫逃入深山艰难谋生的历史场景："官家进入地方，官兵进入寨子，九里安一堡，十里安一屯。丢田给官家犁，丢地给官家耙，我们跑到山上。我们住在高山，我们靠种一些干田吃，我们靠种一些硬土喝。我们吃不饱，我们喝不够。"③清代著名侗族歌师陆大用（生活于今黎平县肇兴侗寨）编有《乡老们吃钱过份》《头人不好》等歌谣，揭露乡老、头人欺压百姓的恶劣行径："我唱支歌请大家仔细听，唱的是头人不好，乡老们尽干坏事情，他们专讲大话，吓唬老百姓，象（像）那鹅掌践踏粮食，他们在糟蹋良民！"④统治阶层盘剥压榨的行为，轻者加重底层民众的生活负担，重者引发他们激烈反抗，使地方陷入混乱无序状态。

---

① 黎平县志编纂委员会办公室.黎平府志（上）[M].北京：方志出版社，2014：372.

② 杨权，郑国乔.侗族史诗：起源之歌（第3/4卷）[M].沈阳：辽宁人民出版社，1988：350.

③ 中国作家协会贵阳分会筹委会.民间文学资料 第十四集（苗族苦歌、反歌、逃荒歌等合集）[Z].1959：170.

④ 贵州省民间文学工作组编印，中国民间文艺研究会贵州分会.民间文学资料 第三十集（侗族陆大用歌、叙事歌、传统歌谣等）[Z].1986：36.

（二）民间社会的违法犯罪

民间社会的偷盗、抢劫等违法犯罪行为以及械斗行为是影响社会秩序构建的重要因素。明代万历年间郭子章著的《黔记》记录有黎平府洪州一带侗族的偷盗、抢劫行径，"侗人，性多忌喜杀，……在洪州者尤犷悍，地肥多稼，而懒于耕作。惟喜剽略，寻常持刀，铤挟弩矢，潜伏陂塘，踉跄篁薄中，飘忽杀约，不可踪迹。又四方亡命倚为逋薮，往往为之乡导，分受卤获，饥愈甚。故黎平之盗，洪州为最多"；[1]对民间社会的械斗行为亦有记载，"苗人，……喜则人，怒则兽，睚眦之隙遂至杀人。被杀之家举族为仇，必报当而后己"；[2]"土人，……在邛水者，性刚悍，好斗战，出入不离刀弩"。[3]流传于清代中后期的"百苗图"描述有清水江中游少数民族劫掠的社会生活："（黑生苗）在清江境内。[性情]（情性）凶恶。访[知]富户所居，则勾连恶党，执火持镖刃而劫之。""（黑山苗）台拱、古州、清江有之，……[不事耕作，每]以掳掠致富。""（黑脚苗）在清江、台拱。……出入三五成群，持标带刀，以抢劫为能[事]。"[4]偷盗、抢劫以及相互械斗等行为分别对人们的日常生产生活以及区域稳定、民族团结产生了严重影响。

---

① [明]郭子章，孙晓竹，陈林.黔记（下）[M].贵阳：贵州人民出版社，2012：2627-2628.

② 同①，2619.

③ 同①，2627.

④ 李汉林.百苗图校释[M].贵阳：贵州民族出版社，2001：99.

424

苗侗文坛选集

（三）姑舅表婚陋俗及社会问题

在少数民族的陋俗中，姑舅表婚习俗产生的社会问题最为突出。清人李宗昉的《黔记》载道："姑之女必适舅之子，聘礼不能措则取偿于子孙，倘外氏无相当子孙抑或无子，姑有女必重赂于舅，谓之'外甥钱'，其女方许别配。若无钱贿赂于舅者，终身不敢嫁也。"[①]今锦屏县彦洞乡刊刻于光绪十四年（1888）十二月的《婚俗改革碑》写道："惟有总甲等二寨，养女出户，舅公要郎家礼银二十余斤。出室受穷，舅公反富。倘若郎家穷困，并不积蓄，势必告贷；告贷不能，势必售产。穷者益穷，富者益富。祖遗薄产，尽归于人。"[②]姑舅表婚之习俗在民间歌谣中也有反映。流传于黔湘桂边区的侗族款词《出娘舅银款》认为姑之女嫁给舅为媳是理所当然的："……你是我们的姑血表婚。娶你是理所当然，娶你不能有半句怨言，娶你没有半文身价钱。我不要你别人才能娶你，我剩下了别人才能得到你。表哥断腿断脚你都要嫁，表哥眼瞎耳聋你也要回舅家。……"[③]苗族歌谣《哭诉"还娘头"》控诉姑舅表婚的强制性："我是笼里鸡，要宰全由人；我是缸里鱼，任捉不吭声；我是园中菜，任割和拔根；我是坛中菜，任炒或吃生。……舅家那娃崽，塌鼻扁嘴唇；呆头又呆脑，像鬼不像人。……逼女儿

---

① 罗书勤等. 黔书 续黔书 黔记 黔语 [M]. 贵阳：贵州人民出版社，1992：298.

② 安成祥. 石上历史 [M]. 贵阳：贵州出版集团·贵州民族出版社，2015：41.

③ 吴浩，梁杏云. 侗族款词（上）[M]. 南宁：广西民族出版社，2009：437.

嫁他，推我入粪坑。……娘亲你是人，不如鸟兽心——硬逼女儿我，还你舅家门！"①这些资料表明，舅权在少数民族婚姻中具有极高的权威性，对女性的婚姻自由极为约束，也产生一些女子不敢嫁、婿穷舅富、借贷娶亲等社会问题。

四、路径选择：制度建设

无论是对官方还是对民间而言，构建稳定和谐的社会是共同的诉求。针对农民起义以及结伙劫掠、偷盗之行为，地方官府采取的措施先是军事手段。固然军事手段可以暂时将局部动乱平息下去，但治标不治本。对此，官府和民众之间分别制定禁令和规约，通过制度建设的方式来建构和维护社会秩序。

（一）官府对贪官污吏的治理

引发农民起义的主要原因在于统治阶层的贪赃枉法。对此，官府颁发地方官吏盘剥民众的禁令。乾隆二十七年（1762）六月，开泰县知县费履祥将云贵总督吴达善批复严禁地方官吏违法乱纪的十七项规定刻于石碑，立于县署辕门内：一是严禁滥派夫马，巧设名目折收银钱；二是采购日常各种物资须按市场价用银两现买现卖，不得向汉、苗民众摊派，或者折价而中饱私囊；三是征收屯饷银两时只能增加一层火耗，统一标准，由民众自行缴纳，严禁多加火耗，勒索票钱；四是监

---

① 贵州省三套集成办公室，燕宝.贵州省苗族歌谣选[M].北京：中国民间文艺出版社，1989：231-232.

狱所需的各项材料要在市场购买，不得在民间社会摊派；五是征收粮赋或者折算其他物质时，要用官府统一颁发的斗斛，让民众自己缴纳，不能用市斗测量以及勒索钱票；六是汉、苗等民众入城出售鸡、柴火以及蔬菜之类，文武官弁以及士兵不得强行索取，或者压低价格强买；七是处理诉讼纠纷时，官差下乡不许勒索鸡、酒等物质以及鞋脚钱、马钱及铺堂使费；八是文武官员以及士兵路过驿站时不得征用民夫和摊派火把，而驿站负责人更不能私自外出，令妇女承担差使；九是汉、苗民众改用米谷来代替屯饷时，要自己亲自缴纳，不许由户首粮差代办，以免被对方勒索侵占；十是采买仓粮兵粮，要对制定的价格进行公示，严禁克扣和额外征收；十一是田地卖了赋税也要跟着变动，不能再向原田主征收赋税；十二是征收粮食用于铺仓库用的竹席由官方购买，不得向民间社会摊派；十三是缴纳库粮雇用民夫，每天要给费用，不得征用民夫；十四是修缮城墙时要雇用民夫，不得折算成银两而由偏远山区的民众缴纳；十五是地方官所需的竹子、木材等物质，要在市场购买，不得向民间摊派；十六是修理旗杆以及所需麻绳之类、木材等由官府购买，不能在民间征收；十七是修缮公家修建的馆舍时，费用由官府承担，不能向民间摊派。[①] 在同治、光绪两朝，贵州也颁行了有关严以治吏的法规。立于今剑河县南哨乡翁座村的《例定千秋》碑是贵州巡抚曾璧光于同治十三年（1874）十月二十一日签署的关于社会治理的法规，光绪二十六年（1900）六月十日再次得到强调，内容之一是严禁官差趁过境或下乡办

清代清水江中下游乡村社会秩序建构的逻辑与路径

---

① 黎平县志编纂委员会办公室 . 黎平府志（上）[M]. 北京：方志出版社，2014：372.

公之际摊派勒索，"每遇差使过境或因公下乡，土司、书役联为一气，勒派夫、马、酒、食、洋烟，无不恣意苛求。且有营汛弁兵、绅团责令苗[民]服役，其弊相等。各路防营见而效尤，遇有移营、樵采等事，亦相率拉夫。似此劳烦民力，朘削民膏，实不堪命，应即严行禁革，以安闾阎"。[①]在地方官员盘剥百姓的多种行径中，加收钱粮是最为严重的一种。对此，光绪五年（1879）任贵州巡抚的岑毓英签署了一项"严禁加收钱粮以苏民困事"的禁令，并在全省范围内实施，如今在锦屏县固本乡新民村仍立有此类内容的石碑。[②]

　　清政府依靠土司治理少数民族，对其诸多恶劣行径进行禁止。康熙五十六年（1717）十一月，朝廷严禁潭溪土司重征滥派。禁令刻于石碑，至今存放在黎平县岩洞镇述洞村鼓楼边，这也是目前发现最早的关于国家管控土司的碑刻资料。根据碑文记载，官府颁发禁令的缘由是今属黎平县岩洞镇的侗民杨应科、杨居荣、吴应龙、吴金唐、杨玉先等13人向黎平府控诉潭溪土司石飞熊滥派重征，请求将赋税直接交到府署。对此，黎平府官员通过审问，确认土司石飞熊存在剥削民众之不法行为，同意将杨应科等人所请求的三什江以西的属于五开、黎平寨的田赋直接交到府署，而新硐、桐关、竹坪、岩硐、述洞等寨的侗民缴纳的是禾把（糯谷），仍由潭溪土司负责缴纳，并将各种涉及公务的名目全部废除。黎平府将此番处理意见于康熙五十五年（1716）上报贵州省布政使司，

---

① 安成祥.石上历史[M].贵阳:贵州出版集团·贵州民族出版社，2015:17.

② 同上，37.

并得到了批准。然而，新硐、桐关、竹平、岩硐、述洞等寨的侗民并不同意官府的处理意见，直接控诉至贵州布政使司。对此，云贵总督蒋陈锡做出批示，同意他们直接将田赋缴纳到府，缴纳田赋的标准和汉民一样，对土司的处理是既往不咎，警告他小心供职，不能私自额外征收和不加节制地摊派，不得干预以及包揽、代缴侗民赋税，如有违反，一定按实际情况斟酌处分。[①]道光十七年（1837），贵州布政使司庆禄上任之初即颁发禁令，严禁土司借催收赋税之际勒索少数民族，额外征收米谷，碑文至今存于锦屏县启蒙镇便晃村者楼侗寨。[②]光绪四年（1878），贵州巡抚林肇元对土司派夫折价之不法行为进行整治，碑刻仍保留在今锦屏县河口乡瑶光。[③]光绪八年（1882）十月二十七，贵州颁发法令严禁土司借各种名目征收军粮以及办公经费，若有违法乱纪之人，允许少数民族将其扭送官府，从重治罪；同时禁止办事人员与土司串通一气鱼肉百姓，刊刻禁令的石碑如今仍立在今黎平县地坪乡风雨桥头。[④]道光十六年（1836）六月十四，黎平知府张镆综合以往贵州省颁发的严禁土司贪赃枉法的禁令，重新对所辖土司提出要求，严禁这一地方势力集团不能审判民间诉讼和代缴赋税。[⑤]

---

① 安成祥.石上历史[M].贵阳：贵州出版集团·贵州民族出版社，2015：37.

② 同上：54.

③ 同上：50-51.

④ 同上：63.

⑤ 同上：55.

（二）民间社会对不法行为的治理

　　针对抢劫、偷盗、拐骗等诸多不法行为，民间社会通过制定规约予以禁止，侗族称为"款约"，苗族称为"榔规"或者"理词"。早期的规约主要通过口头方式，以母语的形式进行传诵，明清时期，王朝在少数民族地区大力兴办学校和推行儒学教育，地方头人、寨老已掌握一定的汉语基础，遂将口头传播的规约编成汉文条款刻于石碑。乾隆元年（1736）八月初一，皇帝颁发苗民利用规约处理内部事务的谕告，"苗众一切之事，俱照苗例完结"。[①]这一史料表明民间自治传统的合法性获得国家认可。在侗族聚居地，目前发现最早的碑刻款约系今从江县往洞乡增冲的《万古传名》，立碑时间为康熙十一年（1672）七月初二。从内容来看，此通石碑共刻有十二条规定，内容涉及偷盗、婚恋、拐骗、山场边界、田土买卖、横行霸道、内勾外引、失火等方面，除了"山场边界""田土买卖"最终通过捞油锅的方式来解决纠纷之外，其余十条都有具体的处罚金额。[②]康熙十一年（1672）七月初三，今从江县高增乡侗寨民众立下刊刻十二条规约的石碑，和增冲石碑所载款约稍有区别的是，除了处罚金额不同，还增加了对不听劝告而砍伐山林及风水树的处罚，"议砍伐山林，风水树木，不顾劝告，罚银

①　中国第一历史档案馆，中国人民大学清史研究所，贵州省档案馆. 清代前期苗民起义档案史料汇编（上）[M]. 北京：光明日报出版社，1987：185.

②　张子刚. 从江古今乡规民约 从江历代告示实录 [M]. 北京：中国科学技术出版社，2013：4.

三千文"。①其他地方都制定有构建社会秩序的乡规民约，内容涉及农业生产、环境保护、社会治安、婚葬嫁娶等多个方面，条款简繁不一。少的只有一项规定，如刊刻于乾隆二十二年（1757）二月初五的今黎平县岩洞镇竹坪《款禁》碑，内容为治理偷盗，处罚措施是"绑捆款上，立即打死"，款约规定不许报官、不许动凶、不许隐匿违抗，订立款约的有竹坪、薪洞（今新洞）、岩洞、朋岩、述洞、己炭、同关（今铜关）、寨拱、平吝、迷洞、四寨、坑洞、山洞等村寨的20个寨老。②多的达二十四条，如刊刻于光绪十八年（1892）七月初八的《永世芳规》，由今黎平县肇兴的纪堂、登江以及从江县洛香的弄邦、朝洞4个大寨共同制定，内容涉及衙门公务、偷盗、窝藏罪犯、砍伐竹木、拐带、婚姻、丧葬、诉讼、诬陷等多方面，特别是在偷盗行为、婚姻以及丧葬三个方面作了非常具体的规定。和其他村寨的规约有所不同的是，《永世芳规》碑末还规定对"违抗不遵者"处以"十二千文"的罚款。③

（三）官民对姑舅表婚陋俗的变革

姑舅表婚的存在引起婚恋自由与金钱补偿的冲突，因牵涉到的利益主体复杂多样，民间社会无法从内部来解决这一问题，因此必须依靠外部力量，即国家的积极干预。移风易俗乃

① 张子刚．从江古今乡规民约 从江历代告示实录 [M]．北京：中国科学技术出版社，2013：1.
② 吴大华等．侗族习惯法研究 [M]．北京：北京大学出版社，2012：75-76.
③ 安成祥．石上历史 [M]．贵阳：贵州出版集团·贵州民族出版社，2015：163-164.

是地方官府的职责之一，出于因俗而治的目的，官方对姑舅表婚的变革也是因时制宜。官府对姑舅表婚习俗的介入始于康熙朝，今锦屏县敦寨镇平江村的《恩德》碑立于康熙二十九年（1690）七月十五，刊载的是云贵总督、都察院、黎平军民府以及亮寨长官司联合颁发的关于社会治理的禁令，涉及摊派、治安、文教、婚姻、丧葬等方面，其中涉及姑舅表婚的是对"外甥钱"数额的限制，即规定赔偿舅家"礼银三两五钱"，要求"不得勒借"。碑末刻有潭溪、新化、亮寨、湖尔（耳）、欧阳五个土司，此信息说明这些地方势力是禁令的执行者。[①]乾隆五十六年（1791）孟冬月，黎平府出台关于革除姑舅表婚习俗的告示，内容刻于石碑，名为"恩垂万古"，存于今锦屏县河口乡四里塘村。事由是文斗、尧里的村民姜廷干、李宗梅等人意识到姑舅表婚的不合理性，向黎平府奏请改革，"或舅揹姑甥，姑霸舅女；或男女年不相等，另行许嫁，则聘礼总归舅氏。此等陋习，殊堪痛憾"，基于此，黎平府应民众的要求将这一陋习革除，"——遵刊府主示：凡姑亲舅霸，舅喫彩礼，揹阻婚姻，一切陋习，从今永远革除。如违示者，众甲送官治罪"，[②]对聘礼、认舅家亲礼钱、嫁女首饰所有权、请媒、二婚礼等都作了具体规定。石碑末尾刻有文斗、茂广、岩湾、加池、张化、平鳌、尧里、扒洞、格翁、践宗、堂东、培亮、里夯等寨101名村民的名字，这一信息表明，姑舅表婚习俗的改革属于局部性的。官府颁发的禁令也激发了其他地方对这一陋俗进行变革的热情，道光十一年（1831）十一月

---

① 姚炽昌 . 锦屏碑文辑录 [Z]. 1997: 66.

② 姚炽昌 . 锦屏碑文辑录 [Z]. 1997: 66.

二十二，今锦屏县启蒙镇流洞、魁洞、寨流、寨母、寨蒙、边沙、寨伍、八教、寨诳、石羊店等村寨的民众共同制定了八条婚俗改革的规约，刻于石碑，名为"因时制宜"，其中第一条规定彩礼为"六两"，全归女家，舅家只收酒肉，不再占有其他彩礼；第七条规定姑表结亲，必须以庚书媒帖为凭，彩礼也是六两。[①]和文斗等寨关于革除姑舅表婚的做法比较起来，流洞等寨只是对舅家受的礼钱进行限制，还保留姑舅表婚习俗。在其他地方姑舅表婚习俗逐渐变革的背景下，今锦屏县彦洞乡瑶白、彦洞二村还存在舅家索要高额礼金的现象。对此，瑶白村的民众商议，根据当事人的经济状况把"舅公礼"分成三等："上户出银五两，中户出银肆两，下户出银叁两。"牌长滚发保、滚天凤等人把公众意见上报黎平府，请批准实施。光绪十四年（1888）十二月初五，黎平府颁发告示，"凡有所谓舅公礼者，必须分别上、中、下三等，祇准自三两起五两止，不得再行勒索多金"，同时要求姑舅表婚的对象要年纪相当，不能强迫。黎平府的告示刻于石碑，名为"定俗垂后"，至今仍保留在瑶白村。[②]开辟"苗疆"之后，大量汉民迁入这一区域，和苗、侗民族杂居于一起，并接受少数民族的文化习俗。按照传统，男女结亲需要履行"舅公礼""还娘头"习俗。清江厅（今剑河县）小广、下敖、谢寨的头人潘志明、王士元、彭宁绍、谢贵乔、杨德桂、文登朝向镇远府控诉前述两种习俗，"因旧住苗疆，竟随苗习：婚则专霸姑表，不需媒证。否则，勒索多金，抗婚不许。又有姑耶（爷）无女，亦勒要银两，以

①　姚炽昌 . 锦屏碑文辑录 [Z]. 1997：72-73.

②　姚炽昌 . 锦屏碑文辑录 [Z]. 1997：72-73.

'还娘头'。伊等汉民，原无此例，因有不法之人，无中生有，良弱之家，干遭磕（祸）害"。对此，镇远府于嘉庆二十二年（1817）十月十四出示晓谕，要求当地汉民男女婚娶依照"六礼"施行，不得仿效少数民族唱歌聚会，不允许舅家强娶和勒索"舅公礼""娘头钱"，违者"重咎不贷"。清江厅也于同治十二年（1873）八月二十作出批示，较之镇远府的处理意见，前者允许舅家收取"九百六十文"，另外规定女方父母收取彩礼钱"九千六百文"作为陪嫁之资。镇远府、清江厅关于婚俗改革的批示由民众于光绪十四年（1888）七月刻于石碑，至今立于剑河县磻溪乡光芒村小广寨环龙庵前。清江厅的处理意见成了当地结亲时参照的标准，"娘家九千六百文以作陪嫁之资，舅氏九百六十文以纳燕会之席"。人们还规定，缔结婚姻时由父母主持，舅氏不得干预，同姓不准为婚，诱拐不准成婚，男女不许同歌，朝夕不得聚会。[①]

五、结语

被视为"化外"之地的清水江中下游地区在清代雍正朝初期全部被纳入王朝国家的统治之后，"法治"是乡村社会秩序构建的重要途径。从治理对象而言，官府颁发的禁令针对的是官僚系统，民间制定的规约针对的是普通民众，可谓是"内部治理"。针对治理阶层乱摊派、多收钱粮、巧立名目收费、勒索财物等贪赃枉法之行为，地方官府从康熙朝起，直至光绪朝

---

① 姚炽昌. 锦屏碑文辑录 [Z]. 1997:20-21.

都制定有一系列禁令。虽然古代王朝对少数民族的统治在本质上不可更改，但对贪官污吏的治理旨在消弭诱发社会动乱的主要因素，最终维系大一统帝国的长治久安，同时能在民间社会树立起一定的公信力。针对抢劫、偷盗、拐骗以及一些陋俗，民间社会相应制定有规约，内容涉及农业生产、环境保护、社会治安、婚葬嫁娶等多个方面。基于文化传统的差异性，各地制定的规约内容简繁不一。禁令和规约，对地方官吏和普通民众而言分别构成了行为规范。

官府和民间分别制定的禁令、规约刻于石碑，至今仍能在偏远山乡寻到踪迹，是清王朝和广大民众共同建构社会秩序的重要物证，成为一种珍贵的文化遗产，凝聚着历史智慧。时过境迁，虽然许多内容已不适合现代社会，但官方严以治吏的态度和手段、对民间风俗变革的引导以及民间社会的自治传统对当前我国的乡村振兴仍有积极的借鉴作用，尤其是对缔结婚姻时人们限制彩礼金额的做法，对遏制现代社会中"天价彩礼"、攀比之风和建立公序良俗、促进乡风文明无疑是一种启示。

思州石砚简述

杨　红*　吴佺新

一、导言

思州石砚简称"思砚"或"思州砚"，是中国八大名砚之一。思州石砚产于贵州省岑巩县，岑巩为古思州地，所产砚台故名思州石砚。2021年5月24日，岑巩县申报的砚台制作技艺（思州石砚制作技艺）经国务院批准列入第五批国家级非物质文化遗产代表性项目名录扩展项目名录。

岑巩县现隶属贵州省黔东南苗族侗族自治州。唐武德元年（618），置羁縻思州。思州之名从此出现于史载。后有隶思州宣抚司、思州宣慰司、思州府等，民国十九年（1930）9月改名岑巩。思州历史悠久，民间有句谚语说"先有思州后有贵州"，岑巩一直是古思州中心，是思州石砚产生的历史条件、政治前提和文化基础。

---

* 杨红，侗族，贵州省非物质文化遗产保护中心研究人员，研究方向：非遗保护与传承。

二、分布

思州石砚的制作材料为金星石，石材分布在县境内龙江河和龙鳌河流域，在洞深壑幽的山地岩溶地质中，经亿万年浸润和积淀成制作石砚的优质水润金星石，使砚易于发墨，贮墨不易干涸，哈气生露；采石季节集中于夏，冬春寒冷不宜；人工从水中取石，石材品质全凭手、眼等感官鉴定，采石者为经验丰富的老技工；石质为黑色粉砂泥质黏土岩，呈骨针状鳞片结构，内含黄铁矿晶体，形成自然的圆形金星在石中闪烁；石材优良稀少，物尽其用，造型随形赋神，对制砚师的审美鉴赏与表现能力要求很高。

石砚制作分采石、制砚、打磨、配盒包装四个步骤，历经15道工序：选点、试石、开采、选石、运石、储石、选料、制坯、构图、雕刻、打磨、抛光、清洗、铭文、配盒。制作工具有錾、钻等近40种，用深浮雕、浅浮雕、镂空雕等手法，能够保持龙凤、花草、鸟兽题材的品质与风格稳定。

制作工艺以师徒传承为主，以作坊、合作社传承为辅。用于制作思州石砚的金星石只产于贵州省黔东南州岑巩县，地域特征十分明显，主要分布在岑巩的思旸、羊桥、凯本、大有、注溪、天马、客楼等7个镇。历史上金星石的开采点集中在思旸镇的平坝村星石潭、岑峰村、马坡村、盘街村、板桥村，而分布在羊桥、凯本、大有、注溪、天马、客楼等6个镇的金星石采集较少，石材矿产则保存得较为完好。

星石潭是金星石开采历史上的最佳产地，自古以来为思州石砚提供了稳定的原料支撑。星石潭古称文石涵星，是著名的思州八景之一。

　　制作工艺以石材开发点与分布面为核心，沿县境内龙江河、龙鳌河沿岸覆盖全县11个乡镇，并向镇远、玉屏、江口、石阡、新晃周边县辐射开来。使用范围扩大而制作工艺始终恪守传统精髓，保证了思州石砚品质的稳定。两河汇入舞阳河，流入沅江再进长江，水陆交通方便。自古商贾云集，思州石砚商运繁忙，为石砚制作工艺的传承提供了交通保障条件。

三、渊源

　　思州石砚，古名金星石砚、又称蛮溪砚。清康熙《思州府志·赋役·物产》记载："金星石砚，石出星石潭及小溪等处。"岑巩汉时属"五溪蛮"地，据1931年版《中国古今地名大词典》《五溪》词条注："《水经注》武陵有五溪……东汉马援征五溪蛮……贵州之思州……皆古五溪地。"康熙年间思州知府蒋深在《张子枝伯南归索金星石砚赋赠》诗中有"思州古都近夜郎，……簸摇陨作蛮溪石"，这是蛮溪砚名称的来历。清代张潮在《昭代丛书甲集四十二卷·砚林》"黄山谷有蛮溪大研（砚）"中记载了宋代著名文学家、书法家黄庭坚已使用过蛮溪砚。清代谢慎修《谢氏砚考·卷三·砚说》载《蛮溪砚》："铁网珊瑚斯石也，出于汉之蛮溪。"北宋大文豪苏东坡誉之为"琪璧"，清康熙皇帝的御砚，就是当地历代官府进奉朝廷的珍贵贡品。以上文献资料说明思州石砚早在汉代就有，距今已有2000多年的历史。

　　思州石砚工艺具有广泛的群众基础，可考的工艺传承人物的史料追溯至清嘉庆年间的聂心华（1795—1889），又名聂新正，其代表作为道光元年的《励志砚》。聂宝善（1877—1964），师承祖父聂心华，技能全面同时还是一名书法家，其作品《喜雀含梅砚》在1930年获贵州全省实业展览会甲等奖章，1933年在岑巩创办平民砚石厂。周金鼎（1896—1968），师承聂宝善，代表作为《足见真心砚》。周树南（1927—2002），师承周金鼎，代表作为《双凤朝阳砚》，授徒32人。中华人民共和国成立后，1960年周恩来总理视察贵州时亲自过问思州石砚，日本前首相田中角荣当年访问我国时，曾向周总理索取思州石砚。1973年建立岑巩县工艺美术厂并招徒授艺组织石砚生产，使产品走出了国门。

　　1994年岑巩县被省文化厅命名为"思州石砚艺术之乡"，2008年被文化和旅游部命名为"中国民间文化艺术思州石砚之乡"，2003年思州石砚被中国文房四宝协会列入中国十大名砚（十大名砚包括广东端砚、江西歙砚、山西澄泥砚、甘肃洮砚、山东鲁砚、四川苴却砚、宁夏贺兰砚、贵州思州石砚、吉林松花御砚和河北易水古砚）。

四、工艺

　　思州石砚制作工艺复杂，技艺精湛，历史上曾涌现出聂心华、聂宝善、周金鼎、周树南、金继仁等一大批制砚大师，如今主要的代表性传承人和传承人群聚集处有5个人与10余个作坊（公司）：

　　1.陈德胜，生于1951年，男，汉族。1975年师承周树南，岑巩县工艺厂技师，擅长于思州石砚技艺研究。

2.张小平，生于1968年，男，侗族。思州石砚制作工艺省级代表性传承人，1988年师承金继仁，1993年重新成立县思州石砚厂，授徒80人。注重在材质天然形态与传统工艺间寻找结合点。代表作品《一代天骄之初砚》。

3.周永平，生于1969年，男，汉族。1988年师承冉月平，后得到伯父周树南的指教。2016年成立周氏龙派工艺品有限公司。授徒30人（精准扶贫对象、残疾人就业24人），擅长龙凤砚风格题材作品，代表作品《四龙戏珠砚》。

4.杨秀章，生于1963年，男，侗族，1987年师承陈德胜，2016年成立制砚作坊，授徒6人，擅长龙凤砚。

5.高世贵，生于1975年，男，汉族。1997年师承张小平，2004年成立宝光石砚厂，授徒5人，擅长花草风格题材作品，代表作品《秋韵砚》。

目前，全县共有160余人从事思州石砚制作，主要传承的机构有：思州石砚厂、周氏龙派工艺品有限公司、宝光思州石砚有限公司等10余家制砚工坊、合作社，是当前思州石砚制作工艺传承的中坚力量。

当前思州石砚制作工艺在岑巩县境内龙江河、龙鳌河流域的思旸、羊桥、凯本、大有、注溪、天马、客楼等7个镇的30余个村寨14万人的区域内延续着。改革开放以来，由于受到文玩市场萎缩和经济效益滑坡的影响，思州石砚的市场份额有降低的趋势，加上思州石砚制作工艺复杂、学期周期长、见效慢、收益甚微，一些思州石砚工艺人改行转业，思州石砚的传承发展面临新的挑战。近年来，在岑巩县各级部门相关人员的努力下，通过加大对思州石砚的扶持力度、建立传习基地、开展传承人培训、加大宣传培育品牌力度的方式，思州石砚制作工艺的存续状况逐年得以改善，全县有代表性传承人成立的工坊、公司、合作社20余家，带动全县160余人从事思州石砚的制作、生产、销售工作，并且带动了一批人脱贫致富。思州石砚制作工艺焕发出新的生机与活力，存续状况良好。

五、特征

思州石砚具有独特的民族性和区域性，这是区别于其他同类石砚最明显的特征。

一是鲜明的地域特征：选用本土金星石材，石质坚润如玉，石中金星闪烁。石质为沉于水的黑色粉砂泥质黏土岩，呈骨针状鳞片结构，为寒武纪岩石，金星石稀少珍贵，国内是其唯一产地。制作工艺完全满足砚石要求，根据金星石位置、形状、大小、表里的不同，写实写意，确保金星石完整。用其制作出的砚台独具个性，使用时易于发墨，贮墨不易干涸，哈气生露，久藏无异味。

二是独特的民族工艺：汉族地区的石砚多为平雕，思州石砚以"五溪蛮"民族传统浮雕工艺为主，辅之平雕，融合了多民族智慧，技艺精湛，确保了镂空雕、高浮雕、透雕的立体效果。浮雕分阴纹和阳纹浮雕。阴纹浮雕在砚面开出凹形图案、阳纹浮雕凸出表面，适应亭台楼阁、人物、风景等高难度题材创作。

三是造型寓意丰富：以龙凤、鸟兽、花草三大题材作立体造像，呈现出四龙潮海、喜鹊闹梅、思州八景等近百种图案。轮廓形状有荷叶边椭圆形、单双线边长方形、单线边扇形、无边自然形等，变化中求实用与艺术的统一。

石砚制作工具主要有：

1.采石：锄头、钉耙、入岩錾、岩尖、钢钎、日字锤、八磅锤等。

2.雕刻：木砧、竹钉、滑石、砂布、铁锤、木锤、錾等。錾是主要工具，有尖口錾、方口錾、平口錾、圆口錾、钩錾、斜口錾等。

3.打磨：毛刷、木盆、金刚砂等。

思州石砚代表性作品有：聂心华《励志砚》，聂宝善《青草池塘处处蛙砚》，王伯麟、聂宝善《文石涵星砚》，程云《葡萄砚》，周金鼎《足见真心砚》，周树南《双龙抢宝砚》，张小平《仿东坡龙珠砚》，杨刚《兰亭砚》，杨长林《一鸣惊人砚》。此外还有《喜鹊闹梅砚》《福寿砚》《龙凤呈祥砚》《神龟砚》《荷叶砚》《傩面砚》《铜鼓砚》《太白醉酒砚》《思州春晓砚》等。

六、价值

思州石砚具有重要的价值，主要表现在以下五个方面。

1.历史价值：思州石砚是该地区多民族交融的文化象征，是贵州文化发源地之一的历史符号，同时记载了明清"改土归流、土流并治"后贵州田氏土司的演变信息，对于研究地区历史具有重要价值。

2.文化价值：图案题材来自思州原住民的神话传说、民间故事、宗教典故、傩戏古歌唱词等文学内容，保留了大量思州本土文学素材。以砚台带动书法推动汉字在思州地区的传播，促进了当地教育的发展。

3.艺术价值：集书画、雕刻艺术于一身，砚体青黛，金光点染。把民间艺术融入石砚创作，小砚台成为连接情感的纽带和传播艺术的窗口，熏陶力强，审美和收藏价值高。

4.社会价值：通过构图表达各民族文化尊重、文化自信及和谐价值观；高难技艺、学期长需从业者精雕细磨，可培养凝神做事的工匠品质，与今天的大国工匠精神一脉相承。

5.经济价值：传承历史悠久、流传面广、受众面大，自古以来思州龙江河、龙鳌河两岸小作坊林立，成为从业者谋生的技艺。近年来，项目带动就业、助力脱贫攻坚的作用日益明显。

现存与石砚技艺相关的文化景观与遗址有：思州石砚博物馆、思州石砚文化产业园、岑巩县工艺美术厂遗址、星石潭采石遗址等。

七、结语

思州石砚是传统文化工艺精品，已经有上千年的历史，是黔东南乃至贵州不可多得的文房至宝。随着时代发展和科技进步，传统书写工具砚台、毛笔等已经不再普及，取而代之的是墨水和钢笔等，只有为数不多的书法家还在使用砚台，石砚更多是以工艺品形式出现，砚台的使用价值在逐渐削弱。随着砚台作用价值的弱化，其商业价值也就随之减小，这是思州石砚技艺传承人所必须面临的问题。可以从以下方面着手来改善思州石砚的现状。

一是作为书写工具，砚台虽然不再普及，但仍然有一定的市场，这是我们需要关注的。思州石砚在市场上，可以向高端方向发展。还有书法家、书法爱好者和文人墨客，是思州石砚的潜在消费群体，也是思州石砚商品化的发展方向之一。

二是砚台作为工艺品，其价值已经超出书写工具的范畴，这是思州石砚技艺发展的着眼点之一。我们不仅要关注高端消费人群，也要关注普通人群。普通人群对工艺的需求和高端人群消费观念、审美观和对工艺的认知、工艺的作用有所区别。除了生产具有高价值的书写工具兼工艺品，还要生产大量的适于普通人群所需要的产品，以增加市场的需求。

三是，政府部门可以根据思州石砚发展状态进行必要的保护工作。除了建立石砚博物馆和实行政策性的保护措施，还要进行必要的宣传和市场引导，使思州石砚工艺走出一条适于自身传承发展的道路。

西苗古今分布述略

文　海*

　　由于西苗在明代之前，缺乏可靠的历史文献资料对其的记载，关于其具体分布的情况，我们现在只能通过非常少量的相关考古资料和文献资料来推测西苗在明代之前分布的情况，即从魏晋南北朝到元代，西苗大致分布在今黔中的贵阳一带。如《贵州少数民族》一书说："在黔南惠水、长顺直到黔桂边境，近几年发现了许多苗族岩洞葬，经鉴定，除部分是魏晋南北朝时期的以外，大部分都是唐宋至明代的遗物。"[①]《贵阳府志》记载："牂牁蛮在唐代时分裂为'东谢'和'西谢'，后来演变成了'东苗'和'西苗'"。《旧唐书·南蛮传》记载了东谢蛮的地望是应州，而对西谢蛮只有非常简略的记载。由于史书对西谢蛮所在地望的记载不详，并且至今历代的学者对西谢的地望和辖境也是众说纷纭，从而无法清楚唐代时西谢的分布所对应于今天的行政区划范围。而《皇清职员图》记载："西苗之名，所以别乎东苗也。在平越、清平等处。唐时为金筑安抚司（治

---

*　文海，苗族，贵州雷山人，副教授，历史学硕士，主要研究方向：苗族历史与文化。

①　张民.贵州少数民族[M].贵阳：贵州民族出版社，1991：6.

所今贵州长顺县）所属，明朝洪武年间改为杨义长官司。有谢、马、何、罗、雷、卢等姓。"[①]据此并结合上述记载的西苗与西谢的关系，我们似乎可知唐代的西苗分布在今长顺县一带，但这是清代的文献，从史源学的角度来说，这些记载没有明确的史料来源，因此有待进一步考证。而到了明代以后，西苗的分布才有明确的历史文献记载，西苗比较可靠的分布和其他有关文化习俗的信息才逐渐明朗起来。

一、明代西苗的分布

明代以后，中央王朝看到贵州对西南边疆地区的战略地位，并在永乐十一年建省，加强了对贵州的治理和开发，于是中央王朝和贵州少数民族之间的联系紧密起来，如西苗等少数民族反抗明王朝的事件，以及中央王朝为了土司应纳赋税而需要了解土司辖境内西苗等少数民族的分布、文化习俗，以及他们的户籍和人口等状况，因而有关官员和文人就把西苗等少数民族的基本情况记录下来。这些文献包括官方正史和私人著述等，从而才使后人对西苗有了更多的了解和认识。

西苗在明代主要分为有土司管辖的西苗（也叫"熟苗"）和无土司管辖的"化外"西苗（也叫"生苗"）两部分。就土司所管辖的西苗来说，由于明代的土司制度正处于发展和兴盛时期，土司境内的大小事务基本上是由土司决断，土司拥有其领地内的几乎所有权力，因此，中央政府对土司地区的管理只

---

① ［清］傅恒，等 . 皇清职工图 [M]. 扬州：广陵书社，2008：517.

能通过土司这些代理人去实现，这种对土司地区的管理实际上是一种间接统治而已。由此，明代时期，中央王朝对土司辖区内西苗的认识，一般是通过土司来实现的，而不是直接通过调查得到。虽然我们可以了解某个行政区如卫、土司辖区有西苗，但由于封建王朝对于少数民族一贯存在歧视，也不了解少数民族的语言，结果就是我们现在所看到的历史文献中对西苗的分布和文化习俗的情况，记载得非常简略，以致我们现在对西苗在明代时期的了解很有限。至于"化外"西苗，由于明代不像清代那样实行直接设流官管辖的开辟政策，而只是主要以土司对"生苗"进行招抚，如果"生苗"归化，则设立土司对其进行管理，如果不归化，就只能对他们放任不管。因此，历史文献对处在"化外"的西苗是没有记载的，我们因而对明代的"化外"西苗的分布只能通过他们的后裔在今天的分布来推测。

（弘治）《贵州图经新志》记载：贵州宣慰司（治所贵阳）境内有西苗。①

（弘治）《贵州图经新志》记载：龙里卫（今龙里）境内有西苗。②

（弘治）《贵州图经新志》记载：新添卫（今贵定县）境内有西苗。③

---

① [明]沈庠，赵瓒.贵州图经新志[M].张祥光.点校.贵阳：贵州人民出版社，2015：4.

② [明]沈庠，赵瓒.贵州图经新志[M].张祥光.点校.贵阳：贵州人民出版社，2015：200.

③ [明]沈庠，赵瓒.贵州图经新志[M].张祥光.点校.贵阳：贵州人民出版社，2015：207.

《大明一统志》亦记载贵州宣慰司有西苗。^①

（嘉靖）《贵州通志》记载：贵州宣慰司所辖乖西司（治所开阳县西北，另一说为开阳县东北六十里；在贵阳东北一百五十里）和龙里卫所辖平伐司（今贵定县平伐镇）有西苗。^②

（万历）《贵州通志》记载：龙里卫境内有西苗。^③

从以上明代典籍所记载的西苗的分布来看，西苗在明代大致分布在今天的贵阳、开州、龙里、贵定一带。由此可见，尽管明代史籍对于西苗的分布记载较少，但已比前代有了巨大的进步，这主要得益于贵州对于西南边疆经营的重要地位和贵州建省而带来的经济文化开发的必然结果。

二、清代西苗的分布

清代雍正年间在西南地区进行大规模的改土归流，使贵州黔中一带的土司地区基本被改土归流，还有"化外"西苗也基本归化完毕，清王朝在西苗聚居地区实行了里甲等基层行政建置，这就使西苗成了国家的编户齐民，这为当时统治者进一步了解西苗提供了客观条件。此外，清代虽然是封建社会的晚期，但清朝创造了"康雍乾"盛世，经济发展、社会稳定、文

---

① ［明］李贤.大明一统志 [M].西安：三秦出版社，1990 年，第 1350 页。

② ［明］谢东山.（嘉靖）贵州通志（上册）[M].赵平略，等.点校.成都：西南交通大学出版社，2018：133、145.

③ ［明］许一德，等.（万历）贵州通志（上册）[M].赵平略，吴家宽.点校.成都：西南交通大学出版社，2021：353.

化繁荣，各种资料编纂体裁得到了创新和发展，清代也编纂了更多有关西苗的资料等。

可以说，清人爱必达《黔南识略》和罗绕典《黔南职方纪略》是对清代西苗的分布进行最全面和最详细记载的两部著作。

比如《黔南识略》记载：贵定县，"苗有青苗、花苗（即西苗）、仲家、仡佬"。① 又如：开州（今开阳县），"苗有花苗（西苗）、仲苗、紫姜苗"。② "平越直隶州（今福泉市等），苗有仲家、木佬、仡兜、西苗、紫姜苗"。③ 清平县（今凯里市），"苗有革兜、木老、西苗、黑苗四种"。黎平府有西苗。④

《黔南职方纪略》记载："西苗，平越、黄平、瓮安、清平、古州皆有之。"⑤ 又"开州（今开阳县）有苗二种：一曰仲家苗，二曰花苗，俱与汉人零星杂处"。⑥ "贵定县有苗六种：一曰花苗，属土司管辖，居甲惹、摆朗、摆金、摆阿诸寨。"⑦ "平

---

① ［清］爱必达，罗绕典．黔南识略·黔南职方纪略［M］．杜文铎，等．点校．贵阳：贵州人民出版社，1992：37.

② ［清］爱必达，罗绕典．黔南识略·黔南职方纪略［M］．杜文铎，等．点校．贵阳：贵州人民出版社，1992：43.

③ ［清］爱必达，罗绕典．黔南识略·黔南职方纪略［M］．杜文铎，等．点校．贵阳：贵州人民出版社，1992：76.

④ ［清］爱必达，罗绕典．黔南识略·黔南职方纪略［M］．杜文铎，等．点校．贵阳：贵州人民出版社，1992：178.

⑤ ［清］爱必达，罗绕典．黔南识略·黔南职方纪略［M］．杜文铎，等．点校．贵阳：贵州人民出版社，1992：383.

⑥ ［清］爱必达，罗绕典．黔南识略·黔南职方纪略［M］．杜文铎，等．点校．贵阳：贵州人民出版社，1992：389.

⑦ ［清］爱必达，罗绕典．黔南识略·黔南职方纪略［M］．杜文铎，等．点校．贵阳：贵州人民出版社，1992：389.

越州（今福泉市）有苗五种：三曰西苗，居杨义司。"^①"瓮安县有苗四种：二曰西苗，居哑笼、谷鸡诸寨。"^②"黄平州（今黄平县）有苗四种：三曰西苗，居崖鹰屯、灰坑诸寨。"^③"清平县（今凯里市）有苗四种：三曰西苗，居垛党诸寨。"^④"古州厅（今榕江县）有苗五种：一曰山苗，二曰西苗，均散处境内各寨。"^⑤

《桑梓述闻》记载：瓮安，"境内苗人，惟仡佬、紫姜、西苗及仲耳"。^⑥

（康熙）《余庆县志》、（光绪）《余庆县志》记载：余庆县境内有西苗。^⑦

由此可见，到了清代，人们对西苗的分布情况相对更详细，除了明代时记载开阳、龙里、贵定、清平等地有西苗，清代文献还记载西苗分布在平越、瓮安、余庆、黎平府的古州等

---

① [清]爱必达，罗绕典.黔南识略·黔南职方纪略[M].杜文铎，等.点校.贵阳：贵州人民出版社，1992：392.

② [清]爱必达，罗绕典.黔南识略·黔南职方纪略[M].杜文铎，等.点校.贵阳：贵州人民出版社，1992：392.

③ [清]爱必达，罗绕典.黔南识略·黔南职方纪略[M].杜文铎，等.点校.贵阳：贵州人民出版社，1992：392.

④ [清]爱必达，罗绕典.黔南识略·黔南职方纪略[M].杜文铎，等.点校.贵阳：贵州人民出版社，1992：392.

⑤ [清]爱必达，罗绕典.黔南识略·黔南职方纪略[M].杜文铎，等.点校.贵阳：贵州人民出版社，1992：393.

⑥ [清]傅玉书.桑梓述闻[M].瓮安县地方志编纂委员会办公室，贵州图书馆.编校.贵阳：贵州人民出版社，2012：152.

⑦ [清]蒋琛，汤鉴盘.（康熙）余庆县志·（光绪）余庆县志合订本[M].余庆县文学艺术界联合会，余庆县历史文化研究会.校注.2014：85、246.

地方。此外，清朝所编纂的有关资料中对西苗的分布和文化习俗的描述也更加具体、丰富，如清代对西苗的分布的记载具体到了村寨等单位。

三、现今西苗的分布

据实地调查和有关文献资料，当今西苗的后裔已基本不再沿用明清时期"西苗"的称呼，如开阳、龙里、贵定、福泉等地的西苗称为"花苗"或"小花苗"，而凯里和黄平的西苗则称为"西家"。以上这些县市的西苗还比较完整地保留着本支系的语言和文化习俗。此外，西苗在贵阳市乌当区，黔南州的瓮安县、长顺县，黔东南州麻江县等区县也有零星分布，但基本上已与其他民族（主要为汉族）相融合，基本丧失了该族群自身的语言和文化特点，我们从近期出版的关于这些区县的地方志或民族史志中已看不到西苗存在的痕迹了。

通过调查和查阅文献资料所见到的20世纪80年代以来西苗的主要分布地区如下（见表1—7）：[1]

---

① 资料来源：开阳县地方志编纂委员会、开阳县民族志 [M]. 贵阳：贵州人民出版社，1993：44；蓝文书 . 苗语语音语法词汇集 [M]. 武汉：中国文化出版社，2016：287—290；贵州省福家县民族事务委员会 . 福家苗族 [M]. 贵阳：贵州民族出版社，1993：23—27；贵州省地方志编纂委员会 . 贵州省志·民族志（上册）[M]. 贵阳：贵州人民出版社，2002：24.

表1 开阳县西苗（花苗）主要分布

序号	乡镇	村寨
1	鱼上乡	黄坡
2	顶箐乡	毛埠田、谷光、河底下
3	石头乡	坳上、方口、湾田、水竹林、茶园、苦荞冲、大块田
4	南龙乡	黄鹤林、占马田、宝树林、谷顶
5	高云乡	铜鼓坝、窄溪寨、翁贡河、瓜瓢寨、后寨、石牛、谷鸡垛
6	白马乡	下晴久、寨上、大坳
7	双流乡	岩上、拐下、圹坎
8	金中镇	金华、岩脚、茅坡、丰后、茶园、双茶
9	水温乡	茶园、新龙场、油干冲、麻窝、高田、大坪、大寨、大田、白岩、田坝寨、老堡、下寨、圹坎、箐沟、大土、烟灯坡、中寨、看牛坡
10	毛坪乡	唐山、七林、大坳、干圹口
11	马江乡	沙坝、赵家寨、望天岗、小寨
12	宅吉乡	沿河、五星、老鸹山
13	新凤乡	龙洋、王比
14	宝兴乡	乌江、三联
15	翁昭乡	唐山
16	禾丰乡	半边山、田坝、青杠林、平山
17	川洞乡	葛落寨

序号	乡镇	村寨
18	毛云乡	磨刀石、杉木冲、高坪
19	久场乡	走羊、翁竹、大湾、主戎
20	平寨乡	光中、后寨、马屎寨、大小光巴、上下蒲窝、新寨、主坪、顶跋、斗虎、顺岩河、丫口田、仫佬寨、背后坪、望草冲
21	坝子乡	翁瓜
22	水口乡	浑圹
23	杠寨乡	甲岔翁孔、老寨、新寨、上坝、沙坝

表2　福泉市西苗（花苗）主要分布

序号	乡镇	村寨
1	干坝乡	谷把、谷顶招、谷顶洲、野鸡坡、铜鼓坡、新寨、上奶塘、旧院、泡木山、下奶塘、谷顶洋、牛角坡、金文田、高坡
2	王卡乡	岩寨、新寨、花牙、上寨、头寨、青杠坡
3	仙桥乡	江边、仓岩脚、大谷宾、麒麟山、新寨、龙井、甲子戎、干底粘、炭灰
4	沙坪乡	安邦、老李冲、营盘坡、菜子地、冷溪、龙井、江口坪、凉水井、坝上、喜鹊窝
5	道坪乡	翁卡底、袁家寨、格老保、干坝、大路坪、沙子坎
6	高石乡	翁巴、水头寨、尖坡、哲伍、腰箩田

序号	乡镇	村寨
7	双谷乡	甲九寨、漆树坡、岔路、龙洞、茶山、吴家庄、颜家寨
8	安谷乡	王家坡、碓丫坡、新寨
9	谷汪乡	山脚、老鸭寨、蓝院
10	杨义司乡	下谷鸡、黄里冲
11	高坪乡	新龙坝、坪叉、窝铺
12	岔河乡	谷顶翁、关庄、新庄
13	渔西乡	甲秧寨、新庄、桐油坪、山宝营、下新庄
14	甘巴哨乡	阿里堡、马坡
15	双龙乡	张尚坪
16	城厢镇	马家坪、水落洞、王家塘、野鸡冲、白泥坡
17	云顶乡	土坪
18	马场坪镇	养鸡堡、新街
19	凤山镇	牛角田、枧头寨
20	龙昌镇	谢家凼、大土
21	陆坪镇	林塘、茅坡顶
22	团杨乡	樊家庄

表 3　贵定县西苗（花苗）主要分布

序号	乡镇	村寨
1	新铺乡	甲多、莲花塘、石灰窑、谷那坡、高坡寨、马寨、杨家湾、苗田、杠高、龙塘、老王田、张山、谷汪寨、秤坨岩、黄毛地、高枧坪、萝卜寨、小寨、裤子田、狮子岩、癞子井、大坪田、孔堵堵、大谷撒、木耳寨、新寨、小寨、甲耳沟、大坤主、小坤主、改猪田、大新寨、小风塘、对门坡
2	德新镇	菜苗、双岩、燕子洞、马寨、茅草坪、牛屎寨、岔田、米孔、安心寨、椅寨、阴寨
3	落北河乡	甲树堡、上岩、大关坡、大新寨、干坝、蜡烛塘
4	新巴镇	甲底、老冒沟
5	定东乡	东山、大新寨、竹林脚、竹林沟、虎转田、小岩寨、大岩寨、烟炉田、麻窝寨、牡丹、大坪子、大洞、高坡、棕坝、梨树田、熬药洞、蓝冲、青菜塘、大栗树

表 4　龙里县西苗（花苗）主要分布

序号	乡镇	村寨
1	巴江乡	布庄、甲湾、堵浒、干麻窝、光井笼、长沟、上厂、打郎、长寨、平坡
2	哪旁乡	—
3	谷冰乡	—
4	谷龙乡	—
5	三元乡	—

表5　凯里市西苗（西家）主要分布

序号	区	公社	村寨
1	万潮	龙场	石板寨、平路河
2		虎庄	米黄坡、垛挡
3	炉山	洛棉	马家屯、大泡木、水流岩、牛角坡
4		平良	埂介、大坡、大平、皂角树、田坝、猪屎坝大土、庄上、高岩
5		白腊	嘎冬
6		大风洞	谢家寨、石板、碗寨
7		冠英	老马寨、沙坝、黄猫寨、乱岩、芭茅坪、洛仲坡

表6　黄平县西苗（西家）主要分布

序号	区	公社	村寨
1	新州	野洞	野洞、万丈坳
2	旧州	团坡	新华、翁卡、大坪坳、高石头、弯子头、羊岭坳
		上塘	永爱、永兴、同心、桂花、紫营、上板桥、杨花寨、窝林、黄泥坡、翁沙、响铃岩、梨子坪、大田、大干田、马打滚、小河、大寨、桥边、岩头坝

表7　长顺县西苗主要分布

序号	区	乡镇
1	长寨	种获、摆塘

序号	区	乡镇
2	广顺	猛秋
3	摆所	安乐、新寨、克炳

此外，其他县份也有少量西苗分布，如长顺县长寨区的种获、摆塘，广顺区的猛秋，摆所区的安乐、新寨、克炳等乡镇。[①]贵阳市乌当区下坝乡上卡堡和下顶阳、永乐乡等村寨。[②]瓮安县的沙坪乡。[③]麻江县的乐坪和景阳等地。[④]贵阳的息烽县等。[⑤]

根据以上现今西苗分布的地理位置观之，大致为西到贵阳市开阳县，东至到黔东南黄平县的西南部、北到瓮安南部、南至长顺县这一带。

---

① 一般来说，西苗集中在贵阳市开阳县向东延伸到黄平县西部一带均有分布，而长顺县则与这一带有些偏离，但在《长顺县志》则记载有苗族支系操龙洗土语（罗泊河次方言之前的说法），并称该语言声调简单，大多数地区只有平、上、去三个声调；有的入声与平声合并，有的是入声独立等。由于在苗语中，只有罗泊河次方言有此声调特点，长顺县的这一支系苗族无疑是西苗。贵州省长顺县地方志编纂委员会.长顺县志[M].贵阳：贵州人民出版社，1998:622.

② 顾亚勇.贵阳市乌当区志(上册)[M].贵阳：贵州人民出版社，2007：187；贵州省地方志编纂委员会.贵州省志·民族志（上册）[M].贵阳：贵州人民出版社，2002：24.

③ 罗鋆，蓝文书，吴正彪.苗族古歌[M].北京：中国文史出版社，2013：218.

④ 杨正文.苗族服饰文化[M].贵阳：贵州民族出版社，1998：62.

⑤ 安顺地区民族事务委员会.安顺地区民族志[M].贵阳：贵州民族出版社，1996：121.

四、西苗古今分布的比较

据明清时期以来有关史书的记载，明代的西苗主要分布在开州（今开阳县）、龙里、贵定、平越（今福泉市）、清平（今凯里市）等地。到了清代，西苗分布的区域较之明代文献的记载，有所扩大，如除了开州、龙里、贵定等地外，还记载了如瓮安、黄平、古州（今榕江）、余庆等地。到了民国时期，除了以上县市分布有西苗，《麻江县志》还记载了麻江县有西苗分布等。中华人民共和国成立以后，以上西苗主要集中的县市如开阳县、贵定县、福泉市和凯里市等民族工作部门、编纂地方志部门以及一些国内外的学者对西苗进行有关方面的调查，出版、发行了许多有关西苗的调查资料，这对西苗的相关研究包括其古今分布的研究奠定了基础。把今天西苗的分布与历史上西苗的分布进行比较，可以揭示西苗的演变轨迹、特点，对我们深入认识西苗具有重要意义。

我们从上述当下和历史上西苗的分布进行比较，我们可以发现西苗古今所分布地域是基本吻合的，并没有较大的出入。因此，通过这样的比较，我们初步可以把当今西苗所分布的地区作为西苗的地望，为明代以前与西苗可能有重要族源关系的西谢蛮的分布和有关地名提供了一些佐证。

通过对西苗古今分布的比较，我们还发现清代文献记载古州（今榕江县）有西苗，但从中华人民共和国成立以来，我们已很难从榕江县有关的民族调查资料和地方志当中看到古州有西苗的痕迹，这说明古州的西苗已融入其他民族中去了。

据《西家族别调查资料》可知，凯里市的西苗（西家）大约在明朝末年从开阳一带迁徙来到凯里的，目前分布在凯里市龙场镇、大风洞镇、炉山镇等乡镇，到现在已有500多年历史了。他们人数虽然少，但现在他们还有不少的村寨保留着本族群的语言和文化习俗。因为西家与开阳一带的花苗都是历史上的西苗的后裔，所以两者之间的文化如语言、婚姻、丧葬、禁忌、历法等有许多类似之处。但由于两者分布的地域相隔较远，并分布于较大的不同地级行政区，加之平时相互交往较少，因而双方之间的文化习俗存在一些区别，如语言方面，花苗一般只有三个声调，而西家则有四个声调；另外，他们之间的服饰也存在一定区别。

根据调查研究，由于全球化、现代化、城镇化和市场化的冲击和影响，以及大多数花苗或西家的村寨规模较小，并且有一些村寨是与其他民族或族群杂居在一起，再加上有大量的年轻人外出打工和移民搬迁到城镇，目前许多人口很少的村寨以及与其他民族或族群杂居的村寨的花苗和西家同胞已基本汉化，许多年轻人只会说汉语而不会说本族语言了。

五、结语

据历史文献的记载，西苗支系可能形成于隋唐时期，该时期著名的牂牁国的主体族群很可能就是西苗，当时称为西谢。牂牁谢氏在历史上对中原王朝非常认同。牂牁谢氏虽然原来是汉族，但长期与西苗杂居，因而融合到了西苗中去，今天的西苗有谢氏就是明证。因此，当今我们对于西苗的研究可从牂牁谢氏长期对于中原王朝认同和汉苗融合的角度进行研究，对促进西苗群众铸牢中华民族共同体意识具有重要的现实意义。

宰柳村侗族文化调查报告

周　兴　李南川*

据古今资料记载，侗族可追溯到秦汉时期的"骆越"民族，第七次人口普查数据显示，侗族人口约350万人，主要分布在我国的贵州省、广西壮族自治区和湖南省交界处，这个交界处是湘西丘陵广西丘陵和云贵高原过渡地带，地形地貌多样，生态环境复杂。侗族所在的生存环境不仅孕育了侗族文化，还发展了侗族文化，不仅与周边民族关系融洽，还与周围生态环境和谐共存。据调查得知，宰柳村的侗族是从肇兴镇搬来此处建寨居住，已有上百年历史，依然传承和保护着本民族文化，例如饮食文化、服饰文化、歌曲艺术文化、信仰文化、建筑文化等。每年都要举办的"六月六""侗年""吃相思"重大节庆活动，一方面是为了联络亲朋好友之间的感情，增进友谊；另一方面是为了对外宣传和学习。

---

* 李南川，女，汉族，贵州师范学院美术与设计学院讲师，主要从事民族民间美术研究。

一、宰柳村基本情况

宰柳村，是贵州省黎平县肇兴镇22个行政村之一的侗族村落，位于肇兴镇东南部，距离肇兴镇15千米，地理位置相对偏远。全村有2个自然寨，即宰柳寨和来麻寨，3个村民小组有94户，共记390人，全部是侗族。宰柳村，与从江县洛乡镇平洛村、黎平县龙额镇上地坪村、肇兴镇纪堂村相邻。

宰柳村土地面积为2.1平方千米，林地面积2000亩，人均林地面积5.14亩；耕地面积472亩，人均耕地面积1.21亩。地处深山峡谷，平均海拔580米，主要经济作物有粳稻、糯禾、洋芋、红苕、油菜、钩藤、辣椒等。

宰柳村曾叫"三联村"，后因行政区划原因并入纪堂村，再后来又从纪堂村分离出来形成现在的宰柳村。

宰柳寨，依山顶而建，总共52户，寨子背后是大山，远处就是龙额镇岑引村，在这两村之间是宰柳寨的冷水梯田。肇兴镇著名的萨岁山就在此处，这里已是肇兴景区边缘地带，因寨小人少，旅游设施还处于真空地带，前来的游客多是独行徒步，据统计，游客大多是高校研究者，主要是利用假期前来观光寻找创作灵感。脱贫攻坚期间，相关部门修通了原村委到河边的产业路，约5千米，该路同时连通了从江县平洛村。

来麻寨，依山坳坝子而建，群众相对集中连片居住，共42户，刚好与宰柳寨相反，来麻寨的耕田都是在山上。在未修通同村公路时，去往肇兴镇上的小路从此经过，运输全靠肩挑背驮，脱贫攻坚期间，相关部门修通了产业路，因修路带来极大的便利，村民再到山上耕地，在很大程度上节约了时间和成本，作为劳动工具的机动车的数量相比以往增加了很多，可见路对生产工具的影响较为明显。

宰柳村共有党员10人（含预备），村委会由支书、主任、文书、监委主任、计生主任、妇女主任、小组长组成。班子齐全完善，村支书、文书住在宰柳寨，主任、监委主任、计生主任、妇女主任住来麻寨。村委会设置在宰柳寨，由小学木制教学楼改为村委办公楼，在脱贫攻坚驻村工作组的努力下，争取到来麻寨已搬迁户的一栋砖混房屋为新村委会办公楼，原村委会改为宰柳寨村民集体食堂。

宰柳村小学（教学点），于2019年秋季建成后投入使用，其中有小学1—3年级各一个班级，共有学生12人，教师1人，教师由肇兴镇中心小学安排到此处开展教学活动。因受师资和教学条件限制，小学3年级以上的学生到镇上住校读书，或是到黎平县城读书，由此可见该地乡村教育条件的局限性。

二、服饰文化

据统计，侗族服饰约有50种，以年龄来划分，宰柳村的侗族服饰主要有女装、男装和童装。

女装，头挽偏左发髻，插银花，上装是白色无领无扣、敞胸的对襟长衣，衣长过腰，衣领、袖口镶蓝边，有绣花胸兜，衣装有少量银饰点缀。下装穿百褶短裙，长及膝盖，脚裹有两条小飘带的绑腿亮布，足穿绣花船形钩鞋。

男装，头包亮布卷成帽状，衣服和裤子均用亮布制作而成，对襟直领，上衣有9排布扣，裤子为直筒长裤，无银饰作为陪衬。只有在重大节庆活动中才能看见男子穿着盛装。

童装，其帽子较为好看，种类多样，主要有"燕尾帽""荷花绣帽""猫头帽"等，各类帽子均有相应银饰作为点缀陪衬，做工精细，极具观赏性和艺术研究价值，上衣以右衽开襟套装为主。

三、歌曲艺术文化

侗族大歌在2009年被联合国教科文组织列入人类非物质文化遗产代表作名录，备受世界关注，影响颇大。"饭养身、歌养心"广泛流传于侗族民间社会，劳动累了，坐下来唱歌；亲朋好友来了，坐下来唱歌等。

宰柳侗族大歌主要是唱琵琶歌，因宰柳地处肇兴镇，而肇兴属于"六洞"范畴，在命名方式上，这一代的侗族大歌普遍以"六洞琵琶歌"命名，特点是男生用女音唱。琵琶歌属于抒情琵琶歌的一种，用四弦小琵琶伴奏，男弹男唱或男弹女唱，主要在行歌坐夜的场合演唱。乐器主要有牛腿琴、二胡、芦笙、琵琶等。

侗戏是侗族传统艺术代表之一，虽然发展历史不长，但在侗族民间社会中的作用非常大，影响深远。侗戏是侗族歌师吴文彩根据湖南花鼓戏、广西桂戏和彩调创制而成。传统的乐器有鼓、锣、二胡、牛腿琴、琵琶等。在侗族村寨，逢年过节等重大活动中，侗戏一定是必备的表演项目，每个寨基本都有侗戏班子，戏班子大部分主演侗戏，还可以演彩调戏、大戏桂戏。目前宰柳村的主要侗戏剧目有《李旦凤娇》《珠郎娘美》

《梅良玉》《丁郎龙女》等传统剧目。据访谈得知，新编剧本基本没有，一方面是受宰柳村的人口资源等因素制约，另一方面是外出务工人口居多，带给新剧本、剧目的创作空间有限，传统的剧本、剧目存放在一位老歌师家里，这些传下来的剧本就像精神食粮一样，滋养着宰柳村的侗族文化。

四、建筑文化

侗族人有着超凡的建筑技术工艺，最值得一提的是侗族特有的标志性建筑——风雨桥和鼓楼。没有鼓楼的侗寨不是真正的侗寨，每个侗寨至少有一个鼓楼，现在鼓楼是议事、休闲娱乐、举办重要活动的场所。

宰柳村有2座鼓楼，宰柳寨一座，来麻寨一座，两座鼓楼均有7层，这里的鼓楼普遍低矮，虽然不像其他村寨的鼓楼高大宏伟，但其用料充足，传统的建造工艺榫卯结构展现在鼓楼的每一个连接处，牢牢地扣住每一块板，每一根柱子，紧密的开孔与拼接，展现了工匠们精益求精的工艺水准。由本寨人捐资自行修建，两座鼓楼象征着两个寨子，保护着这里的侗族人民，农闲时，这里是老人摆龙门的好地方；放学时，两座鼓楼是小朋友玩耍的地方；节庆时，这里是全村人狂欢的地方；重大事情发生时，鼓楼是集体商议决定的地方。

侗族住房被称为干栏式的建筑物，这样的建筑物其实就是通风比较好的木房。木房主要有三种样式：第一种是比较原始古朴的一层楼的木屋；第二种是两层楼的木屋；第三种是三层楼以上的高大木楼。

宰柳村的木屋普遍是3间2层或3间3层的户型，一楼基本是砖木混合结构；二楼、三楼则是卧室。二楼基本上是一个大房间连着的卧室，相当于是一个会客厅，窗户是现代意义的推拉窗，巧妙兼容，但这里基本是空置的，只在雨季时才在这里晾晒谷物。从外部看起来，房屋宽敞大气，红木灰瓦与自然融为一体，从内部结构看，分层设计巧妙，空间布局合理。

除了村小外，有两栋民居是砖混结构平房，居民均是全家外出劳务输出户；来麻寨除了新村委办公房外，只有一栋砖混结构的平房。总体来看，侗族木屋建造反映了侗族人高超的工艺技术、善于思考创造的精神、自然和谐相处的理念以及与人团结协作的相处方式等。

宰柳村的风雨桥在来麻寨，风雨桥坐落在小溪边，连接着农户家与同村公路，与其他侗寨不同的是，这里的风雨桥结构简单朴素，长8米左右，宽2米左右，桥内部没有绘画着侗族生产、节庆方面的宣传映衬，显得有些单调；桥底经过水泥硬化，设计了流水通过的涵洞，桥头依稀可看见与架桥指路相关的习俗祭祀用品。可见，桥在侗族民间的作用和意义非同一般。桥起到沟通神灵的作用，对桥的祭祀，就是希望通过桥传达美好愿望给神灵，以此实现自身诉求。

相对鼓楼和风雨桥这样的大型建筑——凉亭，其建造手法还是一样的，榫卯结构，不用钉子。凉亭就建在通往田间地头的路上，是休憩的地方，长长的木板连着周围的柱子，通常这里是一个中转站和避雨的地方。

五、饮食文化

宰柳村侗族餐桌上最常见的食物有酒、糯米、家禽、鱼类、蔬菜等。

米酒和苞谷酒、啤酒是家中必备的饮品，即使主家不喝酒，酒也是一定要有的。自酿的米酒和苞谷酒很少，仅有几户人家偶尔酿制，主要是用来做药，酒基本都是通过村里的走村串寨的流动商户带来，这些酒的品质一般，有些米酒喝起来有股酸酸的铁锈味道。在这里，装米酒的容器是塑料瓶，苞谷酒也是大多数村民比较喜欢喝的酒，另一种是到黎平县城售卖的苞谷酒，这种酒的味道要好得多，但是价格要比本地的米酒要贵。喝酒过程中，为了气氛不冷场，其间会有人起头唱起助兴的酒词，在愉快的气氛中完成一场聚餐。

两个自然寨只有宰柳寨还在坚持种植香禾糯，但是品种不多，种植的香禾糯，并不是用来酿酒，而是作为节庆婚俗等重要活动的必备食品，日常的饭桌上基本难见糯食。从宰柳的生态环境来看，是适合种植香禾糯的，不论是温度还是光照，都非常适宜种植香禾糯。糯文化的变迁，导致人们对香禾糯的依赖大大减少，从而减少了种植面积，另外市场上也能买到香禾糯，尽管价格不便宜。访谈中得知一是因为现在种植籼米的成本要比香禾糯低，二是香禾糯对环境的要求比较高，三是劳动力普遍外流，这些是导致传统的糯稻种植减少的原因。

宰柳村虽人少地少也偏远，但生活富足。侗族著名的稻鱼鸭生态系统虽然在这里没有具体体现出来，但家家户户田里都养有田鱼，不用到市场上购买，即使是流动商户带来的鱼，他们一般都不购买。用鱼制作的菜肴种类就多了，当然最主要的还是烧鱼、酸汤鱼、腌鱼、生鱼片等，侗族人喜欢吃鱼，也精于养鱼。

值得探讨的是，宰柳村村民并不养猪，然而餐桌上的猪肉却必不可少。猪肉基本上都要通过流动商户购买，且有专门的流动商户定期到村里售卖。需求量大的时候，电话通知商户，商户便会送货到村。流动商户的小货车上仅售猪肉、水果和蔬菜以及糖类这些由其他的商户售卖，同样是用小货车拉到村里售卖。

猪肉可以做成红肉，先把猪肉煮熟，切成片，用猪血浇淋到猪肉上，再放上折耳根、香菜等，搅拌均匀之后红肉就做成了；腌肉也是侗族的一道美食，制作方法跟腌鱼一样，吃法也有多种，一种是切成片直接入口，另一种是切成片与青辣椒一起油炸或者是烤后再吃。

村里有一户养牛大户，精通养牛技术，养殖有30头牛。户主是护林员，长年累月地坚持巡山，在此期间还要割草回到牛棚喂牛。这里牛肉的获取方式，一是赶集到镇上购买，二是到隔壁上地坪村购买，三是等村里的养牛户杀牛就可以买到新鲜的牛肉；牛肉的吃法主要有两种，一种是干锅牛瘪，另一种是汤锅牛瘪，两种牛肉制作方式的用料基本相同。

六、萨玛信仰

萨玛崇拜是侗族传统风俗习惯且是祖先信仰之一。为了祭祀萨玛，人们在寨子中间垒起土堆，作为祭坛和供奉祭祀萨玛的场所——萨坛。宰柳村是离萨岁山最近的侗族村寨，村寨没有祭萨的场所，一番调查研究下来，原来是存在的，因为种种原因，修建萨坛之事不了了之，人们要祭萨只能到萨岁山祭拜。村里的风水师，常年外出给人看风水，他懂得祭祀、看日子等，土地庙的选址和开建时间都由他来掌握，祭萨活动也是。

侗语里萨玛是指祖母之意，祭萨就不难理解了，首先是缅怀祖先，不能忘本，没有萨玛就没有侗族；其次是敬老习俗，优良传统的延续；最后就是尊重女性的付出，倡导男女平等。

侗族的萨文化历史久远。萨岁之歌、萨坛、萨岁山、祭萨以及关于萨玛的神话传说故事等，这些都是人们对生产活动的一种回馈；祭萨源于生活而又回归生活。

七、结语

民族文化的发展受到村寨规模大小和人口多少因素的制约，宰柳村的侗族文化在坚守中发展、在传承中繁荣，文化需要不断进化和发展才能长久昌盛下去，这是社会规律。宰柳村的侗族文化在交流、交往、交融中前行，得益于宰柳人向外输出劳务，一定程度上传播了"六洞"侗族文化，在信息化时代的今天，外来文化的传入，宰柳村的侗族传统文化也在进化和变迁。比如琵琶歌，村里能完全将其唱出来的屈指可数，主要是年轻人在外读书或是务工，而且他们在外必然受到不同文化的影响，村里剩下的都是老幼群体，传歌的土壤得不到滋养。在乡村振兴战略背景下，宰柳村的侗族文化传承与发展看见了曙光，文化得以振兴。在脱贫攻坚行动的大力推动下，基础设施得到了很好的完善，近年来宰柳村的村民安居乐业、生活富足。

参考文献

[1] 周振坤.侗族文化特征研究[J].对联，2021（3）.

[2] 傅安辉.侗族文化多样性简论[J].凯里学院学报，2013（2）.

[3] 石开忠.侗族鼓楼文化研究[M].北京：民族出版社，2012.

[4] 吴红宇.侗族文化内涵和社会功能探析[J].教育文化论坛，2010年（4）.

[5] 吴臣霞.侗族琵琶歌的韵律研究[D].贵州民族学院，2011.

[6] 张贵华.论侗族琵琶歌的社会功能及其审美文化特征[J].贵州民族研究，2012（10）.

锦屏文书所见清代清水江地区瘟疫史料述略[①]

张继渊*

一、引言

近年来，医疗社会史受到学界的普遍关注，其中疫病史研究是医疗社会史研究的一个重要内容。瘟疫是一个比较宽泛的概念，《现代汉语词典》中定义瘟疫为"流行性急性传染病的总称"，具有流行性、传染性和致命性的特征。中国古代文献中有许多关于"瘟疫"的记载，所用名称有"疫""大疫""疫气""疫疬""时疫""时疾""瘅"等。清代是中国历史上瘟疫发生最为频繁的时期之一，不仅发生的次数多、种类多、范围广，而且反映出国际化传播的趋势，严重的疫情在造成大量人

① 本篇是国家社科重大招标项目《西南少数民族传统生态文化的文献采辑、研究与利用》（16ZDA156）的阶段性成果之一。

* 张继渊，苗族，贵州锦屏人，锦屏县锦屏文书研究中心办公室（锦屏文书"申遗"工作领导小组办公室）副主任，研究方向：民间文献学。

口死亡的同时，更对当时的政治制度、经济发展、社会生活等方面造成重大影响。近年来有关清代瘟疫研究取得了可观的进展，已推出了一批以《清代江南的瘟疫与社会》等书籍为代表的高质量学术成果，但对清水江流域、黔东南地区乃至贵州关于瘟疫相关的研究成果并不多见，或是囿于文献史料不足的限制，只在灾害史或医疗史研究中略有提及，[①]深入细致的整体性专文论证尚付阙如。海量锦屏文书的重新发现为开展清代清水江地区的瘟疫状况研究及各种应对机制提供了论证支撑。本文拟对民间文献锦屏文书中清代清水江地区与瘟疫相关史料搜集整理研究，和对先期成果进行简单梳理，以期对此类论题起到抛砖引玉的作用，尚冀贤达不吝指教。

二、锦屏文书记载中的疫情概况

历史上，与瘟疫相关的史料不仅笼统，而且很分散，诸如"二十年大疫"此类惜字如金的表述，以清代清水江下游地区为例，地方志记载疫情有8次。

① 可参见 1963 年贵州图书馆参考辅导组编写的油印本《贵州历代灾害年表》、贵州省图书馆编《贵州历代自然灾害年表》，以及许凤梅的硕士学位论文《明清时期贵州瘴气的分布变迁》、徐钰的硕士学位论文《清至民国时期清水江流域民间借贷活动研究——以〈天柱文书〉为中心》、张明等人的《清代清水江流域自然灾害初探——以清水江文书和地方志为中心的考察》、杨春华的硕士学位论文《清代清水江流域自然灾害与社会变迁研究》、吴才茂等人的《请神祈禳：明清以来清水江地区民众日常灾害防范习俗研究》、赵月芳的《明清以来清水江流域苗族巫医文化研究》、高晓超的硕士学位论文《民国时期贵州传染病研究》等。

此外，在《洪江育婴小识》《南征日记》《湘军记》《湘军志》等传世文献及清代内阁档案"刑科题本"中也有不少对疫情状况的记录，囿于篇幅限制，笔者将另文叙述。在传统社会中也没有像水、旱等自然灾害那样建立起一套较为完整的荒政制度，实际上已发生的瘟疫灾害应比我们现在所知晓的要多，这就使得我们面对锦屏文书这样大宗的民间文献时更需抽丝剥茧地整理、全面细致地分析和认真严谨地研究。以下将按照民间文书、族谱家乘、碑铭石刻三大类分别简述瘟疫发生的史料概况。

（一）民间文书中有关疫情状况

民间文书包含了遗存在乡间的契约文书、诉讼词稿、往来书信、成册抄本等历史文献，其中与瘟疫相关的具体辑录如下：

1.道光十一年（1831）疫情，发生地区为今黎平县大稼乡。在《乌山寨吴成思等与杨远昌等高连山风水纠纷案》系列诉讼文书中记载了因修建凉亭后破坏"风水"，从而导致"因招基动土，害蚁等寨内损坏百十余人，牲畜瘟死大半"[①]的凄惨场景。

2.道光十五年（1835）疫情，发生地区为今黎平县城。在一册名为《参后必要》的清代民国诉讼文书汇编抄本中《文斗寨姜载渭等与姜廷映等田产争夺致姜老四死亡案》载"不料开

---

① 张应强，王宗勋.清水江文书[M].桂林：广西师范大学出版社，2011：455.

魁在牢病故，光荣、光仪、开显染病取保在店，前后随亡"。①
文献记述了案件过失方姜廷映的两子两孙在黎平府关押期间及保释后在府城内住店时"染病"身亡，两子姜光荣、姜光仪年龄不过30余岁，两孙姜开魁、姜开显也仅20岁出头，均正值青壮之年，可以断定这是一起因瘟疫而造成的人间悲剧。

3.道光二十四年（1844）疫情，发生地区为今黎平、榕江县城。在清代其他诉讼文书中还能看到在监狱内感染瘟疫的情形，如在《黎平府龙里司属寨蒙杨本深等与边沙寨杨德恒等山林纠纷案》中记载"四月十八日世铎进禀……（杨本深）因押至月余，得染瘟病，蒙准取保调治，今蚁父病势愈沉，现在饭食不进，蚁思父十有九死"，②而杨本深一方的涉案人员杨荣发"被道差拘留古州"不到一个月即"冤毙古州"，病逝时30来岁，正值壮年，死因似乎也与传染病有关。

4.同治元年至九年（1862—1870）疫情，发生地区为今天柱县。关于咸同兵燹的社会记忆也有不少文本表现，在清代天柱冷水乡绅龙绪昌所著的民间抄本《兵燹志略》中就有数条与瘟疫相关的史料。③依次如下，同治元年"后八月，初五日，大兵拔退；方县主，升天柱，朝朝杀人。大兵后，发大瘟，十

① 陈金全，郭亮.贵州文斗寨苗族契约法律文书汇编 [M]. 北京：人民出版社，2017：6，138.

② 张应强，王宗勋.清水江文书 [M].桂林：广西师范大学出版社，2011：327—328、336—337.

③ 《兵燹志略》为民间抄本文献，系天柱石洞冷水寨文人龙绪昌于光绪元年编著，记述了1851—1871年天柱及周边地区侗族农民起义与地方团练事务的有关内容，有多个版本流传并整理刊布，本文引用文献以竺柏松辑录本为主。

死八九，非瘟病，即摆子，只见埋人。第二年，谷米贵，挖蕨食菜；一升米，卖青钱，几百余文……"

5.光绪八年（1882）疫情，发生地区为今锦屏县河口乡。一份名为《瑶光姜氏家族与培陇杨氏家族因盗葬后龙纠纷案》的诉讼词稿抄件中也载有"团等村中灾疫肆起，人丁死亡，六畜瘟绝，若不续恳急讯饬迁，必至一村为墟""情于去岁六月内，团等以盗葬后龙等情具控培陇富恶杨□□于前县主胡案下……致害团等合境灾疫肆起，人丁死亡甚多，六畜瘟绝殆尽，种种烈祸皆由来龙斩夺，命脉损伤""嗣因恩星公出瑶光，恶等当日回家……奈何前具公禀连名数十人半属病患"。[①]史料中表明，不仅人群之间感染瘟疫，而且牲畜也会交叉感染。

6.光绪八年（1882）疫情，发生地区为今黎平县孟彦镇。契约文书《石通义乘字》[②]中因石通义"为近年运塞，遭时疾之灾，服药祈神罔效，诚恐一旦辞世"于光绪二十五年六月初十给幼女立下遗嘱，果不其然，同年八月初一就去世了，而且因"去世葬费缺少银用无出"由其侄儿主持卖掉田产。这种"时疾"（是一种季节性流行病，也属于瘟疫）虽然不像鼠疫、霍乱等甲类传染病那样快速致人死亡，但从归户文书来判断石通义逝世时尚属中年。

———————

① 此文书系"瑶光姜氏家族与培陇杨氏家族因盗葬后龙纠纷案"中的诉讼词稿抄件，未标明书写年份，原藏于锦屏县加池苗寨四合院姜绍烈家中，现已征集至锦屏文书特藏馆藏存，经王宗勋先生整理点校刊布于《加池四合院文书考释》第4卷（贵州民族出版社2015年版，第562—570页）。

② 李斌.贵州清水江文书·黎平文书[M].贵阳：贵州民族出版社，2017：412.

7.宣统三年（1911）疫情，发生地区为今黎平县。在一封黎平护卫总局领袖姜登沣写给家人的书信中提及疫病有关情形，信中写道："德三仁仲大人青及：月前揖别下江，路上感冒、风寒、气喘、咳嗽，又作旋而痢疾，坐立不安，饮食俱废物，廿余年来未尝如此前瘦也……日下痢疾已愈，咳嗽积痰，而喘气未平，生履维艰矣。小儿姜登沣手书写，暑月初六日……遇有便人，以熙弟白布帐子付来，此地蚊子比往年非常之多，病疾比年底更甚。"①书信中明确表示所患疫病为"痢疾"，这与清代黔东南"苗疆"地区"瘴气"大量存在的自然环境有密切关系。

（二）族谱家乘中有关疫情状况

清代修编的族谱家乘中也记述了家族繁衍和族人命运的相关内容，涉及瘟疫的史料辑录见下：

1.顺治六年（1649）疫情，发生地区为今岑巩县大有镇。在刘氏家族保存的锦屏文书中有一份题名为《录骐祖遗笔》的族谱类民间文献中载有"我父母、我妻子兄弟末由也已，加之饥馑时疫交侵，不数月相继丧亡"的记录②，反映了明清易代之际疫情肆虐的情形。

2.康熙二十年（1681）疫情，发生地区为今天柱县渡马

---

① 张应强，王宗勋.清水江文书[M].桂林：广西师范大学出版社，2009：142，145.

② 此份族谱类民间文献系凯里学院姜明教授2013年在岑巩县大有镇中木召村刘德榜家收集所获，其整理时题名为《录骐祖遗笔》，感谢其慷慨提供文献数码照片，谨致谢忱！

镇。清代后期刊刻的《陈氏族谱》记述了族人搬迁历史，并对感染瘟疫的景况进行回溯，内容为"康熙大疫，合族皆染，固廷公避疫香炉坡，数十年瘟散嗣归，重兴寨户"[1]，足见疫情影响之大。

（三）碑铭石刻中有关疫情状况

在清代有关史事记述、庙宇修建、乡规议定等内容的碑刻中也有不少反映疫情的记载，但有部分具体年份不详，诸如下述：

1.同治元年至同治三年（1862—1864）疫情，发生地区为今锦屏县彦洞乡、平秋镇。光绪二年立的《彦洞记述》碑描述了咸同兵燹时九寨地区社会状况的前后变化情况，即"殊知未遭贼扰之先，寨中男清女泰，遭贼蹂躏之后，你病我灾，人人鸠形菜色，个个与鬼为邻"，[2]反映了病疫灾害带来的萧条惨象。

2.同治八年（1869）疫情，发生地区为今镇远县江古镇。在台盘山土地庙侧壁上有一块光绪十九年立的《建修土地庙》碑载"同治八年……讵料瘟疫至，饿馑臻，斗米二千五百，野

① 天柱县渡马龙盘《陈氏族谱》，光绪十九年刻本。原件现藏存于天柱县渡马镇龙盘村陈氏族人手中，系凯里学院区域社会史研究团队在天柱县田野工作时收集，承蒙凯里学院期刊社学刊编辑部副主任吴才茂教授提供数码照片，谨致谢枕。
② 彦洞乡志编纂委员会编《彦洞乡志》，内部印刷本 2012 年版，第291 页。

多饿殍，幸蒙吴太守发粮济众"，①这也是灾害链式反映的真实写照。

3.同治年间（1862—1874）疫情，发生地点为今天柱县远口镇。同样，在高灵山上的庵堂中现存一块光绪二十三年名为《重修碑记》碑刻中也记述了同治年间瘟疫流行的状况，描述为"及至同治时，几历兵燹……瘟疫饥饿，父老人民遭灾，十分仅存二三"。②

4.光绪二十六年（1900）疫情，发生地点为今黎平县平寨乡。黎平己迫寨的"后龙"此前因"有阴地、桥梁、田地屡有侵犯"而导致"人病畜类招瘟"，于是光绪二十六年（1900）"鸣锣请神，齐聚商议，俱出一日章程"进行封禁，并刊立《永远禁封》碑刻，要求村寨民众不准再葬阴地、再架桥梁、开坎田地及砍伐后龙山林树木③。

三、锦屏文书中的疫情应对

在疾疫灾害发生后，清代的地方官府也作出相关响应，实施一些具体的救济行动，发挥了一定的作用，但囿于篇幅限制，故不在此展开讨论。但是，在面对这么大的灾难时，官府的行动并非及时有效，相较之下，民间力量对疫灾的应对更有

① 安成祥.黔东南碑刻研究丛书：石上历史[M].贵阳：贵州民族出版社，2015：150.

② 天柱县政协：清水江文书·天柱古碑刻考释[M].贵阳：贵州大学出版社，2016：140.

③ 吴才茂.民间文书与清水江地区的社会变迁[M].北京：民族出版社，2016：130.

针对性和灵活性。在瘟疫肆虐之时，人们还是千方百计地采取各种各样的应对之策，诸如通过祈禳驱疫、开方抓药、隔离避灾、保护环境等方式进行治疗和预防，杜绝疾疫的进一步蔓延，在锦屏文书中也有与之相关的不少史料。

（一）通过祈禳驱疫应对

在多神信仰体系及"遇病不药，而事祈祷"观念并存的清水江民间社会，瘟疫发生时往往会通过修建庙宇来进行祈福禳灾，以设坛打醮来进行驱鬼逐疫，用舞傩逐疫的方式达到酬神娱人的效果。

1.在修祠建庙方面。清水江地区的民间信仰十分多元，面对灾疫发生时百姓通常会乐捐钱财来重建庙宇，或前往祠庙请神祈禳，以祷祭消灾，这方面在锦屏文书中的碑刻文献里也有诸多体现。除了前述台盘山土地庙和高灵山庵堂外，还有三穗县乾隆十四年刊立的《圣婆》碑载"里人患时疫、瘿瘤、猪瘟，吸水多愈者，即神当年以拄杖掘之"[①]便是祭祀圣婆的因由；又如，乾隆二十九年天柱县垄处杨公庙《重修碑记》中有载地方神明杨公有"捍灾御患、救治生灵之功"[②]；再如，嘉庆十五年锦屏县大兴重修建南岳庙的目的之一就是"神庥灾瘟"[③]。此外，在一份名为《光绪十五年十月二十六日吴孟坏因孙得染时病立放

① 三穗县编纂委员会.三穗县志[M].北京：民族出版社，1994：658.

② 天柱县政协.清水江文书·天柱古碑刻考释[M].贵阳：贵州大学出版社，2016：303.

③ 锦屏县大同乡政府编《大同乡志》，内部资料2010年版，第348页。

油山约》的契约文书表述得更加具体，兹录全文如下：

立放油山约人映寨吴孟坏，为因孙男得染时病无可保，是以合家诚心愿将长形油山茶树一块放在庵上修理管理，保佑子孙清吉，永远发达。

外批：土不放，下三甲帝。

光绪十五年十月二十六日　代笔起彬　立[①]

2.在设坛打醮方面。清水江地区民众通常也运用各种神秘的原始巫术和具有象征意蕴的送瘟仪式来设坛作法以应对疫情来袭，在各类民间文献中多有这方面的记载。兹举四例说明：

其一，黎平县孟彦镇宰官村《瘟疫流行设坛打醮科仪文书》，共有两则，第一则是：

言念天地含好生之德，同叨覆载之恩；乾坤有公普之心，共托怜悯之内。况民等生居世界，尽属庸夫，举凡动静之间，误犯天星地曜，人间之善恶，以致皇天之降罚，屡遭瘟犯之频仍。时值天灾流行，遍地惨其虐疟。诚恐一躯愚昧，殊深辄积愆，尤兼之饥陋异常，亿兆同遭苦楚，如此邪魔之势重，惟有肃敬天聪。是以合寨人等一心叩祷，修作五旦之良因，徒斯礼忏诵经，既敬既戒，迎真拜圣，宜洁宜诚，伏祈鉴纳，俾忱即使瘟瘴远殄。惟期神灵感格，垂临降会筵坛。庶乎，人尽平庚，物无疵厉。俾斯我一村之景福，赐我众姓之骈臻，凡在醮□叨蒙鉴纳。[②]

_____

① 该文书现藏贵州省锦屏县锦屏文书特藏馆，征集来源于新化乡映寨村组吴高鑫户，馆藏编号为：jpws—0386—010。

② 详见凯里学院图书馆特色资源库"清水江文书数据库"，《合寨驱邪祭词（一、二）》，2016年从黎平县档案馆孟彦镇宰官村石章豪柜扫描而来。

第二则是：

言念忆昔承平之世，丰稳频占，降及末劫之秋，兵荒叠见，方避匪之不暇，忽数米而为炊，饥馑荐臻，只听呼庚而呼癸，仓箱告竭，岂复余九而余三，少壮散乞于乡邻，老弱死填于沟壑，现已人民稀少，复瘟疫流行。想天道之降灾，缘人心之险薄，若非同心向善，焉能转福降祥。是以阖寨虔心修建乎清醮，伏冀灾消病减，祸患不侵，否去泰来，祯祥至幸。[①]

其二，黎平县孟彦镇岑湖村《石芝桂因病打醮科仪文书》：

娑婆世界南赡部洲今据：

大清国贵州黎平府属岑胡寨居住信士石芝桂某年月△日时生，为叩许斋素，祈疾全消事。志心皈命，稽首惶恐，启观音大慈母莲座之下，伏以大悲大愿，难议难恩，济物利人，道实成于呈劫度灾脱难戚堪伏，于群迷声察，求哀时有吉祥之赐乡随，危苦世传多利之称。兹以民于△年迭染微疾，药方罔效，病久未瘳。特择今朝发心叩许，每逢十九、二十九犯素，堪达普陀山微衷如临南海岸伏冀，慈云遍覆，有叩即灵，慧目安开，无求不应，将见洒来甘露，两目光明，薄鉴葵忱，凤愆消灭，非疾皆除，回时顺畅人物游瞰之天，百福骈臻行为获清平之乐，一诚有感谨疏以。[②]

其三，黎平县孟彦镇岑湖村《接龙推瘟助银单》：

计开接龙推瘟助钱人名：光月助钱五十文；朝纲助钱

① 详见凯里学院图书馆特色资源库"清水江文书数据库"，《合寨驱邪祭词（一、二）》，2016年从黎平县档案馆孟彦镇宰官村石章豪柜扫描而来。

② 详见凯里学院图书馆特色资源库"清水江文书数据库"，《科仪书》，2016年从黎平县档案馆孟彦镇岑湖村石帮明柜扫描而来。

五十六文；继福助钱卅五文；福庆助钱卅五文；禄庆助钱卅五文；东庆助钱七十文；玉华助钱；有高助钱卅五文；胜银助钱一百文；胜华助钱八十四文；禄寿助钱七十文；光明助钱卅五文；光彩助钱七十文；朝汉助钱五十六文；成肥助钱七十文；朝新助钱七十文；朝义助钱卅五文；朝信助钱卅五文；何长寿助钱卅五文；正有助钱七十文；钟英助钱贰百八十文；和玉助钱一百文；和全助钱一百文；芝桂助钱一百五十文。以上有钱逗钱无钱逗米，仰牌头和玉、朝义诚心逗出，毋忽须……限本月初十、十一、十二，三□。①

其四，锦屏县大同乡龙矮村曾家寨《送瘟疫科仪文书》：

送瘟疫吉日甲子送神神仲去，一放开去损人内，丙寅直向南方去。送瘟神之后主人隆，丁卯戊□主人凶。己巳南方千里通，庚午辛未伤人仑。壬申癸酉不回踪，丁丑戊寅千里外。己卯宜去不回藏，庚辰辛巳□万。壬午癸未去西安。甲申酉乙丙戌，送瘟去后却回旋，丁亥送神仍病，戊子巳丑去两行。庚寅辛卯壬辰日，三四五人不安明，癸巳送神杀长子。甲午损人不须评，乙未丙申与丁酉，送去八十里回侵，戊戌巳亥主伴吉，庚子辛丑两不昌，壬寅送神不肯去，癸卯大吉永无危，甲辰乙巳三日糜，丙午丁未南行利，戊申送神神由转。②

3.在舞傩逐疫方面。在巫傩文化盛行的苗侗传统社会里，当瘟疫流行之年便会请来傩堂戏班演出，以达到消灾祛疫的目

① 详见凯里学院图书馆特色资源库"清水江文书数据库"，《接龙推瘟助银名单》，2016年从黎平县档案馆孟彦镇岑湖村石帮明柜扫描而来。

② 该文书现藏贵州省锦屏县锦屏文书特藏馆，在大同乡龙矮村曾家寨曾祥云户，馆藏编号分别为：jpws—jp—0319—0087。

的。阳戏作为西南傩戏的一种，其功能在于驱鬼逐疫、祈福禳灾和酬神娱人。如天柱县阳戏起源便与瘟疫有关，据天柱渡马龙盘《陈氏族谱》载"恐疫复袭，咸丰八年请戏人祠，作'万人缘'"①便是目前天柱地区所见阳戏的最早史料。如今，锦屏县传承至今的"瑶白大戏"，其起源也是因此地发生瘟疫，光绪十五年村人龚文昌专程赴湖南拜师学得，并在清末和民国时期发生疫情之时多次组织唱戏来祈福纳吉、消灾灭难。此外，清末天柱文士吴见举所撰的《兵燹记略》中记述了天柱瓮洞雷公冲同治元年因病开展"冲傩"仪式而被湖南沅州官兵冤杀的有趣故事，原文如下：

适沅州官兵扎营分水坳边防，放哨过柱境凉亭坳，回遇之，擒二人，未抵营。又遇雷公冲打洞者六七人，持小布旗一面，上书"统兵元帅"四字，罗鼓喧阗，奔走而来。缘柱俗信鬼，凡人得病，被洞神摄去其魂，先请巫师在家唱演一宵，名为冲傩。次早，差遣阴兵取魂，用七八九人不等，内择一人为首，领头裹红帕，手执桃符，巫师从其背作法唸咒，神附其身，无故跳跃，行走如飞，众以锣鼓器械紧随其后，视所向处求觅病人之魂。非此，纵沉疴经年，妙药莫愈。彼官兵从未经见，疑为匪党，诘之，言语支吾，均拿之，至坳按军法从事，置尸废薯孔中，累累欲满，迄今收捡未尽，尚有遗骸。②

① 天柱县渡马龙盘《陈氏族谱》，光绪十九年刻本。
② 详见天柱县地方志编纂委员会办公室编《天柱县旧志汇编》，天柱县民族中学印刷厂 1988 年版，第 334 页。

（二）通过开方抓药应对

苗侗传统社会中，"神药两解"的巫医文化也十分盛行，前引文献中因"药方罔效"后而求助于神灵护佑的现象也很常见。苗侗医药有着悠久的历史，在与各种疾病的斗争当中也积累了一些治疗瘟疫的经验，在锦屏文书中的一些医书和药方上也有体现。如，乾隆二年（1737）刊刻于天柱高酿丹平山石刻《百〇八救世奇症仙方四十九翻》中记载了疾病24大证和72小证的传统疗法，因此方确有奇效后流传至省外，咸丰元年（1851）经福建长乐陈念祖审订改为《急救异痧奇方》并刊印成书，其在书前评论追述"乾隆年间，黔中人多感异症，病发辄立死，方书不载治法。有人于丹平山得神授奇方，分四十九痧，全活甚众。后此方传至关中，以治诸怪异急症，无不奇验。道光壬午年，粤东奇症多有相似者，偶得此方，试之立效，当经刊布。今岁夏秋之间，浙中时疫，俗名'吊脚痧'，亦颇类此"，[①]这当中的"吊脚痧"便是烈性传染病霍乱。此外，还见一份来自锦屏县魁胆村的《避瘟散》药方，原文录下：

避瘟散：此方专治伤寒伤风、憎寒壮热、身痛头痛项痛、脊强腰、目胀鼻塞、风痰咳嗽、上呕下泻、口渴便赤、内伤饮食、发痧、瘟疫、瘴疠、鬼疟、瘟疟、赤眼、口疮、湿毒、流注、脚肿、腮肿、风火喉、痹毒、痫风、热斑疹，并治朱砂症，又名心经疗，其症初起脉散牙紧，手足麻木发软，闭目不

① ［清］陈念祖评：《急救奇痧方》，光绪癸卯年冬月湖南书局校刊本。

语，喉肿心疼、心慌等症。急视前身后有红点，用针刺破出血，如内有红丝，挑出可免无事。制苍术五钱，桔梗三钱，神曲二钱，贯众、滑石、熟大黄、生甘草、明雄、厚朴（姜汁炒）、川芎、藿香，法半夏各二钱，石菖蒲、薄荷、羌活、白芷、柴胡（炒）、防风、荆芥、细辛、前胡、枳壳（炒）、陈皮（去白）、硃砂、皂角（去筋子）、公丁香、广木香、草果（煨用子）、香薷以上各一钱。共研极细末，瓷瓶收贮，勿泄气。遇患者先用二三分，吹入鼻内，再用三钱滚姜汤送服。大人三钱，小儿一钱，凡病重者三服即愈。体虚者加台党参四钱，煎汤冲服。①

上述这份药方主要是治疗霍乱的，而通过民间医生对天花进行治疗的也有相关描述，如下述文书：

立捐约人大腮金所寨杨才荣。为因先年所医潘文开豆正[痘症]，俱以安愈，无所谢礼，立有三两三钱字约与才荣手执，累累向取分文不与，只得请中取讨，伊坐视不理。凭中所号潘开文之木九根，将来以作艮三两三钱之价，捐入回龙庵修建观音堂，功成告毕，刊碑为记。

凭中　杨士海　李富荣　杨必盛

代笔　吴仁伟

道光二年六月初六日立②

---

①　张应强，王宗勋．清水江文书 [M]．桂林：广西师范大学出版社，2009：511．

②　该文书现藏贵州省锦屏县锦屏文书特藏馆，征集来源于大同乡稳江村杨廷安户，馆藏编号为：jpws—0204—0175。

（三）通过隔离避灾应对

在大灾大疫面前，古人通过"神药并用"方式来治瘟疫，其成效也往往是微乎其微的，最佳之法就是逃离疫源地或将发病人群进行隔离的方式来避灾。诸如前文天柱渡马《陈氏族谱》中即是"避疫香炉坡，数十年瘟散嗣归"，类似此种方法我们在锦屏县村落社会历史调查中听过许多口碑传说，具体有"铜鼓王寨曾是千家寨，后来遭大瘟疫，人多死亡，剩下少数外逃""敦寨者屯发生瘟疫后，或死或逃，仅余数十户""敦寨赖寨古时称陆家寨，曾有上百户人家，光绪二年（1876）发生寨火，房屋全毁，加之疟疾流行，陆家外迁"。[①] 此外，麻风病是一种传染性较强的疫病，在传统中国社会长期被污名化，清代后期黎平县南部高雷山就逐步沦为麻风病人的驱逐聚居点，后进而成为远近知名的麻风村。在锦屏加池一份名为《姜英保六百山等山场杉木断卖契》中卖出"从落争山场乙团"[②]，其中"从落争"为苗语地名，经考证其意为曾发生麻风病的山冲，极有可能此处就是麻风病人的隔离点。此外，不少引发疫

① 如王宗勋先生主编的地情专著《乡土锦屏》中就有根据口碑文献描述今锦屏境内乡村的 5 次疫情的记载，虽无法判定具体年代，且没有其他相关文字佐证，但也表明了疫情的严重性。详见王宗勋主编《乡土锦屏》，贵州大学出版社 2008 年，第 52、62、71、74、216 页。类似记录还在其他文献资料中出现过。详见锦屏县敦寨人民政府编《敦寨镇志》，内部资料 2011 年，第 78、82 页；贵州省锦屏县钟灵乡志编纂委员会编纂《钟灵乡志（1289—2013）》，内部资料 2014 年版，第 324 页。

② 王宗勋.加池四合院文书考释 [M].贵阳：贵州民族出版社，2015：28.

情的致命病毒其宿主是动物，会导致人畜共患，在锦屏文书中还有隔离动物的记录，如乾隆五十五年（1790）合同文书《文斗四房上下两寨同心合意字》中载有"不俱瘟牛好牛，概揪进内宰杀，所以不得清宁。我等齐心，自议之后，不许店户并内人宰杀。恐有杀猪，只许寨内之好猪。买外的又过一七，买养者也又过一七"[1]的检疫举措，同时在乡规民约中名为规定"不许赶瘟猪牛进寨，恐有不法之徒宰杀，不遵禁者，众送官治罪"（《文斗"六禁碑"》）[2]"场上瘟肉，不准私买……寨边，如有拿获叁仟叁佰文，除陪众款在外"（《魁胆禁约》）[3]，种种做法在一定程度上起到了隔断传染源的效果。

（四）通过保护环境应对

清代黔东南被称为"烟瘴之地"，因"夏秋之交，炎热有加，瘴疠转盛"很容易流行起恶性疟疾等传染病，当地百姓常通过栽植树木和掩埋尸体等朴素的环保理念来抑制疫情。例如，前引黎平己迫寨为使得人畜不再遭受瘟疫灾害，而在《永远禁封》碑中写有"又有后龙之杉木、札木、封口鸭顶以下，不准谁人砍伐，有此等情，一例罚处"与保护生态环境相关的记述[4]。无独有偶，锦屏县民

① 张应强，王宗勋．清水江文书 [M]．桂林：广西师范大学出版社，2009：330.

② 贵州省锦屏县志编纂委员会．锦屏县志 [M]．贵阳：贵州人民出版社：1995：460.

③ 原件藏存锦屏文书特藏馆．

④ 吴才茂．民间文书与清水江地区的社会变迁 [M]．北京：民族出版社，2016：130.

间文献抄本《后中营通信录》中《种树章程十二条》记载道"况种树可以引雨，既可以免干旱之虞，且生气勃然，一切疫疠灾褀，均无从沾染"[①]，此举便是通过种植人工林来改善生态环境，一定程度上起到预防瘟疫的效果。又如，剑河翁座《例定千秋》碑中规定"乞丐病毙及无名路毙……当众措资掩埋"[②]以防止疫病传播。不仅如此，在当江易木口岸卦治、王寨、亮江等处就有专门因疾病或瘟疫身亡后安葬外来移民的公共墓地，其中卦治"五省坡"坟山目前尚存百余座无主有碑的坟墓，根据墓碑内容上看，他们是来自安徽、江西、浙江、福建、湖南、广东等地的青壮年群体，有部分可能因瘟疫而客死异乡。

四、结语

健康是人类生存和发展最基本的条件，是生命过程中永恒的主题。古往今来，瘟疫都是威胁人类生存、破坏身体健康的"头号大敌"。通过对这些庋藏于苗乡侗寨的锦屏文书中清代瘟疫史料的收集、整理和研究，揆诸史实不难看出，上述十余次瘟疫流行仅仅只是冰山一角，历史上发生过的疫情远比文献史料记载的要多很多。虽然清代暴发的疫灾与现代社会的疫情有着显著的区别，但可以把衰辑史料中关于疫灾的各种应对及防治之策看作中国古代社会对抗瘟疫的一个缩影，通过鉴古观

---

① 参见笔者收藏民间历史文献"后中营通信录"复印件。

② 剑河县人民政府.贵州省剑河县地名志[M].凯里：凯里市第一印刷厂，1986：398.

今，我们可以从清代清水江地区应对疫情的历史中吸取启示和教训，对今天的防疫减灾和保障人民群众身体健康等方面的工作仍有一定的借鉴意义。

中国传统村落——榕江县怎东瑶寨考察小记

盘祖湘*

榕江县塔石瑶族水族乡怎东瑶寨是中国传统村落之一，相对而言，在榕江县瑶族地区的瑶族村寨中，怎东瑶寨无论是在重视教育、培养人才方面，还是瑶族文化的保护传承方面都是做得比较好的。

一、榕江县怎东瑶寨的基本村情

（一）怎东瑶寨的地理位置

怎东瑶寨（大寨），坐落在榕江县塔石瑶族水族乡与雷山县达地水族乡交界的大坪山脚下，距离南吉河坎上300多米处，坡度在40°—50°的一座斜坡上。位于榕江县塔石瑶族水族乡东南面，距塔石瑶族水族乡人民政府所在地塔石村新厂，

---

* 盘祖湘，瑶族，贵州省黔东南州自然资源局副研究员，贵州省黔东南州社会科学院特聘研究员，凯里学院"贵州省铸牢中华民族共同体意识基地"研究员。

有 12 千米。

（二）怎东瑶寨的地形地貌

怎东瑶寨（大寨），背靠龙洞山，面临南吉河。面对青山绿水，周围翠竹环抱。怎东瑶寨（大寨），寨修建在 40°—50° 的一座斜坡上，依山建寨，朝向东南。房屋均为 4 排 3 间（大间）、1 楼 1 底的杉木房。中间的一楼，又分为两室，前厅为堂屋，使用面积较大，在靠山的一面，安装有神龛，供放有祖宗牌位，每逢佳节，主人在此，烧香花纸，敬奉祖宗。

（三）怎东瑶族的迁徙历史

根据当地的传说，瑶族发源于黄河中上游，逐鹿中原之后，瑶族被迫退守长江中游。后因其祖先在为评王与高王的争斗中立下战功，评王兑现承诺，将三公主许配给盘王，居住在南京十宝殿，生下天下瑶族 12 姓，过着衣食无忧的生活。可是，到了明朝洪武年间，瑶族被当权者赶尽杀绝，被迫迁徙两广一带（广东、广西）。吃一山、过一山，过着游耕的生活。大约在清朝雍正年间，其先民才迁徙至贵州都江（今三都水族自治县）属乌容山（今榕江县塔石瑶族水族乡怎东村）。由于苗族已经在此安营扎寨，其先民只能住在山上，开门见山，出门爬山、生存在山。

（四）怎东瑶族的开寨时间

根据乡贤、秀才、古州厅（今榕江县）议会原议长盘宗元，于甲子年（1924）三月，组织族人编纂、手书的《盘氏宗支派谱》记载："……承明公随曾卜二君开辟苗疆之地，治理肃清。到（清朝）雍正六年（1728），……搬移贵州都江（今贵州省三都水族自治县）属之乌容（今贵州省榕江县塔石瑶族水族乡怎东村乌荣山）山。后分居野要、大山、大榜、乔包（凹）、乔央、怎贝、怎东等处。此后，时代绵延，移滋他郡。"据此，怎东瑶寨瑶族的开寨时间，距今已有296年。

根据榕江县县级瑶族和"盘王愿"非物质文化遗产传承人盘祖桃以及退休教师盘祖权的介绍，现居住在榕江县怎东村的瑶族，大约在明末清初，是从广东南海岸出发，途经广东韶州府（今韶关市）乐昌县（已分为乐昌市、南雄市和乳源瑶族自治县）、广西平乐府（今广西桂林、贺州、来宾市部分县）迁徙来的。

全村瑶族均为盘姓瑶族，分为三大房，即长房（按照人口多少来划分的，下同）盘文龙，最早住乌荣；二房盘法韶，最早住乌美；三房盘文富，最早住乌空。

二、怎东瑶寨的生产方式、生活习俗和瑶族文化特色

根据乡贤、秀才、古州厅（今榕江县）议会议长盘宗元组织族人编纂的《盘氏宗支派谱》记载，怎东瑶族迁徙到此已有近300年。至今，盘瑶传统文化，仍然被保护和传承得较好。同时，又创造了独具特色的地域文化。比如，婚嫁文化，在迎娶新娘时，必须择日出门、进门。姑娘出门时，由兄长背。过去，新娘坐轿子，现在，有条件的，坐轿车。新娘进入新郎家

时，要举行拜堂仪式。由两对儿女双全、多子多福的妇女拉新娘进门，由多子多福的妇女为其铺新床。又如关于丧葬文化，家里老人去世后，子女要为过世老人开路（操度），送入天堂。同时，还要为逝去的老人超度，解除其前世所犯下的罪恶。盘瑶还"盘王愿"的祭祀文化（"许愿""还愿"）保存完好，主要是祭祀"盘古大王"、祭祀先祖，以求达到保佑家人平安，求富贵，儿孙满堂，身体健康。保护庄稼五谷丰登、家畜六畜兴旺等。此外，建筑文化也很有特色，比如，择日发墨（开工），择日立房，择日上梁（撒高粱粑），主要是用糯米做成的糍粑、糖果和钱币等。

生产生活和习俗独特。比如种植习俗，择日下种，择日开秧门，择日收割，择日把新的稻谷进仓（一般是选择满日或成日）。又如关于养殖习俗，在母猪配种、产仔时，禁止外人、女人（包括爱人）、小孩观看。生活习俗迥异，比如关于婚姻习俗，回喜神（把从新娘从娘家出来，一路上碰到的各种鬼神，通通除掉），过"七星灯"（在新郎家大门槛内，摆放筛子，燃上灯草，撒静水）。次日，新娘必须早早起来，由新郎的妹妹带路，到村寨井边，把水担回新郎家。过门三天后，新娘回门（新娘家）。还有再婚习俗，从一而终，不准再婚。如果再婚，需要征得父母、族长和寨老等人的同意；从此男不再讨，女不再嫁；40岁以前，经过允许，可以再婚；40岁以后，即使丧夫，也不能再嫁。社交习俗，过去有义肃业（讲究道义和人品，品德不正之人，不与之交往）；吃相思，约定时间相聚，沟通情感。现在赶山歌集，相聚一堂，以歌传情，唱歌交友；耍春杵舞（长鼓舞，瑶族舞蹈），青少年、中年人都参加，偶尔，小孩和老人也来助兴。

怎东村的瑶族信仰宗教，崇拜天地，相信神灵。但是法师在做法事时，使用的是道教的方式。尤其崇尚自然，作为山地民族，亲敬自然，"过去是吃一山，过一山"。如今恋山，住在山上，开门见山，出门爬山。崇拜天地，比如新人结婚时，拜天地，百年好合。又如崇拜神灵，尤其是祖先崇拜，视"盘古大王"为本民族的始祖。

怎东村的节日众多，民族节日主要有"盘王节"，时间在每年农历的十月十六，当地瑶族称为"瑶人年"，其目的是庆祝丰收，祭祀"盘古大王"，祭祀祖先。季节性的节日更多，几乎每个月都有，比如正月元宵节、过新年，季节交替，定日、月、天。二月为小孩建桥、敬桥。三月清明节，清明挂草，到已故老人坟山烧纸钱。四月八，用乌黑米饭喂牛，感谢耕牛的辛苦、劳作。五月端午节，包粽子、吃粽子来纪念屈原。六月六，晒龙袍。七月半（退鬼节），祭祀祖先，此节目最为隆重，是瑶族最主要的节日。八月中秋节庆祝丰收等。

怎东村的饮食习俗主要有食品，吃大米，包括黏米（谷子），糯米（糯禾）。此外，在过去还有麦类，比如小麦，荞麦。又比如薯类包括红薯、木薯。菜类食品主要包括青菜、白菜、萝卜和广菜等。豆类主要有四季豆、豇豆、扁豆、胡豆、黄豆等。关于肉类食品，怎东村村民主要吃猪肉、牛肉、羊肉等。酒类食品，主要有烤酒（自酿酒）、甜酒和泡酒。近年来，多喝白酒、啤酒等。油类食品，主要使用猪油、菜油、茶油和棕油，逢年过节时，也吃牛油、羊油。特色的食品，主要有"三月粑""乌米饭""端午粽子""烧鱼""泡汤"和

"腊肉"（腊肉香肠）。尤其喜欢吃笋子、蕨菜。此外，香菇、木耳等，也是山中珍品。

怎东村的婚姻家庭是实行一夫一妻制。过去坚持一夫一妻制，男子不许纳妾。中华人民共和国成立后，仍然坚持一夫一妻制。自21世纪初以来，由于大多数中青年外出务工，受到外来文化的影响，近年来，也有少数人离异的。从婚姻关系来看，开始迁徙到怎东村时，实行异姓族内婚制，后来，既实行族内婚，也实行族外婚。20世纪90年代以后，大量的男女青年外出务工后，他们中的部分人实行跨区域婚姻。家庭关系和谐。家庭关系，一般为两代同堂（父母、子女），三代同堂（爷爷、奶奶、父亲、母亲、子女），或四代同堂（曾祖父、曾祖母、爷爷、奶奶、父亲、母亲、子女）的情况，四代同堂比较少。关于生育，过去由于村民住在山上，劳动强度大，需要大量的劳动力，主要依靠男劳动力进行劳作，因此有重男轻女的现象。

三、怎东瑶寨瑶族还"盘王愿"祭祀文化保护、传承较好

怎东瑶族十分崇拜"盘王"，把"盘王"视为本民族的始祖，在他们心中，"盘王"是一位大智大勇的民族英雄。因此，自古至今，瑶族，尤其是盘瑶，就是通过举行"许愿""还愿"等祭祀活动，来缅怀"盘王"的。同时，通过举行"许愿""还愿"等祭祀活动，祈求得到"盘王"的保佑、祖先的保佑，希冀家家幸福、人人平安、五谷丰登、六畜兴旺。

怎东瑶族把"许愿""还愿"，称为"做堂"或"缴年"（"还愿"的意思）。

"许愿""还愿"祭祀活动的时间，可长可短，一般一代人甚至两代人才举办一次。是否需要举办，主要是根据主家的情况而定。比如，某主家全家人口向来平安，五谷丰登，六畜兴旺，无异常情况，就没有必要举办祭祀活动。反之，就需要考虑了。如果某家人出现有人生大病、怪病、长期问卦、念鬼都不见好转，或是牲畜、庄稼出现不明原因死亡等现象，就怀疑可能是祖先所为。这时，主人需要请瑶族法师来"卜卦"，并用"卦"（一种用木头或竹棍对破制成的两块如牛角式的片状）进行验证，将两块卦掷于地上，两片同扑，两片同仰和一块朝上一块扑下各一次（阴卦、阳卦、中平各一次）这就证明是祖先鬼了。法师就与祖先限定主人家的情况在半天或1天之内好转。如果主家里有人生病也逐渐好了起来，牲畜死亡的现象也停止，这就确信无疑是祖先鬼了。嗣后，就需要考虑"许愿"和"还愿"的问题了。

"许愿"的期限，一般为1年，比如，今年冬天"许愿"，来年冬天即"还愿"。"还愿"有"大还"和"小还"之分。"小还"，祭祀活动的时间相对要短些，需要使用的贡品也不多。祭祀活动的时间一般为1晚即可，祭品只需一头猪。如果是"大还"，祭祀活动的时间，一般为3天3晚，就得用二三头猪作为祭祀用品，其他的贡品，也相应增多。因此，无论是过去，还是现在，一般家庭困难的主家，大多数都采取"小还"的方式进行，以减少主家不必要的经济负担。

四、重视教育，人才辈出

怎东瑶寨历来重视教育。无论是对教育的重视程度，还是在校读书以及在外工作的人员中，在塔石瑶族水族乡的9个村中都是屈指可数的。首先，是重视家庭教育，父母的言传身教，兄姐为弟妹做表率，已经成为传统，成为常态。过去，在没有开办学校前，都进行私塾教育。民国初年（1912），在香棚沟（地名），开办有初级小学（一至三年级）。中华人民共和国成立以后，在该村办初级小学，四至五年级，到公社（乡）读。20世纪70年代后期，国家恢复高考制度以后，第一个考取中专的，也是该村的子弟。20世纪80年代中后期，该村成绩优秀的青年陆续考取大学，到黔东南苗族侗族自治州府凯里、贵州省会贵阳以及省外读大学。如今除了黔东南苗族侗族自治州州府以外，榕江县乡、县党政机关、学校，甚至贵州省城，都有该村的大中专毕业生在工作。

怎东村为什么重视教育？原因有以下五点。一是知识可以改变命运。父母经常教育子女，知识可以改变命运，只有考入中等以上学校读书，毕业后才容易找工作。二是互相攀比。寨邻之间，互相攀比自己子女受教育程度。三是因为传统教育。长辈们经常教育晚辈，读书使人进步。四是发挥表率作用。父母经常对子女说，作为大的（兄、姐），一定要为小的（弟、妹）做好表率，带好头。五是积极进取，奋发向上。争取更好，不丢家庭的脸面。

怎东村的瑶族，一直坚持讲瑶话（瑶族勉语），这在榕江县的其他瑶族村寨中，也是很少有的。在怎东瑶寨，一直坚持讲瑶话，即便是新娶进来的媳妇，也要尽快学习瑶语，学会讲瑶话。在族内，人们用瑶语沟通、交流。在对外交际中，使用汉语或其他民族的语言。在进行还"盘王愿"祭祀活动中，瑶族法师，都是使用瑶语来念古籍、唱祭祀歌。过去瑶族没有本民族的文字，主要使用汉字。现在，无论是在校读书的学生，还是成年人，都学汉语，书写和使用汉字。

善于学习周边其他民族的先进文化。受汉族文化，尤其是儒家文化影响较大。走进怎东村，你都能感受到尊老爱幼、尊重妇女、孝敬老人、抚育子女的良好社会风气。路不拾遗，夜不闭户，蔚然成风。同时，注重学习周边其他民族的先进文化。通过与周边其他民族异性成亲，通过与其他民族的兄弟打老庚，交朋友，通过与其他民族的姐妹们认姨妈、拜姊妹等形式，学习周边其他民族的先进文化。

参考文献

[1] [清]余泽春修，余嵩庆等纂，《古州厅志》，清·光绪十四年（1888）刻本。

[2] 贵州省榕江县地方志编纂委员会.榕江县志[M].贵州：贵州人民出版社，1999.

[3] 盘寿萱，《盘文龙宗支派谱》（大印稿），2020年10月。

"中国灰食品"世界遗忘的记忆

——中国灰食品概念及应用探究

田进明　田松明*

　　"中国灰食品"有着五千多年中华文明的历史沉淀，是在火药、造纸术及中医药应用技术沉淀上的再创造，有巨大的历史、文化、科研和商业价值。然而"中国灰食品"概念缺失，对全方位研究中国文明历史产生了不同程度的影响，也是灰食品发展的重要"瓶颈"。为切实推动中华优秀传统文化创造性转化、创新性发展，更好地实现灰食品应用的历史意义及价值取向，作者通过田野调查及查阅大量历史资料，对"中国灰食品"概念及应用进行探究，寻找灰食品开发的科学、历史依据。

一、中国灰食品是五千多年中华文明的沉淀

　　火的发现与应用是人类进入文明时代的标志，灰则是火的第一衍生物，而灰的应用却在五千多年中华文明史中留下浓墨

　田进明，苗族，中共党员，贵州省松桃苗族自治县牛郎镇人民政府四级主任科员。田松明，苗族，贵州健康职业学院中医药系党总支书记。

重彩的一笔。从"四大发明"中的火药、造纸术，到中医药，再到食品及科研领域等行业发展，灰发挥了不可替代的作用。

（一）灰与人类探索自然科学

从人性化维度来看，"灰"的首次出现便引起人类的好奇心理，而"灰"的特性让周边环境发生的微妙变化，在变化中人们逐渐体会到灰的作用。这促使人类对灰的接触由疏而密、运用由少到多、认识由浅入深、见解由微至著，"灰"研发不断地从量变到质变，从经验到理论；从人类饮食维度来看，火让人类从"生食"转向"熟食"，作为"火"第一产物的"灰"此时便同人类食用的熟食品有了最早接触，这就是灰引入食物较原始的方式；从自然科学维度来看，燃烧是一种放热、发光的化学反应，这种光、热是化学反应中发生的物理现象，灰则是通过化学反应、物理变化而衍生的新物质。尽管古人类还没有物理和化学概念的基本雏形，但物理和化学现象的客观存在，为人类探索自然科学奠定了基础，对自然科学的发展影响极为深远。

（二）灰与四大发明

中国四大发明为人类文明作出的贡献巨大，其中火药、造纸术就是灰在应用技术上的升华。据《天工开物》中《火药篇》记载："凡火药以硝石、硫黄为主，草木灰为辅。硝性至阴，硫性至阳，阴阳两神物相遇于无隙可容之中，其出也……"史料记载，火药的出现本意是对长生不老的渴望，是对丹药的研究。从用料来看不难发现是对可燃物和燃烧物（灰）药用价值的过度迷信，因此使用了易燃硝和硫黄加灰；《造纸术》记载：中国古代常用石灰水或草木灰水为丝麻脱胶，东汉时改用草木灰水制浆，草木灰水有较大的碱性，有利于提高纸浆的质量。汉代元兴元年（105）蔡伦把他在尚方制造出来的一批优质纸张献给汉和帝刘肇，汉和帝称赞他的才能，马上通令天下采用，蔡伦的造纸方法很快传遍各地，掀起了人类发展史上的文字载体革命。

（三）灰与日常生产生活

在中国西部的武陵山区，广大农村用灰作农业生产肥料，主要用于花生、红薯种植，据村寨老人介绍，中华人民共和国成立之初，也就是大集体时期，为春耕备耕，寨中要组织全村劳动力上山割草伐柴烧灰用作肥料。灰还可用于储存食物，在《四时类要》中有"灰藏毛羽物"的记载；藏麦的方法在《农政全书》记载"三伏日，晒极干，带热收。先以稻草灰铺缸底，复以灰盖之，不蛀"。甘肃草木灰贮藏腌肉制法：①切肉块后蒸肉及抹盐、抹五香粉等，方法同油浸腌肉。②分别用麻纸包好肉块。箱底先铺一层厚约10厘米的草木灰，然后码一层肉块擦一次盐和五香粉，放一层草木灰，这样一层层交替码好，一般木箱可放肉块2—4层。最后以草木灰封顶，木箱置于干燥阴凉处。此法特点：肉味醇厚，香咸可口。随着人类社会的进步，灰的应用除了解决生存本身的需要，还应用到了改善生活方面，《后汉书》《神奇的草木灰》分别有"浣布以灰""洗涤油脂"的记录。

（四）灰与中医药行业

灰在中医药领域的应用有大量的文献史料记载，《神农本草》《本草拾遗》《本草纲目》《贵州草药》等，记录的上百余个单方及复方中均有灰的配伍，可治多种疾病，其中《本草纲目》第八卷谷部记载：陈麦煎汤饮服，能止虚汗，将它烧灰存性，用油调和可涂治各种疮及烫伤、烧伤。《千金方》治阴冷疼闷，冷气入腹，肿满杀人，醋和热灰频熨之；《三农纪》中记载了植物灰在医学领域的许多用途：凡有血迹、出血、虚脱、渗漏、痢疾，皮肤褐色，灼烧灰烬，少加枯矾末，酒拌两钱半，有效。抽筋的治疗可用"青草缠绵，烧灰滞留，酒衣"。治疗痢疾用"茄根骨灰，石榴皮骨灰，糖水服"，还有难产妇女治疗等药方中都有灰，也有用植物灰治疗动物，如：治疗马洁粪的配方中就有皂荚灰成分。

（五）灰与中国食品行业

灰在食品中应用的前身，是灰在"善"性和"药"性的基础上在食物中添加的，是有意识的尝试和经验积累。灰在中国食品中的应用历史悠久，《本草纲目》中记载："时珍曰，状如石类碱，故亦得碱名。石碱，出山东济宁诸处。彼人采蒿蓼之属，开窖浸水，漉起晒干烧灰，以原水淋汁，每百引人粉面二三斤，久则凝淀如石，连汁货之四方，浣衣、发面，甚获利也。"发面即用灰提炼的碱作为发酵剂，这是最早对灰提碱并加入食用的文字记载。在武陵山民族地区，《铜仁府志》记载"郡多油桐树，以桐灰为碱，名曰冰碱"，人们用它制作出许多乡土美食。迄今为止，我国很多地方仍然保持着以灰入食的习惯，很多老人悉知用灰提取生物碱的技艺，灰添加的系列食品已经形成了中国食品独特的文化内容。

二、中国灰食品概念及发展历程

（一）中国灰食品的概念

迄今为止，尚未发现以灰入食的国家，但这不是中国灰食品有唯一性的客观依据，而是中国在灰应用中的伟大成就，在国际上有显著"唯一性"特征，而概念缺失的根源是灰的特性，导致人们对它的认知存在缺陷。相关史料记载，古代遵循阴阳、五行、五味；阴阳生五行，五行生五味，相克相生，至平衡则百病不生。"灰"碱是人类最早使用的次生物质，早期认为它是代谢的副产品，不具有生理意义，加之"灰"本身呈碱性，不同的灰又有着不同的属性，因此位属阴、阳之列，不在五行、五味之间，不在草部、木部、兽部、虫部等。尽管灰在医学中有单方和复方出现，被引用数百次之多，在药、食用领域卓有成效，但仍旧没有独立的归属。结合近代"草木灰"科研成果及现实应用来看，工业食品蓬勃发展，但传统灰食品产业化发展水平总体偏低，加之灰的品类太多，研究存在难度，目前未将其列入食品添加剂目录，这导致灰系列食品至今仍然没有统一称谓及完整概念。从客观上来看，自人类食用熟食开始，灰就无意识地融入食品之中，而我国对灰在食用行业的应用技术娴熟、历史悠久、地域广泛，是最早的"食品添加剂"之一。灰在食品行业的应用极大改善了食品的色、香、味，灰的添加赋予了食品独特的风味。笔者认为"灰"添加的系列食品，是一个独立而又富有特色的食品类别，即"灰食品"。它有特殊的历史意义和文化价值，是千百年来中华民族探索、应用自然取得的重要成果，是中国人民伟大智慧的结晶，是中华文明的历史沉淀。灰食品不仅是具有历史意义还具有显著的民族特征，其完整的称谓是"中国灰食品"。

（二）中国灰食品的研发历程

从"无意识食用"到"有意识添加"，中国灰食品形成经历了漫长的过程，存续至今不仅是因为它沉淀的历史文化，更是灰食品独特的风味无可替代。这让它在时间的维度里不断繁荣，灰食品类别不断丰富，从武陵山的桐壳碱面条、桐壳灰米豆腐、桐壳灰皮蛋、兰州的蓬灰拉面、广州的广式月饼，甘肃的灰腌肉等。灰食品通过现代科技的研究，从过去的"知其然"到现在的"知其所以然"。第一，研究历程：灰食品独特的风味，千百年来在中华大地上一直没有中断，特别是灰在食品领域中的应用。2011年经浙江省质监局立项，龙泉市质检测院具体负责完成了《传统特色食品中草木灰的作用与食品安全的研究》，通过研究发现："①草木灰作为天然植物碱，成分是碳酸钾，将草木灰加水煮沸浸泡一日，取上清液而得到碱性溶液。它是一种食品疏松剂和肉类嫩化剂，能使干货原料迅速涨发，软化纤维，去除发面团的酸味，适当使用可为食品带来极佳的色、香、味、形，增进了人们的食欲。食碱大量应用于食品加工上，如面条、面包、馒头等。

②草木灰作为防腐剂，草木灰的显碱性，而细菌的生长一般都在酸性条件，加入草木灰可以改变食品的酸碱性或者降低其酸性，从而抑制细菌的生长。草木灰具有较强的吸水性，可以降低食物中的水分，而水分也是细菌生长的一个重要条件，达到杀菌防腐的功能。③草木灰的干燥保鲜作用，草木灰中的碳酸钾、碳酸钠等对水分有较强的吸湿性。"第二，应用历程：①桐壳灰碱在武陵山区应用的历史悠久，距今已有400多年，2020年首个以灰制作技艺申报非遗项目获审批，"桐壳碱面条技艺"被列入市级非物质文化遗产。松桃苗族自治县牛郎镇四茶村田长明被命名为该项目的代表性传承人。其用料与工艺为，取油桐树的果，其籽用于榨油(俗称"桐油")，果皮(俗称"桐壳")用于烧灰，然后将灰通过水溶解倒入稻草和柏树枝叶之中，提取稻草甜味、柏树枝叶香味的桐壳碱水，再同面粉混合制作面条，这样制作出的面条口感绵柔、有嚼劲，并且有淡淡余香。桐壳碱面条在本地供不应求。②黔东地区桐壳碱制作出的食品，皮蛋、米豆腐、桐壳灰粽、桐壳灰皮蛋、桐壳灰米豆腐、桐壳灰社饭、神仙豆腐等品类繁多，在当地享有盛名。③蓬灰在兰州拉面中的应用有上百年的历史；兰州拉面深受人们的喜爱，在其工艺中就运用到蓬柴灰，也称蓬灰拉面。在拉面里加入适量蓬灰后，可以提升拉面的口感，会比较"劲道"些；由于蓬灰没有列入食品添加剂，工业化生产的兰州拉面已经不使用蓬灰。④稻草灰在粽子中的应用有数百年的历史。贵州农村每年稻谷收割季节老人们都习惯性地收集一些糯米稻草，烧灰存放于阴干处收藏。端午节人们采摘芒叶包灰粽，以沸水淋沥稻草灰得"灰水"，将糯米置灰

水中浸泡，捞起糯米后加入由花生、盐分或红豆搅匀的馅料，用芒叶包裹，入锅煲熟，解开即吃。⑤广式月饼起源于1889年，传统的做法是在饼中加入草木灰水溶液（俗称"枧水"），目的有三点：第一是中和转化糖浆中的酸，防止月饼产生酸味而影响口味、口感；第二是使月饼的饼皮碱性增大，有利于月饼着色，碱性越高，月饼皮越易着色；第三是枧水与酸进行中和反应产生一定的二氧化碳气味，促进了月饼的适度膨胀，使月饼口感更加疏松不变形。在制作酱油的种曲中也加入了草木灰。

三、中国灰食品概念及应用探究的意义与价值

东汉末年儒家学者、经学大师郑玄曾说，"火之灭者为灰"。提起灰必然想起火，谈到火就得追溯到人类的起源。火的发现与应用，灰自然也就走进了人们生活。其中灰在农村几千年的应用过程中至今未断代过，随着人类产生城市后，灰的应用逐渐被遗忘，特别是在食用方面。因此，开展中国灰食品概念及应用探究，对于优秀传统文化的传承保护、创新发展具有重大意义。

（一）是推动中华优秀传统文化创造性转化、创新性发展的需要

习近平总书记在中央政治局第三十九次集体学习时强调："中华文明源远流长、博大精深，是中华民族独特的精神标识，是当代中国文化的根基，是维系全世界华人的精神纽带，也是

中国文化创新的宝藏。"中国灰食品有着五千年中华文明的历史沉淀，凝聚中国劳动人民伟大智慧的结晶，加强对中国灰食品研究应用，是推动中华优秀传统文化创造性转化、创新性发展的需要。

（二）是保护优秀传统文化发展的需要

"中国灰食品"种类繁多，如桐壳碱面条、灰社饭、拉面、灰棕、灰豆腐、灰米豆腐、灰腌肉、灰辣椒等，都具有较好的历史价值、文化价值、商业价值。在经济技术全球化发展的新时代，加之农村青壮年劳动力大量外出务工，这些传统美食靠近了消亡的边缘。随着社会不断进步，人们对物质生活的需求更高，促使世界各地更加重视传统美食的保护与发展，1996年欧洲的"美味方舟"计划开始启动实施，这个组织已经在32个国家拥有分支机构和会员，并很好地保护了欧洲一批历史悠久的传统食品。我国目前也极为重视对传统食品的保护，如实行"非遗美食""国家地理标志产品保护""老字号""著名商标"等。中国灰食品对于传统食品而言极具代表性，深入对其概念及应用的探究，无疑是保护优秀传统文化的最佳路径。

（三）是中华优秀传统文化创新性发展助力乡村产业振兴的需要

展开对灰食品概念及应用的探研，有利于打开传统特色食品的消费市场，有利于促进现代食品工业和传统文化的融合，有利于传统技艺向商业资源转化，进而实现对灰食品制作技艺的保护与研发，实现传统食品行业的规范化和农村产业链群形成，实现农村资源向资产转化。如：桐壳灰食品需要的原材料是油桐果，这首先势必促成油桐基地的扩大，用工需求也会相应地增加或是农民参与投资基地建设的力度加大；其次是桐花独特的美学价值，必然实现山区产业基地向园区和景区过渡，达到三产融合，有利于农村原料基地产值的提升，突破山区低产低效的发展"瓶颈"。贵州的润桃桐壳碱面条，就是通过市场化经营，撬动了原材料的收购价格，当地的油桐果由过去的1元每千克提升到了2元每千克，以前使用不完的桐壳现在变成了灰产品加工商们抢购的稀缺材料，整个牛郎镇(松桃苗族自治县所辖)近万亩的油桐林产值较过去翻了一番。大片油桐基地桐花盛开，串联辖区内所有村庄，该镇旅游产业也将必然兴起。

（四）是展示中华民族独特精神标识的需要

"中国灰食品"是"中华文明形成"的重要依据；品中华千年灰，食人间烟火味。品的不仅是灰，更是璀璨的中华文明；食的也不仅是人间烟火，更是传统的中国文化。中国灰食品是药用基础上的再创造，是中华民族千百年来不懈努力探索自然取得的重要成果，是中国人民伟大的智慧结晶。"中国灰食品"既是中国的民族食品，也是中华文明跨越时空、弘扬民族文化的载体，是向世界文化作出重要贡献的中国智慧！

参考文献

[1] 刘振, 吴以义. 早期人类的火：从天而降到走上神坛 [J]. 科学, 2013(1)：56-59.

[2] 宋应星. 天工开物译注 [M]. 上海：上海古籍出版社, 2013.

[3] 孙建伟. 从火药到火器 [J]. 东方剑, 2021(2)：1.

[4] 郭爱明. 灰色系统理论和方法在食品科学中的应用 [J]. 食品科学, 1994(4)：4.

苗侗文坛选集